Brüder Grimm
MÄRCHEN

BRÜDER GRIMM
MÄRCHEN

Bearbeitet von Regina Hegner

Mit Illustrationen von Paul Hey

Thienemann

Inhalt

Vorwort	9
Aschenputtel	15
Märchen von einem, der auszog, das Fürchten zu lernen	23
Katze und Maus in Gesellschaft	35
Die drei Männlein im Walde	38
Der Froschkönig oder der eiserne Heinrich	44
Das Lumpengesindel	49
Brüderchen und Schwesterchen	52
Der starke Hans	59
Die goldene Gans	66
Die Sterntaler	71
Rapunzel	72
Der Wolf und die sieben Geißlein	77
Die Bremer Stadtmusikanten	80
Frau Holle	85
Hänsel und Gretel	89
Die weiße Schlange	98
Die drei Spinnerinnen	102
Der Ranzen, das Hütlein und das Hörnlein	105
Strohhalm, Kohle und Bohne	112
Dornröschen	114
Der gescheite Hans	118
Die kluge Else	123
Meister Pfriem	128
Tischleindeckdich, Goldesel und Knüppelausdemsack	132

Der Riese und der Schneider	144
König Drosselbart	147
Die sechs Schwäne	153
Daumesdick	158
Die Wichtelmänner	165
Sechse kommen durch die ganze Welt	168
Der goldene Vogel	175
Rumpelstilzchen	183
Doktor Allwissend	187
Die zwölf Jäger	190
Der Geist im Glas	193
Hans im Glück	199
Der Zaunkönig und der Bär	205
Der arme Müllerbursche und das Kätzchen	208
Einäuglein, Zweiäuglein und Dreiäuglein	212
Der Mond	220
Rotkäppchen	222
Die Nixe im Teich	225
Die sieben Schwaben	230
Der süße Brei	234
Der alte Großvater und der Enkel	235
Die klugen Leute	237
Die vier kunstreichen Brüder	242
Vom klugen Schneiderlein	248
Simeliberg	252
Der Zaunkönig	255
Das Waldhaus	258

Die Gänsehirtin am Brunnen	265
Die zwölf Brüder	276
Schneeweißchen und Rosenrot	281
Spindel, Weberschiffchen und Nadel	289
Der Eisenhans	293
Das tapfere Schneiderlein	302
Von dem Fischer und seiner Frau	311
Der Hase und der Igel	321
Schneewittchen	326
Die drei Brüder	336
Die Gänsemagd	339
Das Eselein	346
Der junge Riese	351
Die wahre Braut	359
Die zwei Brüder	367
Das Wasser des Lebens	391
Die Alte im Wald	397
Die drei Federn	400
Jungfrau Maleen	403
Der singende Knochen	410
Die sechs Diener	413
Die Eule	421

Vorwort

»›Was steht ihr da und haltet Maulaffen feil!‹, schrie der Zwerg. Sein aschgraues Gesicht wurde zinnoberrot vor Zorn. Er wollte mit seinem Geschimpfe fortfahren, als plötzlich ein lautes Brummen zu hören war und ein schwarzer Bär aus dem Wald herbeitrabte. Erschrocken sprang der Zwerg auf, aber er konnte sein Versteck nicht mehr erreichen, denn der Bär war schon zu nahe.«

Ja, der böse Zwerg ist mit Worten nicht zimperlich, wenn es darum geht, seine glänzenden Edelsteine vor den Augen von Schneeweißchen und Rosenrot zu schützen.

So manch einer wird sich durch diese Textstelle aus dem Märchen *Schneeweißchen und Rosenrot* der Brüder Grimm gewiss mit Schauder an die dunklen und grausamen Seiten der Volksmärchen erinnern. Gleichzeitig weiß man, und diese Erfahrung tröstet, dass die meisten Geschichten einen guten Ausgang haben. Und so ist es auch hier, denn der Bär, der den Zwerg mit einem Tatzenschlag tötet, verwandelt sich daraufhin in einen wunderschönen Königssohn und heiratet Schneeweißchen. Ende gut, alles gut!

Viele Märchen der Brüder Grimm dürften noch heute jedem Kind bekannt sein, vor allem auch deren beliebte Eingangsformel. Doch, was nicht jeder weiß: Weniger als die Hälfte aller Märchentexte beginnt tatsächlich mit »Es war einmal…«. Beispielsweise fängt das eingangs zitierte Märchen der beiden Mädchen Schneeweißchen und Rosenrot mit folgenden Worten an: »Eine arme Witwe lebte einsam in einem Hüttchen. Vor dem Hüttchen war ein Garten, darin standen zwei Rosenbäumchen. Das eine trug weiße, das andere rote Rosen.« Und auch heute noch lautet der Erzählanfang des Märchens *Aschenputtel*: »Eines Tages wurde die Frau eines reichen Mannes krank.« In anderen Texten werden die alten, vergangenen Zeiten beschworen (*Der Zaunkönig* und *Der goldene Vogel*) oder es werden gleich zu Beginn die Märchenfiguren vorgestellt wie im Märchen *Frau Holle*, wo zu lesen ist: »Eine Witwe hatte zwei Töchter. Eine war schön und fleißig, die andere hässlich und faul.«

Was jedoch alle Märchen dieses Bandes verbindet, ist, dass sie eigenhändig von Jakob und Wilhelm Grimm ausgewählt und in einem Buch vereint wurden, um die Geschichten für die Nachwelt festzuhalten. Die Brüder Grimm, zwei an der deutschen Sprache und Literatur interessierte Geisteswissenschaftler, machten es sich zur Aufgabe, die mündlich überlieferten Märchentexte aufzuschreiben. Dafür ließen sie sich die Geschichten von einer Märchenerzählerin namens Dorothea Viehmann vortragen, übernahmen jedoch auch Märchen, die aus der Feder des französischen Kultursekretärs Charles Perrault stammten. Zudem wird vermutet, dass die Brüder auch einen Teil der Märchen selbst erfunden haben. Doch damit nicht genug: Literarisch und sprachlich hochgebildet, wie Jacob und Wilhelm Grimm waren, blieb es nicht allein beim Sammeln von Märchentexten. Vielmehr be- bzw. überarbeiteten die Brüder viele der notierten Geschichten. Ende 1812 erschien der erste Band der »Kinder- und Hausmärchen«, dem 1815 der zweite Band folgte.

Eigentlich war hierfür von den beiden Brüdern angedacht, die Märchensammlung lediglich mit deutschstämmigen Märchen zu bestücken. Daher wurden zum Beispiel Texte wie *Der gestiefelte Kater,* der aus Frankreich übernommen wurde, nachträglich wieder aus der Sammlung entfernt. Glücklicherweise ist dies nur eines der wenigen Märchen, das aufgrund seiner kulturellen Wurzeln weichen musste – denn die Brüder Grimm waren in dieser Hinsicht wenig konsequent. So sind nichtsdestotrotz einige der bekanntesten Märchen aus der Sammlung der Brüder Grimm in Frankreich verwurzelt, beispielsweise auch die Geschichte von *Rotkäppchen*. Dieses Märchen hat in seinem Ursprungstext ein wesentlich tragischeres Ende als in der deutschen Ausgabe der Brüder Grimm. Ein Vergleich der beiden Fassungen zeigt, wie unterschiedlich auch die Figuren und Orte beschrieben werden.

Bei *Hänsel und Gretel* sind ebenfalls wichtige Einzelheiten abgeändert worden: Zum Beispiel bestand das Haus der bösen Hexe ursprünglich aus Brot, Kuchen und Zucker – nicht aus Lebkuchen. Um die Märchen so kindgerecht wie möglich aufzubereiten, änderten die Grimms im Laufe der Zeit einige wichtige Details. Deutlich wird dies, wenn man die Texte der ersten Ausgaben mit denen der letzten Ausgabe des Sammelbandes von 1857 vergleicht. Beispielsweise machten die Brüder Grimm aus der Mutter in *Hänsel und Gretel* kurzerhand eine Stiefmutter, da die Absicht, ihre Kinder zu verstoßen, nicht mit dem Mutterbild der damaligen Zeit zu vereinbaren war.

Wer sich die einzelnen Märchentexte dieser Ausgabe zu Gemüte führt, wird schnell feststellen, dass es bei aller Vielfalt immer wiederkehrende Motive (wie den Auszug in die Welt oder den Kampf gegen das Böse), gleiche Orte (wie den Wald oder das Schloss) und sich ähnelnde Figurenbeziehungen gibt: Der arme Bruder muss mit einem reichen Bruder auskommen; ein guter Sohn steht einem bösen Sohn gegenüber und das fleißige Mädchen ist so ganz anders als seine faule Schwester. Dabei liegen die Sympathien in aller Regel auf der Seite derjenigen, die sich trotz widriger Bedingungen durchsetzen. Dass das Gute über das Böse siegt, ist nach wie vor eine zentrale Botschaft der meisten Märchentexte, nicht nur der der Brüder Grimm.

Faszinierend dürfte für heutige Leser auch die Auseinandersetzung mit der Symbolik von Zahlen im Märchen sein. Wem ist zum Beispiel schon einmal aufgefallen, in wie vielen Märchen die Zahl 7 eine zentrale Rolle spielt? Man denke an *Die sieben Schwaben* oder *Der Wolf und die sieben Geißlein*. Kulturgeschichtlich wird die Zahl 7 als heilige Zahl bezeichnet, weil sie als Zahl der Vollendung, der Fülle und der Vollständigkeit gilt. Ähnlich verhält es sich mit den Zahlen 3 oder 6: Die Geschichten *Die drei Spinnerinnen*, *Die drei Brüder*, *Die sechs Schwäne* oder auch *Sechse kommen durch die ganze Welt* beinhalten die Ziffern ebenfalls bereits in ihren Überschriften. Wer sich einmal die Mühe macht, auf die immer wiederkehrenden Zahlen in den Märchen der Brüder Grimm zu achten, wird erstaunt sein über deren häufiges Auftreten.

Was zudem die Besonderheit dieses Märchensammelbandes ausmacht, ist, neben der Zusammenstellung der dreiundsiebzig Texte, vor allem auch deren illustrative Ausstattung. Ein Buchkünstler steht sicher vor keiner leichten Aufgabe, wenn er solch konflikt- und spannungsreiche Märchentexte zu illustrieren hat. Die Illustrationen für diesen Band fertigte der bekannte Münchner Maler Paul Hey in den Jahren zwischen 1912 und 1914 an. Ebenso, wie die Bilder den damaligen Zeitgeist widerspiegeln, lässt auch die Sprache erkennen, in welcher Epoche die Texte entstanden sind. Die vorliegende Ausgabe bietet dem Leser die Möglichkeit, den Wandel der deutschen Sprache über zwei Jahrhunderte hinweg nachzuerleben. Obwohl diese Edition zeitgemäß überarbeitet wurde, wurden Ausdrücke wie »Maulaffen feilhalten« (*Schneeweißchen und Rosenrot*) ganz bewusst beibehalten. Denn die Texte sollen zwar für die heutigen Generationen verständlich sein, aber dennoch ein Stück weit die Sprachgeschichte verkörpern und zum Nachforschen anregen.

Auf diese Weise verkörpert die Märchensammlung der Brüder Grimm ein interessantes, facettenreiches und lebendiges Stück Sprach- und Kulturgeschichte.

Und sie macht deutlich, dass die Grimmschen Märchen wesentlich vielfältiger und umfangreicher sind, als man aufgrund der allseits bekannten Texte wie *Rapunzel, Dornröschen* oder *Froschkönig* vermutet. Es bleibt daher zu wünschen, dass die Märchen dieser Sammlung noch heute, morgen und übermorgen gelesen und erzählt werden.

Claudia Blei-Hoch

Aschenputtel

Eines Tages wurde die Frau eines reichen Mannes krank. Als sie merkte, dass es mit ihr zu Ende ging, rief sie ihre einzige Tochter zu sich ans Bett und sagte: »Liebes Kind, bleib brav und tu Gutes, dann wird der liebe Gott immer für dich da sein. Und auch ich werde vom Himmel auf dich herabblicken und auf dich aufpassen.« Daraufhin schloss sie die Augen und starb.

Das Mädchen ging jeden Tag zum Grab der Mutter und weinte und blieb brav. Als der Winter kam, deckte der Schnee ein weißes Tuch über das Grab, und als die Sonne im Frühjahr es wieder heruntergezogen hatte, nahm sich der Mann eine andere Frau.

Die Frau hatte zwei Töchter, die zwar schön, aber böse waren. Es begann eine schwere Zeit für das arme Stiefkind.

»Soll die dumme Gans wohl hier bei uns in der guten Stube sitzen?«, schimpften sie. »Wer essen will, muss auch arbeiten. Los, hinaus mit dir in die Küche!«

Sie nahmen dem Mädchen die schönen Kleider weg, zogen ihm einen alten grauen Kittel an und gaben ihm Holzschuhe. »Schaut euch einmal die stolze Prinzessin an, wie sie hergeputzt ist!«, höhnten sie, lachten und führten ihre Stiefschwester in die Küche. Da musste sie von morgens bis abends schwer arbeiten, vor Tagesanbruch aufstehen, Wasser schleppen, Feuer machen, kochen und waschen. Obendrein waren die Schwestern sehr gemein zu ihr, verspotteten sie und schütteten ihr die Erbsen und Linsen in die Asche, sodass sie alles wieder auflesen musste. Abends konnte sie nicht einmal todmüde, wie sie war, in ein Bett fallen, sondern musste sich neben den Herd in die Asche legen. Und weil sie deshalb immer schmutzig aussah, nannte man sie Aschenputtel.

Als der Vater einmal auf Geschäftsreise ging, fragte er die beiden Stieftöchter, was er ihnen mitbringen solle.

»Schöne Kleider«, sagte die eine.

»Perlen und Edelsteine«, die zweite.

»Und du, Aschenputtel«, wandte er sich an seine eigene Tochter, »was willst du haben?«

»Vater, brich den ersten Zweig, der dir auf deinem Heimweg an den Hut stößt, für mich ab.«

Der Vater kaufte also für die beiden Stiefschwestern schöne Kleider, Perlen und Edelsteine und auf dem Rückweg, als er durch einen grünen Busch ritt, streifte ihn ein Haselzweig und stieß ihm den Hut vom Kopf. Da brach er den Zweig ab und nahm ihn mit. Zu Hause gab er den Stieftöchtern, was sie sich gewünscht hatten, und dem Aschenputtel überreichte er den Zweig von dem Haselbusch. Aschenputtel bedankte sich bei ihm, ging zum Grab seiner Mutter und pflanzte den Zweig ein und weinte so sehr, dass die Tränen darauffielen und er damit begossen wurde. Der Zweig wuchs und wurde zu einem schönen Baum. Aschenputtel ging jeden Tag drei Mal zum Grab unter den Baum, weinte und betete. Und jedes Mal kam ein weißes Vöglein. Wenn das Mädchen einen Wunsch äußerte, so warf ihm das Vöglein herab, was es haben wollte.

Eines Tages hatte der König vor, ein Fest zu geben, das drei Tage dauern sollte und auf das alle schönen Jungfrauen im Lande eingeladen wurden, damit sich sein Sohn eine Braut aussuchen konnte. Als die zwei Stiefschwestern hörten, dass sie auch erscheinen sollten, waren sie guter Dinge, riefen Aschenputtel und sagten: »Kämm uns die Haare, bürste uns die Schuhe und hilf uns beim Ankleiden, wir gehen zum Fest auf das Schloss des Königs.«

Aschenputtel gehorchte, weinte aber, weil es auch gern zum Tanzen mitgegangen wäre, und bat die Stiefmutter, es ihm zu erlauben.

»Du Aschenputtel«, antwortete sie, »bist voll Staub und Schmutz und willst zum Fest? Du hast keine Kleider und Schuhe und willst tanzen!« Als das Mädchen aber nicht aufhörte zu bitten, sagte sie schließlich: »Hier habe ich dir eine Schüssel Linsen in die Asche geschüttet. Wenn du die Linsen in zwei Stunden wieder aufgelesen hast, darfst du mitgehen.«

Das Mädchen ging durch die Hintertür in den Garten und rief: »Ihr zahmen Täubchen, ihr Turteltäubchen, all ihr Vöglein unter dem Himmel, kommt und helft mir,

die Guten ins Töpfchen,
die Schlechten ins Kröpfchen.«

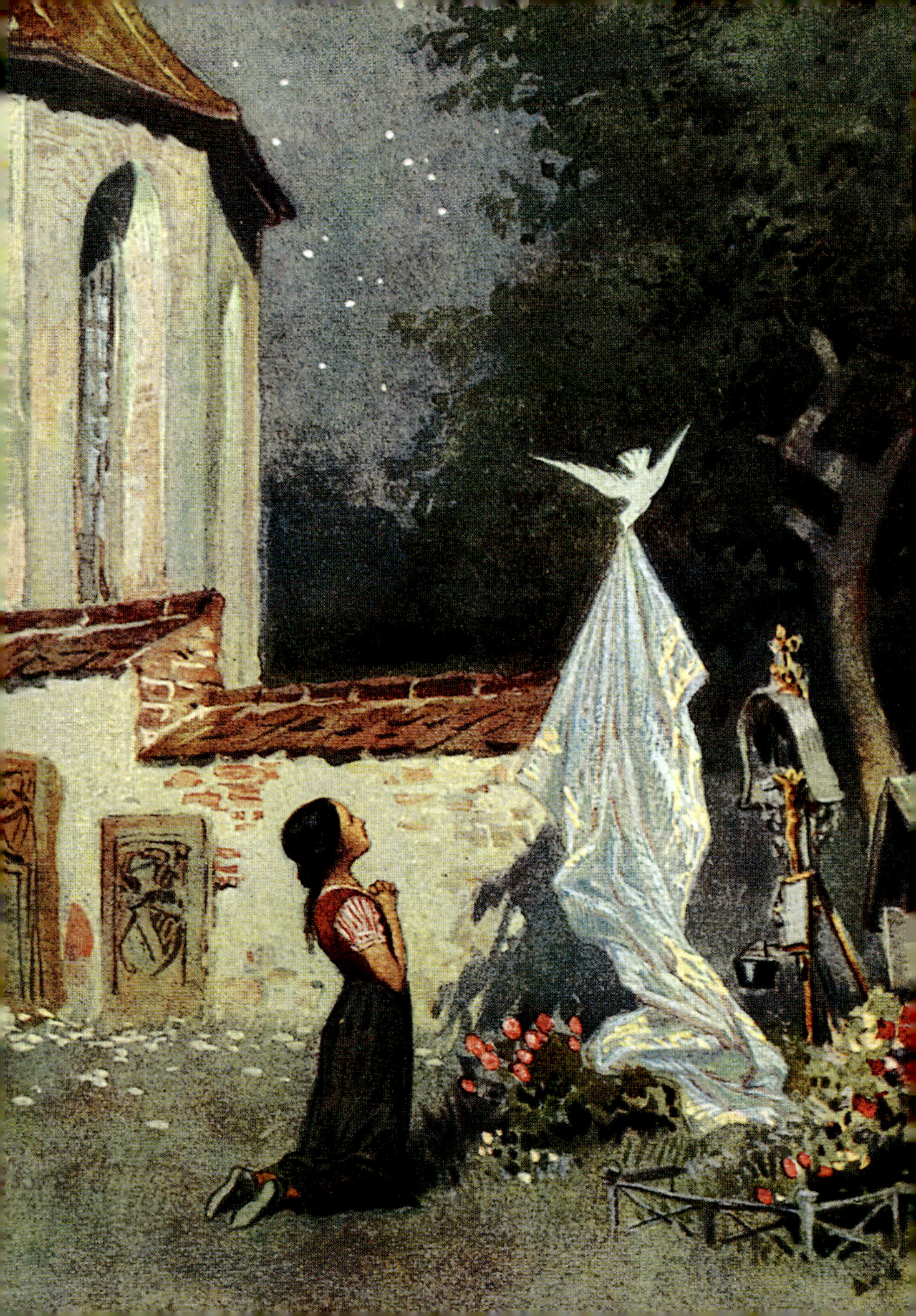

Aschenputtel, zu Seite 16

Aschenputtel

Da kamen zwei weiße Täubchen zum Küchenfenster herein und danach die Turteltäubchen und schließlich schwirrten und schwärmten Vögel aller erdenklichen Arten herein und ließen sich um die Asche nieder. Und die Täubchen nickten mit den Köpfchen und fingen an pick, pick, pick, pick. Und da fingen die anderen Vögel auch an pick, pick, pick, pick und sammelten alle guten Körnchen in der Schüssel. Kaum war eine Stunde vorüber, waren sie schon fertig und flogen alle wieder hinaus. Das Mädchen brachte die Schüssel der Stiefmutter und freute sich, weil es glaubte, nun mit auf das Fest gehen zu dürfen. Aber die Stiefmutter sagte: »Nein, Aschenputtel, du hast keine Kleider und kannst nicht tanzen. Du wirst nur ausgelacht.«

Als es nun weinte, sagte sie: »Wenn du mir zwei Schüsseln voll Linsen in einer Stunde aus der Asche sauber aufsammeln kannst, darfst du mitgehen«, und dachte: Das schafft das Aschenputtel im Leben nicht.

Nachdem sie die zwei Schüsseln Linsen in die Asche geschüttet hatte, ging das Mädchen durch die Hintertür in den Garten und rief: »Ihr zahmen Täubchen, ihr Turteltäubchen, all ihr Vöglein unter dem Himmel, kommt und helft mir,

> die Guten ins Töpfchen,
> die Schlechten ins Kröpfchen.«

Da kamen zwei weiße Täubchen zum Küchenfenster herein und danach die Turteltäubchen und schließlich schwirrten und schwärmten Vögel aller erdenklichen Arten herein und ließen sich um die Asche nieder. Und die Täubchen nickten mit ihren Köpfchen und fingen an pick, pick, pick, pick. Und da fingen die übrigen auch an pick, pick, pick, pick und sammelten alle guten Körner in den Schüsseln. Bevor eine halbe Stunde vorüber war, waren sie schon fertig und flogen alle wieder hinaus. Da trug das Mädchen die Schüsseln zu der Stiefmutter und freute sich, weil es glaubte, nun mit auf das Fest gehen zu dürfen. Aber die Stiefmutter sagte: »Es hilft dir alles nichts: Du kommst nicht mit, denn du hast keine Kleider und kannst nicht tanzen. Wir müssten uns schämen für dich.« Daraufhin kehrte sie Aschenputtel den Rücken zu und eilte mit ihren zwei stolzen Töchtern davon.

Als nun niemand mehr zu Hause war, ging Aschenputtel zum Grab seiner Mutter unter den Haselbaum und rief:

> »Bäumchen, rüttel dich und schüttel dich,
> wirf Gold und Silber über mich.«

Da warf ihm der Vogel ein Kleid herunter, das golden und silbern war, und mit Seide und Silber bestickte Pantoffeln. In aller Eile zog das Mädchen das Kleid an und ging zum Fest. Seine Schwestern und die Stiefmutter erkannten es nicht und nahmen an, die Schöne in dem goldenen Kleid müsste eine fremde Königstochter sein. Dass es sich um Aschenputtel handeln könnte, darauf kamen sie nicht. Sie dachten, es säße zu Hause im Schmutz und las die Linsen aus der Asche. Der Königssohn kam der Schönen entgegen, nahm sie bei der Hand und tanzte mit ihr. Er wollte mit niemandem sonst tanzen, sodass er ihre Hand gar nicht mehr losließ, und wenn ein anderer kam, um sie aufzufordern, sagte er: »Das ist meine Tänzerin.«

Aschenputtel tanzte, bis es Abend war, da wollte es nach Hause gehen. Der Königssohn aber sagte: »Ich gehe mit und begleite dich«, denn er wollte wissen, wo das schöne Mädchen wohnte. Es entwischte ihm aber und versteckte sich im Taubenhaus. Nun wartete der Königssohn, bis der Vater kam, und sagte ihm, das fremde Mädchen, das ihm so gefalle, sei in das Taubenhaus gesprungen. Der Alte dachte: Sollte er Aschenputtel meinen? Und er ließ sich eine Axt bringen, damit er das Taubenhaus einschlagen konnte: Aber es war niemand darin. Und als sie ins Haus kamen, lag Aschenputtel in seinen schmutzigen Kleidern in der Asche und ein trübes Öllämpchen brannte im Schornstein, denn Aschenputtel war geschwind aus dem Taubenhaus hinten herabgesprungen und zu dem Haselbäumchen gelaufen. Da hatte es die schönen Kleider ausgezogen und aufs Grab gelegt und der Vogel hatte sie wieder weggenommen. Dann hatte es sich in seinem grauen Kittelchen in die Küche an seinen Platz in der Asche begeben.

Am nächsten Tag, als das Fest von Neuem begann und die Eltern und Stiefschwestern wieder weg waren, ging Aschenputtel zu dem Haselbaum und rief:

> »Bäumchen, rüttel dich und schüttel dich,
> wirf Gold und Silber über mich.«

Da warf der Vogel ein noch viel prunkvolleres Kleid herab als am vorigen Tag. Und als Aschenputtel damit auf dem Fest erschien, staunte jedermann über seine Schönheit. Der Königssohn aber hatte gewartet, bis es kam, nahm es gleich bei der Hand und tanzte nur mit ihm. Wenn andere kamen und es aufforderten, sagte er: »Das ist meine Tänzerin.« Als es Abend wurde, verließ Aschenputtel das Schloss. Der Königssohn ging ihm nach, denn er wollte sehen, wohin es ging. Aber die Schöne entwischte ihm und sprang in den Garten hinter dem Haus. Darin stand ein prächtiger großer Baum, an dem die herrlichsten Birnen hingen. Aschenputtel kletterte so behände wie ein Eichhörnchen durch das Geäst und der Königssohn wusste nicht, wo es abgeblieben war. Er wartete so lange, bis der Vater kam, und sagte zu ihm: »Ich habe das schöne fremde Mädchen aus den Augen verloren, aber ich glaube, es ist auf den Birnbaum gesprungen.« Der Vater dachte: Sollte er Aschenputtel meinen? Er ließ sich die Axt holen und fällte den Baum, aber es war niemand darauf.

Und als sie in die Küche kamen, lag Aschenputtel in der Asche wie sonst auch, denn es war auf der anderen Seite des Baums herabgesprungen, hatte dem Vogel auf dem Haselbäumchen die schönen Kleider zurückgebracht und sein graues Kittelchen angezogen.

Am dritten Tag, als die Eltern und Schwestern weg waren, ging Aschenputtel wieder zum Grab seiner Mutter und sagte zu dem Bäumchen:

»Bäumchen, rüttel dich und schüttel dich,
   wirf Gold und Silber über mich.«

Nun warf ihm der Vogel ein Kleid herab, das so prächtig war wie noch nie eins zuvor und die Pantoffeln waren ganz golden. Als es in dem Kleid zu dem Fest kam, wusste vor Verwunderung keiner, was er sagen sollte. Der Königssohn tanzte nur mit ihm, und wenn einer es aufforderte, sagte er: »Das ist meine Tänzerin.«

Als es nun Abend wurde, wollte Aschenputtel davonlaufen und der Königssohn wollte es begleiten, aber es war so schnell, dass er nicht folgen konnte. Der Königssohn hatte sich aber eine List ausgedacht und die ganze Treppe mit Pech bestreichen lassen. Dort blieb, als die Schöne hinabsprang, der linke Pantoffel hängen. Der Königssohn hob ihn auf. Der Schuh war klein und zierlich und ganz golden. Am nächsten Morgen ging er damit zu dem Mann, bei dessen Haus ihm das schöne Mädchen schon zweimal entwischt war, und sagte zu ihm: »Keine andere soll meine Gemahlin werden als die, der dieser goldene Schuh passt.« Da freuten sich die beiden Schwestern, denn sie hatten schöne Füße.

Die Älteste ging mit dem Schuh in die Kammer und wollte ihn anprobieren, während die Mutter dabeistand. Aber sie kam mit dem großen Zeh nicht hinein: Der Schuh war ihr zu klein. Da reichte ihr die Mutter ein Messer und sagte: »Hau die Zehe ab: Wenn du Königin bist, brauchst du nicht mehr zu Fuß zu gehen.« Das Mädchen hieb die Zehe ab, zwängte den Fuß in den Schuh, schluckte den Schmerz hinunter und ging hinaus zum Königssohn. Der nahm sie als seine Braut mit auf sein Pferd und ritt mit ihr davon. Sie mussten aber an dem Grab vorbei, wo die zwei Täubchen auf dem Haselbäumchen saßen und riefen:

>»Ruckedigu, ruckedigu,
Blut ist im Schuh;
der Schuh ist zu klein,
die rechte Braut sitzt noch daheim.«

Da blickte der Prinz auf ihren Fuß und sah, wie das Blut herausquoll. Er wendete sein Pferd, brachte die falsche Braut wieder nach Hause und sagte, das sei nicht die richtige, die andere Schwester solle den Schuh anziehen. Da ging diese in die Kammer und kam mit den Zehen glücklich in den Schuh, aber die Ferse war zu groß. Da reichte ihr die Mutter ein Messer und sagte: »Hau ein Stück von der Ferse ab. Wenn du Königin bist, brauchst du nicht mehr zu Fuß zu gehen.« Das Mädchen hieb ein Stück von der Ferse ab, zwängte den Fuß in den Schuh, schluckte den Schmerz hinunter und ging hinaus zum Königssohn.

Da nahm er sie als seine Braut mit auf sein Pferd und ritt mit ihr davon. Als sie an dem Haselbäumchen vorbeikamen, saßen wieder die zwei Täubchen darauf und riefen:

> »Ruckedigu, ruckedigu,
> Blut ist im Schuh;
> der Schuh ist zu klein,
> die rechte Braut sitzt noch daheim.«

Er blickte hinunter auf ihren Fuß und sah, wie das Blut aus dem Schuh quoll und die weißen Strümpfe schon ganz rot gefärbt hatte. Da wendete er sein Pferd und brachte die falsche Braut wieder nach Hause.

»Das ist auch nicht die richtige«, sagte er. »Habt Ihr keine andere Tochter?«

»Nein«, antwortete der Mann, »nur von meiner verstorbenen Frau ist noch ein kleines, verkümmertes Aschenputtel da. Das kann unmöglich die Richtige sein.«

Der Königssohn verlangte, dieses Aschenputtel zu holen, die Mutter aber erwiderte: »Ach nein, das ist viel zu schmutzig, das kann sich nicht sehen lassen.«

Der Prinz bestand jedoch auf seinem Wunsch und Aschenputtel musste gerufen werden. Da wusch es sich erst Hände und Gesicht sauber, ging dann zu dem Königssohn und senkte den Kopf. Der Prinz reichte ihm den goldenen Schuh. Dann setzte Aschenputtel sich auf einen Schemel, zog den Fuß aus dem schweren Holzschuh und steckte ihn in den Pantoffel. Der saß wie angegossen. Und als es sich aufrichtete und der König ihm ins Gesicht sah, erkannte er das schöne Mädchen, das mit ihm getanzt hatte, und rief: »Das ist die richtige Braut!«

Die Stiefmutter und die beiden Schwestern erschraken und wurden bleich vor Ärger. Der Prinz aber nahm Aschenputtel mit auf sein Pferd und ritt mit ihm davon. Als sie an dem Haselbäumchen vorbeikamen, riefen die zwei weißen Täubchen:

> »Ruckedigu, ruckedigu,
> kein Blut ist im Schuh;
> der Schuh ist nicht zu klein,
> die rechte Braut, die führt er heim.«

Und als sie das gerufen hatten, kamen sie beide herabgeflogen und setzten sich dem Aschenputtel auf die Schultern, eine rechts, die andere links, und blieben da sitzen.

Märchen von einem, der auszog, das Fürchten zu lernen

Ein Vater hatte zwei Söhne, davon war der ältere klug und wusste sich mit allem zu helfen, der jüngere aber war dumm und schwer von Begriff. Wenn ihn die Leute sahen, sagten sie: »Mit dem wird es der Vater noch schwer haben!« Wenn nun etwas zu tun war, so musste immer der Ältere herhalten. Trug ihm aber der Vater noch spät am Tag oder gar in der Nacht auf, etwas zu holen, und der Weg führte dabei über den Kirchhof oder sonst einen schaurigen Ort, so antwortete er: »Ach nein, Vater, ich gehe nicht dahin, es gruselt mich!«, denn er fürchtete sich. Oder wenn abends beim Feuer Geschichten erzählt wurden, bei denen man Gänsehaut bekam, sagten die Zuhörer manchmal: »Ach, es gruselt mich!« Der Jüngere saß in einer Ecke und verstand nicht, was es heißen sollte.

»Immer sagen sie: Es gruselt mich! Es gruselt mich! Mich gruselt's nicht. Das wird wohl eine Fähigkeit sein, die ich auch nicht habe.«

Eines Tages sagte der Vater zu ihm: »Hör zu, du in der Ecke dort, du wirst groß und stark und musst auch etwas lernen, womit du dir dein Brot verdienen kannst. Siehst du, wie sich dein Bruder anstrengt, aber bei dir ist Hopfen und Malz verloren.«

»Ei, Vater«, antwortete er, »ich will ja gerne was lernen. Ja, wenn's geht, möchte ich lernen, dass es mich gruselt. Davon verstehe ich noch gar nichts.«

Der Ältere lachte, als er das hörte, und dachte bei sich: Du lieber Gott, was für ein Dummkopf ist mein Bruder, aus dem wird nie etwas. Was ein Häkchen werden will, muss sich beizeiten krümmen.

Der Vater seufzte und antwortete dem Jüngeren: »Das Gruseln, das sollst du schon lernen, aber dein Brot wirst du damit nicht verdienen.«

Bald danach kam der Küster zu Besuch, da klagte ihm der Vater seine Not und erzählte, wie dumm sich sein jüngerer Sohn bei allem anstelle, er wisse nichts und lerne nichts.

»Stellt Euch vor, als ich ihn fragte, womit er sein Brot verdienen wolle, hat er sogar verlangt, das Gruseln zu lernen.«

»Wenn's weiter nichts ist«, antwortete der Küster, »das kann er gern bei mir lernen; schickt ihn nur zu mir, ich will ihm den Kopf schon zurechtrücken.«

Der Vater war zufrieden, weil er dachte: Der Junge wird dort ein wenig zurechtgestutzt.

Der Küster nahm ihn also mit zu sich und er musste die Glocke läuten. Nach ein paar Tagen weckte er ihn um Mitternacht und befahl ihm aufzustehen, in den Kirchturm zu steigen und zu läuten. Du sollst schon lernen, was Gruseln ist, dachte er und ging heimlich voraus. Als der Junge oben war, sich umdrehte und das Glockenseil fassen wollte, sah er auf der Treppe, dem Schallloch gegenüber, eine weiße Gestalt.

»Wer da?«, rief er, aber die Gestalt gab keine Antwort, regte und bewegte sich nicht. »Antworte mir«, rief der Junge, »oder mach, dass du fortkommst, du hast hier in der Nacht nichts zu suchen.«

Der Küster aber blieb unbeweglich stehen, denn der Junge sollte glauben, es sei ein Gespenst.

Der Junge rief zum zweiten Mal: »Was willst du hier? Los, antworte, wenn du ein ehrlicher Mensch bist, oder ich werfe dich die Treppe hinab.«

Der Küster dachte: Das wird der Junge schon nicht so ernst meinen, gab keinen Laut von sich und stand da, als wäre er aus Stein.

Da sprach ihn der Junge zum dritten Mal an, und als das auch nichts nützte, nahm er Anlauf und stieß das Gespenst die Treppe hinab, sodass es zehn Stufen hinabfiel und in einer Ecke liegen blieb. Daraufhin läutete er die Glocke, ging heim, legte sich, ohne ein Wort zu sagen, ins Bett und schlief weiter.

Die Küsterfrau wartete lange auf ihren Mann, aber er kam einfach nicht wieder. Da bekam sie es mit der Angst zu tun, sie weckte den Jungen und fragte: »Weißt du nicht, wo mein Mann geblieben ist? Er ist doch vor dir auf den Turm gestiegen.«

»Nein«, antwortete der Junge, »aber da hat einer dem Schallloch gegenüber auf der Treppe gestanden. Weil er keine Antwort geben und auch nicht weggehen wollte, habe ich ihn für einen Schurken gehalten und hinuntergestoßen. Geht nur hin, dann werdet Ihr sehen, ob er's gewesen ist. Er würde mir leidtun.«

Die Frau rannte schnell hinaus und fand ihren Mann, der in einer Ecke lag und jammerte. Sein Bein war gebrochen.

Sie trug ihn ins Haus und eilte dann zeternd und keifend zu dem Vater des Jungen. »Euer Sohn«, rief sie, »hat ein großes Unglück angerichtet. Meinen Mann hat er die Treppe hinabgeworfen, sodass er sich ein Bein gebrochen hat. Schafft den Nichtsnutz aus unserm Haus.«

Der Vater erschrak, kam herbeigelaufen und schimpfte den Jungen. »Was hast du Schlimmes angerichtet, dazu muss dich der Teufel angestiftet haben!«

»Vater«, antwortete er, »ich bin ganz unschuldig. Es war so: Er stand mitten in der Nacht da wie einer, der Böses im Sinn hat. Ich wusste nicht, wer's war, und habe ihn dreimal ermahnt zu reden oder wegzugehen.«

»Ach«, sagte der Vater, »mit dir habe ich nur Sorgen. Geh mir aus den Augen, ich will dich nicht mehr sehen.«

»Ja, Vater, sehr gerne. Wartet nur, bis es Tag ist, dann will ich losziehen und das Gruseln lernen. Dann habe ich etwas gelernt, was mich ernähren kann.«

»Lerne, was du willst«, sagte der Vater, »mir ist alles egal. Da hast du fünfzig Taler, damit geh in die weite Welt und sage keinem, wo du herkommst und wer dein Vater ist, denn ich muss mich für dich schämen.«

»Ja, Vater, wie Ihr wollt. Wenn Ihr weiter nichts verlangt, diesen Wunsch kann ich leicht erfüllen.«

Als nun der Tag anbrach, steckte der Junge seine fünfzig Taler ein, ging hinaus auf die große Landstraße und murmelte immer vor sich hin: »Wenn es mich nur gruseln würde! Wenn es mich nur gruseln würde!«

Da kam ein Mann auf ihn zu, der mit angehört hatte, was der Junge zu sich selbst gesagt hatte. Als sie ein Stück weitergegangen waren, sodass man den Galgen sehen konnte, sagte der Mann zu ihm: »Siehst du, dort ist der Baum, wo sieben Männer mit dem Seil enge Bekanntschaft geschlossen haben. Setz dich darunter und warte, bis die Nacht kommt, dann wirst du schon das Gruseln lernen.«

»Wenn ich weiter nichts machen muss«, antwortete der Junge, »das ist ja leicht. Lerne ich aber auf diese Weise schnell das Gruseln, sollst du meine fünfzig Taler haben: Komm nur morgen früh wieder zu mir.« Da ging der Junge zu dem Galgen, setzte sich darunter und wartete, bis der Abend kam. Und weil ihn fror, machte er sich ein Feuer. Aber um Mitternacht wehte der Wind so kalt, dass ihm trotz des Feuers nicht warm wurde. Und als der Wind die Gehenkten gegeneinanderstieß, dass sie sich hin und her bewegten, dachte er: Du frierst schon unten am Feuer, was mögen die da oben erst frieren und zittern. Und weil er Mitleid hatte, stellte er die Leiter an den Baum, stieg hinauf, band einen nach dem andern los und holte sie alle sieben herab. Daraufhin heizte er das Feuer an und setzte die sieben ringsherum, damit sie sich wärmen konnten. Aber sie saßen nur da und regten sich nicht. Das Feuer ergriff ihre Kleider. Da sagte der Junge: »Nehmt euch in Acht, sonst häng ich euch wieder hinauf.« Die Toten aber hörten nicht auf ihn, schwiegen und ließen ihre Lumpen verbrennen. Da wurde er böse und sagte: »Wenn ihr nicht achtgeben wollt, kann ich euch auch nicht helfen. Ich jedenfalls will nicht mit euch zusammen verbrennen.« Dann hängte er sie der Reihe nach wieder hinauf. Anschließend setzte er sich wieder an sein Feuer und schlief ein.

Am anderen Morgen kam der Mann zu ihm, wollte die fünfzig Taler haben und fragte: »Nun, weißt du, was Gruseln ist?«

»Nein«, antwortete der Junge, »woher sollte ich es wissen? Die da oben haben das Maul nicht aufgetan und waren so dumm, dass sie die paar alten Lappen, die sie am Leibe trugen, verbrennen ließen.«

Da sah der Mann, dass er die fünfzig Taler heute nicht bekommen würde, ging davon und sagte: »So einem bin ich noch nie begegnet!«

Der Junge ging auch seines Weges und fing wieder an, vor sich hin zu reden: »Ach, wenn es mich nur gruseln würde! Ach, wenn es mich nur gruseln würde!«

Das hörte ein Fuhrmann, der hinter ihm herging, und fragte: »Wer bist du?«

»Ich weiß nicht«, antwortete der Junge.

Der Fuhrmann fragte weiter: »Wo bist du her?«

»Ich weiß nicht.«

»Wer ist dein Vater?«

»Das darf ich nicht sagen.«

Märchen von einem, der auszog, das Fürchten zu lernen

»Was brummst du da dauernd in den Bart hinein?«

»Ei«, antwortete der Junge, »ich hätte gern, dass es mich gruselt, aber niemand kann es mich lehren.«

»Lass dein dummes Geschwätz!«, sagte der Fuhrmann. »Komm, geh mit mir. Ich will sehen, was ich für dich tun kann.«

Der Junge ging mit dem Fuhrmann und abends gelangten sie zu einem Wirtshaus, wo sie übernachten wollten. Beim Eintreten in die Gaststube sagte er wieder ganz laut: »Wenn es mich nur gruseln würde! Wenn es mich nur gruseln würde!«

Als der Wirt das hörte, lachte er und sagte: »Wenn du dich gruseln willst, hast du hier bestimmt die Gelegenheit dazu.«

»Ach, sei ruhig«, sagte die Wirtsfrau, »so mancher hat schon sein Leben eingebüßt. Es wäre jammerschade um die schönen Augen, wenn sie das Tageslicht nicht wiedersehen sollten.«

Der Junge aber sagte: »Wenn es noch so schwer ist, ich will es unbedingt lernen, deshalb bin ich ja auch von zu Hause weggegangen.« Er ließ dem Wirt keine Ruhe, bis dieser erzählte, dass nicht weit vom Gasthaus ein verwunschenes Schloss stehe, wo man mit Sicherheit lernen würde, was Gruseln sei, wenn man nur drei Nächte darin verbringe. Der König habe dem, der dies wagen würde, die Hand seiner Tochter versprochen, und die sei schöner als alle anderen Frauen der Welt. In dem Schloss lägen auch große Schätze, die von bösen Geistern bewacht und einem dann auch gehören würden. Schon viele seien hineingegangen, aber noch keiner sei wieder herausgekommen.

Am nächsten Morgen ging der Junge zum König und sagte: »Wenn es erlaubt ist, würde ich gern drei Nächte in dem verwunschenen Schlosse verbringen.«

Der König sah ihn an, und weil er ihm gefiel, sagte er: »Du darfst dir noch drei Sachen wünschen, aber es müssen leblose Dinge sein, und die darfst du mit ins Schloss nehmen.«

Da antwortete der Junge: »Dann bitte ich um ein Feuer, eine Drehbank und eine Schnitzbank mit dem Messer.«

Der König ließ ihm das alles bei Tage in das Schloss tragen. Als die Nacht anbrach, ging der Junge in das Schloss, machte sich in einer Kammer ein helles Feuer an, stellte die Schnitzbank mit dem Messer daneben und setzte sich auf die Drehbank.

»Ach, wenn es mich nur gruseln würde!«, sagte er. »Aber hier werde ich es auch nicht lernen.« Gegen Mitternacht wollte er sich sein Feuer noch einmal anschüren. Als er hineinblies, hörte er es plötzlich aus einer Ecke schreien: »Au, miau! Wie uns friert!«

»Ihr Dummköpfe«, rief er, »was schreit ihr? Wenn euch friert, kommt, setzt euch ans Feuer und wärmt euch.« Und sobald er das gesagt hatte, kamen zwei große schwarze Katzen mit einem gewaltigen Satz herbeigesprungen, setzten sich rechts und links von ihm und sahen ihn mit ihren feurigen Augen ganz wild an. Nach einem Weilchen, als sie sich gewärmt hatten, sagten sie: »Lieber Freund, wollen wir Karten spielen?«

»Warum nicht?«, antwortete der Junge. »Aber zeigt einmal eure Pfoten her.« Da streckten sie die Krallen aus. »Ei«, sagte er, »was habt ihr für lange Nägel! Wartet, die muss ich euch erst abschneiden!« Mit diesen Worten packte er sie beim Kragen, hob sie auf die Schnitzbank und schraubte ihnen die Pfoten fest. »Euch habe ich auf die Finger gesehen«, sagte er, »da vergeht mir die Lust zum Kartenspielen!« Da schlug er sie tot und warf sie hinaus ins Wasser. Als er aber die zwei aus dem Weg geschafft hatte und sich wieder an sein Feuer setzen wollte, da kamen aus allen Ecken und Winkeln schwarze Katzen und schwarze Hunde, die an glühende Ketten gebunden waren. Immer mehr und mehr, sodass er sich nicht mehr in Sicherheit bringen konnte. Die Ungetüme schrien gräulich, traten auf sein Feuer, zerrten die Glut auseinander und wollten sie ausmachen. Das sah er sich ein Weilchen ruhig mit an, als es ihm aber viel wurde, nahm er sein Schnitzmesser und rief: »Fort mit euch, ihr Gesindel!« Dann hieb auf sie ein. Einige flüchteten, die anderen schlug er tot und warf sie hinaus in den Teich. Als er wieder hereingekommen war, blies er aus den Funken sein Feuer noch einmal frisch an und wärmte sich. Und als er so dasaß, hatte er Mühe, die Augen offen zu halten, und er bekam Lust zu schlafen. Da blickte er um sich und sah in der Ecke ein großes Bett. »Das ist genau das Richtige für mich«, sagte er und legte sich hinein. Als er aber die Augen schließen wollte, fing das Bett von selbst an zu fahren und bewegte sich durch das ganze Schloss. »Gut so«, sagte er. »Nur immer weiter.« Da rollte das Bett davon, als wären sechs Pferde davorgespannt, über Schwellen und Treppen, auf und ab. Auf einmal, hopp, hopp!, fiel es um, das Unterste zuoberst, dass es wie ein Berg auf ihm lag. Aber er schleuderte Decken und Kissen in die Luft, stieg heraus und sagte: »Nun soll damit fahren, wer Lust hat«, legte sich an sein Feuer und schlief, bis es Tag war.

Am Morgen kam der König, und als er den Jungen da auf der Erde liegen sah, meinte er, die Gespenster hätten ihn umgebracht und er sei tot. Da sagte er: »Es ist doch schade um den schönen Menschen.«

Das hörte der Junge und richtete sich auf. »So weit ist es noch nicht!«

Da wunderte sich der König, freute sich aber und fragte, wie es ihm ergangen sei. »Ganz gut«, antwortete der Junge, »eine Nacht ist nun schon herum, die zwei anderen werden auch noch herumgehen.«

Als er zum Wirt kam, machte der große Augen. »Ich habe nicht geglaubt«, sagte er, »dass ich dich noch einmal lebendig wiedersehen würde. Hast du nun gelernt, was Gruseln ist?«

»Nein«, sagte er, »es ist alles vergeblich: Wenn es mir nur einer beibringen könnte!«

Die zweite Nacht ging er erneut hinauf ins alte Schloss, setzte sich ans Feuer und fing seine alte Leier wieder an: »Wenn es mich nur gruseln würde!«

Kurz vor Mitternacht war ein Lärm und Gepolter zu hören, erst leise, dann immer lauter, dann war es kurze Zeit still. Schließlich kam mit lautem Geschrei ein halber Mensch den Schornstein herab und fiel vor ihn hin. »Heda!«, rief er. »Es fehlt noch eine Hälfte, das ist zu wenig!« Da ging der Lärm von Neuem los, es tobte und heulte und der fehlende Teil fiel auch herab. »Warte«, sagte der Junge, »ich will dir erst das Feuer ein wenig anblasen.« Sobald er das getan hatte und sich wieder umsah, da hatten sich die beiden Stücke zusammengefügt und ein gräulicher Mann saß da auf seinem Platz. »So haben wir nicht gewettet«, sagte der Junge, »das ist meine Bank.« Der Mann wollte ihn wegdrängen, aber der Junge ließ sich das nicht gefallen, schob den Fremden mit Gewalt weg und setzte sich wieder auf seinen Platz. Da fielen noch mehr Männer herab, einer nach dem andern. Sie holten neun Skelettbeine und zwei Totenköpfe, stellten alles auf und spielten Kegel.

Der Junge bekam auch Lust und fragte: »Kann ich mitmachen?«
»Ja, wenn du Geld hast.«
»Geld habe ich genug«, antwortete er, »aber eure Kugeln sind nicht richtig rund.« Da nahm er die Totenköpfe, setzte sie in die Drehbank und drehte sie rund. »So, jetzt werden sie besser rollen«, sagte er. »Heida! Nun wird es lustig!«

Er spielte mit und verlor etwas von seinem Geld. Als es aber zwölf Uhr schlug, war alles vor seinen Augen verschwunden. Er legte sich nieder und schlief ruhig ein.

Am anderen Morgen kam der König, um sich nach seinem Befinden zu erkundigen. »Wie ist es dir diesmal ergangen?«, fragte er.
»Ich habe gekegelt«, antwortete er, »und ein paar Heller verloren.«
»Hat es dich denn nicht gegruselt?«

»Ei woher denn!«, antwortete er. »Meinen Spaß habe ich gehabt. Wenn ich nur wüsste, was Gruseln ist!«

In der dritten Nacht setzte er sich wieder auf seine Bank und sagte ganz niedergeschlagen: »Wenn es mich nur gruseln würde!«

Zu späterer Stunde kamen sechs große Männer und brachten einen Sarg herein.

Da sagte der Junge: »Haha, das ist bestimmt mein Vetter, der erst vor ein paar Tagen gestorben ist.« Er winkte mit dem Finger und rief: »Komm, Vetterchen, komm!«

Die Männer stellten den Sarg auf die Erde, der Junge aber trat hinzu und nahm den Deckel ab: Da lag ein toter Mann darin. Er hielt seine Hand an das Gesicht des Toten. Es war kalt wie Eis. »Warte«, sagte er, »ich wärme dich ein bisschen.« Er ging ans Feuer, wärmte dort seine Hand und legte sie dem Toten aufs Gesicht, der aber blieb kalt. Nun nahm er ihn heraus, setzte sich ans Feuer, legte den Toten auf seinen Schoß und rieb ihm die Arme, damit das Blut wieder in Bewegung käme.

Als auch das nichts half, fiel ihm ein, dass wenn zwei zusammen im Bett liegen, sie sich wärmen. Also brachte er den Toten ins Bett, deckte ihn zu und legte sich neben ihn. Nach einer Weile wurde auch der Tote warm und fing an, sich zu bewegen. Da sagte der Junge: »Siehst du, Vetterchen, wie gut, dass ich dich gewärmt habe!«

Der Tote aber setzte zu rufen an: »Jetzt will ich dich erwürgen.«

»Was«, sagte der Junge, »ist das der Dank? Gleich steck ich dich wieder in deinen Sarg.« Er hob ihn auf, warf ihn hinein und machte den Deckel zu. Da kamen die sechs Männer und trugen ihn fort. »Es gruselt mich einfach nicht«, sagte er, »hier lerne ich es nie im Leben.«

Da trat ein Mann herein, der größer als alle anderen war und fürchterlich aussah. Er war aber alt und hatte einen langen weißen Bart. »O du Zwerg«, rief er, »nun sollst du bald lernen, was Gruseln ist, denn du sollst sterben.«

»Nicht so schnell«, antwortete der Junge, »wenn ich sterben soll, muss ich auch dabei sein.«

»Mit dir werde ich schon fertig«, sagte der Unhold.

»Sachte, sachte, spiel dich nicht so auf. So stark wie du bin ich auch und wahrscheinlich sogar noch stärker.«

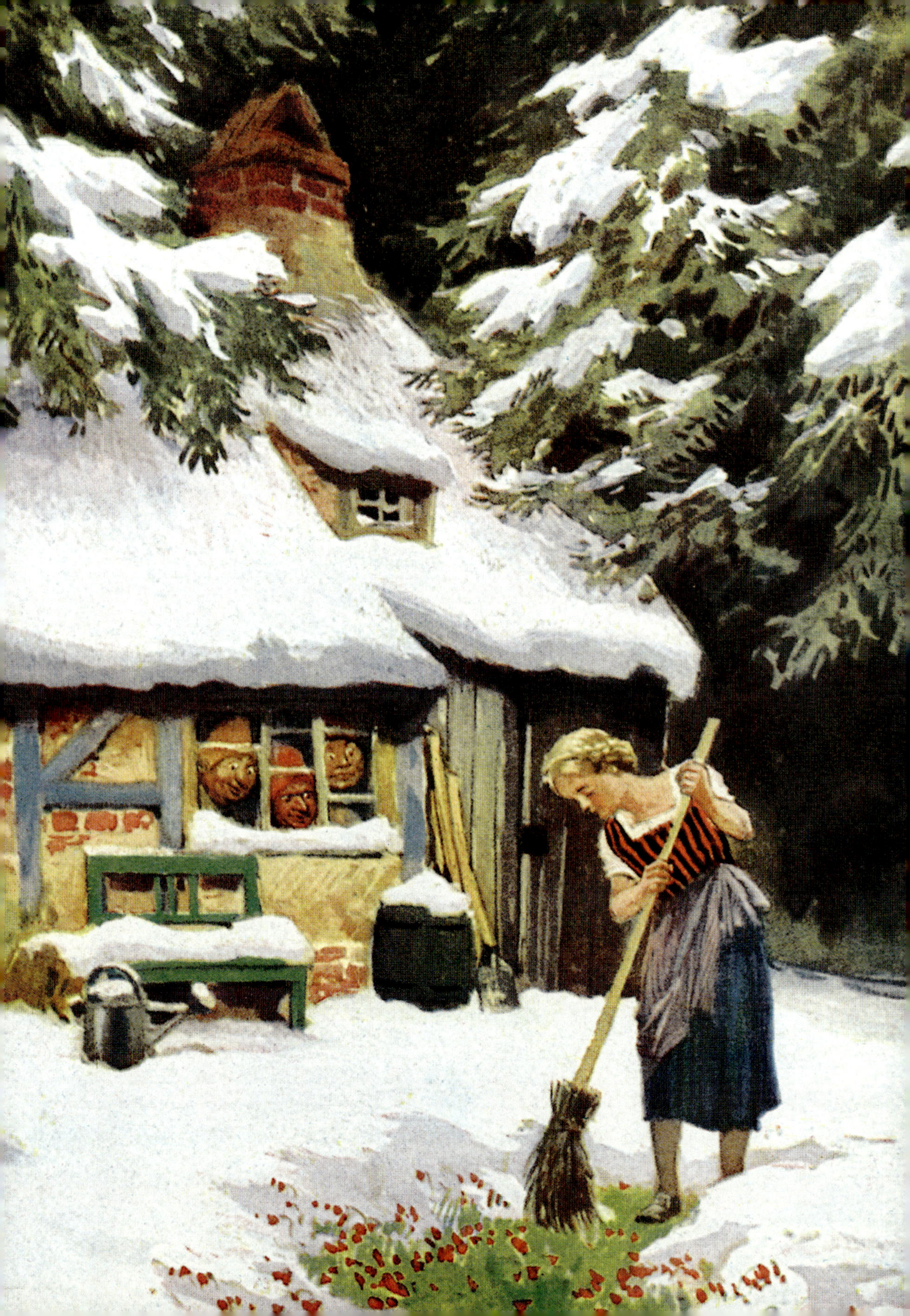

Die drei Männlein im Walde, zu Seite 40

»Das werden wir ja sehen«, sagte der Alte. »Bist du stärker als ich, lass ich dich gehen. Komm, wir wollen es versuchen.« Da führte er den Jungen durch dunkle Gänge zu einem Schmiedefeuer, nahm eine Axt und schlug einen von zwei Ambossen mit einem Schlag in die Erde.

»Das kann ich noch besser«, sagte der Junge und ging zu dem anderen Amboss.

Der Alte stellte sich neben ihn, um ihm zuzusehen. Sein weißer Bart hing herab.

Da nahm der Junge die Axt, spaltete den Amboss mit einem Hieb und klemmte gleichzeitig den Bart des Alten mit ein. »Nun hab ich dich«, sagte der Junge, »jetzt bist du es, der stirbt.« Dann nahm er eine Eisenstange und schlug auf den Alten ein, bis er wimmerte und bat aufzuhören. Er versprach dem Jungen dafür große Reichtümer. Der Junge zog die Axt raus und ließ ihn los.

Der Alte führte ihn wieder ins Schloss zurück und zeigte ihm in einem Keller drei Kisten voll Gold. »Davon«, sagte er, »ist ein Teil für die Armen, der andere für den König, der dritte für dich.« Unterdessen schlug es zwölf und der Geist verschwand, sodass der Junge im Dunkeln stand.

»Da werde ich doch wohl herausfinden«, murmelte er, tappte herum, entdeckte tatsächlich den Weg in die Kammer und schlief dort bei seinem Feuer ein.

Am nächsten Morgen kam der König und sagte: »Nun wirst du bestimmt gelernt haben, was Gruseln ist, oder?«

»Nein«, antwortete der Junge. »Was ist das nur? Mein toter Vetter war da und ein bärtiger Mann, der mir da unten viel Geld gezeigt hat. Aber was Gruseln ist, hat mir keiner gesagt.«

Daraufhin sagte der König: »Du hast das Schloss erlöst und sollst meine Tochter zur Frau bekommen.«

»Das ist alles schön und gut«, antwortete der Junge, »aber ich weiß noch immer nicht, was Gruseln ist.«

Man brachte das Gold herauf und die Hochzeit wurde gefeiert, aber der junge König, so lieb er seine Gemahlin hatte und so gut er es nun hatte, sagte doch immer: »Wenn es mich nur gruseln würde, wenn es mich nur gruseln würde.«

Das machte die Prinzessin ganz traurig. Ihr Kammermädchen sagte: »Da kann ich bestimmt helfen, das Gruseln soll er schon lernen.« Sie ging hinaus zum Bach, der durch den Garten floss, und holte sich einen ganzen Eimer voll Gründlinge. Nachts, als der junge König schlief, musste seine Gemahlin ihm die Decke wegziehen und den Eimer mit dem kalten Wasser und den Gründlingen über ihn schütten, sodass die kleinen Fische um ihn herumzappelten.

Da wachte er auf und rief: »Ach, was gruselt es mich, was gruselt es mich, liebe Frau! Ja, nun weiß ich, was Gruseln ist.«

Katze und Maus in Gesellschaft

Eine Katze hatte Bekanntschaft mit einer Maus gemacht und ihr so viel von der großen Liebe erzählt, die sie für sie empfände, dass die Maus endlich einwilligte, mit der Katze zusammen in einem Hause zu wohnen und einen gemeinschaftlichen Haushalt zu führen.

»Aber für den Winter müssen wir Vorräte anlegen, sonst leiden wir Hunger«, sagte die Katze, »du, Mäuschen, kannst dich nicht überall hinwagen und gerätst mir am Ende in eine Falle.«

Der gute Rat wurde also befolgt und ein Töpfchen mit Butter gekauft. Sie wussten aber nicht, wo sie es hinstellen sollten. Endlich, nach langer Überlegung, sagte die Katze: »Ich weiß keinen Ort, wo es besser aufgehoben wäre als in der Kirche. Da traut sich niemand, etwas wegzunehmen. Wir stellen es unter den Altar und rühren es erst an, wenn wir es brauchen.«

Das Töpfchen wurde daraufhin in Sicherheit gebracht, aber es dauerte nicht lange, und die Katze hatte Appetit auf die Butter. Sie wandte sich an die Maus: »Was ich dir sagen wollte, Mäuschen, ich soll Pate werden. Meine Cousine hat ein Söhnchen zur Welt gebracht, weiß mit braunen Flecken, das soll ich über das Taufbecken halten. Lass mich heute dorthin gehen und versorge du das Haus allein.«

»Ja, ja«, antwortete die Maus, »geh in Gottes Namen, wenn du etwas Gutes zu essen bekommst, denk an mich: Von dem süßen roten Wein, der immer auf Tauffesten gereicht wird, würde ich auch gerne ein Tröpfchen trinken.«

Es war aber alles nicht wahr, die Katze hatte gar keine Cousine und sollte auch nicht Taufpate werden. Sie ging geradewegs in die Kirche, schlich zu dem Töpfchen mit der Butter, fing an zu schlecken und leckte die fette Haut ab. Dann machte sie einen Spaziergang auf den Dächern der Stadt, streckte sich danach in der Sonne aus und wischte sich den Bart, sooft sie an das Buttertöpfchen dachte. Erst als es Abend wurde, kam sie wieder nach Haus.

»Nun, da bist du ja wieder«, sagte die Maus, »du hast gewiss einen lustigen Tag gehabt.«

»Es war sehr schön«, antwortete die Katze.

»Was hat denn das Kind für einen Namen bekommen?«, fragte die Maus.

»Hautab«, sagte die Katze ganz trocken.

»Hautab«, rief die Maus, »das ist ja ein seltsamer Name, ist der in eurer Familie üblich?«

»Was soll die Frage!«, sagte die Katze. »Er ist nicht schlechter als Bröseldieb, wie deine Paten heißen.«

Nicht lange danach überkam die Katze wieder der Appetit auf Butter. Sie sagte zur Maus: »Du musst mir den Gefallen tun und dich nochmals allein um den Haushalt kümmern. Ich soll nun zum zweiten Mal Taufpate sein, und da das Kind einen weißen Ring um den Hals hat, kann ich nicht ablehnen.«

Die gute Maus willigte ein, die Katze aber schlich hinter der Stadtmauer zur Kirche und fraß den Topf mit Butter halb leer. »Es schmeckt nichts besser«, sagte sie, »als was man selber isst«, und war zufrieden mit sich.

Als sie nach Hause kam, fragte die Maus: »Wie ist denn dieses Kind getauft worden?«

»Halbaus«, antwortete die Katze.

»Halbaus! Was du nicht sagst! Den Namen habe ich noch nie gehört. Ich wette, der steht nicht im Kalender.«

Der Katze lief bald wieder das Wasser im Munde zusammen, so sehr hatte sie Appetit auf die leckere Butter.

»Aller guten Dinge sind drei«, sagte sie zu der Maus. »Nun soll ich wieder Pate werden. Das Kind ist ganz schwarz und hat nur weiße Pfoten, sonst kein weißes Haar am ganzen Leib, das ist sehr selten. Du lässt mich doch dorthin gehen, oder?«

»Hautab! Halbaus!«, antwortete die Maus. »Es sind so sonderbare Namen, die machen mich so nachdenklich.«

»Du sitzt den ganzen Tag zu Hause in deinen dunkelgrauen Sachen und mit deinem langen Haarzopf«, sagte die Katze, »und bläst Trübsal: Das kommt davon, wenn man bei Tage nicht ausgeht.«

Die Maus räumte während der Abwesenheit der Katze auf und brachte das Haus in Ordnung, die naschhafte Katze aber fraß den Buttertopf ganz aus. Wenn erst alles aufgebraucht ist, hat man Ruhe, sagte sie zu sich selbst und kam, dick und rund, erst in der Nacht nach Hause. Die Maus fragte sogleich nach dem Namen, den das dritte Kind bekommen habe.

»Er wird dir wohl auch nicht gefallen«, sagte die Katze, »er lautet Ganzaus.«

»Ganzaus«, rief die Maus, »klingt sehr bedenklich. Von diesem Namen habe ich noch nie etwas gehört oder gelesen. Ganzaus! Was soll das bedeuten?« Sie schüttelte den Kopf, rollte sich zusammen und legte sich schlafen.

Von nun an wollte niemand mehr die Katze zum Paten haben. Als aber der Winter herangekommen und draußen nichts mehr zu finden war, erinnerte sich die Maus an ihren Vorrat und sagte: »Komm, Katze, wir wollen zu unserem Buttertopf gehen, den wir für den Winter aufgespart haben. Er wird uns sicher schmecken.«

»Jawohl«, antwortete die Katze, »der wird dir schmecken, als würdest du deine feine Zunge zum Fenster hinausstrecken.«

Sie machten sich auf den Weg, und als sie ankamen, stand zwar der Topf noch an seinem Platz, er war aber leer.

»Ach«, sagte die Maus, »jetzt merke ich, was geschehen ist, jetzt kommt es ans Licht! Du bist mir eine wahre Freundin! Aufgefressen hast du alles, dafür warst du der Pate: erst Haut ab, dann halb aus, dann ...«

»Sei ruhig«, rief die Katze, »noch ein Wort und ich fresse dich auf.«

»Ganz aus«, hatte die arme Maus schon auf der Zunge. Kaum war es heraus, machte die Katze einen Satz auf sie zu, packte sie und schluckte sie hinunter. Siehst du, so geht's in der Welt.

Die drei Männlein im Walde

Es waren einmal ein Mann, dessen Frau starb, und eine Frau, deren Mann starb. Der Mann hatte eine Tochter und die Frau auch. Die Mädchen kannten sich und gingen zusammen spazieren. Anschließend kamen sie zu der Frau ins Haus. Da sagte sie zu der Tochter des Witwers: »Pass auf, sage deinem Vater, ich möchte ihn heiraten, dann kannst du dich jeden Morgen in Milch waschen und Wein trinken. Meine Tochter aber soll sich in Wasser waschen und Wasser trinken.« Das Mädchen ging nach Hause und erzählte seinem Vater, was die Frau vorgeschlagen hatte.

Der Mann sagte: »Was soll ich tun? Das Heiraten ist eine Freude und gleichzeitig eine Qual.« Als er schließlich keinen Entschluss fassen konnte, zog er seinen Stiefel aus und sagte: »Nimm diesen Stiefel, der hat in der Sohle ein Loch. Geh damit auf den Dachboden, häng ihn an den großen Nagel und gieß dann Wasser hinein. Hält er das Wasser, so will ich wieder eine Frau nehmen, läuft es aber heraus, lass ich es bleiben.«

Das Mädchen machte alles so, wie es ihm aufgetragen war. Das Wasser zog das Loch zusammen und der Stiefel blieb voll bis obenhin. Es berichtete seinem Vater, was passiert war. Da stieg er selbst hinauf, und als er sah, dass das Mädchen recht hatte, ging er zu der Witwe, hielt um ihre Hand an und die Hochzeit wurde gefeiert.

Am anderen Morgen stand vor der Tochter des Mannes Milch zum Waschen und Wein zum Trinken, vor der Tochter der Frau aber stand Wasser zum Waschen und Wasser zum Trinken. Am zweiten Morgen stand vor beiden Mädchen nur Wasser. Und am dritten Morgen stand Wasser vor der Tochter des Mannes und Milch und Wein vor der Tochter der Frau. Und dabei blieb es. Die Frau war ihrer Stieftochter spinnefeind und von Tag zu Tag wurde sie gemeiner zu ihr. Außerdem war sie neidisch, weil ihre Stieftochter anmutig und schön war, ihre eigene Tochter aber hässlich und widerlich.

Einmal im Winter, als der Boden steinhart gefroren war und Schnee sich über Berg und Tal gebreitet hatte, machte die Frau ein Kleid aus Papier, rief das Mädchen und sagte: »Da, zieh das Kleid an, geh in den Wald und hol mir ein Körbchen voll Erdbeeren. Ich habe Appetit darauf.«

»Du lieber Gott«, sagte das Mädchen, »im Winter wachsen ja keine Erdbeeren, die Erde ist gefroren und der Schnee hat alles zugedeckt. Und warum soll ich in dem Papierkleid gehen? Es ist draußen so kalt, dass einem der Atem friert. Durch das Papier weht ja der Wind hindurch und die Dornen reißen es mir vom Leib.«

»Willst du mir widersprechen?«, schimpfte die Stiefmutter. »Mach, dass du fortkommst und lass dich nicht eher wieder blicken, bis du das Körbchen voll Erdbeeren hast.« Dann gab sie ihm noch ein Stückchen hartes Brot und sagte. »Davon kannst du den Tag über essen.« Bei sich dachte sie jedoch: Draußen wird das Mädchen erfrieren oder verhungern. Es wird mir jedenfalls nie mehr unter die Augen kommen.

Das Mädchen war gehorsam, zog das Papierkleid an und ging mit dem Körbchen hinaus. Da war weit und breit nichts als Schnee und kein grünes Hälmchen war zu erkennen. Als es in den Wald kam, sah es ein kleines Häuschen. Daraus guckten drei kleine Haulemänner. Es wünschte ihnen einen guten Tag und klopfte zaghaft an die Tür. Sie riefen »Herein!« und das Mädchen trat in die Stube. Es setzte sich auf die Bank am Ofen, um sich zu wärmen und sein Frühstück zu essen.

Die Haulemänner baten: »Gib uns doch auch etwas davon ab.«

»Gerne«, antwortete es, teilte sein Brot in zwei gleich große Stücke und gab ihnen eines.

Sie fragten: »Was willst du zur Winterszeit in deinem dünnen Kleidchen hier im Wald?«

»Ach«, antwortete das Mädchen, »ich soll Erdbeeren suchen und darf nicht eher nach Hause kommen, bis ich ein Körbchen voll mitbringe.«

Als es sein Brot gegessen hatte, gaben die drei ihm einen Besen und sagten: »Kehre damit an der Hintertür den Schnee weg.« Sobald es aber draußen war, berieten die drei Männchen untereinander: »Was sollen wir ihm schenken, weil es doch so artig ist und sein Brot mit uns geteilt hat?«

Da sagte der Erste: »Ich schenk ihm, dass es jeden Tag schöner wird.«

Der Zweite ergriff daraufhin das Wort: »Ich schenk ihm, dass ihm Goldstücke aus dem Mund fallen, wenn es etwas sagt.«

Die drei Männlein im Walde

Der Dritte schließlich verkündete: »Ich schenk ihm, dass ein König kommt und es zu seiner Frau nimmt.«

Das Mädchen aber tat, was die Haulemänner ihm aufgetragen hatten, und kehrte mit dem Besen den Schnee hinter dem kleinen Haus weg. Und was glaubt ihr wohl, was es gefunden hat? Lauter reife Erdbeeren, die ganz dunkelrot aus dem Schnee hervorspitzten. Voll Freude pflückte es sein Körbchen voll, bedankte sich bei den kleinen Männern, gab jedem die Hand und lief nach Haus, um der Stiefmutter das Verlangte zu bringen. Als es eintrat und »Guten Abend« sagte, fiel ihm gleich ein Goldstück aus dem Mund. Daraufhin erzählte es, was im Wald geschehen war, aber bei jedem Worte, das es sagte, fielen ihm die Goldstücke aus dem Mund, sodass bald die ganze Stube damit bedeckt war.

»Was ist das nur für eine Unart«, rief die Stiefschwester, »das Geld so hinzuwerfen!« Insgeheim aber war sie neidisch und wollte auch hinaus in den Wald, um Erdbeeren zu suchen.

Die Mutter rief: »Nein, mein liebes Töchterchen, es ist zu kalt! Du könntest mir ja erfrieren.« Da das Mädchen ihr aber keine Ruhe ließ, gab sie schließlich nach, nähte ihm einen prächtigen Pelzmantel, den es anziehen musste, und gab ihm ein Butterbrot und einen Kuchen mit auf den Weg.

Das Mädchen ging in den Wald und geradewegs auf das kleine Häuschen zu. Die drei kleinen Haulemänner guckten wieder aus dem Fenster, aber es grüßte sie nicht. Ohne sich nach ihnen umzusehen und ohne anzuklopfen, stolperte es in die Stube hinein, setzte sich an den Ofen und fing an, sein Butterbrot und seinen Kuchen zu essen.

»Gib uns bitte etwas davon ab«, riefen die Kleinen.

Aber das Mädchen antwortete: »Es reicht nicht einmal für mich, wie kann ich anderen noch davon abgeben?«

Als es schließlich fertig war mit dem Essen, sagten sie zu ihm: »Da hast du einen Besen, kehr damit draußen vor der Hintertür.«

»Ei, kehrt doch selber!«, antwortete das Mädchen. »Ich bin nicht eure Magd.« Als es sah, dass die drei ihm nichts schenken wollten, ging es zur Tür hinaus.

Da berieten sich die kleinen Männer untereinander: »Was sollen wir ihm schenken, weil es so unartig ist und ein böses, neidisches Herz hat?«

Der Erste sagte: »Ich schenk ihm, dass es jeden Tag hässlicher wird.«

Der Zweite ergriff daraufhin das Wort: »Ich schenk ihm, dass ihm bei jedem Wort, das es von sich gibt, eine Kröte aus dem Munde springt.«

Der Dritte verkündete schließlich: »Ich schenk ihm, dass es eines unglücklichen Todes stirbt.«

Das Mädchen suchte draußen nach Erdbeeren, als es aber keine fand, ging es wütend nach Hause. Und als es den Mund aufmachte, um seiner Mutter zu erzählen, was im Wald vorgefallen war, da hüpfte bei jedem Wort eine Kröte heraus, sodass alle sich vor ihm ekelten.

Nun ärgerte sich die Stiefmutter noch viel mehr und überlegte die ganze Zeit, wie sie der Tochter des Mannes Böses antun konnte, die jeden Tag schöner wurde. Schließlich nahm sie einen Kessel, setzte ihn aufs Feuer und kochte Garn darin aus. Als sie fertig war, hing sie dem armen Mädchen das Garn auf die Schulter und gab ihm eine Axt. Damit sollte es zu dem gefrorenen Fluss gehen, ein Loch ins Eis schlagen und das Garn schlittern. Das Mädchen gehorchte, ging zum Fluss und begann, mit der Axt auf das Eis einzuhauen. Da kam ein prächtiger Wagen herbeigefahren, in dem der König saß. Der Wagen hielt an und der König fragte: »Mein Kind, wer bist du und was machst du da?«

»Ich bin ein armes Mädchen und schlittere Garn.«

Da überkam den König Mitleid, und als er sah, wie wunderschön das Mädchen war, sagte er: »Willst du mit mir fahren?«

»Ach ja, von Herzen gern«, antwortete es, denn es war froh, der Mutter und der Schwester aus den Augen zu kommen. Also stieg es in den Wagen und fuhr mit dem König davon.

Im Schloss wurde dann mit großer Pracht die Hochzeit gefeiert, genau so, wie es die kleinen Männlein dem Mädchen gewünscht hatten. Im Laufe des Jahres gebar die junge Königin einen Sohn, und als die Stiefmutter von dem großen Glück hörte, kam sie mit ihrer Tochter in das Schloss und tat, als wollte sie sie besuchen. Als aber der König einmal hinausging und sie ganz allein waren, packte das böse Weib die Königin am Kopf und ihre Tochter nahm sie an den Füßen. Sie hoben sie aus dem Bett und warfen sie zum Fenster hinaus in den vorbeifließenden Fluss. Anschließend legte sich die hässliche Tochter ins Bett und die Alte deckte sie zu bis über den Kopf.

Als der König wieder zurückkam und mit seiner Frau sprechen wollte, rief die Alte: »Leise, leise. Das geht jetzt nicht, sie hat starkes Fieber und schwitzt. Ihr müsst sie heute ruhen lassen.«

Der König dachte sich nichts Böses dabei und kam erst am nächsten Morgen wieder. Als er mit seiner vermeintlichen Frau sprach und sie ihm antwortete, sprang bei jedem Wort eine Kröte aus ihrem Mund, während sonst doch immer ein Goldstück herausgefallen war. Da fragte er sich, was passiert sei, aber die Alte erklärte, das komme vom Schwitzen und werde sich schon wieder legen.

In der Nacht aber bemerkte der Küchenjunge, wie eine Ente auf dem Fluss schwamm, die sprach:

»König, was machst du?
Schläfst du oder wachst du?«

Und als er keine Antwort gab, sagte sie:

»Was machen meine Gäste?«

Da antwortete der Küchenjunge:

»Sie schlafen feste.«

Sie fragte weiter:

»Was macht mein Kindelein?«

Er antwortete:

»Es schläft in der Wiege fein.«

Da ging sie in Gestalt der Königin ins Schloss, gab dem Kind zu trinken, schüttelte sein Bettchen aus, deckte es schön zu und schwamm als Ente wieder davon. Das Ganze wiederholte sich an zwei Nächten, in der dritten trug sie dem Küchenjungen auf: »Geh und sag dem König, er soll sein Schwert nehmen und es auf der Schwelle dreimal über mir durch die Luft schwingen lassen.«

Da lief der Küchenjunge zum König und sagte ihm, was ihm die verzauberte Königin aufgetragen hatte. Der König schwang also sein Schwert dreimal über der Ente durch die Luft und beim dritten Mal stand seine Gemahlin vor ihm, frisch, lebendig und gesund, wie sie es vorher gewesen war.

Nun war der König überglücklich, aber er erzählte niemandem davon und die Königin versteckte sich bis zum Sonntag, wo das Kind getauft werden sollte, in einer Kammer.

Nach der Taufe ergriff der König das Wort: »Welche Strafe verdient einer, der den anderen aus dem Bett trägt und ins Wasser wirft?«

»Nichts Besseres«, antwortete die Alte, »als dass man den Bösewicht in ein Fass steckt und den Berg hinab ins Wasser rollt.«

Da sagte der König: »Du hast dein Urteil gesprochen«, ließ ein Fass holen und die Alte mit ihrer Tochter hineinstecken. Dann wurde der Boden zugenagelt und das Fass kullerte bergab in den Fluss hinein.

Der Froschkönig oder der eiserne Heinrich

In den alten Zeiten, als das Wünschen noch half, lebte ein König, dessen Töchter alle schön waren. Die jüngste aber war so schön, dass sogar die Sonne, die doch schon so vieles gesehen hat, sich wunderte, sooft sie ihr ins Gesicht schien. Beim Schloss des Königs lag ein großer dunkler Wald und darin war unter einer alten Linde ein Brunnen. Wenn es recht heiß war, ging die Königstochter hinaus in den Wald und setzte sich an den Rand des kühlen Brunnens. Und wenn sie Langeweile hatte, nahm sie eine goldene Kugel, warf sie in die Höhe und fing sie wieder auf. Denn die Kugel war ihr Lieblingsspielzeug.

Einmal jedoch konnte die Königstochter die goldene Kugel nicht mehr erhaschen, als sie sie in die Höhe geworfen hatte, und sie schlug auf die Erde auf und rollte ins Wasser. Die Kugel verschwand in dem Brunnen, der so tief war, dass man den Grund nicht sah. Da fing sie an zu weinen und weinte immer heftiger und konnte gar nicht mehr aufhören. – Und als sie so schluchzte, rief ihr plötzlich jemand zu: »Was ist denn, Königstochter? Du heulst ja zum Steinerweichen.«

Das Mädchen sah sich um, woher die Stimme kam, und erblickte einen Frosch, der seinen dicken, hässlichen Kopf aus dem Wasser streckte.

»Ach, du bist es, alter Frosch«, sagte es, »ich weine, weil mir meine goldene Kugel in den Brunnen gefallen ist.«

»Beruhige dich wieder«, antwortete der Frosch, »ich kann dir helfen. Was gibst du mir denn, wenn ich dein Spielzeug wieder heraufhole?«

»Was du haben willst, lieber Frosch«, sagte die Königstochter, »meine Kleider, meine Perlen und Edelsteine, auch noch die goldene Krone, die ich trage.«

Der Frosch antwortete: »Deine Kleider, deine Perlen und Edelsteine und deine goldene Krone, die interessieren mich nicht. Aber wenn du mich lieb hast und mich zu deinem Spielkameraden machst, der bei Tisch neben dir sitzt, von deinem goldenen Tellerlein isst, aus deinem Becherlein trinkt und in deinem Bettlein schläft: Wenn du mir das versprichst, werde ich hinuntertauchen und dir die goldene Kugel wieder heraufholen.«

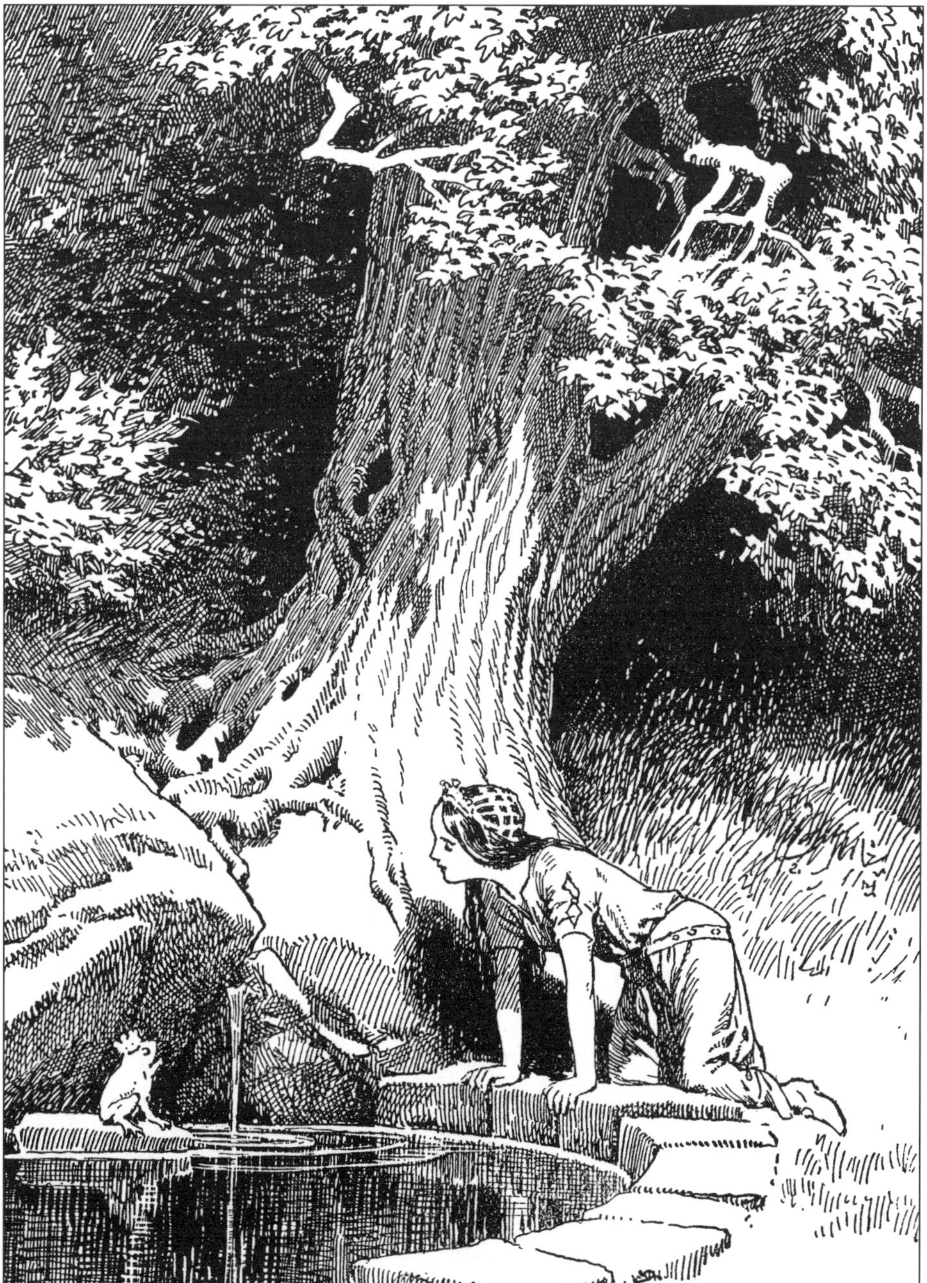

»Ach ja«, sagte die Königstochter, »ich verspreche dir alles, was du willst, wenn du mir nur die Kugel wiederbringst.« Bei sich dachte sie aber: Was schwätzt der dumme Frosch nur! Er sitzt im Wasser bei seinesgleichen und quakt. Der Spielkamerad eines Menschen kann er nicht sein.

Als der Frosch die Zusage erhalten hatte, sprang er ins Wasser und tauchte hinab. Nach einem Weilchen kam er wieder heraufgerudert und hatte die Kugel im Maul. Er warf sie ins Gras. Die Königstochter war überglücklich, als sie ihr Lieblingsspielzeug wiederhatte, hob es auf und lief damit davon.

»Warte, warte!«, rief der Frosch. »Nimm mich mit! Ich kann nicht so laufen wie du.« Alles Schreien und Quaken half jedoch nichts! Die Königstochter achtete nicht darauf und eilte nach Hause. Bald hatte sie den armen Frosch vergessen, der wieder in seinen Brunnen hinuntersteigen musste.

Am nächsten Abend, als die Königstochter mit dem König und allen Hofleuten beim Essen war und von ihrem goldenen Tellerlein aß, da kam, plitsch-platsch, plitsch-platsch, etwas die Marmortreppe zum Schloss heraufgekrochen. Oben angelangt, klopfte es an der Tür und rief: »Königstochter, jüngste, mach mir auf.«

Sie ging, um nachzusehen, wer draußen stand. Als sie aber aufmachte, saß der Frosch vor ihr. Da warf sie die Tür schnell zu, setzte sich wieder an den Tisch und es war ihr ganz angst und bang.

Der König sah, dass ihr Herz gewaltig klopfte, und fragte: »Mein Kind, wovor fürchtest du dich denn? Steht etwa ein Riese vor der Tür und will dich holen?«

»Ach nein«, antwortete sie. »Es ist kein Riese, sondern ein ekliger Frosch.«

»Was will der Frosch von dir?«

»Ach, lieber Vater, als ich gestern im Wald bei dem Brunnen saß und spielte, da fiel meine goldene Kugel ins Wasser. Weil ich so weinte, hat sie der Frosch wieder heraufgeholt. Dafür musste ich ihm versprechen, dass er mein Spielkamerad werden darf. Ich hätte doch nie und nimmer gedacht, dass er aus seinem Wasser herauskann. Nun steht er draußen vor der Tür und will zu mir herein.«

In diesem Augenblick klopfte es zum zweiten Mal und man hörte es rufen:

Der Froschkönig oder der eiserne Heinrich

»Königstochter, jüngste,
mach mir auf,
weißt du nicht mehr,
was du gestern zu mir gesagt hast
bei dem kühlen Brunnenwasser?
Königstochter, jüngste,
mach mir auf.«

Da sagte der König: »Was du versprochen hast, musst du auch halten. Geh und mach ihm auf.«

Sie ging und öffnete die Tür. Da hüpfte der Frosch herein und wich ihr nicht von den Fersen bis zu ihrem Stuhl. Da saß er und rief: »Heb mich hinauf zu dir.«

Sie zögerte, bis es ihr schließlich der König befahl. Als der Frosch auf dem Stuhl war, wollte er auf den Tisch. Und als er da saß, sagte er: »Nun schieb mir dein goldenes Tellerchen näher, damit wir zusammen essen können.« Das tat sie zwar, aber man sah ihr an, dass sie es nicht gerne tat. Der Frosch ließ es sich schmecken, dem Mädchen aber blieb jeder Bissen im Halse stecken.

Schließlich sagte der Frosch: »Jetzt bin ich satt und müde. Trag mich in dein Zimmer und mach mir dein seidenes Bett zurecht, damit wir uns schlafen legen können.«

Die Königstochter fing an zu weinen. Sie ekelte sich vor dem kalten Frosch, den sie sich nicht anzufassen traute und der in ihrem schönen Bettlein schlafen wollte. Der König aber wurde zornig und sagte: »Wer dir geholfen hat, als du in der Not warst, den sollst du hinterher nicht verachten.«

Da packte die Königstochter den Frosch mit zwei Fingern, trug ihn hinauf in ihr Zimmer und setzte ihn in eine Ecke. Als sie aber im Bett lag, kam er angekrochen und sagte: »Ich bin müde und will auch so bequem schlafen wie du. Heb mich hinauf oder ich sag es deinem Vater.«

Da wurde das Mädchen bitterböse. Es hob den Frosch auf und warf ihn mit aller Kraft gegen die Wand. »Wirst du nun endlich Ruhe geben, du widerlicher Frosch.«

Als er aber auf den Boden fiel, war er kein Frosch mehr, sondern ein Königssohn mit schönen freundlichen Augen. Nach dem Willen ihres Vaters sollte dieser Prinz ihr Mann werden. Und er erzählte der Königstochter, er sei von einer bösen Hexe verwünscht worden. Niemand habe ihn aus dem Brunnen erlösen können außer ihr allein.

Schon am nächsten Tag wollten sie zusammen in sein Reich gehen. Dann schliefen sie ein.

Am anderen Morgen, als die Sonne sie weckte, kam ein Wagen herbeigefahren. Er war mit acht weißen Pferden bespannt, die weiße Straußfedern auf dem Kopf hatten und goldenes Geschirr trugen. Hinten auf der Kutsche stand der Diener des jungen Königs. Das war der treue Heinrich. Er war so traurig gewesen, als sein Herr in einen Frosch verwandelt worden war, dass er sich drei eiserne Bänder um sein Herz legen ließ, damit es ihm nicht vor Traurigkeit zersprang. Mit dem Wagen wollte der treue Heinrich den jungen König nach Hause in sein Reich bringen. Er hob beide hinein, stellte sich wieder hinten auf die Kutsche und war glücklich über die Erlösung.

Und als sie ein Stück gefahren waren, hörte der Königssohn, dass es hinter ihm krachte, als wäre etwas zerbrochen. Da drehte er sich um und rief:

»Heinrich, der Wagen bricht.«
»Nein, Herr, der Wagen nicht,
es ist ein Band von meinem Herzen,
das da lag in großen Schmerzen,
als Ihr in dem Brunnen saßt,
als Ihr ein Frosch wart.«

Noch einmal und noch einmal krachte es auf dem Weg. Und jedes Mal dachte der Königssohn, der Wagen bräche. Aber es waren nur die Bänder, die vom Herzen des treuen Heinrich absprangen, weil sein Herr erlöst und glücklich war.

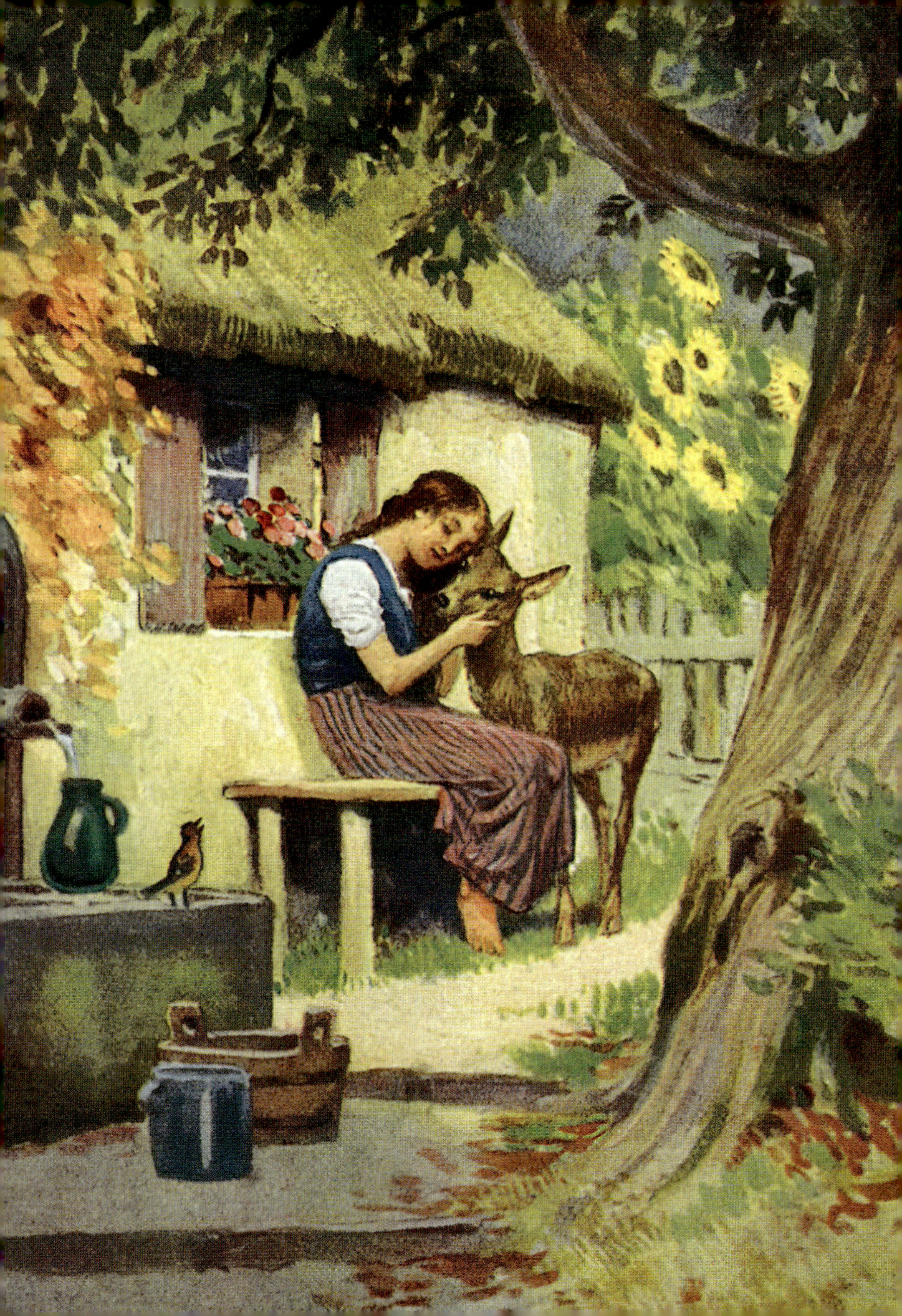

Brüderchen und Schwesterchen, zu Seite 53

Das Lumpengesindel

Eines Tages sagte das Hähnchen zum Hühnchen: »Jetzt sind die Nüsse reif. Lass uns zusammen auf den Berg gehen und uns einmal richtig satt essen, bevor das Eichhörnchen sie alle wegholt.«

»Ja«, antwortete das Hühnchen. »Komm, wir wollen uns einen schönen Tag machen.«

Daraufhin gingen sie zusammen auf den Berg, und weil es ein sonniger Tag war, blieben sie bis zum Abend. Nun weiß ich nicht, ob sie sich so vollgefressen hatten oder ob sie übermütig geworden waren. Jedenfalls wollten sie nicht zu Fuß nach Hause gehen. Das Hähnchen baute also einen kleinen Wagen aus Nussschalen.

Als er fertig war, setzte sich das Hühnchen hinein und sagte zum Hähnchen: »Los, zieh.«

»Du bist lustig«, sagte das Hähnchen. »Lieber geh ich zu Fuß nach Haus, bevor ich mich vorspannen lasse. Nein, so haben wir nicht gewettet. Ich will Kutscher sein und auf dem Bock sitzen, aber selbst ziehen, das tu ich nicht.«

Während sie so stritten, schnatterte eine Ente daher: »Ihr Diebe, wer hat euch erlaubt, an meine Nüsse zu gehen? Wartet, das sollt ihr bereuen!« Sie ging mit aufgerissenem Schnabel auf das Hähnchen los.

Aber das Hähnchen wusste sich durchaus zu wehren und rückte der Ente gehörig zu Leibe. Schließlich hackte es so gewaltig auf sie ein, dass sie um Gnade bat und sich zur Strafe vor den Wagen spannen ließ. Das Hähnchen setzte sich nun als Kutscher auf den Bock und sie jagten davon. »Ente, lauf so schnell du kannst!«

Als sie ein Stück gefahren waren, begegneten sie zwei Fußgängern: einer Stecknadel und einer Nähnadel. Die beiden riefen: »Halt! Halt!« Und sie jammerten, es werde gleich stockdunkel, da könnten sie keinen Schritt weitergehen. Außerdem sei es so schmutzig auf der Straße. Ob sie sich nicht ein wenig auf die Kutsche setzen könnten, fragten die Stecknadel und die Nähnadel. Sie seien nämlich in dem Wirtshaus vor der Stadt gewesen, wo die Schneider verkehrten, und hätten beim Bier die Zeit vergessen.

Das Lumpengesindel

Da es magere Leute waren, die nicht viel Platz brauchten, ließ das Hähnchen sie beide einsteigen. Sie mussten jedoch versprechen, ihm und seinem Hühnchen nicht auf die Füße zu treten.

Am späten Abend kamen sie zu einem Wirtshaus. Da sie während der Nacht nicht weiterfahren wollten, die Ente auch nicht gerade gut zu Fuß war und schon dauernd von einer Seite auf die andere torkelte, kehrten sie ein. Der Wirt wandte anfangs ein, sein Haus sei schon voll. Wahrscheinlich gefiel ihm nicht, dass sie keine feinen Leute waren. Sie redeten aber mit Engelszungen auf ihn ein und versprachen ihm das Ei, das das Hühnchen unterwegs gelegt hatte, und auch die Ente, die alle Tage eins legte. Schließlich willigte der Wirt ein, dass sie die Nacht über bleiben durften. Nun ließen sie sich Essen auftragen und lebten in Saus und Braus.

Am nächsten Morgen, als es dämmerte und noch alles schlief, weckte das Hähnchen das Hühnchen, holte das Ei, pickte es auf und sie verzehrten es zusammen. Die Schalen aber warfen sie in den Herd. Dann gingen sie zu der Nähnadel, packten sie beim Kopf und steckten sie in das Sitzkissen des

Wirts. Die Stecknadel verbargen sie in seinem Handtuch. Danach flogen sie mir nichts, dir nichts über die Heide davon. Die Ente, die gern unter freiem Himmel schlief und im Hof geblieben war, hörte sie fortschnurren, machte

sich frisch und fand einen Bach, auf dem sie davonschwamm. Das ging schneller als vor den Wagen gespannt.

Erst ein paar Stunden später kroch der Wirt aus den Federn, wusch sich und wollte sich mit dem Handtuch abtrocknen. Da fuhr ihm die Stecknadel durch das Gesicht und bescherte ihm einen roten Strich von einem Ohr zum anderen. Anschließend ging der Wirt in die Küche, um sich eine Pfeife anzustecken. Als er jedoch an den Herd kam, sprangen ihm die Eierschalen in die Augen.

»Heute Morgen will mir alles an den Kopf«, sagte er und ließ sich schlecht gelaunt auf seinen Großvaterstuhl sinken. Doch schnell fuhr er wieder hoch und schrie: »Auweh!« Denn die Nähnadel hatte ihn schmerzhaft gestochen, und zwar nicht in den Kopf. Nun war er richtig wütend und hatte die Gäste in Verdacht, die so spät gestern Abend gekommen waren. Als er sich nach ihnen umsah, waren sie fort.

Da schwor er, kein Lumpengesindel mehr in sein Haus zu lassen, das viel verzehrt, nichts bezahlt und ihm zum Dank obendrein noch üble Scherze spielt.

Brüderchen und Schwesterchen

Brüderchen nahm sein Schwesterchen an der Hand und sagte: »Seit die Mutter tot ist, haben wir nichts mehr zu lachen. Die Stiefmutter schlägt uns alle Tage, und wenn wir zu ihr kommen, stößt sie uns mit den Füßen fort. Nichts als die harten Brotkrusten, die übrig bleiben, kriegen wir zu essen und sogar dem Hund unter dem Tisch geht es besser: Dem wirft sie wenigstens manchmal einen guten Bissen zu. Wenn das unsere Mutter wüsste! Komm, lass uns zusammen in die weite Welt ziehen.«

Sie gingen den ganzen Tag über Wiesen, Felder und Steine, und wenn es regnete, sagte das Schwesterchen: »Gott und unsere Herzen, die weinen zusammen!«

Abends kamen sie in einen großen Wald. Sie waren so müde vor Hunger und von dem langen Weg, dass sie sich in einen hohlen Baum setzten und einschliefen.

Am nächsten Morgen, als sie aufwachten, stand die Sonne schon hoch am Himmel und schien warm in den Baum hinein. Da sagte das Brüderchen: »Schwesterchen, ich habe solchen Durst. Wenn ich wüsste, wo ein Brünnlein ist, würde ich hingehen, um einmal zu trinken. Ich habe das Gefühl, dass ich da eins rauschen höre.«

Brüderchen stand auf, nahm Schwesterchen an der Hand und sie wollten das Brünnlein suchen. Die böse Stiefmutter aber war eine Hexe und hatte gesehen, dass die beiden Kinder ausgerissen waren. Sie war ihnen nachgeschlichen, heimlich, wie die Hexen schleichen, und hatte alle Brunnen im Wald verwünscht.

Als Brüderchen und Schwesterchen ein Brünnlein fanden, dessen Wasser glitzernd über die Steine sprang, wollte das Brüderchen daraus trinken. Aber das Schwesterchen hörte aus dem Rauschen des Brünnleins die Worte: »Wer aus mir trinkt, wird ein Tiger. Wer aus mir trinkt, wird ein Tiger.«

Da rief das Schwesterchen: »Ich bitte dich, Brüderchen, trink nicht, sonst wirst du ein wildes Tier und zerreißt mich.«

Das Brüderchen trank nicht, obwohl es so großen Durst hatte. »Ich will warten bis zur nächsten Quelle«, sagte es.

Als sie zum zweiten Brünnlein kamen, hörte das Schwesterchen auch dieses sprechen: »Wer aus mir trinkt, wird ein Wolf. Wer aus mir trinkt, wird ein Wolf.«

Da rief das Schwesterchen: »Brüderchen, ich bitte dich, trink nicht, sonst wirst du ein Wolf und frisst mich.«

Das Brüderchen trank nicht. »Ich werde warten, bis wir zur nächsten Quelle kommen, aber dann muss ich trinken, da kannst du sagen, was du willst. Mein Durst ist zu groß«, sagte es.

Und als sie zum dritten Brünnlein kamen, hörte das Schwesterlein, wie es im Rauschen sagte: »Wer aus mir trinkt, wird ein Reh. Wer aus mir trinkt, wird ein Reh.«

Das Schwesterchen sagte: »Ach, Brüderchen, ich bitte dich, trink nicht, sonst wirst du ein Reh und läufst mir weg.«

Aber das Brüderchen hatte sich schon niedergekniet, zum Brünnlein hinabgebeugt und von dem Wasser getrunken. Sobald die ersten Tropfen seine Lippen berührten, verwandelte es sich in ein Rehkitz.

Nun weinte das Schwesterchen über sein armes verwunschenes Brüderchen. Das Rehchen weinte auch und saß ganz traurig neben ihm. Schließlich sagte das Mädchen: »Sei still, liebes Rehchen, ich werde dich nie verlassen.« Dann zog es sein goldenes Strumpfband aus und legte es dem Rehchen um den Hals. Außerdem pflügte es Halme und flocht ein weiches Seil daraus. Daran band es das Tierchen fest und führte es immer tiefer in den Wald hinein. Und als die beiden lange, lange gegangen waren, kamen sie endlich an ein kleines Haus. Das Mädchen schaute hinein, und weil es leer war, dachte es: Hier können wir bleiben und wohnen. Da suchte es Laub und Moos, um ein weiches Lager für das Rehchen zu bereiten. Jeden Morgen ging es hinaus und sammelte für sich Wurzeln, Beeren und Nüsse. Für das Rehchen brachte es zartes Gras mit, das fraß es ihm aus der Hand. Dann war es vergnügt und spielte vor ihm herum. Abends, wenn Schwesterchen müde war, legte es seinen Kopf auf den Rücken des Rehchens wie auf ein Kissen und so schlief das Mädchen sanft ein. Hätte das Brüderchen seine menschliche Gestalt gehabt, wäre es ein herrliches Leben gewesen.

Einige Zeit lebten sie allein in der Wildnis. Eines Tages aber hielt der König des Landes eine große Jagd in dem Wald ab. Da schallte das Blasen der

Hörner, das Hundegebell und das lustige Geschrei der Jäger durch die Bäume. Das Rehlein hörte das und wäre nur zu gerne dabei gewesen.

»Ach«, sagte es zum Schwesterlein, »lass mich hinaus auf die Jagd, ich kann es nicht mehr aushalten.« Es bettelte so lange, bis das Schwesterlein einwilligte.

»Aber«, ermahnte es das Rehlein, »komm mir ja abends wieder. Ich schließe nämlich das Türlein ab wegen der wilden Jäger. Damit ich dich erkenne, klopfe an und rufe: ›Mein Schwesterlein, lass mich herein.‹ Wenn du das nicht sagst, mach ich auch mein Türlein nicht auf.«

Nun sprang das Rehchen hinaus. Es fühlte sich wohl in freier Luft und war sehr ausgelassen. Als der König und seine Jäger das schöne Tier sahen, setzten sie ihm nach, aber sie konnten es nicht einholen. Immer wenn sie dachten, sie hätten es, sprang es über das Gebüsch davon und war verschwunden. Als es dunkel wurde, lief es zu dem Häuschen, klopfte und sagte: »Mein Schwesterlein, lass mich herein!« Daraufhin wurde die kleine Tür geöffnet, es sprang hinein und ruhte sich die ganze Nacht auf seinem weichen Lager aus.

Am nächsten Morgen begann die Jagd von Neuem, und als das Rehlein wieder das Jagdhorn hörte und das Hoho der Jäger, da hatte es keine Ruhe mehr und sagte: »Schwesterchen, mach mir auf, ich muss hinaus.«

Das Schwesterchen öffnete ihm die Tür und ermahnte es: »Aber zu Abend musst du wieder da sein und dein Sprüchlein sagen.«

Als der König und seine Jäger das Rehlein mit dem goldenen Halsband wiedersahen, jagten sie ihm alle nach, aber es war zu schnell für sie. Das ging den ganzen Tag so, abends jedoch umzingelten die Jäger es und einer verwundete es ein wenig am Fuß, sodass es hinkte und nur noch langsam davonlaufen konnte. Da schlich ihm ein Jäger nach bis zu dem Häuschen. Dort hörte er, wie es rief: »Mein Schwesterlein, lass mich herein«, und sah, dass ihm die Tür geöffnet und hinter ihm sofort wieder zugeschlossen wurde.

Der Jäger ging zum König und erzählte ihm, was er gesehen und gehört hatte.

Daraufhin sagte der König: »Morgen gehen wir noch einmal auf die Jagd.«

Das Schwesterchen aber erschrak gewaltig, als es sah, dass sein Rehkitz verwundet war. Es wusch ihm das Blut ab, legte Heilkräuter auf die Wunde und sagte: »Leg dich auf dein Lager, liebes Rehchen, damit du wieder gesund wirst.« Die Wunde aber war so klein, dass das Rehchen am nächsten Morgen nichts mehr davon spürte. Und als es draußen die lustige Jagdgesellschaft wieder hörte, sagte es: »Ich kann es nicht aushalten, ich muss dabei sein! Ich passe schon auf, dass mich keiner erwischt.«

Das Schwesterchen weinte und sagte: »Sie werden dich töten und ich bleibe hier allein im Wald zurück, verlassen von aller Welt. Ich lass dich nicht hinaus.«

»Dann sterbe ich hier vor Traurigkeit«, antwortete das Rehchen. »Wenn ich das Jagdhorn höre, beginnen meine Füße zu zappeln!«

Da konnte das Schwesterchen nicht anders, als ihm schweren Herzens die Tür aufzuschließen, und das Rehchen sprang fröhlich in den Wald.

Als es der König erblickte, sagte er zu seinen Jägern: »Jagt ihm den ganzen Tag nach, bis es Nacht wird. Aber dass ihm ja keiner etwas zuleide tut!« Sobald die Sonne untergegangen war, wandte sich der König an den Jäger: »Komm, zeige mir das Waldhäuschen.« Und als er vor dem Türlein war, klopfte er an und rief: »Liebes Schwesterlein, lass mich herein.« Da ging die Tür auf und der König trat ein. Vor ihm stand ein Mädchen, das so schön war, wie er noch keines gesehen hatte.

Das Mädchen jedoch erschrak, als es sah, dass nicht sein Rehlein, sondern ein Mann hereinkam, der eine goldene Krone auf dem Kopf hatte.

Aber der König blickte es freundlich an, reichte ihm die Hand und sagte: »Willst du mit mir auf mein Schloss gehen und meine Frau werden?«

»Ach ja«, antwortete das Mädchen, »aber das Rehchen muss auch mit. Das lass ich nicht allein.«

Daraufhin sagte der König: »Es soll bei dir bleiben, solange du lebst, und es soll ihm an nichts fehlen.«

In diesem Augenblick kam es hereingesprungen. Das Schwesterchen band es wieder an das Binsenseil und führte es daran selbst aus dem Waldhäuschen fort.

Der König hob das schöne Mädchen auf sein Pferd und nahm es mit in sein Schloss, wo die Hochzeit mit großer Pracht gefeiert wurde. Von nun an war es die Frau Königin und sie lebten lange Zeit glücklich miteinander. Das Rehlein wurde gehegt und gepflegt und sprang in dem Schlossgarten herum. Die böse Stiefmutter aber, wegen der die Kinder in die weite Welt hinausgezogen waren, die hatte die ganze Zeit geglaubt, Schwesterchen sei von den wilden Tieren im Wald zerrissen und Brüderchen als ein Rehkalb von den Jägern totgeschossen worden. Als sie nun hörte, dass die beiden Geschwister glücklich waren und es ihnen so gut ging, da regten sich Neid und Missgunst in ihrem Herzen und ließen ihr keine Ruhe. Sie konnte an nichts anderes mehr denken als daran, wie sie die beiden doch noch ins Unglück stürzen könnte. Ihre leibliche Tochter, die hässlich war wie die Nacht und nur ein Auge hatte, machte ihr Vorwürfe: »Das Glück, eine Königin zu werden, hätte mir zugestanden.«

»Sei nur still«, sagte die Alte und redete ihr gut zu. »Wenn der richtige Zeitpunkt gekommen ist, werde ich zur Stelle sein.«

Nach einiger Zeit, als die Königin ein schönes Söhnlein zur Welt gebracht hatte und der König gerade auf der Jagd war, nahm die alte Hexe die Gestalt der Kammerfrau an. Sie betrat die Stube, wo die Königin ermattet im Bett lag, und sagte zu ihr: »Kommt, das Bad ist fertig. Das wird Euch guttun und frische Kraft geben. Schnell, nicht dass es kalt wird.« Ihre Tochter half auch mit. Sie trugen die schwache Königin in das Badezimmer und legten sie in die Wanne. Dann schlossen sie die Tür ab und liefen davon. Das Badezimmer aber hatten sie so stark aufgeheizt, dass die schöne junge Königin darin bald ersticken würde.

Anschließend setzte die Alte ihrer Tochter eine Haube auf und die legte sich anstelle der Königin ins Bett. Sie gab ihr auch das Aussehen der Königin, nur das verlorene Auge konnte sie ihr nicht wiedergeben. Damit der König den Unterschied nicht bemerkte, musste sie sich auf die Seite mit dem fehlenden Auge legen.

Am Abend, als er heimkam und hörte, dass die Königin ein Söhnlein geboren hatte, freute er sich von ganzem Herzen. Sofort wollte er ans Bett seiner lieben Frau gehen und sehen, wie es ihr ging. Da rief die Alte schnell: »Lasst die Vorhänge zu. Licht tut der Königin noch nicht gut und sie muss jetzt vor allem Ruhe haben.« Der König ging wieder weg. Er ahnte nicht, dass eine falsche Königin im Bett lag.

Zu Mitternacht, als alles schlief, sah die Kinderfrau, die im Kinderzimmer neben der Wiege saß und als Einzige noch wach war, wie die Tür aufging und die richtige Königin hereintrat. Sie nahm das Kind aus der Wiege, legte es in ihren Arm und gab ihm zu trinken. Dann schüttelte sie ihm sein Kisschen aus, legte den Kleinen wieder hinein und deckte ihn zu. Sie vergaß aber auch das Rehchen nicht, ging in die Ecke, wo es lag, und streichelte ihm über den Rücken. Daraufhin ging sie ganz leise wieder zur Tür hinaus.

Die Kinderfrau fragte am nächsten Morgen die Wächter, ob jemand während der Nacht ins Schloss gegangen sei.

Sie antworteten: »Nein, wir haben niemanden gesehen.«

Nacht um Nacht kam die Königin, besuchte ihr Kindchen und das Rehchen, ohne ein Wort zu sprechen. Die Kinderfrau sah sie immer, aber sie traute sich nicht, jemandem etwas davon zu erzählen.

Nach einiger Zeit begann die Königin in der Nacht doch zu reden:

»Was macht mein Kind? Was macht mein Reh?
Nun komm ich noch zweimal und dann nimmermehr.«

Die Kinderfrau antwortete ihr nicht, aber als die Königin wieder verschwunden war, ging sie sofort zum König und erzählte ihm alles.

Da sagte der König: »Ach Gott, was kann das nur bedeuten? Ich werde in der nächsten Nacht bei dem Kind sitzen und Wache halten.« Abends ging er in das Kinderzimmer und tatsächlich erschien um Mitternacht die Königin wieder. Sie sagte:

»Was macht mein Kind? Was macht mein Reh?
Nun komm ich noch einmal und dann nimmermehr.«

Daraufhin kümmerte sie sich um das Kind, wie sie es immer tat, bevor sie verschwand.

Der König traute sich nicht, sie anzureden, aber er hielt auch in der folgenden Nacht Wache.

Wieder kam die Königin und sagte:

»Was macht mein Kind? Was macht mein Reh?
Nun komm ich noch diesmal und dann nimmermehr.«

Da konnte sich der König nicht mehr zurückhalten. Er sprang zu ihr und rief: »Du kannst niemand anders sein als meine liebe Frau.«

Die Königin antwortete: »Ja, ich bin deine liebe Frau.« Im selben Augenblick hatte sie durch Gottes Gnade das Leben wiedererhalten. Ihr Gesicht hatte eine frische, gesunde Farbe angenommen. Daraufhin erzählte sie dem König von dem Unrecht, das ihr die böse Hexe und deren Tochter angetan hatten.

Der König ließ beide vor Gericht führen und es wurde das Todesurteil über sie verhängt. Als es vollstreckt war, erhielt auch das Rehkälbchen seine menschliche Gestalt wieder. Brüderchen und Schwesterchen lebten für immer zusammen und waren glücklich bis an ihr Lebensende.

Der starke Hans

Es waren einmal ein Mann und eine Frau, die nur ein einziges Kind hatten und ganz allein mit ihm in einem abgelegenen Tal lebten. Als die Mutter eines Tages in den Wald ging, um Reisig zu sammeln, nahm sie den kleinen Hans, der erst zwei Jahre alt war, mit. Da es gerade Frühling war und das Kind seine Freude an den bunten Blumen hatte, ging sie immer weiter mit ihm in den Wald hinein.

Plötzlich sprangen aus dem Gebüsch zwei Räuber hervor, packten die Mutter und das Kind und führten sie tief in den schwarzen Wald hinein, wo jahraus, jahrein kein Mensch hinkam. Die arme Frau bat die Räuber inständig, sie mit ihrem Kind freizulassen, aber das Herz der Räuber war aus Stein: Sie hörten nicht auf ihr Bitten und Flehen, sondern trieben sie mit Gewalt an weiterzugehen.

Nachdem sie sich etwa zwei Stunden durch dichtes, dorniges Gebüsch hatten durcharbeiten müssen, kamen sie zu einem Felsen mit einer Tür. Die Räuber klopften und sie öffnete sich sofort. Sie mussten durch einen langen dunklen Gang gehen und gelangten schließlich in eine große Höhle. Sie wurde von einem Feuer, das im Herd brannte, erleuchtet. An der Wand hingen Schwerter, Säbel und andere Waffen, die im Lichtschein blinkten. In der Mitte der Höhle stand ein schwarzer Tisch, an dem vier andere Räuber saßen und miteinander spielten. An der Stirnseite saß der Hauptmann. Dieser kam herbei, als er die Frau sah, und sagte, sie brauche keine Angst zu haben, denn sie würden ihr nichts zuleide tun, aber sie müsse sich um den Haushalt kümmern. Wenn sie alles in Ordnung halte, habe sie bestimmt kein schlechtes Leben bei ihnen. Nach diesen Worten des Hauptmanns gaben die Räuber ihr etwas zu essen und zeigten ihr ein Bett, wo sie mit ihrem Kind schlafen konnte.

Die Frau blieb viele Jahre bei den Räubern und Hans wurde währenddessen groß und stark. Die Mutter erzählte ihm allerhand Geschichten und lehrte ihn mithilfe eines alten Ritterbuchs, das sie in der Höhle fand, lesen. Als Hans neun Jahre alt war, machte er sich aus einem Tannenast einen Schlagstock und versteckte ihn hinter dem Bett. Dann ging er zu seiner

Mutter und sagte: »Liebe Mutter, verrate mir bitte, wer mein Vater ist. Ich will und muss es wissen.«

Die Mutter schwieg und wollte es ihm nicht sagen, damit er nicht Heimweh bekäme. Außerdem wusste sie, dass die gottlosen Räuber den Jungen sowieso nicht fortlassen würden. Aber es hätte ihr fast das Herz zersprengt, dass Hans nicht zu seinem Vater gehen konnte.

In der Nacht, als die Räuber von ihrem Raubzug heimkehrten, holte Hans seinen Schlagstock hervor, stellte sich vor den Hauptmann und sagte: »Ich will wissen, wer mein Vater ist. Und wenn du es mir nicht sofort sagst, schlag ich dich nieder.«

Da lachte der Hauptmann und gab Hans eine Ohrfeige, dass er unter den Tisch kugelte.

Hans rappelte sich wieder hoch, schwieg und dachte: Also warte ich eben noch ein Jahr, bevor ich es noch einmal versuche. Vielleicht habe ich dann mehr Erfolg.

Als das Jahr herum war, holte er seinen Schlagstock wieder hervor, wischte den Staub ab, betrachtete ihn und sagte: »Was für ein guter Schlagstock das doch ist.« Nachts kamen die Räuber heim, tranken Wein, einen Krug nach dem anderen, und wurden müde. Da holte der Hans seinen Schlagstock herbei, stellte sich wieder vor den Hauptmann und fragte ihn, wer sein Vater sei. Der Hauptmann gab ihm wieder eine so kräftige Ohrfeige, dass Hans unter den Tisch rollte. Aber es dauerte nicht lange, da war er wieder aufgestanden und schlug mit seinem Stock so fest auf den Hauptmann und die Räuber ein, dass sie Arme und Beine nicht mehr bewegen konnten. Die Mutter stand in einer Ecke und bewunderte seine Tapferkeit und Stärke. Als Hans mit seiner Arbeit fertig war, ging er zu seiner Mutter und sagte: »Jetzt habe ich ernst gemacht. Aber nun will ich auch endlich wissen, wer mein Vater ist.«

»Lieber Hans«, antwortete die Mutter, »komm, wir wollen gehen und ihn so lange suchen, bis wir ihn finden.« Sie nahm dem Hauptmann den Schlüssel für die Eingangstür ab.

Hans holte einen großen Mehlsack und packte Gold, Silber und was er sonst noch an schönen Sachen fand hinein, bis er voll war. Dann nahm er den Sack auf den Rücken und die beiden verließen die Höhle. Was staunte

Der starke Hans

Hans, als er von der Finsternis in das Tageslicht kam und den grünen Wald, all die Blumen und Vögel und die Morgensonne am Himmel erblickte! Er stand da und bewunderte alles, als wäre er nicht ganz richtig im Kopf. Die Mutter suchte den Weg, der nach Hause führte. Als sie ein paar Stunden gegangen waren, erreichten sie glücklich ihr Häuschen in ihrem einsamen Tal.

Der Vater saß in der Tür und weinte vor Freude, als er seine Frau erkannte und hörte, dass der große Junge da sein Sohn Hans war. Hatte er beide doch längst für tot gehalten. Hans, obwohl erst zwölf Jahre alt, war einen Kopf größer als sein Vater. Sie gingen zusammen in die kleine Stube, aber kaum hatte Hans seinen Sack auf die Ofenbank abgestellt, fing das ganze Haus an zu krachen. Die Bank fiel zusammen und dann brach auch der Fußboden ein. Der schwere Sack sank in den Keller hinunter.

»Gott behüte uns!«, rief der Vater. »Was ist das? Jetzt hast du unser Häuschen zerstört.«

»Lasst Euch darüber keine graue Haare wachsen, lieber Vater«, antwortete Hans. »In dem Sack stecken mehr Reichtümer, als für ein neues Haus nötig sind.« Der Vater und Hans fingen auch gleich an, ein neues Haus zu bauen, Vieh und Land zu erwerben und zu bewirtschaften. Hans beackerte das Feld. Wenn er hinter dem Pflug ging und ihn in die Erde hineinschob, mussten die Stiere fast nicht mehr ziehen.

Im nächsten Frühling sagte Hans: »Vater, behaltet das ganze Geld und macht mir einen dicken, starken Spazierstab, damit ich in die Fremde gehen kann.« Als der verlangte Stab fertig war, verließ er das Haus seines Vaters, zog davon und kam in einen finsteren Wald. Da hörte er etwas knistern, schaute um sich und sah eine Tanne, die von unten bis oben wie ein Seil gewunden war. Als er die Augen in die Höhe richtete, erblickte er einen großen Kerl, der den Baum festhielt. »He!«, rief Hans. »Was machst du da droben?« Der Kerl antwortete: »Ich habe gestern Reisig zusammengetragen und will mir ein Seil daraus drehen.«

Das gefällt mir, dachte Hans, der hat Kräfte! Er rief ihm zu: »Lass gut sein und komm mit mir.« Der Kerl kletterte herunter und war einen ganzen Kopf größer als Hans, der ja auch nicht klein war. »Du sollst von nun an Tannendreher heißen«, sagte Hans zu ihm.

Sie wanderten weiter und hörten etwas klopfen und hämmern, so stark, dass bei jedem Schlag der Erdboden zitterte. Bald darauf kamen sie zu einem mächtigen Felsen, vor dem ein Riese stand und mit der Faust große Stücke davon abschlug. Als Hans fragte, was er da vorhabe, antwortete er: »Wenn ich nachts schlafen will, kommen Bären, Wölfe und anderes derartiges Ungeziefer. Die schnuppern an mir herum, dass ich nicht schlafen kann. Deshalb will ich mir ein Haus bauen und mich hineinlegen, damit ich Ruhe habe.«

Sehr gut, dachte Hans, den kannst du auch noch brauchen! Er sagte also zu ihm: »Lass das Hausbauen gut sein und geh mit mir. Du sollst Felsenklipperer heißen.«

Der Riese willigte ein und sie zogen alle drei durch den Wald. Wo sie hinkamen, wurden die wilden Tiere aufgeschreckt und liefen vor ihnen weg. Abends kamen sie in ein altes, verlassenes Schloss. Sie stiegen hinauf und legten sich in den Saal schlafen. Am nächsten Morgen ging Hans in den Garten, der ganz verwildert war und wo überall dorniges Gebüsch wucherte. Als er so herumging, sprang ein Wildschwein auf ihn los. Er gab ihm aber mit seinem Stab einen Schlag, dass es sogleich umfiel. Dann nahm er es auf die Schulter und brachte es hinauf zu den anderen. Dort steckten sie es an einen Spieß, brieten es und waren guter Dinge. Nun verabredeten sie, dass jeden Tag der Reihe nach zwei auf die Jagd gehen sollten. Immer einer musste daheimbleiben und kochen, für jeden neun Pfund Fleisch.

Den ersten Tag blieb der Tannendreher zu Hause, und Hans und der Felsenklipperer gingen auf die Jagd. Als der Tannendreher gerade beim Kochen war, kam ein kleines, altes, zusammengeschrumpeltes Männchen zu ihm auf das Schloss und verlangte Fleisch von ihm.

»Nein, Duckmäuser«, antwortete der Tannendreher, »du brauchst kein Fleisch.«

Aber wie wunderte sich der Tannendreher, als das kleine, unscheinbare Männlein an ihm hochsprang und mit den Fäusten so auf ihn einschlug, dass er sich nicht wehren konnte. Er fiel zur Erde und schnappte nach Atem. Das Männlein ging erst weg, als es seinen Zorn völlig an ihm ausgelassen hatte.

Als die zwei anderen von der Jagd zurückkamen, erzählte ihnen der Tannendreher nichts von dem alten Männchen und den Schlägen, die er be-

Der starke Hans

kommen hatte. Er dachte: Wenn sie an der Reihe sind und zu Hause bleiben, können sie auch einmal ihr Glück mit der kleinen Kratzbürste versuchen. Schon der bloße Gedanke daran bereitete ihm Vergnügen.

Den folgenden Tag blieb der Steinklipperer zu Hause. Ihm erging es genauso wie dem Tannendreher: Er wurde von dem Männlein übel zugerichtet, weil er ihm kein Fleisch hatte geben wollen. Als die anderen abends nach Haus kamen, sah ihm der Tannendreher zwar an, was er mitgemacht hatte, aber beide schwiegen und dachten: Hans soll ruhig auch in den bitteren Apfel beißen.

Hans, der den nächsten Tag zu Hause bleiben musste, tat seine Arbeit in der Küche, wie es sich gehörte. Als er oben stand und den Schaum vom Kessel abschöpfte, kam das Männchen und forderte ohne weitere Erklärung ein Stück Fleisch. Da dachte Hans: Es ist ein armer Wicht. Ich gebe ihm etwas von meinem Anteil ab, damit die anderen nicht zu kurz kommen. Daraufhin reichte er ihm ein Stück. Als der Zwerg es verzehrt hatte, verlangte er nochmals Fleisch und der gutmütige Hans gab ihm welches mit den Worten: »Da hast du noch ein schönes Stück. Damit sollst du zufrieden sein.« Der Zwerg forderte aber zum dritten Mal etwas.

»Du wirst unverschämt«, sagte Hans und gab ihm nichts. Da wollte der boshafte Zwerg an ihm hinaufspringen und ihn schlagen wie den Tannendreher und Felsenklipperer. Aber da hatte er sich den Falschen ausgesucht! Hans verabreichte ihm, ohne sich anzustrengen, ein paar solche Hiebe, dass er gleich die Schlosstreppe hinuntersprang. Hans wollte ihm nachlaufen, fiel aber der Länge nach über ihn hin. Als er sich wieder aufgerichtet hatte, war der Zwerg schon ein Stück weitergerannt. Hans eilte ihm bis in den Wald nach und beobachtete, wie er in eine Felsenhöhle schlüpfte. Hans kehrte daraufhin nach Hause zurück, hatte sich aber die Stelle gemerkt.

Als die beiden anderen nach Haus kamen, wunderten sie sich, dass es Hans so gut ging. Er erzählte ihnen, was sich zugetragen hatte, und da verschwiegen sie auch nicht länger, wie es ihnen ergangen war. Hans lachte und sagte: »Es geschieht euch ganz recht, warum seid ihr auch so geizig mit eurem Fleisch gewesen! Aber es ist eine Schande, dass ihr euch von dem Zwerg habt schlagen lassen, obwohl ihr so groß seid.«

Sie nahmen daraufhin einen Korb und ein Seil. Damit gingen alle drei zu der Felsenhöhle, in die der Zwerg geschlüpft war, und ließen Hans mit seinem Stab im Korb hinab. Unten fand er eine Tür, und als er sie öffnete, saß da eine bildschöne Jungfrau, ja sie war so schön, dass es nicht zu beschreiben ist. Neben ihr hockte der Zwerg und grinste den Hans an wie eine Meerkatze. Die Jungfrau aber war mit Ketten festgebunden und blickte Hans so traurig an, dass er großes Mitleid empfand und dachte: Du musst sie aus der Gewalt des bösen Zwergs erlösen! Daraufhin hieb er mit seinem Stab nach ihm, dass er tot niedersank.

Sofort fielen die Ketten von der Jungfrau ab und Hans war wie verzaubert von ihrer Schönheit. Sie erzählte ihm, sie sei eine Königstochter, die ein böser Graf aus ihrer Heimat geraubt und hier in die Felshöhle eingesperrt habe, weil sie nichts von ihm habe wissen wollen. Den Zwerg aber habe der Graf als Wächter gesetzt und der habe ihr großes Leid zugefügt.

Daraufhin setzte Hans die Jungfrau in den Korb und ließ sie hinaufziehen. Der Korb kam wieder herab, aber Hans traute den beiden Gesellen nicht und dachte: Sie waren schon einmal falsch und haben dir nichts von dem Zwerg gesagt. Wer weiß, was sie gegen dich im Schilde führen. Da legte er seinen Stab in den Korb und das war sein Glück. Denn als der Korb halb in der Höhe war, ließen sie ihn fallen. Hätte Hans wirklich darin gesessen, wäre das sein Tod gewesen. Aber nun wusste er nicht, wie er aus der tiefen Höhle wieder hinauskommen sollte. Wie er auch hin und her überlegte, er fand keinen Rat.

»Es ist doch traurig«, sagte er zu sich, »dass du da unten zugrunde gehen sollst.« Und während er so auf und ab ging, kam er wieder zu dem Kämmerchen, in dem die Jungfrau gesessen hatte. Er bemerkte, dass der Zwerg einen Ring am Finger hatte, der glänzte und schimmerte. Den zog er ab und steckte ihn sich an. Als er ihn am Finger umdrehte, hörte er plötzlich etwas über seinem Kopf rauschen. Er blickte in die Höhe und sah dort Luftgeister schweben, die behaupteten, er sei ihr Herr. Außerdem wollten sie wissen, was er sich wünsche.

Hans war anfangs ganz verschreckt und konnte nichts sagen. Dann aber befahl er, sie sollten ihn hinauftragen. Augenblicklich gehorchten sie und es war, als flöge er hinauf. Als er aber oben war, war kein Mensch mehr zu sehen und selbst im Schloss fand er niemanden. Der Tannendreher und der

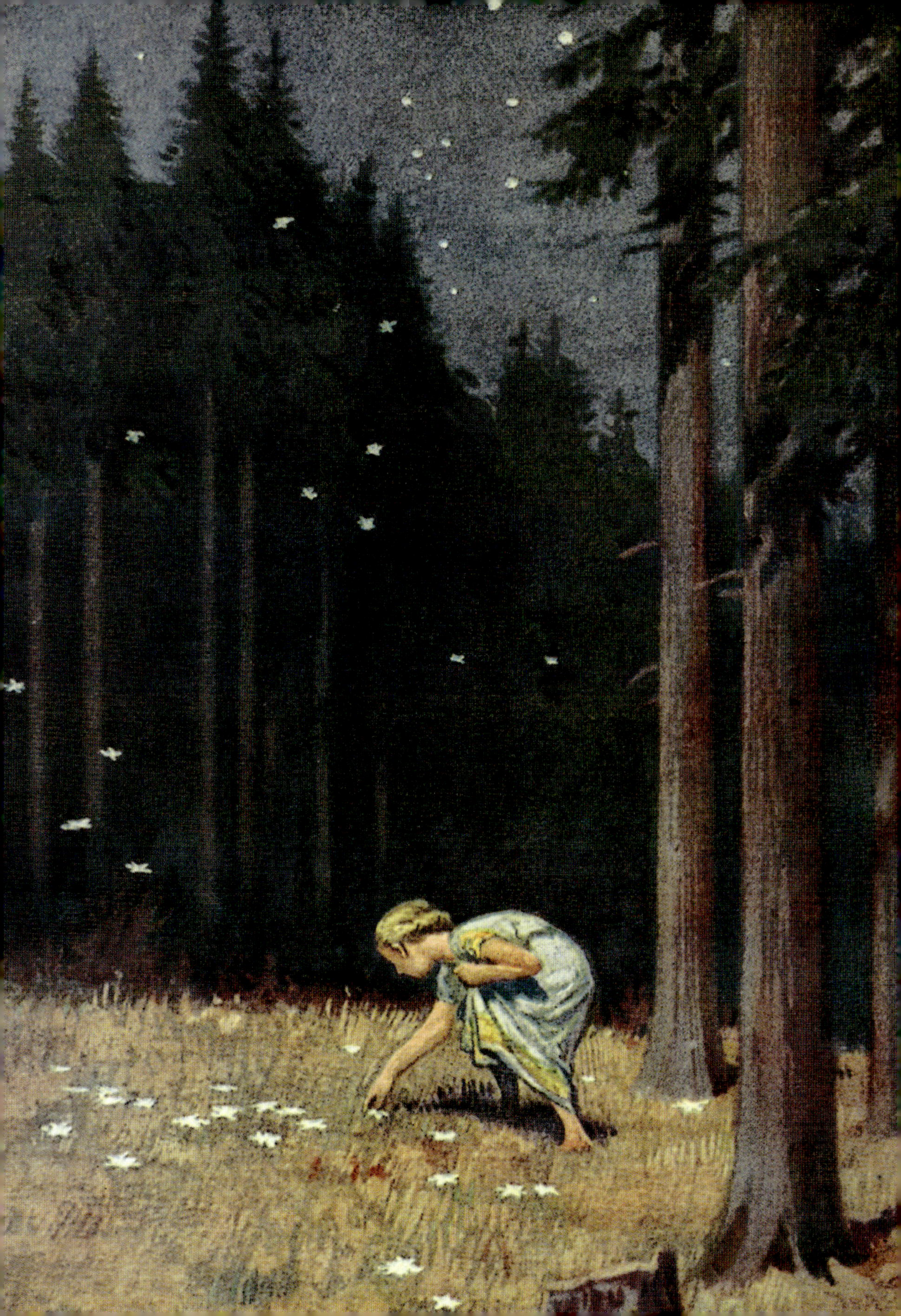

Die Sterntaler, zu Seite 71

Felsenklipperer waren fortgeeilt und hatten die schöne Jungfrau mitgenommen. Hans drehte den Ring erneut, da kamen die Luftgeister und verrieten ihm, dass die zwei auf dem Meer seien. Hans lief und lief ohne Unterbrechung, bis er zum Meer kam. Da erblickte er weit, weit draußen auf dem Wasser ein Schiffchen, in dem seine treulosen Gefährten saßen. Und vor lauter Zorn sprang er, ohne nachzudenken, mitsamt seinem Stab ins Wasser und fing an zu schwimmen. Aber der schwere Stab zog ihn hinab, sodass er fast ertrunken wäre.

Gerade noch rechtzeitig drehte er den Ring. Sogleich kamen die Luftgeister und brachten ihn, so schnell wie der Blitz, auf das Schiffchen. Dort schwang Hans seinen Stab, gab den falschen Freunden den verdienten Lohn und warf sie ins Wasser. Dann aber ruderte er mit der schönen Jungfrau, die Todesängste ausgestanden und die er zum zweiten Mal befreit hatte, zu ihrem Vater und ihrer Mutter nach Hause. Hans bekam die Schöne zur Frau und alle freuten sich.

Die goldene Gans

Es war einmal ein Mann, der hatte drei Söhne. Davon hieß der jüngste Dummling. Er wurde verachtet, verspottet und bei jeder Gelegenheit benachteiligt. Eines Tages wollte der Älteste in den Wald gehen, um Holz zu schlagen. Bevor er das Haus verließ, gab ihm seine Mutter noch einen leckeren Eierkuchen und eine Flasche Wein mit, damit er nicht Hunger und Durst leiden musste. Als er in den Wald kam, begegnete ihm ein altes graues Männlein, das ihm einen guten Tag wünschte und sagte: »Gib mir doch ein Stück Kuchen aus deiner Tasche und lass mich einen Schluck von deinem Wein trinken. Ich bin so hungrig und durstig.«

Der kluge Sohn aber antwortete: »Geb ich dir meinen Kuchen und meinen Wein, so hab ich selbst nichts mehr. Los, verschwinde!« Mit diesen Worten ließ er das Männlein stehen und ging fort. Als er nun anfing, einen Baum zu fällen, dauerte es nicht lange und er schlug daneben. Die Axt traf ihn am Arm, sodass er heimgehen und sich verbinden lassen musste. Daran war das graue Männchen schuld.

Daraufhin ging der zweite Sohn in den Wald und die Mutter gab ihm, wie dem ältesten, einen Eierkuchen und eine Flasche Wein mit. Ihm begegnete ebenfalls das alte graue Männchen und bat um ein Stück Kuchen und einen Schluck Wein. Aber der zweite Sohn sagte ganz vernünftig: »Was ich dir gebe, das geht mir selber ab. Los, verschwinde!« Mit diesen Worten ließ er das Männlein stehen und ging fort. Die Strafe blieb nicht aus: Als er ein paar Mal auf den Baum eingeschlagen hatte, hieb er sich ins Bein, sodass er nach Haus getragen werden musste.

Da sagte der Dummling: »Vater, lass mich doch hinausgehen und Holz machen.«

Der Vater antwortete: »Schon deine Brüder haben sich dabei verletzt. Und du verstehst ja noch weniger davon!«

Der Dummling aber bettelte so lange, bis der Vater endlich sagte: »Geh nur hinaus in den Wald. Durch Schaden wirst du klug werden.«

Die Mutter gab ihm einen Kuchen mit, der war aus Wasser und Asche gebacken, und dazu eine Flasche saures Bier. Als der Dummling in den Wald kam, begegnete ihm ebenfalls das alte graue Männchen, grüßte ihn und sagte: »Gib mir ein Stück von deinem Kuchen und einen Schluck aus deiner Flasche. Ich bin so hungrig und durstig.«

Der Dummling antwortete: »Ich habe aber nur Aschenkuchen und saures Bier. Wenn dir das gut genug ist, dann wollen wir uns setzen und essen.« Als der Dummling seinen Aschenkuchen herausholte, hatte er sich in einen feinen Eierkuchen verwandelt und das saure Bier in einen guten Wein.

Nun aßen und tranken sie und danach sagte das Männlein: »Weil du ein gutes Herz hast und gerne teilst, will ich dir etwas schenken. Dort steht ein alter Baum. Fälle ihn und du wirst in den Wurzeln etwas finden.« Daraufhin nahm das Männlein Abschied.

Der Dummling ging hin und schlug den Baum um. Als er umgefallen war, saß in den Wurzeln eine Gans, die Federn aus reinem Gold hatte. Er hob sie auf, nahm sie mit sich und ging in ein Wirtshaus, wo er übernachten wollte.

Der Wirt hatte drei Töchter. Als sie die Gans sahen, waren sie neugierig, was das für ein wunderlicher Vogel sei, und hätten nur zu gern eine von seinen goldenen Federn gehabt.

Die Älteste dachte: Es wird sich schon eine Gelegenheit finden, wo ich mir eine Feder besorgen kann. Als der Dummling einmal hinausgegangen war, fasste sie die Gans am Flügel, aber Finger und Hand blieben daran hängen.

Bald danach kam die Zweite und wollte sich unbedingt eine goldene Feder holen. Kaum aber hatte sie ihre Schwester berührt, blieb sie fest an ihr hängen.

Schließlich kam auch die Dritte mit der gleichen Absicht. Da schrien die anderen: »Bleib weg, um Himmels willen, bleib weg.« Aber sie begriff nicht, warum sie wegbleiben sollte, dachte: Was die können, kann ich auch. Und sie sprang auf die beiden Schwestern zu. Sobald sie diese berührt hatte, blieb sie hängen. So mussten die drei die Nacht bei der Gans verbringen.

Am nächsten Morgen nahm der Dummling die Gans in den Arm, ging fort und kümmerte sich nicht um die drei Mädchen, die daran hingen. Sie mussten immer hinter ihm herlaufen, links und rechts, wie er gerade Lust hatte.

Die goldene Gans

Mitten auf freiem Feld begegnete ihnen der Pfarrer, und als er den Zug sah, sagte er: »Schämt euch, ihr bösen Mädchen! Warum lauft ihr dem jungen Burschen nach? Schickt sich das?« Nach diesen Worten fasste er die Jüngste an der Hand und wollte sie zurückziehen. In dem Augenblick, in dem er sie berührte, blieb er ebenfalls hängen und musste selber hinterherlaufen.

Kurz darauf kam der Küster daher und sah den Herrn Pfarrer, der drei Mädchen auf dem Fuße folgte. Da wunderte er sich und rief: »Ei, Herr Pfarrer, wo wollt Ihr denn hin? Vergesst nicht, dass wir heute noch eine Taufe haben.« Daraufhin lief er auf ihn zu und fasste ihn am Ärmel, blieb aber auch hängen.

Wie die fünf so hintereinander hertrabten, kamen zwei Bauern mit ihren Hacken vom Feld. Da wandte sich der Pfarrer an sie und bat, ihn und den Küster loszumachen. Kaum aber hatten sie den Küster berührt, blieben sie hängen. Nun waren es schon sieben, die dem Dummling mit der Gans nachliefen.

Danach kamen sie in eine Stadt, wo ein König herrschte, der eine Tochter hatte, die war so trübsinnig, dass sie niemand zum Lachen bringen konnte. Deshalb hatte der König ein Gesetz erlassen, dass derjenige, der sie

Die goldene Gans

zum Lachen brächte, sie heiraten dürfe. Als der Dummling das hörte, ging er mit seiner Gans und ihrem Anhang zur Königstochter. Sobald diese die sieben Menschen immer stur hintereinander herlaufen sah, fing sie lauthals an zu lachen und wollte gar nicht mehr aufhören. Da verlangte der Dummling sie zur Braut, aber dem König gefiel er nicht als Schwiegersohn. Er hatte allerlei Einwände und sagte, der Dummling müsse ihm erst einen Mann bringen, der einen Keller voll Wein austrinken könne.

Der Dummling dachte an das graue Männchen, das ihm wahrscheinlich helfen könnte. Also ging er hinaus in den Wald und dort, wo er den Baum umgehauen hatte, sah er einen Mann sitzen, der ein ganz trauriges Gesicht machte. Der Dummling fragte, was er sich so sehr zu Herzen nähme. Da antwortete er: »Ich habe so großen Durst und kann ihn nicht löschen. Das kalte Wasser vertrage ich nicht. Ein Fass Wein hab ich zwar bereits ausgeleert, aber was ist ein Tropfen auf einem heißen Stein?«

»Da kann ich dir helfen«, sagte der Dummling. »Komm nur mit mir und du wirst genug Wein bekommen.« Er führte ihn daraufhin in den Keller des Königs und der Mann machte sich über die großen Fässer her, trank und trank, dass ihm die Hüften wehtaten. Bevor ein Tag vorüber war, hatte er den ganzen Keller ausgetrunken.

Der Dummling verlangte abermals seine versprochene Braut. Der König aber ärgerte sich darüber, dass ein stumpfsinniger Bursche, den jeder einen Dummling nannte, seine Tochter heiraten sollte, und stellte neue Bedingungen auf: Er müsse erst einen Mann herbeischaffen, der einen Berg voll Brot aufessen könne.

Der Dummling überlegte nicht lange, sondern ging gleich hinaus in den Wald. Da saß auf demselben Platz wie zuvor ein Mann. Er schnürte sich den Bauch mit einem Riemen zusammen, machte ein missmutiges Gesicht und sagte: »Ich habe einen ganzen Backofen voll Raspelbrot gegessen. Aber was hilft das, wenn man so großen Hunger hat wie ich? Mein Magen bleibt leer und ich muss mich zuschnüren, um nicht vor Hunger zu sterben.«

Der Dummling war froh, diesen Mann gefunden zu haben, und sagte: »Los, komm mit mir, dann wirst du dich satt essen können.« Er führte ihn an den Hof des Königs, der alles Mehl aus dem ganzen Reich zusammenfahren und einen ungeheuren Berg Brot davon hatte backen lassen. Der

Mann aus dem Wald stellte sich davor, fing an zu essen und an einem Tag war der ganze Berg verschwunden.

Der Dummling forderte zum dritten Mal seine Braut, aber der König suchte wieder nach Ausflüchten. Diesmal verlangte er ein Schiff, das zu Land und zu Wasser fahren könnte. »Sobald du damit angesegelt kommst«, sagte er, »sollst du meine Tochter zur Frau bekommen.«

Der Dummling ging geradewegs in den Wald. Dort saß das Männchen, dem er seinen Kuchen gegeben hatte, und sagte: »Ich habe für dich getrunken und gegessen, ich will dir auch das Schiff geben. Das alles tu ich, weil du gut zu mir gewesen bist.«

Da gab er ihm das Schiff, das sowohl zu Land als auch zu Wasser fuhr. Als der König das sah, konnte er dem Dummling seine Tochter nicht länger vorenthalten und die Hochzeit wurde gefeiert. Nach dem Tod des Königs erbte der Dummling das Reich. Er lebte lange und glücklich mit seiner Gemahlin.

Die Sterntaler

Es war einmal ein kleines Mädchen, dessen Vater und Mutter gestorben waren. Es war so arm, dass es kein Zimmer mehr hatte, wo es wohnen, und kein Bett mehr, wo es schlafen konnte. Schließlich hatte es gar nichts mehr als die Kleider auf dem Leib und ein Stückchen Brot, das ihm jemand aus Mitleid geschenkt hatte. Das Mädchen aber hatte ein gutes Herz und glaubte an Gott. Und weil es so von aller Welt verlassen war, ging es im Vertrauen auf den lieben Gott hinaus in die Welt. Da begegnete ihm ein armer Mann, der flehte: »Ach, gib mir etwas zu essen, ich bin so hungrig.« Es reichte ihm das ganze Stückchen Brot und sagte: »Gott segne es dir«, und ging weiter. Da kam ein Kind, das jammerte: »Es friert mich so an meinem Kopf. Schenk mir etwas, womit ich ihn bedecken kann.« Da nahm es seine Mütze ab und gab sie ihm. Und als es eine Weile gegangen war, kam wieder ein Kind, das kein Hemd anhatte und fror. Da gab es ihm seins. Und dann bat eins um ein Röcklein, das es auch hergab. Schließlich gelangte es in einen Wald. Es war schon dunkel geworden und da kam noch ein Kind, das um ein Unterhemd bat. Das gute Mädchen dachte: Es ist dunkel, da sieht dich niemand, du kannst dein Unterhemd ruhig weggeben. Also zog es das Unterhemd aus und schenkte es auch noch her. Und als es so dastand und gar nichts mehr hatte, fielen auf einmal die Sterne vom Himmel, die sich plötzlich in lauter glänzende Geldstücke verwandelt hatten. Und mit einem Mal hatte es ein neues Unterhemd an und das war aus allerfeinstem Material. Da hinein sammelte es die Geldstücke und war seitdem sein Leben lang reich.

Rapunzel

Es waren einmal ein Mann und eine Frau, die wünschten sich schon lange vergeblich ein Kind. Endlich durfte sich die Frau Hoffnung machen, der liebe Gott werde ihren Wunsch erfüllen. Die beiden Eheleute hatten in ihrem Hinterhaus ein kleines Fenster. Aus diesem konnte man in einen prächtigen Garten sehen, wo die schönsten Blumen und Kräuter wuchsen. Er war aber von einer hohen Mauer umgeben und niemand wagte hineinzugehen, weil er einer Zauberin gehörte, die von allen gefürchtet wurde.

Eines Tages stand die Frau an diesem Fenster und sah in den Garten hinunter. Da erblickte sie ein Beet, das mit den schönsten Rapunzeln bepflanzt war. Und sie sahen so frisch und grün aus, dass sie großen Appetit darauf bekam. Das Verlangen nahm jeden Tag zu, und da sie wusste, dass sie keine bekommen konnte, wurde sie ganz krank und sah blass und elend aus.

Da erschrak der Mann und fragte: »Was fehlt dir, liebe Frau?«

»Ach«, antwortete sie, »wenn ich keine Rapunzeln aus dem Garten hinter unserem Haus zu essen kriege, sterbe ich.«

Der Mann, der sie lieb hatte, dachte: Bevor du deine Frau sterben lässt, holst du ihr lieber Rapunzeln, mag es kosten, was es wolle.

In der Abenddämmerung stieg er also über die Mauer in den Garten der Zauberin, stach in aller Eile eine Handvoll Rapunzeln und brachte sie seiner Frau. Sie machte sich sogleich Salat daraus und aß alles gierig auf. Die Rapunzeln hatten ihr aber so gut geschmeckt, dass sie am nächsten Tag noch dreimal so viel Appetit darauf hatte. Damit sie Ruhe gab, musste der Mann noch einmal in den Garten steigen.

Er machte sich also in der Abenddämmerung wieder auf. Als er aber die Mauer hinabgeklettert war, erschrak er gewaltig, denn er sah die Zauberin vor sich stehen.

»Wie kannst du es wagen«, sagte sie zornig, »in meinen Garten zu steigen und mir wie ein Dieb meine Rapunzeln zu stehlen? Das soll dir schlecht bekommen.«

»Ach«, antwortete er, »lasst Gnade vor Recht ergehen. Ich habe es nur aus Not getan. Meine schwangere Frau hat vom Fenster aus Eure Rapunzeln erblickt und empfindet ein so großes Verlangen danach, dass sie sterben würde, wenn sie nichts davon bekäme.«

Da ließ der Zorn der Zauberin nach und sie sagte zu dem Mann: »Verhält es sich so, wie du sagst, darfst du Rapunzeln mitnehmen, so viel du willst. Allerdings stelle ich eine Bedingung: Du musst mir das Kind geben, das deine Frau zur Welt bringt. Es soll ihm gut gehen und ich will für es sorgen wie eine Mutter.«

Der Mann sagte in seiner Angst alles zu. Als die Frau niederkam, erschien sogleich die Zauberin, gab dem Kind den Namen Rapunzel und nahm es mit sich.

Rapunzel wurde das schönste Kind unter der Sonne. Als es zwölf Jahre alt war, schloss es die Zauberin in einen Turm im Wald ein. Er hatte weder eine Treppe noch eine Tür, nur ganz oben war ein ganz kleines Fenster. Wenn die Zauberin hineinwollte, stellte sie sich unten hin und rief:

»Rapunzel, Rapunzel,
lass dein Haar herunter.«

Rapunzel hatte lange, prächtige Haare, die wie Gold glänzten. Wenn sie die Stimme der Zauberin vernahm, wickelte sie ihre Zöpfe oben um einen Haken am Fenster, dann ließ sie die Haare bis nach unten auf den Boden fallen und die Zauberin stieg daran hinauf.

Als der Sohn des Königs ein paar Jahre später einmal durch den Wald ritt, kam er an dem Turm vorüber. Plötzlich hörte er jemanden so schön singen, dass er stehen blieb und lauschte. Es war Rapunzel, die da sang. Damit vertrieb sie sich in ihrer Einsamkeit die Zeit. Der Königssohn wollte zu ihr hinaufsteigen und suchte nach einer Tür, aber es war keine zu finden. Er ritt nach Hause, doch der Gesang hatte ihn so bewegt, dass er jeden Tag in den Wald hinausging und zuhörte.

Als er wieder einmal hinter einem Baum bei dem Turm stand, beobachtete er, dass sich eine alte Frau näherte, die zu dem Mädchen hinaufrief:

»Rapunzel, Rapunzel,
lass dein Haar herunter.«

Rapunzel

Da ließ Rapunzel ihre Zöpfe herab und die Zauberin stieg zu ihr hinauf.

»Das ist wahrscheinlich eine Art Leiter, mit der man hinaufkommt«, sagte der Königssohn zu sich. »Ich werde auch einmal mein Glück versuchen.«

Und am nächsten Tag, als es anfing, dunkel zu werden, ging er zu dem Turm und rief:

»Rapunzel, Rapunzel,
lass dein Haar herunter.«

Sofort fielen die Haare herab und der Königssohn stieg hinauf. Anfangs erschrak Rapunzel gewaltig, als ein Mann zu ihr hereinkam, wie sie noch keinen erblickt hatte. Doch der Königssohn fing an, ganz freundlich mit ihr zu reden, und erzählte, ihr Gesang habe ihn so bewegt, dass er sie unbedingt habe sehen müssen. Da verlor Rapunzel ihre Angst. Dann fragte er sie, ob sie ihn heiraten wolle. Da er jung und schön war, dachte sie, bei ihm werde ich es besser haben als bei der alten Zauberin. Also sagte sie Ja und legte ihre Hand in seine. »Ich will gerne mit dir gehen«, antwortete sie ihm. »Aber ich weiß nicht, wie ich hinuntergelangen kann. Bring jedes Mal, wenn du kommst, einen Strang Seide mit. Daraus flechte ich eine Leiter. Wenn sie fertig ist, steige ich hinunter und du nimmst mich auf deinem Pferd mit.«

Sie verabredeten, dass er sie jeden Abend besuchen sollte, denn bei Tage kam immer die Alte. Die Zauberin merkte nichts davon, bis Rapunzel einmal fragte: »Wie kommt es nur, dass es viel schwerer ist, Sie heraufzuziehen als den jungen Königssohn. Der ist immer im Handumdrehen oben.«

»Ach, du böses Kind!«, rief die Zauberin. »Was muss ich da von dir hören! Ich dachte, du würdest hier in völliger Abgeschiedenheit leben, und doch hast du mich betrogen.« In ihrem Zorn packte sie die schönen Haare von Rapunzel, schlug sie ein paarmal um ihre linke Hand, nahm mit der rechten eine Schere und ritsch, ratsch waren sie abgeschnitten. Die schönen Zöpfe lagen auf der Erde. Und die Alte war so herzlos, dass sie die arme Rapunzel in eine Wüste brachte, wo sie in großem Elend leben musste.

An demselben Tag, an dem sie Rapunzel verstoßen hatte, machte die Zauberin die abgeschnittenen Zöpfe abends oben an dem Haken am Fenster fest und wartete, bis der Königssohn kam und rief:

Rapunzel

»Rapunzel, Rapunzel,
lass dein Haar herunter.«

Danach ließ sie die Haare hinunter. Der Königssohn stieg hinauf, aber oben fand er nicht Rapunzel vor, sondern die Zauberin, die ihn mit giftigen Blicken ansah.

»Aha«, rief sie höhnisch, »du willst deine Liebste holen. Aber der schöne Vogel sitzt nicht mehr im Nest und singt auch nicht mehr. Die Katze hat ihn geholt und wird dir gleich die Augen auskratzen. Für dich ist Rapunzel verloren, du wirst sie nie wiedersehen.«

Der Königssohn geriet außer sich vor Traurigkeit und in seiner Verzweiflung sprang er den Turm hinunter. Er kam zwar mit dem Leben davon, aber die Dornen, in die er fiel, zerstachen ihm die Augen. Von da an irrte er blind im Wald umher, ernährte sich nur von Wurzeln und Beeren und tat nichts, außer über den Verlust seiner Liebsten zu jammern und zu weinen. Nach einigen Jahren gelangte er schließlich in die Wüste, wo Rapunzel mit den Zwillingen, die sie geboren hatte, einem Knaben und Mädchen, in großer Armut lebte. Er vernahm eine Stimme, die ihm so vertraut vorkam. Er ging darauf zu, und wie er ganz nahe war, erkannte ihn Rapunzel, fiel ihm um den Hals und weinte vor Freude. Zwei von ihren Tränen aber benetzten seine Augen. Daraufhin konnte er wieder sehen und er führte sie nach Hause in sein Reich, wo er unter großem Jubel empfangen wurde. Die beiden waren glücklich und lebten lange.

Der Wolf und die sieben Geißlein

Es war einmal eine alte Geiß, die sieben junge Geißlein hatte. Sie liebte sie, wie eine Mutter ihre Kinder liebt. Eines Tages wollte sie in den Wald gehen und Futter holen. Sie rief alle sieben herbei und sagte: »Liebe Kinder, ich gehe in den Wald. Seid ja auf der Hut vor dem Wolf. Lasst ihn auf keinen Fall herein, sonst frisst er euch alle mit Haut und Haar. Der Bösewicht verstellt sich oft, aber an seiner rauen Stimme und an seinen schwarzen Füßen könnt ihr ihn leicht erkennen.«

Die Geißlein sagten: »Liebe Mutter, wir passen schon auf uns auf. Ihr könnt beruhigt fortgehen.«

Da meckerte die Alte und machte sich guter Dinge auf den Weg.

Es dauerte nicht lange, da klopfte jemand an die Haustür und rief: »Macht auf, ihr lieben Kinder, eure Mutter ist da und hat jedem von euch etwas mitgebracht.«

Aber die Geißlein erkannten an der rauen Stimme, dass es der Wolf war.

»Wir machen nicht auf«, riefen sie. »Du bist nicht unsere Mutter. Deine Stimme ist viel zu rau. Du bist der Wolf.«

Da kaufte sich der Wolf ein großes Stück Kreide. Das aß er und versuchte, mit möglichst hoher Stimme zu sprechen. Dann kam er zurück, klopfte an die Haustür und rief: »Macht auf, ihr lieben Kinder. Eure Mutter ist da und hat jedem von euch etwas mitgebracht.«

Aber die Kinder sahen die schwarzen Pfoten und riefen: »Wir machen nicht auf! Unsere Mutter hat keine schwarzen Füße. Du bist der Wolf.«

Da lief der Wolf zu einem Bäcker und sagte: »Ich habe mich am Fuß gestoßen, streich mir Teig darüber.«

Und anschließend lief er zum Müller und sagte: »Streu mir weißes Mehl auf meine Pfote.«

Der Müller dachte, der Wolf wolle jemanden betrügen, und weigerte sich. Aber der Wolf drohte: »Wenn du es nicht tust, fresse ich dich.« Da der Müller sich fürchtete, machte er ihm die Pfote weiß. Ja, so sind die Menschen!

Nun ging der Bösewicht zum dritten Mal zu den Geißlein, klopfte an die

Tür und sagte: »Macht auf, Kinder. Eure liebe Mutter ist zurückgekommen und hat jedem etwas mitgebracht.«

Die Geißlein riefen: »Zeig uns erst deine Pfote, damit wir wissen, dass du wirklich unsere Mutter bist.«

Da hielt er die Pfote ans Fenster.

Als die Geißlein sahen, dass sie weiß war, glaubten sie ihm und machten die Tür auf. Doch nicht ihre Mutter, sondern der Wolf kam herein. Die Geißlein erschraken und wollten sich verstecken. Das erste sprang unter den Tisch, das zweite ins Bett, das dritte in den Ofen, das vierte in die Küche, das fünfte in den Schrank, das sechste unter die Waschschüssel, das siebte in den Kasten der Wanduhr. Aber der Wolf fand sie alle und machte kein langes Federlesen. Eins nach dem andern verschlang er. Nur das Jüngste in dem Uhrkasten, das fand er nicht. Als der Wolf satt war, trollte er sich. Er legte sich draußen auf der grünen Wiese unter einen Baum und fing an zu schlafen.

Kurz darauf kam die Geiß aus dem Wald zurück. Ach, was musste sie da sehen! Die Haustür stand sperrangelweit auf. Tisch, Stühle und Bänke waren umgeworfen. Die Waschschüssel lag zerbrochen da. Decken und Kissen waren aus dem Bett gerissen. Sie suchte ihre Kinder, aber nirgends waren sie zu finden. Sie rief sie nacheinander beim Namen, aber niemand antwortete. Endlich, als sie das Jüngste rief, hörte sie eine leise Stimme: »Liebe Mutter, ich bin hier im Uhrkasten.«

Die Mutter holte es heraus und das Kleine erzählte ihr, dass der Wolf da gewesen sei und die anderen alle gefressen habe.

Ihr könnt euch bestimmt gut vorstellen, wie sie bei dieser Nachricht um ihre armen Kinder geweint hat!

Schließlich verließ sie traurig das Haus und das jüngste Geißlein lief mit. Als sie auf die Wiese kam, lag dort der Wolf neben dem Baum und schnarchte, dass die Äste zitterten. Sie betrachtete ihn von allen Seiten und sah, dass sich in seinem vollen Bauch etwas regte und zappelte. Ach Gott, dachte sie, sollten meine armen Kinder, die er so gierig verschlungen hat, noch am Leben sein?

Da musste das jüngste Geißlein nach Hause laufen, um Schere, Nadel und Zwirn zu holen. Dann schnitt die Mutter dem Ungetüm den Bauch auf.

Der Wolf und die sieben Geißlein

Kaum hatte sie den ersten Schnitt gemacht, streckte schon ein Geißlein den Kopf heraus. Als sie weiterschnitt, sprangen nacheinander alle sechs heraus. Sie waren alle noch quicklebendig und keines hatte Schaden genommen, denn der Wolf hatte sie in der Gier im Ganzen hinuntergeschluckt. Was war das für eine Freude! Sie umarmten ihre liebe Mutter und hüpften um sie herum.

Die Mutter aber sagte: »Jetzt ist es genug! Geht schnell los und sucht Wackersteine. Damit wollen wir dem Bösewicht den Bauch füllen, solange er noch schläft.«

Also schleppten die sieben Geißlein in aller Eile Steine herbei und steckten dem Wolf so viele in den Bauch, wie sie hineinbrachten. Dann nähte die Geiß ihm den Bauch flink wieder zu, sodass er nichts merkte und sich nicht einmal regte.

Als der Wolf endlich ausgeschlafen hatte, stand er auf. Weil ihn die Steine im Magen so durstig machten, ging er zu einem Brunnen, um zu trinken. Als er sich aber bewegte, stießen die Steine in seinem Bauch aneinander und klapperten. Da rief er:

>»Was rumpelt und pumpelt
>in meinem Bauch herum?
>Ich meinte, es wären sechs Geißlein,
>aber es klingt wie Wackerstein.«

Schließlich beugte er sich über den Rand des Brunnens, um seinen Durst zu stillen, und die schweren Steine zogen ihn ins Wasser hinein. Er ertrank jämmerlich. Als die sieben Geißlein das sahen, kamen sie herbeigelaufen, riefen laut: »Der Wolf ist tot! Der Wolf ist tot!«, und tanzten vor Freude mit ihrer Mutter um den Brunnen herum.

Die Bremer Stadtmusikanten

Ein Mann hatte einen Esel, der schon viele Jahre lang die Säcke unermüdlich zur Mühle getragen hatte. Nun gingen die Kräfte des Esels aber zu Ende und er wurde zur Arbeit immer untauglicher. Da wollte sich sein Herr das Futter sparen und den Esel töten. Aber der Esel merkte, woher der Wind wehte. Er lief fort und machte sich auf den Weg nach Bremen. Denn dort, meinte er, könnte er ja Stadtmusikant werden. Als er ein Weilchen gegangen war, sah er einen Jagdhund auf dem Weg liegen, der japste wie einer, der müde vom Laufen war.

»Was japst du so, Hund?«, fragte der Esel.

»Ach«, sagte der Hund, »weil ich alt bin, jeden Tag schwächer werde und zur Jagd nicht mehr tauge, wollte mein Herr mich totschlagen. Da hab ich Reißaus genommen. Aber womit soll ich nun mein Brot verdienen?«

»Weißt du was«, sagte der Esel, »ich gehe nach Bremen und werde dort Stadtmusikant. Komm doch auch mit. Ich spiele die Laute und du schlägst die Pauke.«

Der Hund war einverstanden und sie gingen zusammen weiter.

Es dauerte nicht lange, da saß eine Katze am Wegesrand und machte ein Gesicht wie drei Tage Regenwetter.

»Nun, was ist dir in die Quere gekommen, alte Katze?«, fragte der Esel.

»Wer ist schon fröhlich, wenn es ihm an den Kragen geht«, antwortete die Katze. »Weil ich alt bin, meine Zähne stumpf sind und ich lieber hinter dem Ofen sitze, als nach Mäusen zu jagen, wollte mich mein Frauchen ersäufen. Ich bin davongerannt, aber nun ist guter Rat teuer: Wo soll ich hin?«

»Geh mit uns nach Bremen. Du verstehst dich doch auf die Nachtmusik. Da kannst du Stadtmusikant werden.«

Die Katze hielt das für gut und ging mit.

Daraufhin kamen die drei Ausreißer an einem Hof vorbei. Dort saß auf dem Tor der Haushahn und schrie aus Leibeskräften.

»Dein Geschrei geht durch Mark und Bein«, sagte der Esel. »Was hast du?«

»Da hab ich gutes Wetter vorausgesagt«, antwortete der Hahn. »Aber die Hausherrin kannte trotzdem kein Erbarmen. Weil am Sonntag Gäste kommen, soll ich als Suppenbeilage enden. Heute Abend wird mir die Köchin den Kopf abschneiden. Nun schrei ich aus vollem Halse, solange ich noch kann.«

»Ach was, Hahn«, sagte der Esel, »komm lieber mit uns. Wir gehen nach Bremen, etwas Besseres als den Tod findest du überall. Du hast eine gute Stimme und kannst mit uns musizieren.«

Dem Hahn gefiel der Vorschlag und sie gingen alle vier zusammen fort.

Sie erreichten aber Bremen nicht an einem Tag. Abends kamen sie in einen Wald, wo sie übernachten wollten. Der Esel und der Hund legten sich unter einen großen Baum, die Katze machte es sich oben in den Ästen bequem und der Hahn flog bis in die Baumspitze. Dort war es am sichersten für ihn. Bevor er einschlief, blickte er noch einmal in alle vier Richtungen. Da er dachte, er sähe in der Ferne ein Licht, rief er seinen Gesellen zu, es müsse ganz in der Nähe ein Haus sein.

Daraufhin sagte der Esel: »Wir sollten dort hingehen, denn der Baum hier ist ein schlechter Schlafplatz.«

Der Hund meinte, ein paar Knochen und etwas Fleisch dran täten ihm auch gut.

Also machten sie sich auf in die Richtung, aus der das Licht kam. Bald sahen sie es heller schimmern und es wurde immer größer, bis sie vor einem hell erleuchteten Räuberhaus anlangten. Der Esel, als der Größte, näherte sich dem Fenster und schaute hinein.

»Was siehst du, Esel?«, fragte der Hahn.

»Was ich sehe?«, antwortete der Esel. »Einen gedeckten Tisch mit leckerem Essen und Trinken. Räuber sitzen daran und lassen es sich gut gehen.«

»Das wäre das Richtige für uns«, rief der Hahn.

»Ach ja, wenn wir nur hineinkämen!«, sagte der Esel.

Da überlegten die Tiere, wie sie die Räuber hinausjagen könnten. Endlich hatten sie eine Idee. Der Esel musste sich mit den Vorderfüßen auf das Fenstersims stellen, der Hund auf den Rücken des Esels springen, die Katze auf den Hund klettern und der Hahn auf den Kopf der Katze fliegen. Dann fingen sie alle auf ein Zeichen hin an, Musik zu machen: Der Esel schrie, der Hund bellte, die Katze miaute und der Hahn krähte. Und mit einem Mal stürzten sie durch das Fenster in die Stube hinein, dass die Scheiben klirrten. Die Räuber fuhren bei dem entsetzlichen Geschrei in die Höhe. Sie dachten, ein Gespenst käme herein, und flohen völlig außer sich vor Furcht in den Wald.

Nun setzten sich die vier Freunde an den Tisch. Sie nahmen sich, was übrig geblieben war, und aßen, als wenn sie die nächsten vier Wochen nichts mehr bekämen.

Als die vier Musikanten mit dem Essen fertig waren, löschten sie das Licht und suchten sich einen Schlafplatz – jeder nach seinem Geschmack. Der Esel legte sich auf den Mist, der Hund hinter die Tür, die Katze auf den Herd zur warmen Asche und der Hahn setzte sich auf den Hahnenbalken. Und weil sie so müde waren von ihrem langen Weg, schliefen sie auch bald ein.

Als Mitternacht vorbei war, sahen die Räuber von Weitem, dass kein Licht mehr brannte, und alles schien ruhig.

Da sagte der Hauptmann: »Wir hätten uns doch nicht ins Bockshorn jagen lassen sollen.« Er befahl einem seiner Männer hinzugehen und das Haus zu untersuchen.

Dieser fand alles still vor und wollte in der Küche ein Licht anzünden. Weil er dachte, die feurigen Augen der Katze seien glühende Kohlen, hielt er ein Schwefelhölzchen daran, damit es Feuer fing. Aber die Katze verstand keinen Spaß. Sie sprang ihm ins Gesicht, spie und kratzte. Da erschrak der Räuber gewaltig und wollte zur Hintertür hinauslaufen. Aber der Hund, der dort lag, sprang auf und biss ihn ins Bein. Als er über den Hof am Mist vorbeirannte, gab ihm der Esel noch einen kräftigen Schlag mit dem Hinterfuß. Der Hahn aber, der durch den Lärm aus dem Schlaf geweckt worden war, rief vom Balken herab »Kikeriki!«.

Da lief der Räuber, so schnell er konnte, zu seinem Hauptmann zurück und sagte: »In dem Haus sitzt eine furchtbare Hexe. Sie hat mich angehaucht und mir mit ihren langen Fingern das Gesicht zerkratzt. Vor der Tür steht ein Mann mit einem Messer. Er hat mich ins Bein gestochen. Auf dem Hof liegt ein schwarzes Ungetüm. Es hat mit einer Holzkeule auf mich ein-

Die Bremer Stadtmusikanten

geschlagen. Und oben auf dem Dach sitzt ein Scharfrichter. Er rief: ›Bringt mir den Schuft her.‹ Da machte ich, dass ich fortkam.«

Von nun an wagten sich die Räuber nicht mehr in das Haus. Den vier Bremer Musikanten gefiel es aber so gut darin, dass sie nicht wieder wegwollten. Und der das zuletzt erzählt hat, dem ist der Mund noch warm.

Frau Holle

Eine Witwe hatte zwei Töchter. Eine war schön und fleißig, die andere hässlich und faul. Die Mutter hatte die hässliche und faule viel lieber, weil sie ihre leibliche Tochter war. Die Stieftochter dagegen musste die ganze Arbeit machen und das Aschenputtel sein. Das arme Mädchen musste sich täglich an die große Straße neben einen Brunnen setzen und so viel spinnen, dass ihm die Finger bluteten. Eines Tages, als die Spule ganz blutig war, beugte es sich über den Brunnen, um sie abzuwaschen. Doch die Spule fiel ihm aus der Hand und geradeswegs in den Brunnen. Das Mädchen weinte, lief zu seiner Stiefmutter und erzählte ihr von seinem Missgeschick. Die Stiefmutter schimpfte sehr und kannte kein Mitleid. »Du hast die Spule hinunterfallen lassen«, sagte sie, »also hol sie auch wieder herauf.«

Da ging das Mädchen zu dem Brunnen zurück und wusste nicht, was es machen sollte. Weil es große Angst hatte, sprang es in den Brunnen hinein, um die Spule zu holen. Es wurde ohnmächtig. Als das Mädchen wieder zu sich kam, befand es sich auf einer schönen Wiese, wo die Sonne schien und viele tausend Blumen standen.

Das Mädchen ging über die Wiese und kam zu einem Backofen, der voller Brot war.

Das Brot rief: »Ach, zieh mich raus, zieh mich raus, sonst verbrenne ich. Ich bin schon längst ausgebacken.«

Da trat das Mädchen an den Backofen und holte mit dem Brotschieber einen Laib nach dem anderen heraus.

Danach ging das Mädchen weiter und kam zu einem Baum, der voller Äpfel war. Er rief: »Ach, schüttel mich, schüttel mich. Die Äpfel sind alle reif.«

Da schüttelte das Mädchen den Baum, dass die Äpfel nur so herabregneten, so lange, bis keiner mehr oben war. Und als es alle zu einem Haufen aufgeschichtet hatte, lief es wieder weiter.

Schließlich kam es zu einem kleinen Haus, aus dem eine alte Frau herausguckte. Da bekam es das Mädchen mit der Angst zu tun, denn die Frau hatte riesige Zähne. Es wollte schon davonlaufen, aber die alte Frau rief ihm nach: »Was fürchtest du dich, liebes Kind? Bleib bei mir. Wenn du die Hausarbeit immer ordentlich erledigst, wirst du es gut bei mir haben. Du musst nur mein Bett gut aufschütteln, sodass die Federn fliegen. Dann schneit es auf der Erde. Ich bin nämlich Frau Holle.«

Das Mädchen fasste sich ein Herz, weil die alte Frau ihm so gut zuredete, und blieb. Es erledigte alles zu ihrer Zufriedenheit und schüttelte ihr das Bett immer auf, dass die Federn wie Schneeflocken umherflogen. Dafür hatte es auch ein gutes Leben bei der alten Frau. Es fiel kein böses Wort und jeden Tag gab es gutes Essen.

Als das Mädchen schon einige Zeit bei Frau Holle war, wurde es plötzlich traurig. Anfangs wusste es selbst nicht, was ihm fehlte. Doch schließlich merkte es, dass es Heimweh hatte. Obwohl es ihm hier tausendmal besser ging, sehnte es sich doch nach zu Hause. Eines Tages sagte das Mädchen also zu Frau Holle: »Ich habe Heimweh. Auch wenn es mir hier unten bei dir so gut geht, kann ich doch nicht länger bleiben. Ich muss wieder hinauf zu meiner Familie.«

Frau Holle sagte: »Es gefällt mir, dass du wieder nach Hause willst. Und weil du so fleißig für mich gearbeitet hast, bringe ich dich selbst wieder hinauf.« Sie nahm das Mädchen bei der Hand und führte es vor ein großes Tor.

Das Tor öffnete sich. Gerade als das Mädchen darunterstand, fiel ein gewaltiger Goldregen auf es nieder. Das ganze Gold blieb an ihm hängen, sodass es über und über damit bedeckt war.

»Das soll dir gehören, weil du so fleißig warst«, sagte Frau Holle und gab ihm auch die Spule wieder, die ihm in den Brunnen gefallen war.

Daraufhin schloss sich das Tor und das Mädchen befand sich wieder oben, nicht weit von dem Haus seiner Mutter entfernt. Als es in den Hof kam, saß der Hahn auf dem Brunnen und rief:

»Kikeriki,
unsere Goldmarie ist wieder hie.«

Da ging das Mädchen zu seiner Mutter hinein. Und weil es so mit Gold bedeckt war, wurde es von ihr und von der Schwester gut aufgenommen.

Das Mädchen erzählte alles, was es erlebt hatte. Als die Mutter hörte, wie es zu dem großen Reichtum gekommen war, wollte sie der hässlichen und faulen Tochter gerne zu demselben Glück verhelfen. Deshalb musste sie sich auch an den Brunnen setzen und spinnen. Damit ihre Spule blutig wurde, stach sie sich ihren Finger an einer Dornenhecke. Dann warf sie die Spule in den Brunnen und sprang hinterher. Wie ihre Schwester kam sie auf die schöne Wiese und ging auf demselben Pfade weiter.

Als sie zu dem Backofen gelangte, schrie das Brot wieder: »Ach, zieh mich raus, zieh mich raus, sonst verbrenn ich, ich bin schon längst ausgebacken.«

Die Faule aber antwortete: »Ich hab doch keine Lust, mich schmutzig zu machen.« Und es ging einfach weiter.

Bald kam sie zu dem Apfelbaum, der rief: »Ach, schüttel mich, schüttel mich. Die Äpfel sind alle reif.«

Das Mädchen antwortete jedoch: »Du kommst mir gerade recht! Es könnte mir einer auf den Kopf fallen!« Und nach diesen Worten ging es weiter.

Als es zu Frau Holles Haus kam, fürchtete es sich nicht, denn es hatte ja schon von ihren großen Zähnen gehört. Es trat gleich in ihre Dienste.

Am ersten Tag gab sich das faule Mädchen Mühe, war fleißig und hörte darauf, wenn Frau Holle ihm etwas sagte, denn es dachte an das viele Gold, das sie ihm schenken würde. Schon am zweiten Tag aber fing es an zu faulenzen, am dritten noch mehr: Da wollte es morgens gar nicht aufstehen. Es machte auch nicht Frau Holles Bett, wie es sich gehörte, und schüttelte es nicht, dass die Federn aufflogen. Frau Holle hatte bald genug und kündigte ihr den Dienst. Der Faulen war das nur recht, denn sie dachte, nun würde der Goldregen kommen. Frau Holle führte sie auch tatsächlich zu dem Tor. Aber als sie darunterstand, wurde statt Gold ein großer Kessel voll Pech über ihr ausgeschüttet.

»Das ist dein Lohn«, sagte Frau Holle und schloss das Tor.

Die Faule ging nach Hause. Da sie aber ganz mit Pech bedeckt war, rief der Hahn auf dem Brunnen, als er sie sah:

»Kikeriki,
unsere Pechmarie ist wieder hie.«

Das Pech blieb an dem faulen Mädchen kleben und ging, solange es lebte, nicht mehr ab.

Hänsel und Gretel

Am Rande eines großen Waldes wohnte einmal ein armer Holzfäller mit seiner Frau und seinen zwei Kindern. Der Junge hieß Hänsel und das Mädchen Gretel. Die Familie hatte nicht viel, und als alles teurer wurde, konnte sie sich nicht einmal mehr das tägliche Brot leisten. Abends im Bett machte sich der Holzfäller über die Zukunft Gedanken und wälzte sich vor Sorgen hin und her. Da seufzte er und sagte zu seiner Frau: »Was soll nur aus uns werden? Wie können wir unsere armen Kinder ernähren, wenn wir für uns selbst nicht genug haben?«

»Weißt du was, Mann«, antwortete die Frau, die nicht die richtige Mutter der Kinder war, »wir gehen morgen in aller Frühe mit den Kindern in den Wald, wo er am dichtesten ist. Dort machen wir ihnen ein Feuer und geben jedem noch ein Stückchen Brot. Dann gehen wir an unsere Arbeit und lassen sie allein. Sie werden den Weg nicht wieder nach Hause zurückfinden und wir sind sie los.«

»Nein, Frau«, sagte der Mann. »Das tue ich nicht. Wie soll ich es übers Herz bringen, meine Kinder im Wald allein zurückzulassen! Die wilden Tiere werden sie zerreißen.«

»Du Narr«, sagte die Frau, »dann müssen wir alle vier verhungern. Du kannst ja schon einmal die Bretter für unsere Särge hobeln.« Sie ließ ihm keine Ruhe, bis er einwilligte.

»Aber die armen Kinder tun mir trotzdem leid!«, sagte der Mann.

Die zwei Kinder hatten vor Hunger auch nicht einschlafen können und hatten gehört, was ihre Stiefmutter zu ihrem Vater gesagt hatte.

Gretel weinte schrecklich und sagte zu Hänsel: »Nun ist's um uns geschehen.«

»Beruhige dich, Gretel«, sagte Hänsel. »Hab keine Angst, ich werde uns schon helfen.« Und als ihre Eltern eingeschlafen waren, stand er auf, zog seine Jacke an, machte die Tür auf und schlich sich hinaus. Draußen schien der Mond ganz hell und die weißen Kieselsteine, die vor dem Haus lagen, glänzten. Hänsel bückte sich und steckte so viele in seine Jackentasche wie hineinpassten. Dann ging er wieder zurück. »Liebes Schwesterchen, schlaf ruhig ein. Gott wird uns nicht verlassen«, tröstete er Gretel, bevor er sich wieder in sein Bett legte.

Noch bevor die Sonne aufgegangen war, kam die Frau und weckte die beiden Kinder: »Steht auf, ihr Faulenzer. Wir wollen in den Wald gehen und Holz holen.« Dann gab sie jedem ein Stückchen Brot. »Da habt ihr etwas für den Mittag, aber esst es nicht vorher auf, ihr kriegt nichts anderes.«

Gretel nahm das Brot, weil Hänsel die Steine in der Tasche hatte.

Danach machten sie sich alle zusammen auf den Weg in den Wald. Als sie ein Weilchen gegangen waren, blieb Hänsel stehen und guckte zu dem Haus zurück. Das tat er wieder und immer wieder.

»Hänsel, was gibt es da dauernd zu gucken?«, fragte der Vater. »Beeil dich ein bisschen.«

»Ach, Vater«, antwortete Hänsel, »ich sehe nach meinem weißen Kätzchen, das sitzt oben auf dem Dach und will mir Auf Wiedersehen sagen.«

Daraufhin sagte die Frau: »Dummkopf, das ist nicht dein Kätzchen, das ist die Morgensonne, die auf den Schornstein scheint.«

Hänsel aber hatte nicht nach dem Kätzchen geschaut, sondern immer wieder einen von den weißen Kieselsteinen aus seiner Tasche auf den Weg geworfen.

Als sie mitten im Wald waren, sagte der Vater: »Los, Kinder, sammelt Holz. Ich will ein Feuer machen, damit ihr nicht friert.«

Hänsel und Gretel suchten Reisig, bis sie einen stattlichen Haufen zusammenhatten. Das Reisig wurde angezündet, und als die Flamme brannte, sagte die Frau: »Nun legt euch ans Feuer, Kinder, und ruht euch aus. Wir gehen in den Wald und hauen Holz. Wenn wir fertig sind, kommen wir wieder und holen euch ab.«

Hänsel und Gretel saßen am Feuer. Mittags aß jedes sein Stückchen Brot. Und weil sie die Schläge der Holzaxt hörten, glaubten sie, ihr Vater wäre in der Nähe. Es war aber nicht die Holzaxt, sondern es war ein Ast, den er an einen dürren Baum gebunden hatte und den der Wind hin und her schlug. Nachdem sie gegessen hatten, fielen ihnen die Augen vor Müdigkeit zu und sie schliefen ein. Als sie wieder aufwachten, war es schon finstere Nacht.

Gretel fing an zu weinen und schluchzte: »Wie sollen wir nur wieder aus dem Wald herausfinden!«

Hänsel aber tröstete sie: »Warte nur, bis der Mond aufgegangen ist. Dann werden wir den Weg schon finden.«

Als der Mond voll am Himmel stand, nahm Hänsel sein Schwesterchen an der Hand und ging den Kieselsteinen nach, die schimmerten wie glänzende Münzen. Auf diese Weise fanden sie den Weg.

Sie gingen die ganze Nacht hindurch und erreichten bei Morgengrauen das Haus ihres Vaters. Sie klopften an die Tür.

Die Frau machte auf, und als sie Hänsel und Gretel davor stehen sah, sagte sie: »Ihr bösen Kinder, was habt ihr so lange im Walde geschlafen? Wir dachten schon, ihr wollt gar nicht wiederkommen.«

Der Vater aber freute sich, denn es hatte ihm fast das Herz zerbrochen, dass er sie so allein zurückgelassen hatte.

Bald schon herrschte wieder bittere Not und es fehlte am Nötigsten. Da hörten die Kinder, wie die Mutter nachts im Bett zu ihrem Vater sagte: »Wir haben nichts mehr außer einem halben Laib Brot. Wir müssen die Kinder loswerden. Am besten wir führen sie diesmal tiefer in den Wald hinein, damit sie den Weg nicht wiederfinden. Es gibt keine andere Rettung für uns.«

Dem Mann fiel die Entscheidung schwer. Er dachte: Es wäre besser, du würdest den letzten Bissen mit deinen Kindern teilen.

Aber die Frau hörte nicht auf das, was er sagte, schimpfte mit ihm und machte ihm Vorwürfe. Wer A sagt, muss auch B sagen, und weil er das erste Mal nachgegeben hatte, so musste er es auch zum zweiten Mal.

Die Kinder waren aber noch wach gewesen und hatten das Gespräch mit angehört.

Als ihre Eltern schliefen, stand Hänsel wieder auf und wollte Kieselsteine aufsammeln wie beim letzten Mal. Aber die Frau hatte die Tür abgeschlossen und Hänsel konnte nicht hinaus. Dennoch tröstete er sein Schwesterchen: »Weine nicht, Gretel, und schlaf nur ruhig. Der liebe Gott wird uns schon helfen.«

Am frühen Morgen kam die Frau und holte die Kinder aus dem Bett. Sie erhielten wieder ihr Stückchen Brot, das allerdings noch kleiner ausfiel als das vorige Mal. Auf dem Weg in den Wald zerbröselte Hänsel es heimlich in der Tasche, blieb oft stehen und warf ein Bröckchen auf die Erde.

»Hänsel, was stehst du herum und guckst?«, fragte der Vater. »Geh weiter.«

»Ich sehe nach meinem Täubchen. Es sitzt auf dem Dach und will mir Auf Wiedersehen sagen«, antwortete Hänsel.

»Dummkopf«, sagte die Frau, »das ist nicht dein Täubchen, das ist die Morgensonne, die oben auf den Schornstein scheint.«

Hänsel aber warf nach und nach alle Brotbröckchen auf den Weg.

Die Frau führte die Kinder immer weiter in den Wald hinein, so tief, wie sie noch nie gewesen waren.

Schließlich wurde wieder ein großes Feuer angemacht und die Mutter sagte: »Bleibt nur da sitzen, Kinder. Wenn ihr müde seid, könnt ihr ruhig ein wenig schlafen. Wir gehen in den Wald und hauen Holz. Abends, wenn wir fertig sind, kommen wir und holen euch ab.«

Mittags teilte Gretel ihr Brot mit Hänsel, der sein Stück auf den Weg gestreut hatte. Dann schliefen sie ein und der Abend verging, aber niemand holte die armen Kinder ab. Sie wachten erst mitten in der Nacht, als es schon finster war, wieder auf.

Hänsel tröstete sein Schwesterchen: »Wart nur, Gretel, bis der Mond aufgeht. Dann werden wir die Brotbröckchen sehen, die ich ausgestreut habe. Mit ihrer Hilfe finden wir schon wieder nach Hause.«

Als der Mond schien, machten sie sich auf. Aber sie fanden keine Brotbröckchen mehr, denn die vielen Tausend Vögel, die im Wald und auf dem Feld umherfliegen, hatten sie aufgepickt.

Hänsel sagte zu Gretel: »Wir werden den Weg schon finden.«

Aber sie fanden ihn nicht. Sie gingen die ganze Nacht und den darauffolgenden Tag von morgens bis abends. Sie kamen jedoch nicht aus dem Wald heraus und wurden immer hungriger, denn sie hatten nichts außer den paar Beeren, die auf der Erde wuchsen. Schließlich waren sie so müde, dass die Beine sie nicht mehr tragen wollten. Deshalb legten sie sich unter einen Baum und schliefen ein.

Am nächsten Morgen, dem dritten, nachdem sie das Haus ihres Vaters verlassen hatten, gingen sie wieder weiter. Aber sie gerieten nur immer tiefer in den Wald hinein. Wenn nicht bald Hilfe käme, würde es bald zu spät sein.

Mittags sahen sie einen schneeweißen Vogel auf einem Ast sitzen. Er sang so schön, dass sie stehen blieben und ihm zuhörten. Und als er fertig war, schwang er seine Flügel und flog vor ihnen her. Sie gingen ihm nach, bis sie zu einem Häuschen gelangten. Dort setzte sich der Vogel auf das Dach. Als die Kinder ganz nah waren, sahen sie, dass die Mauern aus Brot, das Dach aus Kuchen und die Fenster aus hellem Zucker waren.

»Komm«, sagte Hänsel, »das lassen wir uns schmecken! Ich esse ein Stück vom Dach. Gretel, du kannst ja vom Fenster naschen. Das schmeckt bestimmt süß.« Hänsel griff nach oben und brach sich ein wenig vom Dach ab, um es zu versuchen.

Gretel stellte sich an die Scheiben und knusperte daran herum.

Plötzlich rief eine feine Stimme aus der Stube heraus:

»Knusper, knusper, knäuschen,
wer knuspert an meinem Häuschen?«

Die Kinder antworteten:

»Der Wind, der Wind,
das himmlische Kind.«

Dann aßen sie weiter, ohne sich stören zu lassen. Hänsel, dem das Dach sehr gut schmeckte, nahm sich ein großes Stück. Gretel stieß sich währenddessen eine ganze runde Fensterscheibe heraus, setzte sich hin und stärkte sich.

Auf einmal ging die Tür auf und eine steinalte Frau, die sich auf eine Krücke stützte, kam herausgeschlichen. Hänsel und Gretel erschraken so sehr, dass sie alles fallen ließen, was sie in den Händen hielten. Die Alte aber wackelte mit dem Kopf und sagte: »Ei, ihr lieben Kinder, wer hat euch hierhergebracht? Kommt nur herein und bleibt bei mir. Ich tue euch nichts.« Sie fasste beide an der Hand und führte sie in ihr Häuschen. Da trug sie gutes Essen auf, Milch und Pfannenkuchen mit Zucker, Äpfeln und Nüssen. Danach wurden zwei schöne Betten weiß bezogen. Hänsel und Gretel legten sich hinein und meinten, sie wären im Himmel.

Die Alte hatte sich aber nur verstellt und so getan, als wäre sie freundlich. In Wirklichkeit war sie eine böse Hexe, die Kindern auflauerte. Das Lebkuchenhaus hatte sie nur gebaut, um sie anzulocken. Wenn eins in ihre Gewalt kam, tötete sie es, kochte und aß es. Das war dann ein Festtag für sie. Hexen haben rote Augen und können nicht weit sehen, aber sie haben wie Tiere eine feine Nase und merken, wenn sich Menschen nähern. Als Hänsel und Gretel in ihre Nähe kamen, lachte sie boshaft und sagte höhnisch: »Die sollen mir nicht wieder entwischen.«

Frühmorgens, noch bevor die Kinder wach waren, stand sie auf. Als sie die beiden da liegen sah mit den vollen roten Backen, murmelte sie vor sich hin: »Das wird ein guter Bissen!« Da packte sie Hänsel mit ihren dürren Händen, trug ihn in einen kleinen Stall und sperrte ihn hinter eine Gittertür. Er konnte so viel schreien, wie er wollte, es half ihm nichts. Dann ging sie zu Gretel, rüttelte sie wach und rief: »Steh auf, Faulenzerin! Hol Wasser und koch deinem Bruder etwas Gutes. Der sitzt draußen im Stall, wo er fett werden soll. Denn dann werde ich ihn essen.« Gretel fing an, herzzerreißend zu weinen. Aber es war alles vergeblich, sie musste tun, was die böse Hexe verlangte.

Dem armen Hänsel wurde zwar das beste Essen gekocht, Gretel aber bekam nur Krebsschalen. Jeden Morgen schlich die Alte zu dem kleinen Stall und rief: »Hänsel, streck deinen Finger heraus, damit ich fühlen kann, ob du bald fett bist.«

Hänsel streckte ihr jedoch statt des Fingers ein kleines Knöchelchen heraus. Die Alte, die schlechte Augen hatte, bemerkte die Täuschung nicht. Allerdings wunderte sie sich, dass Hänsel gar nicht fett werden wollte. Als er nach vier Wochen noch mager war, wollte sie nicht mehr länger warten.

»Heda, Gretel«, rief sie dem Mädchen zu. »Bring schnell Wasser. Egal, ob Hänsel nun fett oder mager ist, morgen will ich ihn schlachten und kochen.«

Ach, wie jammerte das arme Schwesterchen, als es das Wasser holen musste, und wie flossen ihm die Tränen die Wangen herunter! »Lieber Gott, hilf uns doch«, rief sie. »Hätten uns doch die wilden Tiere im Wald gefressen, dann wären wir wenigstens zusammen gestorben.«

»Spar dir deine Tränen«, sagte die Alte. »Es hilft dir alles nichts.«

Am nächsten Morgen musste Gretel früh aufstehen, den Kessel mit Wasser aufhängen und Feuer anzünden.

»Erst wollen wir backen«, sagte die Alte. »Ich habe den Backofen schon angeheizt und den Teig geknetet.« Sie scheuchte die arme Gretel hinaus zum Backofen, aus dem die Flammen schon züngelten. »Kriech hinein«, sagte die Hexe, »und schau nach, ob es heiß genug ist, damit wir das Brot hineinschieben können.« Sobald Gretel hineingeschlüpft wäre, hätte sie die Ofentür zugemacht, um sie zu braten. Dann hätte sie das arme Mädchen ebenfalls aufgegessen.

Aber Gretel merkte, was sie im Sinn hatte, und sagte: »Ich weiß nicht, wie ich da hineinkommen soll.«

»Dumme Gans«, sagte die Alte, »die Öffnung ist groß genug. Schau her, sogar ich würde da hineinpassen.« Mit diesen Worten steckte die Hexe den Kopf in den Backofen. Und im selben Augenblick gab Gretel ihr einen Stoß, sodass sie ganz hineinfiel, machte die eiserne Tür zu und schob den Riegel davor.

Hu, da fing die Hexe ganz fürchterlich an zu heulen und musste jämmerlich verbrennen.

Gretel aber lief schnurstracks zu Hänsel, öffnete die Stalltür und rief: »Hänsel, wir sind erlöst! Die alte Hexe ist tot.«

Da sprang Hänsel heraus wie ein Vogel aus dem Käfig, wenn man ihn freilässt. Wie haben die beiden Kinder sich gefreut! Sie sind sich um den Hals gefallen, herumgesprungen und haben sich geküsst. Und weil sie sich nun ja vor nichts mehr zu fürchten brauchten, gingen sie in das Haus der Hexe hinein und sahen sich um. Überall standen hier Kästen mit Perlen und Edelsteinen.

»Die sind noch besser als Kieselsteine!«, rief Hänsel und steckte in seine Taschen, was hineinpasste.

»Ich will auch etwas mit nach Hause mitbringen«, sagte Gretel und füllte ihr Schürzchen voll.

»Lass uns gehen«, forderte Hänsel seine Schwester auf, »damit wir endlich aus dem Hexenwald herauskommen.«

Als sie ein paar Stunden gegangen waren, gelangten sie an einen großen Fluss. »Hier kommen wir nicht hinüber«, sagte Hänsel. »Ich sehe nirgends einen Steg oder eine Brücke.«

»Hier fährt auch nirgends ein Schiffchen«, antwortete Gretel. »Aber dort schwimmt eine weiße Ente. Wenn ich sie darum bitte, hilft sie uns bestimmt hinüber.« Da rief sie:

»Entchen, Entchen,
da stehen Gretel und Hänsel.
Kein Steg und keine Brücke,
nimm uns auf deinen weißen Rücken.«

Das Entchen kam tatsächlich herbeigeschwommen. Hänsel stieg auf und bat seine Schwester, sich zu ihm zu setzen.

»Nein«, antwortete Gretel. »Das ist zu schwer für das Entchen. Es soll uns lieber nacheinander hinüberbringen.«

Das tat das gute Tier dann auch. Als sie wohlbehalten auf der anderen Seite wieder abgestiegen und ein Weilchen gegangen waren, kam ihnen der Wald immer bekannter und bekannter vor. Schließlich erblickten sie in der Ferne das Haus ihres Vaters.

Da fingen sie an zu laufen, stürzten in die Stube hinein und fielen ihrem Vater um den Hals. Der war, seitdem er die Kinder im Wald gelassen hatte, nur noch traurig. Seine Frau war mittlerweile gestorben. Gretel schüttete sein Schürzchen aus, sodass die Perlen und Edelsteine durch die Stube sprangen. Hänsel leerte nach und nach ebenfalls seine Taschen. Da hatten alle Sorgen ein Ende und sie lebten glücklich.

    Mein Märchen ist aus, dort läuft eine Maus, wer sie fängt, darf sich eine große, große Pelzkappe daraus machen.

Die weiße Schlange

Es ist nun schon lange her, da lebte ein König, dessen Weisheit im ganzen Lande berühmt war. Nichts blieb ihm unbekannt und es war, als ob ihm die Luft selbst die verborgendsten Dinge zutragen würde.

    Er hatte aber eine seltsame Angewohnheit. Jeden Mittag, wenn alles von der Tafel abgetragen und niemand mehr da war, musste ein vertrauter Diener noch eine Schüssel bringen. Sie war zugedeckt und der Diener wusste nicht, was darin lag. Kein Mensch wusste es, denn der König deckte sie nicht auf und aß nicht daraus, bevor er nicht ganz allein war. Nach langer Zeit überkam den Diener, der die Schüssel immer wieder wegtrug, die Neugierde. Er konnte nicht widerstehen und brachte die Schüssel in seine Kammer. Als er die Tür sorgfältig verschlossen hatte, hob er den Deckel auf und da sah er, dass eine weiße Schlange in der Schüssel lag. Er wollte sie unbedingt kosten, schnitt ein Stückchen davon ab und steckte es in den Mund. Kaum aber hatte seine Zunge es berührt, hörte er vor seinem Fenster ein seltsames Gewisper von feinen Stimmen. Als er genauer horchte, merkte er, dass es Sperlinge waren, die miteinander sprachen. Sie erzählten sich allerlei, was sie auf dem Feld und im Wald gesehen hatten. Indem er von der Schlange gegessen hatte, wurde ihm die Fähigkeit verliehen, die Sprache der Tiere zu verstehen.

    Gerade an diesem Tag kam der Königin ihr schönster Ring abhanden. Auf den vertrauten Diener, der überall Zugang hatte, fiel der Verdacht, ihn gestohlen zu haben. Der König ließ ihn zu sich rufen und sparte nicht mit Flüchen. Er drohte ihm, wenn er bis morgen den Täter nicht gefunden habe, bleibe der Verdacht an ihm hängen und er werde dafür bestraft. Es half dem Diener nichts, dass er seine Unschuld beteuerte. Er hatte große Angst. Unten auf dem Hof überlegte er fieberhaft, wie er sich aus seiner Notlage befreien könne.

    Die Enten saßen währenddessen an einem Bach friedlich nebeneinander und ruhten sich aus. Sie putzten sich mit ihren Schnäbeln und hielten ein vertrauliches Gespräch. Der Diener blieb stehen und hörte ihnen zu. Sie erzählten sich, wo sie heute Morgen überall herumgewackelt seien und was für gutes Futter sie gefunden hätten. Da sagte eine missmutig: »Mir liegt etwas schwer im Magen. Ich habe einen Ring, der unter dem Kammerfenster der Königin lag, aus Versehen mit hinuntergeschluckt.«

Daraufhin packte der Diener sie gleich beim Kragen, trug sie in die Küche und sagte zum Koch: »Schlachte doch diese da. Sie ist gut genährt.«

»Ja«, sagte der Koch und wog sie in der Hand, »die hat keine Mühe gescheut, sich zu mästen, und schon lange darauf gewartet, gebraten zu werden.«

Er schnitt ihr den Hals ab, und als sie ausgenommen wurde, fand sich der Ring der Königin in ihrem Magen.

Der Diener konnte nun dem König leicht seine Unschuld beweisen und dieser wollte sein Unrecht wieder gutmachen. Er durfte sich etwas wünschen und der König versprach ihm die beste Stelle, die es an seinem Hof gab.

Der Diener schlug alles aus. Er war zwar jung und schön, aber schwermütig. Er wollte nicht länger bleiben. Deshalb bat er nur um ein Pferd und Geld, um in die Welt ziehen zu können. Als seine Bitte erfüllt war, machte er sich auf den Weg. Eines Tages kam er an einem Teich vorbei, wo sich drei Fische im Schilf verfangen hatten und nach Wasser schnappten. Obwohl man sagt, Fische seien stumm, hörte er sie jammern. Weil er Mitleid hatte, stieg er vom Pferd ab und setzte die drei Fische wieder ins Wasser. Sie zappelten vor Freude, streckten die Köpfe heraus und riefen ihm zu: »Wir wollen dir's gedenken und dir's vergelten, dass du uns gerettet hast.«

Er ritt weiter und nach einem Weilchen kam es ihm vor, als hörte er zu seinen Füßen in dem Sand eine Stimme. Er horchte genauer hin und vernahm, wie ein Ameisenkönig klagte: »Wenn uns nur die Menschen mit den ungeschickten Tieren in Ruhe ließen! Das dumme Pferd tritt mit seinen schweren Hufen meine Leute rücksichtslos nieder!« Der Diener fuhr einen anderen Weg und der Ameisenkönig rief ihm zu: »Wir wollen dir's gedenken und dir's vergelten.«

Der Weg führte den Diener in einen Wald. Dort standen ein Rabenvater und eine Rabenmutter neben ihrem Nest und warfen ihre Jungen hinaus.

»Fort mit euch!«, riefen sie. »Wir können euch nicht mehr satt machen. Ihr seid groß genug und könnt euch selbst ernähren.« Die armen Jungen lagen auf der Erde, flatterten, schlugen hilflos mit ihren Flügelchen und schrien: »Wir sollen uns selbst ernähren und können noch nicht einmal fliegen! Was bleibt uns übrig, als zu verhungern?« Da stieg der gute Diener ab, tötete das Pferd mit seinem Degen und überließ es den jungen Raben als Futter. Die kamen herbeigehüpft, aßen sich satt und riefen: »Wir wollen dir's gedenken und dir's vergelten.«

Der Diener musste jetzt seine eigenen Beine gebrauchen, und als er bereits weit gegangen war, kam er in eine große Stadt. Da herrschte großer Lärm und Gedränge in den Straßen. Ein Reiter machte bekannt, die Königstochter suche einen Gemahl. Die Bewerber mussten jedoch eine schwere Aufgabe erfüllen. Scheiterten sie, mussten sie sterben. Viele hatten es schon vergeblich versucht und mit dem Leben bezahlt. Als der junge Mann die Königstochter sah, ließ ihn ihre Schönheit alle Gefahr vergessen. Er trat vor den König und bewarb sich.

Daraufhin warf man vor seinen Augen einen goldenen Ring ins Meer. Der König befahl ihm, diesen Ring zurückzuholen, und fügte hinzu: »Wenn du ohne ihn wieder auftauchst, wirst du immer aufs Neue hinabgestoßen, bis du in den Wellen umkommst.«

Dann ließ man den jungen Mann allein. Einsam stand er am Ufer und überlegte, was er wohl tun sollte. Da sah er auf einmal drei Fische auf sich zuschwimmen. Es waren genau die, denen er das Leben gerettet hatte. Der mittlere hatte eine Muschel im Mund, die er an den Strand zu Füßen des Mannes hinlegte. Als dieser sie aufhob und öffnete, lag der Goldring darin. Voll Freude brachte er ihn dem König und erwartete seinen Lohn. Als die stolze Königstochter aber hörte, dass er ihr nicht ebenbürtig war, wollte sie ihn nicht. Sie verlangte, er solle noch eine zweite Aufgabe lösen. Sie ging in den Garten und streute zehn Säcke voll Hirse ins Gras.

»Die muss er morgen, bevor die Sonne aufgeht, aufgelesen haben«, sagte sie. »Und es darf kein Körnchen fehlen.«

Der junge Mann setzte sich in den Garten und dachte nach, wie er die Aufgabe lösen könnte. Aber ihm fiel nichts ein. Ganz traurig saß er da und erwartete seinen baldigen Tod. Als die ersten Sonnenstrahlen in den Garten fielen, standen die zehn Säcke ordentlich gefüllt nebeneinander, ohne dass ein Körnchen fehlte. Der Ameisenkönig war mit seinen Abertausenden Ameisen in der Nacht angekommen und die dankbaren Tiere hatten die Hirse fleißig in die Säcke gesammelt. Die Königstochter kam selbst in den Garten herab, um nachzusehen. Verwundert musste sie feststellen, dass der Jüngling die Aufgabe gelöst hatte. Aber sie war immer noch zu stolz und forderte: »Er soll erst mein Gemahl werden, wenn er mir einen Apfel vom Baum des Lebens gebracht hat.«

Der junge Mann wusste nicht, wo der Baum des Lebens stand. Er machte sich auf den Weg und wollte so lange gehen, wie ihn seine Beine tragen würden. Aber er erwartete nicht, ihn zu finden. Als er schon drei Königreiche durchwandert hatte und abends in einen Wald kam, setzte er sich unter einen Baum, um zu schlafen. Da hörte er in den Ästen ein Geräusch und ein goldener Apfel fiel in seine Hand. Zugleich flogen drei Raben zu ihm herunter, setzten sich auf seine Knie und sagten: »Wir sind die drei jungen Raben, die du vor dem Verhungern gerettet hast. Als wir hörten, dass du den goldenen Apfel suchst, sind wir über das Meer geflogen bis ans Ende der Welt, wo der Baum des Lebens steht, und haben dir den Apfel geholt.«

Der junge Mann freute sich und machte sich auf den Heimweg. Er brachte der schönen Königstochter den goldenen Apfel, die nun keine Ausrede mehr hatte. Sie teilten den Apfel des Lebens und aßen ihn zusammen: Da verliebte sie sich plötzlich in ihn und sie erreichten in ungestörtem Glück ein hohes Alter.

Die drei Spinnerinnen

Es war einmal ein faules Mädchen, das nicht mithelfen wollte, den Flachs zu Garn zu spinnen. Die Mutter konnte sagen, was sie wollte. Schließlich wurde die Mutter einmal richtig zornig, sodass sie das Mädchen sogar schlug. Daraufhin fing die Tochter laut zu weinen an. Gerade in diesem Augenblick fuhr die Königin vorbei. Als sie das Weinen hörte, ließ sie die Kutsche anhalten, betrat das Haus und fragte die Mutter, warum sie ihre Tochter so schlage, dass man die Schreie bis nach draußen auf die Straße höre.

Da schämte sich die Frau und wollte verschweigen, was für eine faule Tochter sie hatte. Deshalb antwortete sie: »Ich kann sie nicht vom Spinnen abbringen. Sie will immer und ewig spinnen. Ich bin jedoch arm und kann nicht genug Flachs herbeischaffen.«

Die Königin erwiderte ihr: »Ich höre nichts lieber, als wenn jemand spinnt und die Räder schnurren. Lasst mich Eure Tochter mit aufs Schloss nehmen. Ich habe Flachs genug, da kann sie spinnen, so viel sie Lust hat.«

Die Mutter freute sich über das Angebot und die Königin nahm das Mädchen mit.

Im Schloss führte sie es hinauf zu drei Kammern, die von unten bis oben volllagen mit dem schönsten Flachs. »Nun spinn mir diesen Flachs«, sagte die Königin. »Und wenn du es fertigbringst, bekommst du meinen ältesten Sohn zum Mann. Bist du auch arm, so stört mich das nicht. Mir genügt, dass du fleißig bist.«

Das Mädchen erschrak innerlich. Nie im Leben konnte es das schaffen, die Unmengen an Flachs zu spinnen. Selbst wenn es dreihundert Jahre alt geworden wäre und von morgens bis abends daran gearbeitet hätte. Als es allein war, fing es an zu weinen. Drei Tage saß es da, ohne eine Hand zu rühren. Am dritten Tag kam die Königin, und als sie sah, dass noch nichts gesponnen war, wunderte sie sich. Das Mädchen entschuldigte sich damit, dass es so traurig sei und Heimweh habe. Deshalb hätte es noch nicht anfangen können.

Das verstand die Königin zwar, sagte aber beim Weggehen: »Morgen musst du mir anfangen zu arbeiten.«

Als das Mädchen wieder allein war, wusste es sich nicht mehr zu helfen. Traurig trat es ans Fenster. Da kamen gerade drei Frauen daher. Die erste hatte einen breiten Plattfuß, die zweite eine so große Unterlippe, dass sie über das Kinn herunterhing, und die dritte hatte einen breiten Daumen. Sie blieben vor dem Fenster stehen, schauten hinauf und fragten das Mädchen, was ihm fehle. Es erzählte von seinem Unglück und die drei boten ihm ihre Hilfe an: »Wenn du uns zur Hochzeit einlädst, wenn du dich unseretwegen nicht schämst, sondern uns als deine Cousinen ausgibst, und wenn wir an deinem Tisch sitzen dürfen, dann wollen wir dir den Flachs spinnen, und zwar schnellstens.«

»Von Herzen gern«, antwortete das Mädchen. »Kommt nur herein und fangt gleich mit der Arbeit an.«

Daraufhin ließ es die drei seltsamen Frauen herein und machte in der ersten Kammer Platz, damit sie sich hinsetzten und spinnen konnten. Die eine zog den Faden und trat das Rad, die andere befeuchtete den Faden, die Dritte drehte ihn und schlug schließlich mit dem Finger auf den Tisch. Dann fiel jedes Mal eine Spule Garn zur Erde, das aufs Feinste gesponnen war. Vor der Königin verbarg das Mädchen die drei Spinnerinnen und zeigte ihr nur, wie viel Garn schon gesponnen war. Die Königin lobte sie sehr.

Als die erste Kammer leer war, ging es an die zweite, dann an die dritte und schließlich war die auch ausgeräumt. Nun nahmen die drei Frauen Abschied und sagten zu dem Mädchen: »Vergiss nicht, was du uns versprochen hast! Das wird dir Glück bringen.«

Als das Mädchen der Königin die leeren Kammern und den großen Haufen Garn zeigte, ließ sie alles für die Hochzeit vorbereiten. Der Bräutigam freute sich, dass er eine so geschickte und fleißige Frau bekam, und lobte sie gewaltig.

»Ich habe drei Cousinen«, sagte das Mädchen. »Sie haben mir viel Gutes getan, deshalb würde ich sie gern an meinem Glück teilhaben lassen. Erlaubt doch, dass ich sie zur Hochzeit einlade und dass sie mit an meinem Tisch sitzen.«

Die Königin und der Bräutigam erwiderten beide: »Warum sollen wir das nicht erlauben?«

Als das Fest begann, kamen die drei Frauen. Sie trugen seltsame Kleider, trotzdem begrüßte die Braut sie freundlich: »Seid willkommen, liebe Cousinen.«

»Ach«, sagte der Bräutigam. »Wie kommst du zu so hässlichen Cousinen?« Daraufhin wandte er sich an die mit dem Plattfuß: »Wovon habt Ihr einen solchen breiten Fuß?«

»Vom Treten«, antwortete sie, »vom Treten.«

Anschließend fragte der Bräutigam die Zweite: »Wovon habt Ihr nur die herunterhängende Lippe?«

»Vom Lecken«, antwortete sie, »vom Lecken.«

Dann wollte er auch noch von der Dritten wissen: »Wovon habt Ihr den breiten Daumen?«

»Vom Fadendrehen«, antwortete sie, »vom Fadendrehen.«

Da erschrak der Königssohn und sagte: »Meine schöne Braut soll nie mehr ein Spinnrad anrühren.«

Damit war sie das lästige Flachsspinnen los.

Der Ranzen, das Hütlein und das Hörnlein

Es waren einmal drei Brüder, die immer tiefer in Not geraten waren. Am Ende waren sie so bettelarm, dass sie Hunger leiden mussten und nichts mehr zu beißen hatten. Da fassten sie einen Entschluss: »So kann es nicht weitergehen. Es ist besser, wir gehen in die Welt hinaus und suchen unser Glück.«

Sie machten sich also auf und legten weite Strecken zurück. Schon über viele Grashalme waren sie gegangen, aber das Glück war ihnen noch nicht begegnet. Eines Tages gelangten sie in einen großen Wald. Darin war ein Berg, und als sie näher kamen, sahen sie, dass der Berg ganz aus Silber war.

Da sagte der Älteste: »Nun habe ich das gewünschte Glück gefunden. Mehr brauche ich nicht.« Er nahm so viel Silber, wie er nur tragen konnte, kehrte dann um und ging wieder nach Hause.

Die beiden anderen aber sagten: »Wir erwarten vom Glück schon etwas mehr als nur Silber.« Sie rührten die Schätze nicht an und gingen weiter.

Nachdem sie wieder ein paar Tage gegangen waren, kamen sie in einem Wald an einen Berg, der ganz aus Gold war. Der zweite Bruder blieb stehen, überlegte und war sich unsicher. »Was soll ich tun?«, fragte er. »Soll ich so viel Gold mitnehmen, dass ich mein Leben lang genug habe, oder soll ich weitergehen?« Schließlich füllte er in seine Taschen, was hineinpasste, sagte seinem Bruder Lebewohl und ging nach Hause.

Der Dritte aber sagte: »Silber und Gold, das reizt mich nicht. Vielleicht hält das Schicksal noch etwas Besseres für mich bereit.« Er zog weiter, und als er drei Tage lang gegangen war, kam er in einen Wald, der noch größer war als die vorigen und gar kein Ende nehmen wollte. Da er nichts zu essen und zu trinken fand, starb er fast. Er stieg auf einen hohen Baum, um von da oben das Ende des Waldes auszumachen, aber so weit sein Auge reichte, sah er nichts als Baumwipfel. Der Hunger quälte ihn und er dachte: Wenn ich mich nur noch einmal satt essen könnte. Als er herunterkletterte, sah er mit Erstaunen unter dem Baum einen reich gedeckten Tisch. Der leckere Geruch der Speisen waberte ihm entgegen. »Diesmal«, sagte er, »ist mein

Wunsch genau zur richtigen Zeit erfüllt worden.« Ohne zu fragen, wer das Essen gebracht und wer es gekocht hatte, setzte er sich an den Tisch und aß mit großem Appetit, bis er seinen Hunger gestillt hatte. Als er fertig war, dachte er: Es wäre doch schade, wenn das feine Tischtuch hier im Wald kaputtginge. Er legte es säuberlich zusammen und steckte es ein. Dann ging er weiter. Abends, als der Hunger sich wieder regte, wollte er sein Tischtuch auf die Probe stellen, breitete es aus und sagte: »Ich wünsche mir, dass du wieder voll mit guten Speisen bist.« Kaum war der Wunsch über seine Lippen gekommen, standen so viele Schüsseln mit dem leckersten Essen auf der Tischdecke, wie nur Platz hatten. »Jetzt verstehe ich«, sagte er, »in welcher Küche für mich gekocht wird. Du bist mir lieber als ein Berg von Gold und Silber.« Denn er hatte erkannt, dass es sich um ein Tüchleindeckdich handelte. Er packte es sorgfältig ein und machte sich auf den Heimweg.

Er war noch nicht lange gewandert, da begegnete ihm ein Reiter. Der war bis an die Zähne bewaffnet, schaute ganz grimmig drein und sagte: »Heda, Freund, gib mir sofort ein Stückchen Brot oder was du sonst an Wegzehrung dabeihast.«

Der Bursche erwiderte: »Wenn Ihr hungrig seid, dann teile ich um Gottes willen mit Euch.« Daraufhin holte er sein Tüchlein aus dem Bündel, breitete es auf der Erde aus und sagte: »Tüchlein, deck dich.«

Augenblicklich stand da ein leckeres Essen und war so warm, als käme es eben aus der Küche.

Der Reiter machte große Augen, ließ sich aber nicht lange bitten, stieg vom Pferd und griff ordentlich zu. Immer größere Bissen schob er in sich hinein.

Als sie aufgegessen hatten, schmunzelte der Reiter und sagte: »Hör mal, dein Tüchlein gefällt mir. Das wäre etwas für meine Feldzüge, wo mir niemand etwas Gutes kocht. Ich schlage dir einen Tausch vor. Dort am Sattelknopf hängt ein Ranzen, der zwar alt und unscheinbar aussieht, in dem aber wundersame Kräfte stecken. Wenn man auf die eine Seite klopft, kommen Soldaten heraus, hunderttausend Mann zu Fuß und zu Pferd. Klopft man aber auf die andere Seite, erscheinen die unterschiedlichsten Musikanten. Gibst du mir das Tüchlein, dann gehört der Ranzen dir.«

»Meinetwegen«, sagte der Bursche. »Wenn es unbedingt sein muss, dann wollen wir eben tauschen.« Er gab dem Reiter das Tüchlein, hob den Ranzen vom Sattelknopf, hing ihn um und nahm Abschied.

Als er ein Stück gegangen war, wollte er die Wunderkräfte seines Ranzens ausprobieren und klopfte darauf. Sofort erschienen hunderttausend Krieger zu Fuß und zu Pferde vor ihm und ihr Anführer fragte: »Was verlangt mein Herr und Gebieter?«

»Setzt dem Reiter schnell nach und holt mein Wunschtüchlein zurück.«

Es dauerte gar nicht lange und sie brachten das Verlangte. Sie hatten es dem Reiter, ohne lange zu fragen, abgenommen.

Der Bursche befahl ihnen abzuziehen und wanderte weiter.

Nachdem er eine gute Weile immer seiner Nase nach gegangen war, trabte ein zweiter Reiter herbei. Der war ebenfalls schwer bewaffnet und verlangte wie der vorige etwas zu essen. Da breitete der Bursche erneut sein Tüchlein aus, lud den Soldaten ein, vom Pferd zu steigen, und sie nahmen zusammen ihre Mahlzeit ein. Danach sagte der Reiter: »In meiner Satteltasche hab ich ein altes, abgegriffenes Hütlein, das hat wundersame Eigenschaften: Wenn man es aufsetzt und auf dem Kopf herumdreht, erscheinen zwölf Kanonen und schießen alles nieder. Das würde ich dir für dein Tischtuch geben.«

»Das hört sich gut an«, antwortete der Bursche, nahm das Hütlein, setzte es auf und ließ sein Tüchlein zurück.

Kaum aber war er ein Stück gegangen, klopfte er auf seinen Ranzen und seine Soldaten mussten ihm das Tüchlein zurückholen. Es kommt eins zum anderen, dachte er, und meine Glückssträhne scheint noch nicht zu Ende. Und er sollte recht behalten.

Nachdem er wieder ein Stück gegangen war, begegnete ihm ein dritter Reiter, der wie die vorigen von ihm etwas zu essen verlangte. Er ließ ihn mitessen bei dem, was sein Wunschtüchlein hervorzauberte. Und das schmeckte dem Reiter so gut, dass er ihm für das Tüchlein ein Hörnlein bot, das Zauberkräfte besaß. Wenn man darauf blies, fielen alle Mauern und Festungen in sich zusammen. Der Bursche gab dem Reiter zwar das Tüchlein dafür, ließ es sich aber anschließend von seiner Mannschaft wiederholen. Am Ende hatte er also Ranzen, Hütlein und Hörnlein.

»Jetzt«, sagte er, »bin ich ein gemachter Mann und es ist Zeit heimzukehren. Ich will wissen, wie es meinen Brüdern geht.«

Seine Brüder hatten sich von ihrem Gold und Silber ein schönes Haus gebaut und waren reiche Handelsleute geworden. Der Jüngste kam in halb zerrissenen Kleidern zu ihnen, hatte das schäbige Hütlein auf dem Kopf und trug den alten Ranzen auf dem Rücken. Die anderen beiden wunderten sich, dass er so wenig aus sich gemacht hatte. Weil er aber ihr Bruder war, hatten sie Mitleid und zeigten sich großzügig. Er aber sagte: »Liebe Brüder, wenn ihr nicht zu stolz seid, lade ich euch heute zum Essen ein, um unser Wiedersehen zu feiern.«

Die beiden schimpften mit ihm: »Willst du alles auf einmal ausgeben, was wir dir gegeben haben?«

Doch weil er nicht nachgab und sie immer eindringlicher bat, mit ihm zu speisen, willigten sie schließlich ein. Sie sollten sich zu Tische setzen, obwohl noch keine Schüssel daraufstand. Unter Kopfschütteln gehorchten sie. Der jüngste Bruder nahm sein Tuch, breitete es aus, sagte seine Worte und augenblicklich stand der ganze Tisch voll von den kostbarsten Speisen:

Gebratenes, Gesottenes, Gebackenes, dazu alle Sorten Wein, so köstlich, dass es selbst beim König keinen besseren geben konnte.

»Ha« und »Ho« riefen die Brüder. »Du bist nicht so lahm, wie du hinkst!« Sie griffen vergnügt zu und ließen es sich schmecken.

Ihr Gastgeber aber nahm seinen Ranzen, schlug auf die eine Seite und da erschienen eine Menge Spielleute, die Musik machten. Dann klopfte er auf die andere Seite, gab seinen hunderttausend Soldaten Befehle. Sie mussten jedes Mal, wenn die drei Brüder tranken, Freudenschüsse abfeuern.

Das hörte jedoch der König, der vier Meilen entfernt wohnte, und dachte, Feinde seien im Anmarsch. Deshalb schickte er einen Trompeter, der herumspionieren und ihm berichten sollte, was der Lärm zu bedeuten hätte. Als der Trompeter wieder zurückkehrte, meldete er seinem König, drei Brüder feierten ihr Wiedersehen und hätten ihren Spaß zusammen. Da ließ der König anspannen und fuhr selbst hin, denn es ließ ihm keine Ruhe, dass gewöhnliche Leute Soldaten kommandierten wie ein großer Herr. Er wurde jedoch freundlich aufgenommen und eingeladen mitzuspeisen. Das tat er dann auch. Immer wenn eine Schüssel leer war, stand sogleich eine neue an ihrem Platz. Und der Wein in den Krügen ging überhaupt nie zur Neige. Das gefiel dem König so sehr, dass er das Tüchlein haben wollte. Er bot Ländereien und einen guten Teil seines Schatzes dafür. Der Bursche, dem das Tüchlein gehörte, wollte es aber nicht um alle Schätze der Welt hergeben. Da sagte der König: »Gibst du es mir nicht freiwillig, dann nehme ich es mir mit Gewalt!« Nach diesen Worten riss er das Tüchlein vom Tisch, stieg in seine Kutsche und befahl dem Kutscher so schnell zu fahren, dass unter den Hufen der Pferde Funken sprühten. Im Schloss ließ er sämtliche Türen und Tore verschließen und gab Befehl, den Burschen, dem das Tuch gehörte, nicht hereinzulassen. Stattdessen sollte man ihm zwanzig Hiebe verpassen. Bald darauf kam er dann auch, wurde aber nicht vor den König gelassen, sondern musste mit blauen Flecken und jämmerlich zugerichtet wieder abziehen.

Da geriet er in Zorn, klopfte auf seinen Ranzen, bis seine hunderttausend Soldaten in Reih und Glied vor ihm standen, und befahl ihnen, das Schloss des Königs zu umzingeln. Daraufhin schickte der König einen Hauptmann mit seinen Soldaten aus, um den Ruhestörer aus der Stadt zu jagen. Aber die hunderttausend Mann schlugen den Hauptmann mit seinen Leuten zurück, sodass sie mit blutigen Nasen abziehen mussten. Der König sagte: »Der dahergelaufene Kerl muss gebändigt werden!« Am nächsten Tag schickte er eine größere Schar gegen ihn aus. Aber sie konnte noch weniger ausrichten. Der Bursche drehte ein paarmal sein Hütlein auf dem Kopf herum: Da fing das schwere Geschütz an zu schießen und die Leute des Königs wurden in die Flucht gejagt.

»Jetzt gebe ich nicht eher Ruhe«, sagte er, »bis mir der König seine Tochter zur Frau gibt und ich in seinem Namen das ganze Reich beherrsche.« Das ließ er dem König ausrichten.

Und dieser sagte zu seiner Tochter: »Muss ist eine harte Nuss. Was bleibt mir anderes übrig, als zu tun, was er verlangt? Will ich Frieden haben und die Krone aufbehalten, muss ich dich hergeben.«

Also wurde die Hochzeit gefeiert. Der Bursche hatte sein Tüchlein wieder und die Königstochter obendrein. Der König ärgerte sich. Noch gewaltiger aber ärgerte sich die Königstochter darüber, dass ihr Gemahl ein einfacher Mann war, der einen schäbigen Hut trug und einen alten Ranzen umhängen hatte. Sie wäre ihn gerne wieder losgeworden. Tag und Nacht grübelte sie, wie sie das bewerkstelligen könnte. Sie überlegte, ob seine Wunderkräfte wohl in dem Ranzen stecken könnten. Da verstellte sie sich und küsste ihn. Als er dahinschmolz, sagte sie: »Leg doch bitte den alten Ranzen ab. Ich muss mich ja für dich schämen!«

»Liebes Kind«, antwortete er, »dieser Ranzen ist mein größter Schatz. Solange ich den habe, fürchte ich keine Macht der Welt.« Und er verriet ihr, mit welchen Wunderkräften er ausgestattet war.

Da fiel sie ihm um den Hals, wie wenn sie ihn küssen wollte, riss ihm aber schnell den Ranzen von der Schulter und lief damit davon.

Sobald sie allein war, klopfte sie darauf und befahl den Kriegsleuten, sie sollten ihren vorigen Herrn festnehmen und aus dem königlichen Palast fortführen. Sie gehorchten und die lügnerische Frau ließ noch mehr Leute hinter ihm herziehen, die ihn aus dem Land jagen sollten.

Wenn er das Hütlein nicht gehabt hätte, wäre er verloren gewesen. Kaum aber waren seine Hände frei, schwenkte er das Hütlein ein paarmal. Sofort donnerte das Geschütz los und zerstörte alles. Die Königstochter musste selbst kommen und um Gnade bitten. Weil sie so sehr bat und sich zu bessern versprach, ließ er sich überreden. Sie tat, als hätte sie ihn lieb, und betörte ihn. Nach einiger Zeit vertraute er ihr wieder und verriet, dass man auch mit dem Ranzen nichts gegen ihn ausrichten könne, solange er noch das alte Hütlein habe. Sobald sie das Geheimnis kannte, wartete sie, bis er eingeschlafen war. Dann nahm sie ihm das Hütlein weg und ließ ihn hinaus auf die Straße werfen.

Aber noch besaß er das Hörnlein und aus Zorn blies er mit aller Kraft hinein. Sogleich fiel alles in sich zusammen, Mauern, Festungen, das ganze Schloss, und die Trümmer erschlugen den König und die Königstochter. Wenn er das Hörnlein nur noch ein wenig länger geblasen hätte, wäre kein Stein mehr auf dem anderen geblieben. Nun leistete ihm niemand mehr Widerstand und er machte sich zum König über das ganze Reich.

Strohhalm, Kohle und Bohne

In einem Dorf wohnte einmal eine arme alte Frau, die Bohnen vorbereitet hatte, um sie zu kochen. Sie machte also in ihrem Herd Feuer, und damit es schneller brannte, zündete sie es mit einer Handvoll Stroh an. Als sie die Bohnen in den Topf schüttete, fiel ihr eine auf den Boden neben einen Strohhalm, ohne dass sie es merkte. Bald danach sprang auch eine glühende Kohle vom Herd zu den beiden herunter.

Da begann der Strohhalm: »Liebe Freunde, wo kommt ihr her?«

Die Kohle antwortete: »Ich bin zum Glück dem Feuer entwischt. Und hätte ich nicht alles darangesetzt, wäre ich mit Sicherheit gestorben und zu Asche verbrannt.«

Die Bohne sagte: »Ich bin auch gerade noch mit heiler Haut davongekommen. Hätte die Alte mich nicht aus Versehen fallen lassen, wäre ich zu Brei gekocht worden wie meine Kameraden.«

»Mein Schicksal wäre auch nicht besser gewesen«, ergriff der Strohhalm das Wort. »Alle meine Brüder ließ die Alte in Rauch und Flammen aufgehen. Sechzig hat sie auf einmal gepackt und umgebracht. Glücklicherweise bin ich ihr zwischen den Fingern durchgeschlüpft.«

»Was sollen wir aber nun anfangen?«, fragte die Kohle.

»Ich meine«, antwortete die Bohne, »weil wir so glücklich dem Tod entronnen sind, sollten wir zusammenbleiben. Und damit uns hier nicht wieder ein neues Unglück widerfährt, sollten wir gemeinsam auswandern und in ein fremdes Land ziehen.«

Der Vorschlag gefiel den beiden anderen und sie machten sich miteinander auf den Weg. Bald kamen sie an einen kleinen Bach. Es war jedoch keine Brücke und kein Steg da, deshalb wussten sie nicht, wie sie hinüberkommen sollten.

Der Strohhalm hatte eine Idee: »Ich will mich quer über den Bach legen, dann könnt ihr auf mir wie auf einer Brücke hinübergehen.«

Der Strohhalm streckte sich also von einem Ufer zum anderen hinüber. Die Kohle, die von hitziger Natur war, trippelte auch gleich ganz keck auf die neu gebaute Brücke. Als sie aber in der Mitte angekommen war und un-

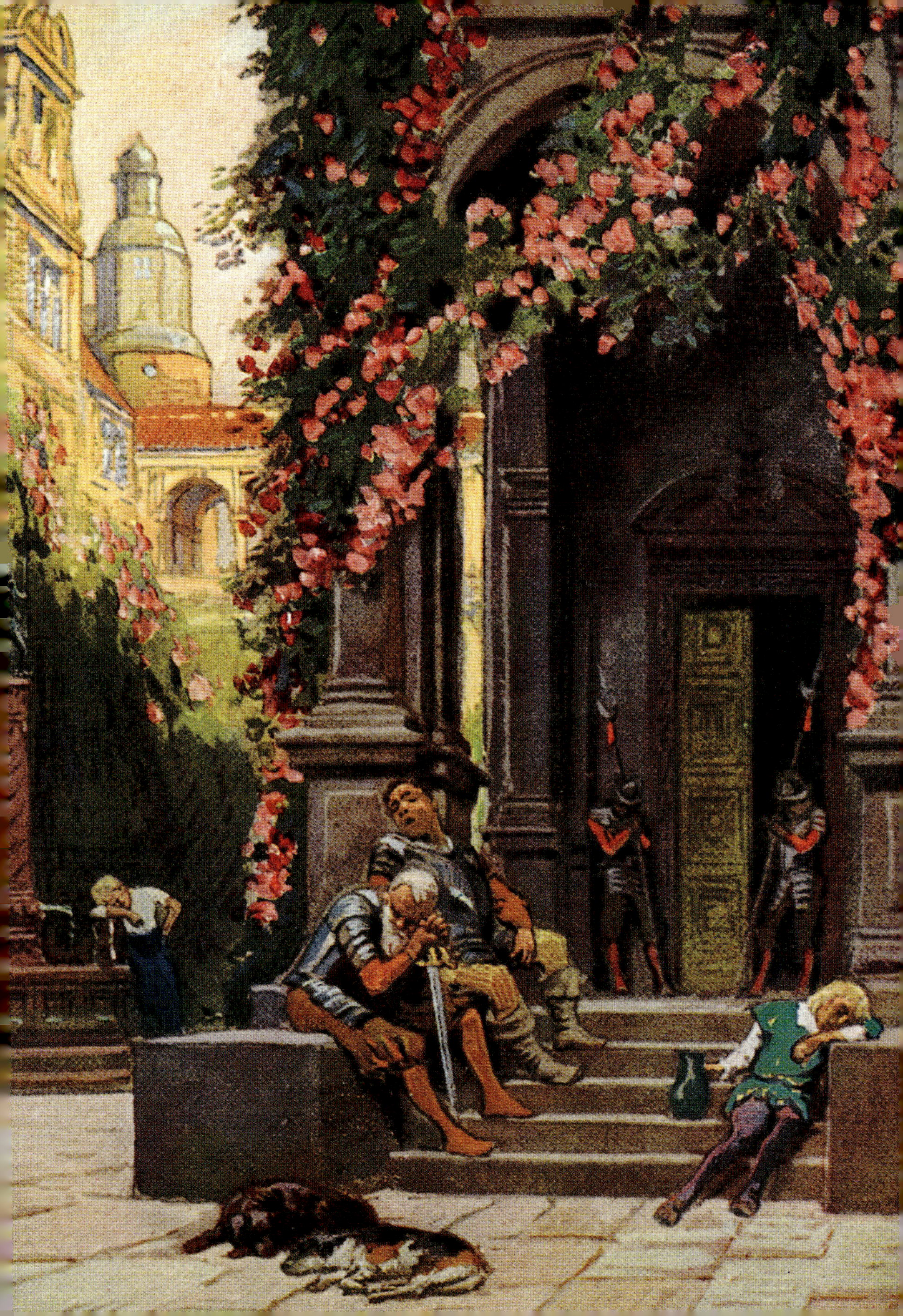

Dornröschen, zu Seite 116

ter sich das Wasser rauschen hörte, bekam sie doch Angst. Sie blieb stehen und traute sich nicht weiter. Der Strohhalm fing daraufhin an zu brennen, zerbrach in zwei Stücke und fiel in den Bach. Die Kohle rutschte nach, zischte, als sie ins Wasser plumpste, und gab den Geist auf. Die Bohne, die vorsichtigerweise noch auf dem Ufer zurückgeblieben war, musste über die Geschichte lachen. Sie konnte gar nicht mehr aufhören und lachte so sehr, dass sie zerplatzte. Nun wäre es ebenfalls um sie geschehen gewesen, wenn sich nicht zufälligerweise ein Schneider, der auf der Wanderschaft war, neben dem Bach ausgeruht hätte. Er hatte Mitleid, holte Nadel und Faden aus seiner Tasche und nähte die Bohne wieder zusammen. Die bedankte sich bei ihm aufs Herzlichste. Und weil der Schneider schwarzen Zwirn verwendet hatte, haben deshalb seitdem alle Bohnen eine schwarze Naht.

Dornröschen

Vor langer Zeit waren einmal ein König und eine Königin, die sagten jeden Tag: »Ach, wenn wir doch ein Kind hätten!« Aber sie bekamen keins.

Als die Königin einmal am Brunnen saß, kroch ein Frosch aus dem Wasser. Er sagte: »Dein Wunsch wird erfüllt werden. Ehe ein Jahr vergeht, wirst du eine Tochter zur Welt bringen.«

Was der Frosch gesagt hatte, geschah und die Königin gebar ein Mädchen. Es war so schön, dass der König vor Freude ein großes Fest feiern wollte. Er lud nicht nur seine Verwandten, Freunde und Bekannten, sondern auch die weisen Frauen dazu ein. Sie sollten dem Kind Glück bringen.

Es gab dreizehn weise Frauen in seinem Reich. Weil der König aber nur zwölf goldene Teller hatte, musste eine von ihnen zu Hause bleiben.

Das Fest wurde mit aller Pracht gefeiert. Und als es zu Ende war, beschenkten die weisen Frauen das Kind mit ihren Wundergaben: die eine mit Tugend, die andere mit Schönheit, die Dritte mit Reichtum und so mit allem, was auf der Welt zu wünschen ist. Als elf ihre Geschenke überbracht hatten, trat plötzlich die Dreizehnte herein. Sie wollte sich dafür rächen, dass sie nicht eingeladen war. Ohne jemanden zu grüßen oder nur anzusehen, rief sie mit lauter Stimme: »Die Königstochter soll sich in ihrem fünfzehnten Lebensjahr an einer Spindel stechen und tot umfallen.«

Nach diesen Worten drehte sie sich um und verließ den Saal. Alle waren erschrocken, da trat die zwölfte weise Frau vor, die ihren Wunsch noch nicht ausgesprochen hatte. Sie konnte den bösen Spruch zwar nicht aufheben, aber mildern. Deshalb sagte sie: »Die Königstochter soll nicht sterben, sondern in einen hundertjährigen tiefen Schlaf fallen.«

Der König wollte sein Kind vor dem Unglück bewahren. Er gab daher den Befehl, alle Spindeln im ganzen Königreich zu verbrennen. An dem Mädchen aber gingen alle Wünsche der weisen Frauen in Erfüllung. Es war so schön, bescheiden, freundlich und klug, dass es jeder lieb haben musste.

An dem Tag, an dem es fünfzehn Jahre alt wurde, waren der König und die Königin nicht zu Hause. Das Mädchen blieb ganz alleine im Schloss zurück. Da ging es überall herum, sah sich alle Stuben und Kammern an, wie es Lust hatte. Schließlich kam es auch an einen alten Turm. Es stieg die enge Wendeltreppe hinauf und gelangte zu einer kleinen Tür. Im Schloss steckte ein verrosteter Schlüssel. Als es ihn umdrehte, sprang die Tür auf. Und da saß in einem kleinen Stübchen eine alte Frau mit einer Spindel und spann Flachs zu Garn.

»Guten Tag, altes Mütterchen«, sagte die Königstochter. »Was machst du da?«

»Ich spinne Garn«, sagte die Alte und nickte mit dem Kopf.

»Was ist das für ein Ding, das so lustig herumspringt?«, fragte das Mädchen. Es nahm die Spindel und wollte auch damit spinnen. Kaum hatte es aber die Spindel berührt, ging der Zauberspruch in Erfüllung und es stach sich in den Finger.

Dornröschen

In dem Augenblick aber, als das Mädchen den Stich spürte, sank es auf das Bett, das da stand, und fiel in einen tiefen Schlaf. Und dieser Schlaf breitete sich über das ganze Schloss aus. Der König und die Königin, die eben nach Hause gekommen und in den Saal getreten waren, schliefen ein und alle am Hofe mit ihnen. Die Pferde im Stall, die Hunde auf dem Hof, die Tauben auf dem Dach, die Fliegen an der Wand, ja sogar das Feuer, das im Herd flackerte – alle wurden still und schliefen ein. Der Braten hörte auf zu brutzeln und der Koch, der dem Küchenjungen, weil er etwas angestellt hatte, an den Haaren ziehen wollte, ließ ihn los und schlief ein. Selbst der Wind legte sich und auf den Bäumen vor dem Schloss regte sich kein Blättchen mehr.

Rings um das Schloss aber begann eine Dornenhecke zu wachsen, die jedes Jahr höher wurde. Bis sie schließlich über das Schloss hinauswuchs, sodass gar nichts mehr davon zu sehen war, nicht einmal die Fahne auf dem Dach. Es ging aber die Sage um von dem schönen schlafenden Dornröschen, so wurde die Königstochter genannt. Deshalb kamen von Zeit zu Zeit Königssöhne, die durch die Hecke zum Schloss vordringen wollten. Sie schafften es jedoch nicht. Die Dornen hielten so fest zusammen, als seien es Hände, und die jungen Männer blieben darin stecken.

Nach langer Zeit kam wieder einmal ein Königssohn in das Land. Er hörte von einem alten Mann, dass hinter der Dornenhecke ein Schloss sei, in dem Dornröschen, eine wunderschöne Königstochter, schon seit hundert Jahren schlafe. Und mit ihr der König und die Königin sowie alle anderen am Hofe. Der alte Mann wusste von seinem Großvater, dass schon viele Königssöhne gekommen seien, aber sie seien alle in der Dornenhecke hängen geblieben.

Da sagte der junge Mann: »Ich fürchte mich nicht. Ich will hinein und das schöne Dornröschen sehen.«

Der gute Alte wollte ihm abraten, doch der Königssohn hörte nicht auf seine Worte.

Nun waren gerade die hundert Jahre vorüber. Der Tag war gekommen, an dem Dornröschen wieder aufwachen sollte.

Als der Königssohn sich der Dornenhecke näherte, wurden daraus plötzlich lauter große schöne Blumen. Die gingen von selbst auseinander und ließen ihn hindurch. Hinter ihm schlossen sie sich wieder zu einer Hecke zusammen.

Im Schlosshof sah der Königssohn die Pferde und scheckigen Jagdhunde liegen und schlafen. Auf dem Dach saßen die Tauben und hatten die Köpfchen unter die Flügel gesteckt. Und als er ins Haus kam, schliefen die Fliegen an der Wand, der Koch in der Küche hielt noch die Hand, als wollte er den Jungen packen. Und die Magd saß vor dem schwarzen Huhn, das gerupft werden sollte. Da ging der junge Mann weiter und sah im Saal alle Diener liegen und schlafen. Beim Thron lagen der König und die Königin. Dann ging er noch weiter und alles war so still, dass er seinen eigenen Atem hören konnte.

Schließlich kam er zu dem Turm und öffnete die Tür zu der kleinen Stube, in der Dornröschen schlief. Da lag es und war so schön, dass er die Augen nicht abwenden konnte. Er bückte sich und gab ihm einen Kuss.

Sobald er es mit seinen Lippen berührt hatte, schlug Dornröschen die Augen auf und erwachte. Sie blickte ihn ganz freundlich an. Da gingen sie zusammen hinunter. Der König und die Königin erwachten und mit ihnen alle anderen. Sie sahen sich mit großen Augen an. Und die Pferde im Hof standen auf und schüttelten sich. Die Jagdhunde sprangen auf die Beine und wedelten mit den Schwänzen. Die Tauben auf dem Dach zogen die Köpfchen unter den Flügeln hervor, sahen umher und flogen davon. Die Fliegen an den Wänden krochen weiter. Das Feuer in der Küche flackerte hoch und kochte das Essen. Der Braten fing wieder an zu brutzeln. Der Koch zog dem Jungen an den Haaren, dass er laut aufschrie. Und die Magd rupfte das Huhn fertig.

Die Hochzeit des Königssohnes mit Dornröschen wurde schließlich in aller Pracht gefeiert und sie lebten glücklich bis an ihr Ende.

Der gescheite Hans

Hans' Mutter fragt: »Wohin, Hans?«
   Hans antwortet: »Zur Gretel.«
   »Mach's gut, Hans.«
   »Werd's schon gut machen. Adieu, Mutter.«
   »Adieu, Hans.«
   Hans kommt zur Gretel. »Guten Tag, Gretel.«
   »Guten Tag, Hans. Was bringst du mir Schönes?«
   »Bring nichts. Gib was.«
   Gretel schenkt Hans eine Nadel.
   Hans sagt: »Adieu, Gretel.«
   »Adieu, Hans.«
   Hans nimmt die Nadel, steckt sie in einen Heuwagen, der vor ihm herfährt, und geht hinter dem Wagen her nach Hause.
   »Guten Abend, Mutter.«
   »Guten Abend, Hans. Wo bist du gewesen?«
   »Bei der Gretel.«
   »Was hast du ihr gebracht?«
   »Nichts gebracht, gegeben hat.«
   »Was hat dir Gretel gegeben?«
   »Nadel gegeben.«
   »Wo hast du die Nadel, Hans?«
   »In Heuwagen gesteckt.«
   »Das war dumm, Hans. Du hättest die Nadel an den Ärmel stecken sollen.«
   »Macht nichts, besser machen.«

»Wohin, Hans?«
   »Zur Gretel, Mutter.«
   »Mach's gut, Hans.«
   »Werd's schon gut machen. Adieu, Mutter.«
   »Adieu, Hans.«

Hans kommt zur Gretel. »Guten Tag, Gretel.«
»Guten Tag, Hans. Was bringst du mir Schönes?«
»Bring nichts. Gib was.«
Gretel schenkt Hans ein Messer.
»Adieu, Gretel.«
»Adieu, Hans.«
Hans nimmt das Messer, steckt es an den Ärmel und geht nach Hause.
»Guten Abend, Mutter.«
»Guten Abend, Hans. Wo bist du gewesen?«
»Bei der Gretel.«
»Was hast du ihr gebracht?«
»Nichts gebracht, gegeben hat.«
»Was hat dir Gretel gegeben?«
»Messer gegeben.«
»Wo hast du das Messer, Hans?«
»An den Ärmel gesteckt.«
»Das war dumm, Hans. Du hättest das Messer in die Tasche stecken sollen.«
»Macht nichts, besser machen.«

»Wohin, Hans?«
»Zur Gretel, Mutter.«
»Mach's gut, Hans.«
»Werd's schon gut machen. Adieu, Mutter.«
»Adieu, Hans.«
Hans kommt zur Gretel. »Guten Tag, Gretel.«
»Guten Tag, Hans. Was bringst du mir Schönes?«
»Bring nichts. Gib was.«
Gretel schenkt Hans eine junge Ziege.
»Adieu, Gretel.«
»Adieu, Hans.«
Hans nimmt die Ziege, bindet ihr die Beine zusammen und steckt sie in die Tasche. Als er nach Hause kommt, ist sie erstickt.
»Guten Abend, Mutter.«

»Guten Abend, Hans. Wo bist du gewesen?«
»Bei der Gretel.«
»Was hast du ihr gebracht?«
»Nichts gebracht, gegeben hat.«
»Was hat dir Gretel gegeben?«
»Ziege.«
»Wo hast du die Ziege, Hans?«
»In die Tasche gesteckt.«
»Das war dumm, Hans. Du hättest die Ziege an ein Seil binden sollen.«
»Macht nichts, besser machen.«

»Wohin, Hans?«
»Zur Gretel, Mutter.«
»Mach's gut, Hans.«
»Werd's schon gut machen. Adieu, Mutter.«
»Adieu, Hans.«
Hans kommt zur Gretel. »Guten Tag, Gretel.«
»Guten Tag, Hans. Was bringst du mir Schönes?«
»Bring nichts. Gib was.«
Gretel schenkt Hans ein Stück Speck.
»Adieu, Gretel.«
»Adieu, Hans.«
Hans nimmt den Speck, bindet ihn an ein Seil und schleift ihn hinter sich her. Die Hunde kommen und fressen den Speck. Als er nach Haus kommt, hat er das Seil in der Hand, aber nichts ist mehr daran.
»Guten Abend, Mutter.«
»Guten Abend, Hans. Wo bist du gewesen?«
»Bei der Gretel.«
»Was hast du ihr gebracht?«
»Nichts gebracht, gegeben hat.«
»Was hat dir Gretel gegeben?«
»Stück Speck.«
»Wo hast du den Speck, Hans?«
»Ans Seil gebunden, heimgeführt, Hunde weggeholt.«

Der gescheite Hans

»Das war dumm, Hans, du hättest den Speck auf dem Kopf tragen sollen.«

»Macht nichts, besser machen.«

»Wohin, Hans?«

»Zur Gretel, Mutter.«

»Mach's gut, Hans.«

»Werd's schon gut machen. Adieu, Mutter.«

»Adieu, Hans.«

Hans kommt zur Gretel. »Guten Tag, Gretel.«

»Guten Tag, Hans. Was bringst du mir Schönes?«

»Bring nichts. Gib was.«

Gretel schenkt Hans ein Kalb.

»Adieu, Gretel.«

»Adieu, Hans.«

Hans nimmt das Kalb, setzt es sich auf den Kopf und das Kalb zertritt ihm das Gesicht.

»Guten Abend, Mutter.«

»Guten Abend, Hans. Wo bist du gewesen?«

»Bei der Gretel gewesen.«

»Was hast du ihr gebracht?«

»Nichts gebracht, gegeben hat.«

»Was hat dir Gretel gegeben?«

»Kalb.«

»Wo hast du das Kalb, Hans?«

»Auf den Kopf gesetzt, Gesicht zertreten.«

»Das war dumm, Hans, du hättest das Kalb an einem Seil führen und an den Futtertrog stellen sollen.«

»Macht nichts, besser machen.«

»Wohin, Hans?«

»Zur Gretel, Mutter.«

»Mach's gut, Hans.«

»Werd's schon gut machen. Adieu, Mutter.«

Der gescheite Hans

»Adieu, Hans.«

Hans kommt zur Gretel. »Guten Tag, Gretel.«

»Guten Tag, Hans. Was bringst du mir Schönes?«

»Bring nichts. Gib was.«

Gretel sagt zum Hans: »Ich will mit dir gehen.«

Hans nimmt Gretel, bindet sie an ein Seil, führt sie an den Futtertrog und knüpft sie fest.

Daraufhin geht Hans zu seiner Mutter. »Guten Abend, Mutter.«

»Guten Abend, Hans. Wo bist du gewesen?«

»Bei der Gretel.«

»Was hast du ihr gebracht?«

»Nichts gebracht.«

»Was hat dir Gretel gegeben?«

»Nichts gegeben, mitgegangen.«

»Wo hast du Gretel denn hingebracht?«

»Am Seil geleitet, vor den Futtertrog gebunden, Gras zugeworfen.«

»Das war dumm, Hans. Du hättest ihr freundliche Augen zuwerfen sollen.«

»Macht nichts, besser machen.«

Hans geht in den Stall, sticht allen Kälbern und Schafen die Augen aus und wirft sie Gretel ins Gesicht. Da wird Gretel böse, reißt sich los, läuft davon und ist die längste Zeit Hans' Braut gewesen.

Die kluge Else

Es war einmal ein Mann, der hatte eine Tochter, die die kluge Else hieß. Als sie erwachsen war, sagte der Vater: »Sie sollte allmählich heiraten.«

»Ja«, sagte die Mutter, »wenn nur einer käme, der sie haben wollte!«

Endlich kam von weit her ein junger Mann, der Hans hieß und um ihre Hand anhielt. Er stellte aber die Bedingung, dass die kluge Else auch wirklich klug sein sollte.

»Oh«, sagte der Vater, »die hat Zwirn im Kopf.« Und die Mutter rief: »Ach, die sieht den Wind auf der Gasse laufen und hört Fliegen husten.«

»Ja«, sagte Hans, »wenn sie nicht klug ist, nehme ich sie nicht.«

Als sie nun zu Tisch saßen und gegessen hatten, sagte die Mutter: »Else, geh in den Keller und hol Bier.«

Da nahm die kluge Else den Krug, ging in den Keller und klappte unterwegs mit dem Deckel, damit ihr nicht langweilig würde. Als sie unten war, holte sie einen Stuhl und stellte ihn vor das Fass, damit sie sich nicht zu bücken brauchte und ihr Rücken geschont wurde. Dann stellte sie den Krug vor sich hin und drehte den Hahn auf. Während das Bier hineinlief, wollte sie ihre Augen nicht untätig sein lassen. Sie sah also nach oben an die Wand und erblickte nach einigem Hinundherschauen genau über sich eine Kreuzhacke, die die Maurer aus Versehen hatten stecken lassen. Da fing die kluge Else an zu weinen und sagte: »Wenn ich den Hans heirate und wir kriegen ein Kind und das ist groß und wir schicken es in den Keller, um Bier zu holen, dann fällt ihm bestimmt die Kreuzhacke auf den Kopf und schlägt es tot.« Da saß sie und weinte bitterlich über das bevorstehende Unglück.

Oben warteten sie auf das Getränk, aber die kluge Else kam einfach nicht. Da sagte die Frau zur Magd: »Geh doch hinunter in den Keller und schau nach, wo die Else bleibt.«

Die Magd fand sie, wie sie vor dem Fass saß und laut schrie. »Else, warum weinst du?«, fragte die Magd.

»Ach«, antwortete sie, »wie soll ich nicht weinen? Wenn ich den Hans heirate und wir kriegen ein Kind und das ist groß und soll hier Bier holen, fällt ihm vielleicht die Kreuzhacke auf den Kopf und schlägt es tot.«

Die kluge Else

Da sagte die Magd: »Was haben wir für eine kluge Else!« Sie setzte sich zu ihr und fing auch an, über das Unglück zu weinen.

Als die Magd auch nicht wiederkam und man oben immer noch durstig bleiben musste, sagte der Mann zum Knecht: »Geh doch hinunter in den Keller und schau nach, wo die Else und die Magd bleiben.«

Der Knecht ging hinunter und sah, wie die kluge Else und die Magd zusammen weinten. »Was weint ihr denn?«, fragte er.

»Ach«, sagte Else, »wie soll ich nicht weinen? Wenn ich den Hans heirate und wir kriegen ein Kind und das ist groß und soll hier Bier holen, fällt ihm vielleicht die Kreuzhacke auf den Kopf und schlägt es tot.«

Da sagte der Knecht: »Was haben wir für eine kluge Else!« Er setzte sich zu ihr und fing auch an, laut zu heulen.

Oben warteten sie auf den Knecht. Als er aber nicht mehr zurückkam, sagte der Mann zur Frau: »Geh doch hinunter in den Keller und schau nach, wo die Else bleibt.«

Die Frau ging hinunter und sah alle drei jammern. Als sie nach dem Grund fragte, erzählte ihr Else, dass ihr zukünftiges Kind wohl würde von der Kreuzhacke totgeschlagen werden, wenn es erst groß wäre und Bier holen sollte und die Kreuzhacke herunterfiele.

Da sagte die Mutter ebenfalls: »Ach, was haben wir für eine kluge Else!« Sie setzte sich hin und weinte mit.

Der Mann oben wartete noch ein Weilchen, als aber seine Frau nicht wiederkam und sein Durst immer stärker wurde, sagte er: »Dann muss ich eben selbst in den Keller gehen und nachsehen, wo die Else bleibt.« Er kam in den Keller und alle saßen weinend beieinander. Als er hörte, dass die Ursache Elses Kind sei, das sie vielleicht einmal zur Welt brächte und das von der Kreuzhacke könnte totgeschlagen werden, wenn es gerade daruntersäße, um Bier zu zapfen, und die Hacke fiele herab, da rief er: »Was für eine kluge Else!« Danach setzte er sich und weinte auch mit.

Der Bräutigam blieb lange oben allein. Als niemand wiederkam, dachte er: Sie werden unten auf dich warten. Du musst nachsehen, was sie vorhaben. Als er in den Keller kam, saßen sie da zu fünft und schrien und jammerten ganz erbärmlich, einer schlimmer als der andere.

»Was ist denn Schreckliches geschehen?«, fragte er.

Die kluge Else

Die kluge Else

»Ach, lieber Hans«, sagte Else, »wenn wir heiraten, ein Kind haben, es groß ist und wir schicken es hierher, um Bier zu holen, da kann ihm ja die Kreuzhacke, die da oben stecken geblieben ist, herunterfallen und den Kopf zerschlagen. Wie sollen wir da nicht weinen?«

»Nun«, sagte Hans, »mehr Verstand ist für meinen Haushalt nicht nötig. Weil du so eine kluge Else bist, will ich dich haben.« Er packte sie bei der Hand, nahm sie mit sich und heiratete sie.

Nach einiger Zeit sagte Hans: »Frau, ich will arbeiten gehen und Geld verdienen. Geh du aufs Feld und ernte das Korn, damit wir Brot haben.«

»Ja, mein lieber Hans, das werde ich tun.«

Als Hans fort war, kochte sie sich einen guten Brei und nahm ihn mit aufs Feld. Vor dem Acker sagte sie zu sich selbst: »Was soll ich nur tun? Ernte ich erst oder esse ich erst? Hei, ich esse lieber erst.« Nun aß sie ihren Topf mit Brei aus, und als sie satt war, sagte sie wieder: »Was soll ich nur tun? Ernte ich erst oder schlafe ich erst? Hei, ich schlafe lieber erst.« Da legte sie sich ins Kornfeld und schlief ein.

Hans war längst zu Hause, aber Else kam nicht. Er sagte zu sich: »Was habe ich für eine kluge Else! Sie ist so fleißig, dass sie nicht einmal nach Haus kommt und isst.«

Als es aber Abend wurde und sie noch immer nicht zurückkam, ging Hans hinaus und wollte sehen, was sie geerntet hatte. Aber es war nichts geerntet, sondern Else lag im Kornfeld und schlief. Da eilte Hans schnell nach Hause, holte ein Vogelnetz mit kleinen Glöckchen und hängte es um Else herum. Else schlief einfach weiter. Dann lief Hans nach Hause, schloss die Tür zu, setzte sich auf seinen Stuhl und arbeitete.

Als es schon ganz dunkel war, wachte die kluge Else auf. Sie stand auf und plötzlich klapperte es um sie herum und die Glöckchen klingelten bei jedem Schritt, den sie tat. Da erschrak sie und fragte sich, ob sie auch wirklich die kluge Else sei: »Bin ich's oder bin ich's nicht?« Sie wusste aber nicht, was sie darauf antworten sollte, und stand eine Zeit lang unschlüssig herum. Schließlich dachte sie: Ich gehe nach Hause und frage, ob ich's bin oder ob ich's nicht bin. Die werden es ja wohl wissen.

Sie lief zur Haustür, die aber verschlossen war. Da klopfte sie an das Fenster und rief: »Hans, ist die Else da?«

»Ja«, antwortete der Hans, »sie ist da.«

Da erschrak sie und rief: »Ach Gott, dann bin ich's nicht!« Daraufhin klopfte sie an eine andere Tür. Als aber die Leute die Glöckchen hörten, wollten sie nicht aufmachen und die kluge Else konnte nirgendwo unterkommen. Da lief sie zum Dorf hinaus und niemand hat sie jemals wiedergesehen.

Meister Pfriem

Meister Pfriem war ein kleiner, hagerer, aber lebhafter Mann, der keinen Augenblick ruhig dastehen konnte. Sein Gesicht, aus dem die große Nase hervorragte, war pockennarbig und leichenblass, sein Haar grau und struppig und seine Augen klein. Sie blitzten unaufhörlich, mal nach rechts und mal nach links. Er bemerkte alles, tadelte alles, wusste alles besser und hatte in allem recht.

Ging er auf der Straße, ruderte er immer heftig mit beiden Armen. Einmal schlug er einem Mädchen, das Wasser trug, den Eimer so hoch in die Luft, dass er selbst nass wurde.

»Schafskopf«, rief er ihr zu, während er sich schüttelte. »Hast du nicht gesehen, dass ich hinter dir herkam?«

Er war ein Schuster, und wenn er arbeitete, fuhr er mit der Nadel so gewaltig aus, dass er jedem, der sich nicht weit genug entfernt hielt, die Faust in den Leib stieß.

Kein Geselle blieb länger als einen Monat bei ihm, denn er hatte selbst an der besten Arbeit etwas auszusetzen. Bald waren die Stiche nicht gleichmäßig, bald war ein Schuh länger, bald ein Absatz höher als der andere, bald war das Leder nicht gut genug geschlagen. »Warte«, sagte er zu dem Lehrjungen, »ich zeig dir schon, wie man die Haut weich schlägt!« Mit diesen Worten holte er den Riemen und gab dem Jungen ein paar Hiebe auf den Rücken.

Faulenzer nannte er sie alle. Er selbst brachte jedoch nicht viel zustande, weil er keine Viertelstunde ruhig sitzen blieb.

War seine Frau frühmorgens aufgestanden und hatte Feuer angezündet, sprang er aus dem Bett und lief barfüßig in die Küche. »Willst du das Haus anzünden?«, schrie er. »Mit diesem Feuer könnte man einen ganzen Ochsen braten! Oder kostet das Holz etwa kein Geld?«

Standen die Mägde am Waschfass, lachten und unterhielten sich, schimpfte er: »Da stehen die Gänse, schnattern und vergessen ihre Arbeit. Und wozu die viele Seife? Heillose Verschwendung, und das nur aus Faulheit. Ihr wollt euch die Hände schonen und nicht ordentlich reiben.«

Er sprang fort, stieß dabei aber einen Eimer voll Lauge um, sodass die ganze Küche überschwemmt war.

Baute jemand ein neues Haus, lief er ans Fenster und sah zu. »Da verwenden sie wieder diesen roten Sandstein«, rief er. »Der trocknet doch niemals aus. In diesem Haus bleibt kein Mensch gesund. Und seht einmal, wie schlecht die Gesellen die Steine aufeinandersetzen. Der Mörtel taugt auch nichts. Kies muss hinein, nicht Sand. Da kann man darauf warten, dass den Leuten das Haus über dem Kopf zusammenfällt.«

Er setzte sich und machte ein paar Stiche, dann sprang er wieder auf, nahm seinen Schurz ab und rief: »Ich muss hinaus und den Menschen ins Gewissen reden.«

Er geriet an die Zimmerleute. »Was ist das?«, rief er. »Ihr achtet ja gar nicht darauf, ob alles im Lot ist. Meint ihr, so würden die Balken gerade stehen? Es gerät einmal alles aus den Fugen.« Er riss einem Zimmermann die Axt aus der Hand, um ihm zu zeigen, wie er hauen müsste. Als aber ein mit Lehm beladener Wagen herbeigefahren kam, warf er die Axt weg und sprang zu dem Bauer. »Ihr seid ja nicht ganz bei Trost!«, rief er. »Man spannt doch keine jungen Pferde vor einen schwer beladenen Wagen! Die armen Tiere werden Euch tot umfallen.« Der Bauer gab ihm keine Antwort und Pfriem lief vor Ärger in seine Werkstätte zurück.

Als er sich wieder an die Arbeit machen wollte, reichte ihm der Lehrjunge einen Schuh. »Was ist das wieder?«, schrie er ihn an. »Habe ich euch nicht gesagt, ihr sollt die Schuhe nicht so weit ausschneiden? Wer wird einen solchen Schuh kaufen, an dem fast nichts ist außer der Sohle? Ich verlange, dass meine Befehle befolgt werden.«

»Meister«, antwortete der Lehrjunge, »vielleicht habt Ihr ja recht, dass der Schuh nichts taugt. Aber Ihr habt ihn selbst zugeschnitten und daran gearbeitet. Als Ihr vorhin aufgesprungen seid, habt Ihr ihn vom Tisch herabgeworfen. Ich habe ihn nur aufgehoben. Euch könnte es nicht einmal ein Engel recht machen.«

Meister Pfriem träumte einmal nachts, er sei gestorben und befinde sich auf dem Weg in den Himmel. Als er ankam, klopfte er heftig an die Pforte. »Es wundert mich«, sagte er, »dass sie nicht einen Ring am Tor haben, man klopft sich die Knöchel wund.«

Der Apostel Petrus öffnete und wollte wissen, wer so stürmisch klopfte. »Ach, Ihr seid es, Meister Pfriem«, sagte er. »Ich lasse Euch ein, aber ich warne Euch, über nichts zu nörgeln, was Ihr im Himmel seht. Es könnte schlecht für Euch sein.«

»Ihr hättet Euch die Ermahnung sparen können«, erwiderte Pfriem. »Ich weiß schon, was sich gehört, und hier ist, Gott sei Dank, alles vollkommen und es gibt im Gegensatz zur Erde nichts zu tadeln.«

Er trat also ein und ging in den weiten Räumen des Himmels auf und ab. Er sah sich um, rechts und links, schüttelte zuweilen den Kopf oder brummte etwas vor sich hin.

Da erblickte er zwei Engel, die einen Balken wegtrugen. Es war der Balken, den einer im Auge gehabt hatte, während er nach den Splittern in den Augen anderer suchte. Sie trugen aber den Balken nicht der Länge nach, sondern quer.

Hat man je einen solchen Unverstand gesehen?, dachte Meister Pfriem. Er schwieg jedoch und fand sich damit ab: Es ist im Grunde einerlei, wie man den Balken trägt, geradeaus oder quer, wenn man nur überall damit vorbeikommt. Und ich sehe, sie stoßen nirgends an.

Bald darauf erblickte er zwei Engel, die Wasser aus einem Brunnen in ein Fass schöpften. Zugleich bemerkte er, dass das Fass lauter Löcher hatte und das Wasser an allen Seiten herauslief. »Alle Hagel!«, platzte es aus ihm heraus. Er besann sich aber glücklicherweise und dachte: Vielleicht ist es nur ein Zeitvertreib. Wenn es Spaß macht, kann man solche unnützen Dinge tun. Vor allem hier im Himmel, wo man, wie ich schon bemerkt habe, sowieso nur faulenzt.

Er ging weiter und sah einen Wagen, der in einem tiefen Loch stecken geblieben war. »Kein Wunder«, sagte Pfriem zu dem Mann, der dabeistand, »wer wird so unvernünftig aufladen? Was habt Ihr da?«

»Fromme Wünsche«, antwortete der Mann. »Ich bin vom Weg abgekommen, habe es aber noch geschafft, den Wagen unbeschadet heraufzuschieben. Hier wird man mich bestimmt nicht stecken lassen.«

Tatsächlich erschien ein Engel und spannte zwei Pferde vor.

»Ganz gut«, meinte Pfriem, »aber zwei Pferde bringen den Wagen nicht heraus, vier müssen es mindestens sein.«

Meister Pfriem

Ein anderer Engel kam und führte noch zwei Pferde herbei, spannte sie aber nicht vorne, sondern hinten an.

Da wurde es dem Meister Pfriem zu viel. »Tollpatsch«, brach es aus ihm heraus, »was machst du da? So lange die Welt steht, hat man noch nie auf diese Weise einen Wagen herausgezogen! In ihrem Hochmut glauben sie, alles besser zu wissen.«

Er wollte weiterreden, aber einer von den Himmelsbewohnern hatte ihn am Kragen gepackt und schob ihn mit Gewalt hinaus. Unter der Pforte drehte der Meister noch einmal den Kopf zu dem Wagen um und sah, wie er von vier Flügelpferden in die Höhe gehoben ward.

In diesem Augenblick erwachte Meister Pfriem. »Es geht natürlich im Himmel etwas anders zu als auf der Erde«, sagte er zu sich selbst. »Damit lässt sich manches entschuldigen. Doch wer kann geduldig mit ansehen, dass man Pferde zugleich hinten und vorne anspannt? Sie hatten zwar Flügel, aber wer kann das wissen? Es ist übrigens eine gewaltige Dummheit, Pferden, die vier Beine zum Laufen haben, noch ein Paar Flügel anzuheften. Aber ich muss aufstehen, sonst machen sie hier im Haus alles falsch. Es ist nur ein Glück, dass ich nicht wirklich gestorben bin.«

Tischleindeckdich, Goldesel und Knüppelausdemsack

Vor langer Zeit lebte einmal ein Schneider, der drei Söhne, aber nur eine einzige Ziege hatte. Die Ziege ernährte sie alle mit ihrer Milch. Deshalb musste sie gut gefüttert und täglich hinaus auf die Weide geführt werden. Die Söhne taten das auch immer abwechselnd.

Einmal, als der Älteste wieder an der Reihe war, brachte er sie auf den Kirchhof. Dort standen die schönsten Kräuter. Er ließ sie fressen und herumspringen. Abends, als es Zeit war heimzugehen, fragte er: »Ziege, bist du satt?«

Die Ziege antwortete:

»Ich bin so satt,
ich mag kein Blatt. Mäh! Mäh!«

»Dann lass uns nach Hause gehen«, sagte der Junge, nahm sie am Strick, führte sie in den Stall und band sie fest.

»Na«, sagte der alte Schneider, »hat die Ziege genug zu fressen bekommen?«

»Oh«, antwortete der Sohn, »die ist so satt, sie mag kein Blatt.«

Der Vater aber wollte sich selbst ein Bild davon machen, ging in den Stall, streichelte das liebe Tier und fragte: »Ziege, bist du auch satt?«

Die Ziege antwortete:

»Wovon sollt ich satt sein?
Ich sprang nur über Gräbelein
und fand kein einzig Blättlein. Mäh! Mäh!«

»Was muss ich da hören!«, rief der Schneider. Er lief hinaus und sagte zu dem Jungen: »Du Lügner, sagst, die Ziege sei satt, und hast sie hungern lassen!« In seinem Zorn nahm er seinen Maßstab von der Wand und jagte ihn mit Schlägen hinaus.

Am anderen Tag war der zweite Sohn an der Reihe. Er suchte für die

Ziege an der Gartenhecke einen Platz aus, wo lauter gute Kräuter standen. Die Ziege fraß sie auch alle fein säuberlich ab. Abends, als er nach Hause wollte, fragte er: »Ziege, bist du satt?«

Die Ziege antwortete:

»Ich bin so satt,
ich mag kein Blatt. Mäh! Mäh!«

»Dann lass uns nach Hause gehen«, sagte der Junge, zog sie mit sich und band sie im Stall fest.

»Na«, fragte der alte Schneider, »hat die Ziege genug zu fressen bekommen?«

»Oh«, antwortete der Sohn, »die ist so satt, sie mag kein Blatt.«

Der Schneider wollte sich nicht darauf verlassen, ging hinab in den Stall und fragte selbst: »Ziege, bist du auch satt?«

Die Ziege antwortete:

»Wovon sollt ich satt sein?
Ich sprang nur über Gräbelein
und fand kein einzig Blättelein. Mäh! Mäh!«

»Der Lump!«, schrie der Schneider. »So ein liebes Tier hungern zu lassen!« Mit diesen Worten lief er hinaus und prügelt den Jungen mit seinem Maßstab zur Haustür hinaus.

Jetzt kam der dritte Sohn an die Reihe. Der wollte seine Sache gut machen, suchte Büschel mit den schönsten Blättern und ließ die Ziege fressen. Abends, als er nach Hause wollte, fragte er: »Ziege, bist du auch satt?«

Die Ziege antwortete:

»Ich bin so satt,
ich mag kein Blatt. Mäh! Mäh!«

»Dann komm, gehen wir nach Hause«, sagte der Junge, führte sie in den Stall und band sie fest.

»Na«, fragte der alte Schneider, »hat die Ziege genug zu fressen bekommen?«

»Oh«, antwortete der Sohn, »die ist so satt, sie mag kein Blatt.«

Der Schneider traute ihm nicht, ging in den Stall und fragte: »Ziege, bist du auch satt?«

Das boshafte Tier antwortete:

>»Wovon sollt ich satt sein?
> Ich sprang nur über Gräbelein
> und fand kein einzig Blättelein. Mäh! Mäh!«

»O die Lügenbrut!«, rief der Schneider. »Einer schlimmer als der andere! Ihr haltet mich nicht länger zum Narren!« Und vor Zorn ganz außer sich schlug er mit dem Maßstab so lange auf den armen Jungen ein, dass er zum Haus hinaussprang.

Der alte Schneider war nun mit seiner Ziege allein.

Am nächsten Morgen ging er in den Stall, streichelte die Ziege und sagte: »Komm, mein liebes Tierlein, ich bringe dich selbst auf die Weide.« Er nahm sie am Strick und brachte sie zu grünen Hecken und dorthin, wo Schafgarbe und was Ziegen sonst gerne fressen wuchs. »Da kannst du dich einmal nach Herzenslust satt essen«, sagte er zu ihr und ließ sie weiden bis zum Abend. Da fragte er: »Ziege, bist du satt?«

Sie antwortete:

> »Ich bin so satt,
> ich mag kein Blatt. Mäh! Mäh!«

»Dann komm mit nach Hause«, sagte der Schneider, führte sie in den Stall und band sie fest.

Als er wegging, drehte er sich noch einmal um und sagte: »Siehst du, nun bist du doch einmal satt geworden!«

Aber die Ziege machte es ihm nicht besser und rief:

> »Wovon sollt ich satt sein?
> Ich sprang nur über Gräbelein
> und fand kein einzig Blättelein. Mäh! Mäh!«

Als der Schneider das hörte, stutzte er und musste einsehen, dass er seine drei Söhne zu Unrecht davongejagt hatte.

»Warte nur«, rief er, »du undankbares Geschöpf! Dich einfach fortzujagen reicht nicht! Ich will dich so zurichten, dass du dich unter anständigen Schneidern nicht mehr sehen lassen kannst.«

Schnell eilte er ins Haus, holte sein Rasiermesser, seifte der Ziege den Kopf ein und schor sie so glatt wie seine flache Hand. Da ihm seine Messlatte zu schade gewesen wäre, holte er die Peitsche und schlug die Ziege so heftig, dass sie mit großen Sprüngen davonlief.

Als der Schneider so einsam in seinem Hause saß, wurde er sehr traurig. Zu gerne hätte er seine Söhne wiedergehabt, aber niemand wusste, wo sie waren.

Der Älteste war zu einem Schreiner in die Lehre gegangen. Da lernte er fleißig. Als seine Lehrzeit vorbei war und er auf Wanderschaft gehen sollte, schenkte ihm der Meister ein Tischchen. Es sah zwar ganz gewöhnlich aus, aber es hatte eine besondere Eigenschaft. Wenn man es hinstellte und »Tischlein, deck dich« sagte, war es auf einmal mit einem sauberen Tischtuch bedeckt. Darauf standen dann ein Teller mit Messer und Gabel, Schüsseln mit leckeren Speisen, so viele Platz hatten, und ein großes Glas mit rotem Wein, der so köstlich aussah, dass einem das Herz lachte. Der junge Gesell dachte: Damit hast du für dein ganzes Leben ausgesorgt! Fröhlich zog er in der Welt umher und musste sich gar nicht darum kümmern, ob ein Wirtshaus gut war oder schlecht und ob es ein freies Zimmer hatte oder nicht. Wenn ihm danach war, übernachtete er auf freiem Feld, im Wald oder auf einer Wiese, nahm sein Tischchen vom Rücken, stellte es vor sich und sagte: »Deck dich.« Und schon war alles da, was sein Herz begehrte.

Schließlich wollte er zu seinem Vater zurückkehren. Dessen Zorn würde sich mittlerweile gelegt haben und er würde ihn bestimmt wieder aufnehmen, sobald er sich von den Vorzügen des Tischleindeckdich überzeugt hätte. Auf dem Heimweg kam er eines Tages abends in ein Wirtshaus, wo bereits viele Leute zu Gast waren. Sie hießen ihn willkommen und luden ihn ein, sich zu ihnen zu setzen und mit ihnen zu essen, sonst werde er sowieso nichts mehr bekommen.

»Nein«, antwortete der Schreiner, »die paar Bissen will ich euch nicht wegnehmen. Lieber sollt ihr meine Gäste sein.«

Sie lachten und meinten, er würde einen Spaß mit ihnen treiben.

Er aber stellte sein hölzernes Tischchen mitten in die Stube und sagte:

Tischleindeckdich, Goldesel und Knüppelausdemsack

»Tischlein, deck dich.« Augenblicklich war es voller Speisen, so gut, wie sie der Wirt nicht hätte herbeischaffen können. Der Geruch stieg den Gästen in die Nase und ließ ihnen das Wasser im Munde zusammenlaufen.

»Greift nur zu, liebe Freunde«, sagte der Schreiner.

Und die Gäste ließen sich nicht zweimal bitten, rückten heran, zogen ihre Messer und bedienten sich großzügig. Sie wunderten sich sehr, denn wenn eine Schüssel leer geworden war, stellte sich sogleich von selbst eine volle an ihren Platz.

Der Wirt stand in einer Ecke und sah dem Treiben zu. Er wusste gar nicht, was er sagen sollte, dachte aber: Einen solchen Koch könntest du in deiner Wirtschaft gut gebrauchen. Der Schreiner und seine Tischgenossen waren lustig bis in die späte Nacht. Endlich legten sie sich schlafen. Als der junge Geselle zu Bett ging, stellte er sein Wundertischchen an die Wand.

Der Wirt jedoch fand keine Ruhe. Ihm fiel ein, dass in seiner Rumpelkammer ein altes Tischchen stand, das genauso aussah wie das des Schreiners. Heimlich holte er es und tauschte es mit dem Wundertischchen aus.

Am nächsten Morgen zahlte der Schreiner sein Zimmer und packte sich sein Tischchen auf den Rücken. Er kam gar nicht auf die Idee, dass es nicht das richtige sein könnte. Dann ging er davon.

Mittags kam er bei seinem Vater an, der ihn mit großer Freude empfing. »Nun, mein lieber Sohn, was hast du gelernt?«, fragte er.

»Vater, ich bin Schreiner geworden.«

»Ein gutes Handwerk«, erwiderte der Alte. »Was hast du denn von deiner Wanderschaft mitgebracht?«

»Vater, das Beste, was ich mitgebracht habe, ist das Tischchen.«

Der Schneider betrachtete es von allen Seiten und sagte: »Das ist nicht gerade ein Meisterstück. Es ist doch nur ein altes und schlechtes Tischchen.«

»Aber es ist ein Tischleindeckdich«, antwortete der Sohn. »Wenn ich es hinstelle und ihm sage, es solle sich decken, stehen sogleich die schönsten Gerichte darauf. Ein Wein ist dann auch dabei, der einem das Herz erfreut. Ladet alle Verwandten und Freunde ein. Die sollen sich einmal den Bauch richtig vollschlagen, denn das Tischchen macht sie alle satt.«

Als alle gekommen waren, stellte er sein Tischchen mitten in die Stube und sagte: »Tischlein, deck dich.« Aber das Tischchen regte sich nicht und blieb so leer wie jeder andere Tisch. Da merkte der arme Geselle, dass jemand das Tischchen vertauscht hatte. Er schämte sich, dass er nun wie ein Lügner dastand. Die Verwandten aber lachten ihn aus und mussten hungrig und durstig wieder nach Hause gehen.

Der Vater holte seinen Stoff hervor und arbeitete weiterhin als Schneider. Der Sohn aber ließ sich bei einem Meister anstellen.

Der zweite Sohn war zu einem Müller gekommen und bei ihm in die Lehre gegangen.

Als seine Lehrjahre vorbei waren, sagte der Meister: »Weil du dich so gut angestellt hast, schenke ich dir einen Esel. Er ist etwas ganz Besonderes, aber er zieht keine Wägen und trägt auch keine Säcke.«

»Wozu ist er dann nütze?«, fragte der junge Geselle.

»Er speit Gold«, antwortete der Müller. »Wenn du ihn auf ein Tuch stellst und ›Bricklebrit‹ sagst, fallen Goldstücke aus dem guten Tier heraus, hinten und vorne.«

»Das ist eine schöne Sache«, sagte der Geselle, dankte dem Meister und zog in die Welt. Wenn er Gold brauchte, sagte er zu seinem Esel einfach nur »Bricklebrit« und es regnete Goldstücke. Er musste sie nur noch vom Boden aufheben. Wo er hinkam, war ihm das Beste gerade gut genug. Je mehr etwas kostete, desto lieber war es ihm, denn er hatte immer einen vollen Beutel.

Als sich der junge Müller eine Zeit lang in der Welt umgesehen hatte, dachte er: Du musst zu deinem Vater zurückkehren. Wenn du mit dem Goldesel kommst, wird er seinen Zorn vergessen und dich gut aufnehmen.

Doch eines Tages geriet er in dasselbe Wirtshaus, in dem man seinem Bruder das Tischchen vertauscht hatte. Er führte seinen Esel an der Hand und der Wirt wollte ihm das Tier abnehmen und in den Stall bringen. Der junge Geselle aber sagte: »Lasst gut sein, meinen Esel führe ich selber in den Stall, denn ich muss wissen, wo er steht.«

Dem Wirt kam das seltsam vor und er meinte, einer, der seinen Esel selbst versorgen müsse, habe nicht viel. Als der Fremde aber in die Tasche griff, zwei Goldstücke herausholte und sagte, er solle etwas Gutes für ihn einkaufen, machte er große Augen. Er besorgte das Beste, das er auftreiben konnte.

Nach dem Essen fragte der Gast, was er schuldig sei. Der Wirt wollte möglichst gut an ihm verdienen und verlangte, noch ein paar Goldstücke. Der Geselle griff in die Tasche, aber sein Gold war eben zu Ende.

»Wartet einen Augenblick«, sagte er. »Ich hole das Gold gleich.« Er stand auf und nahm das Tischtuch mit.

Der Wirt wusste nicht, was das bedeuten sollte. Neugierig schlich er ihm nach, und weil der Gast die Stalltür verriegelte, guckte er durch ein Astloch. Der Fremde breitete unter dem Esel das Tuch aus, rief »Bricklebrit« und augenblicklich fing das Tier an, Gold zu speien, von hinten und vorn, dass es nur so auf die Erde herabregnete.

»Potztausend!«, sagte der Wirt. »So ein Geldbeutel ist nicht übel!«

Der Gast bezahlte seine Zeche und legte sich schlafen. Der Wirt aber schlich in der Nacht in den Stall, führte den Goldesel weg und band dort, wo er gestanden hatte, einen anderen Esel an.

Am nächsten Morgen zog der Geselle mit dem Esel davon und dachte, er hätte seinen Goldesel dabei. Mittags kam er bei seinem Vater an, der sich freute, als er ihn wiedersah, und ihn gerne aufnahm.

Tischleindeckdich, Goldesel und Knüppelausdemsack

»Was ist aus dir geworden, mein Sohn?«, fragte der Alte.
»Ein Müller, lieber Vater«, antwortete er.
»Was hast du von deiner Wanderschaft mitgebracht?«
»Weiter nichts als einen Esel.«
»Esel gibt's hier genug«, sagte der Vater. »Da wäre mir doch eine gute Ziege lieber gewesen.«
»Ja«, antwortete der Sohn, »aber es ist kein gewöhnlicher Esel, sondern ein Goldesel: Wenn ich ›Bricklebrit‹ sage, speit das gute Tier ein ganzes Tuch voll Goldstücke aus. Holt nur alle Verwandte, ich mache sie zu reichen Leuten.«
»Das lass ich mir gefallen«, sagte der Schneider. »Dann muss ich mich nicht länger mit der Nadel herumquälen.« Schnell rief er die Verwandten herbei.
Sobald sie alle da waren, sollten sie Platz machen. Der Müller breitete

sein Tuch aus und brachte den Esel in die Stube. »Jetzt gebt acht«, sagte er und rief: »Bricklebrit.« Aber es war kein Gold, das herabfiel.

Da machte der arme Müller ein langes Gesicht, sah, dass er betrogen worden war, und bat die Verwandten um Verzeihung, die so arm heimgingen, wie sie gekommen waren. Es blieb dem Alten daher nichts anderes übrig, als wieder zur Nadel zu greifen, und der Junge musste bei einem Müller arbeiten.

Der dritte Bruder war zu einem Drechsler in die Lehre gegangen, und weil es ein schwieriges Handwerk ist, musste er am längsten lernen.

Seine Brüder teilten ihm in einem Brief mit, wie schlimm es ihnen ergangen sei und wie sie der Wirt noch am letzten Abend um ihre schönen Wunderdinge gebracht habe. Als der Drechsler nun ausgelernt hatte und auf Wanderschaft gehen sollte, schenkte ihm sein Meister einen Sack, weil sich der junge Mann so geschickt angestellt hatte. »Es ist ein Knüppel darin«, sagte er.

»Den Sack kann ich umhängen und ich kann ihn gut brauchen. Aber was soll der Knüppel? Der macht ihn nur schwer.«

»Pass auf«, antwortete der Meister, »hat dir jemand etwas zuleide getan, sag einfach: ›Knüppel, aus dem Sack.‹ Augenblicklich springt der Knüppel heraus und tanzt dem Bösewicht so lustig auf dem Rücken herum, dass er sich acht Tage lang nicht mehr bewegen kann. Der Knüppel hört nicht eher auf, bevor du nicht ›Knüppel, in den Sack‹ sagst.«

Der Geselle bedankte sich bei ihm und hing sich den Sack um. Wenn ihm jemand zu nahe kam und an die Wäsche wollte, sagte er einfach: »Knüppel, aus dem Sack.« Sogleich sprang der Knüppel heraus und klopfte einen Bösewicht nach dem anderen windelweich. Das ging so schnell, dass die Reihe schon an einem war, bevor man sich's versah.

Der junge Drechsler traf abends in dem Wirtshaus ein, in dem seine Brüder betrogen worden waren. Er legte seinen Rucksack vor sich auf den Tisch und fing an zu erzählen, was er alles Merkwürdiges erlebt habe.

»Ja«, sagte er, »es gibt schon außergewöhnliche Dinge auf der Welt, wie ein Tischleindeckdich, einen Goldesel und dergleichen. Aber das ist alles nichts gegen den Schatz, den ich hier in meinem Sack habe.«

Der Wirt spitzte die Ohren. Was in aller Welt mag das sein?, dachte er.

Der Sack ist wohl mit lauter Edelsteinen gefüllt. Den will ich auch noch haben, denn aller guten Dinge sind drei.

Als Schlafenszeit war, streckte sich der Gast auf der Bank aus und legte seinen Sack als Kissen unter seinen Kopf.

Als der Wirt meinte, der Gast schliefe tief, näherte er sich und zog ganz sachte und vorsichtig an dem Sack, um ihn wegzuziehen und stattdessen einen anderen unterzulegen.

Der Drechsler aber hatte schon lange darauf gewartet. Als der Wirt den letzten Ruck tun wollte, rief er: »Knüppel, aus dem Sack.« Sogleich fuhr der Knüppel heraus, sprang dem Wirt auf den Rücken und verpasste ihm eine gehörige Abreibung. Der Wirt schrie um Mitleid, aber je lauter er schrie, desto kräftiger schlug der Knüppel im Takt dazu auf den Rücken, bis er endlich erschöpft zu Boden fiel.

Da drohte der Drechsler: »Wenn du nicht sofort das Tischleindeckdich und den Goldesel wieder herausrückst, beginnt der Tanz von Neuem.«

»Ach nein«, rief der Wirt ganz kleinlaut, »ich gebe alles gerne wieder her. Aber bitte sperrt den verwünschten Kobold in den Sack.«

»Ich will Gnade vor Recht ergehen lassen«, antwortete der Drechsler. Dann rief er: »Knüppel, in den Sack!« Und der Knüppel gab Ruhe.

Der Drechsler kehrte am nächsten Morgen mit dem Tischleindeckdich und dem Goldesel nach Hause zu seinem Vater zurück. Der Schneider freute sich, als er ihn wiedersah, und fragte auch ihn, was er in der Fremde gelernt hätte.

»Lieber Vater«, antwortete er, »ich bin ein Drechsler geworden.«

»Ein schwieriges Handwerk«, sagte der Vater anerkennend. »Und was hast du von der Wanderschaft mitgebracht?«

»Ein kostbares Stück, lieber Vater«, antwortete der Sohn, »einen Knüppelausdemsack.«

»Was?«, rief der Vater. »Einen Knüppel! Das ist nicht der Mühe wert! Den kannst du dir von jedem Baum abhauen!«

»Aber einen solchen nicht, lieber Vater: Sage ich ›Knüppel, aus dem Sack‹, springt der Knüppel heraus und richtet den, der es nicht gut mit mir meint, schlimm zu. Er hört nicht eher auf, als bis er auf der Erde liegt und um Gnade bittet. Mithilfe meines Knüppels hab ich das Tischleindeckdich und den Goldesel wieder herbeigeschafft, die der betrügerische Wirt meinen Brüdern abgenommen hatte. Jetzt holt die beiden her und ladet alle Verwandten ein. Ich will ihnen die köstlichsten Speisen auftischen und die Taschen mit Gold vollfüllen.«

Der alte Schneider wollte erst nicht so recht, rief dann aber doch alle Verwandten zusammen.

Da breitete der Drechsler ein Tuch in der Stube aus, führte den Goldesel herein und sagte zu seinem Bruder: »Nun, lieber Bruder, sprich mit ihm.«

Der Müller sagte »Bricklebrit« und augenblicklich sprangen die Goldstücke auf das Tuch, als käme ein Platzregen, und der Esel hörte erst auf, als alle so viel hatten, wie sie tragen konnten.

Dann holte der Drechsler das Tischchen und sagte: »Lieber Bruder, nun sprich mit ihm.«

Kaum hatte der Schreiner »Tischlein, deck dich« gesagt, war es mit den köstlichsten Speisen reichlich besetzt. Nun wurde so gut gegessen, wie es der Schneider noch nie erlebt hatte. Die ganze Verwandtschaft blieb bis in die Nacht und alle waren lustig und vergnügt.

Der Schneider schloss Nadel und Zwirn, Maßstab und Bügeleisen in einen Schrank weg und lebte glücklich mit seinen drei Söhnen.

Wo aber ist die Ziege geblieben, die schuld war, dass der Schneider seine drei Söhne fortjagte? Das will ich dir sagen. Sie schämte sich, dass sie einen kahlen Kopf hatte, lief in eine Fuchshöhle und verkroch sich dort. Als der Fuchs nach Haus kam, funkelten ihm zwei große Augen aus der Dunkelheit entgegen, dass er erschrak und davonlief. Dabei begegnete er dem Bären, und da der Fuchs ganz verstört aussah, fragte der: »Was ist mit dir, Bruder Fuchs? Was machst du für ein Gesicht?«

»Ach«, antwortete der Fuchs, »ein wildes Tier sitzt in meiner Höhle und hat mich mit feurigen Augen angeglotzt.«

»Das haben wir gleich!«, sagte der Bär, ging mit zu der Höhle und schaute hinein. Als er aber die feurigen Augen erblickte, bekam er es ebenfalls mit der Angst zu tun und nahm Reißaus.

Da begegnete er der Biene, und da sie merkte, wie elend ihm zumute war, fragte sie: »Bär, du machst ja ein trauriges Gesicht! Wo ist deine Fröhlichkeit geblieben?«

»Du hast gut reden«, antwortete der Bär. »Da sitzt ein wildes Tier mit Glotzaugen im Fuchsbau und wir können es nicht verjagen.«

Die Biene sagte: »Du tust mir leid, Bär. Ich bin zwar nur klein und schwach, aber ich glaube, dass ich euch trotzdem helfen kann.«

Sie flog in die Fuchshöhle, setzte sich der Ziege auf den glatten, geschorenen Kopf und stach sie so gewaltig, dass sie aufsprang, »mäh, mäh!« schrie und das Weite suchte. Niemand weiß, wo sie hingelaufen ist.

Der Riese und der Schneider

Ein Schneider, der ein großer Angeber war, aber kein Geld hatte, wollte sich einmal ein wenig in der Welt umschauen. Sobald er nur konnte, verließ er seine Werkstatt,

> wanderte seinen Weg
> über Brücke und Steg,
> bald da, bald dort,
> immer fort und fort.

Als er nun draußen war, erblickte er in der blauen Ferne einen steilen Berg und dahinter einen himmelhohen Turm, der aus einem wilden, finsteren Wald hervorragte.

»Potz Blitz!«, rief der Schneider. »Was ist das?«

Und weil ihn die Neugierde quälte, ging er einfach darauf zu. Als er näher kam, riss er Mund und Augen auf. Denn der Turm hatte Beine, sprang mit einem Satz über den steilen Berg und stand als ein gigantischer Riese vor dem Schneider.

»Was willst du hier, du winziges Fliegenbein«, rief er und es klang, als würde es von allen Seiten donnern.

Der Schneider wisperte: »Ich schau mich in dem Wald um, ob ich hier meinen Lebensunterhalt verdienen kann.«

»Wenn es an der Zeit ist«, sagte der Riese, »kannst du ja bei mir in den Dienst eintreten.«

»Warum nicht? Was krieg ich denn für einen Lohn?«

»Was du für einen Lohn kriegst?«, sagte der Riese. »Das sollst du hören. Jährlich dreihundertundfünfundsechzig Tage, und wenn es ein Schaltjahr ist, noch einen obendrein. Ist dir das recht?«

»Meinetwegen«, antwortete der Schneider und dachte im Stillen: Man muss sich eben nach der Decke strecken. Ich werde versuchen, mich bald wieder davonzumachen.

Darauf sagte der Riese zu ihm: »Kleiner Halunke, hol mir einen Krug Wasser.«

»Warum nicht lieber gleich den Brunnen mitsamt der Quelle?«, fragte der Angeber und ging mit dem Krug zu dem Wasser.

»Was? Den Brunnen mitsamt der Quelle?«, brummte der Riese, der ein bisschen dümmlich war, in den Bart hinein und fing an, sich zu fürchten: »Der Kerl hat es faustdick hinter den Ohren. Der kann zaubern. Sei auf der Hut, alter Hans, das ist kein Diener für dich.«

Als der Schneider das Wasser gebracht hatte, befahl ihm der Riese, in dem Wald ein paar Scheite Holz zu hauen und nach Hause zu tragen.

»Warum nicht lieber den ganzen Wald mit einem Streich,

> den ganzen Wald
> mit Jung und Alt,
> mit allem, was er hat,
> knorzig und glatt?«,

fragte das Schneiderlein und ging das Holz zu hauen.

»Was?

> Den ganzen Wald
> mit Jung und Alt,
> mit allem, was er hat,
> knorzig und glatt,
> und den Brunnen mitsamt der Quelle?«,

brummte der leichtgläubige Riese in den Bart und fürchtete sich noch mehr. »Der Kerl hat es faustdick hinter den Ohren. Der kann zaubern: Sei auf der Hut, alter Hans, das ist kein Diener für dich.«

Als der Schneider das Holz gebracht hatte, befahl ihm der Riese, zwei oder drei wilde Schweine zum Abendessen zu schießen.

»Warum nicht lieber gleich tausend mit einem Schuss und dich dazu?«, fragte der angeberische Schneider.

»Was?«, rief der Hasenfuß von einem Riesen und war aufs Heftigste erschrocken. »Lass es für heute gut sein und lege dich schlafen.«

Der Riese fürchtete sich so sehr, dass er die ganze Nacht kein Auge zutun konnte. Er überlegte hin und her, wie er sich den verwünschten Hexenmeister am schnellsten vom Hals schaffen könnte.

Der Riese und der Schneider

Kommt Zeit, kommt Rat.

Am nächsten Morgen gingen der Riese und der Schneider zu einem Sumpf, um den ringsherum eine Menge Weidenbäume standen. Da sagte der Riese: »Hör einmal, Schneider, setz dich auf eine von den Weidenruten, ich möchte um mein Leben gern sehen, ob du imstande bist, sie hinunterzubiegen.«

Husch, saß der Schneider oben, hielt den Atem an und machte sich schwer, so schwer, dass sich die Gerte hinunterbog. Als er aber wieder Luft holen musste, da schnellte sie ihn, weil er unglücklicherweise kein Bügeleisen in die Tasche gesteckt hatte, so weit in die Höhe, dass man ihn gar nicht mehr sehen konnte. Der Riese freute sich außerordentlich.

Wenn der Schneider nicht wieder heruntergefallen ist, schwebt er wohl heute noch oben in der Luft herum.

König Drosselbart

Es war einmal ein König, der hatte eine Tochter, die wunderschön war. Doch gleichzeitig war sie so stolz, dass ihr keiner, der um ihre Hand anhielt, gut genug war. Sie wies einen nach dem anderen ab und machte sich noch über sie lustig. Eines Tages ließ der König ein großes Fest ausrichten und lud dazu alle heiratslustigen Männer von nah und fern ein. Sie mussten sich alle nach Rang und Stand geordnet aufreihen. Erst kamen die Könige, dann die Herzöge, die Fürsten, Grafen und Freiherrn, zuletzt die Edelleute. Dann wurde die Königstochter durch die Reihen geführt, aber an jedem hatte sie etwas auszusetzen. Der eine war ihr zu dick: »So ein Weinfass!«, sagte sie. Der andere zu lang: »Lang und schwank hat keinen Gang.« Der Dritte zu kurz: »Kurz und dick hat kein Geschick.« Der Vierte zu blass: »Wie der bleiche Tod!« Der Fünfte zu rot: »Wie ein zorniger Hahn!« Der Sechste hatte keine gerade Haltung: »Grünes Holz, hinterm Ofen getrocknet!« Und so hatte sie an jedem etwas auszusetzen, besonders aber machte sie sich über einen König lustig, der ganz oben stand und dem das Kinn ein wenig krumm gewachsen war: »Ei«, rief sie, »der hat ein Kinn wie der Schnabel einer Drossel.« Und seit der Zeit bekam er den Namen Drosselbart. Als der alte König sah, dass seine Tochter nichts tat, als die Leute zu verspotten, und alle verschmähte, wurde er zornig. Er schwor, sie sollte den erstbesten Bettler zum Mann nehmen, der an seine Tür käme.

Ein paar Tage darauf fing ein Spielmann unter dem Fenster zu singen an, um dafür ein kleines Almosen zu erhalten. Da sagte der König: »Lasst ihn heraufkommen.«

Der Spielmann trat in seinen schmutzigen, verlumpten Kleidern ein, sang vor dem König und seiner Tochter und bat, als er fertig war, um eine milde Gabe.

Der König meinte: »Dein Gesang hat mir so gut gefallen, dass ich dir meine Tochter da zur Frau gebe.«

Die Königstochter erschrak, aber der König sagte: »Ich habe mir geschworen, dich dem erstbesten Bettler zu geben. Und diesen Eid will ich auch halten.«

König Drosselbart

Es half kein Protest. Der Pfarrer wurde geholt und sie wurde sogleich mit dem Spielmann vermählt.

Anschließend sagte der König: »Es geht nicht, dass du als eine Bettlerin noch länger in meinem Schloss bleibst. Du musst mit deinem Mann gehen.«

Der Bettler führte sie an der Hand hinaus und sie musste mit ihm zu Fuß weggehen. Als sie in einen großen Wald kamen, fragte sie:

»Ach, wem gehört der schöne Wald?«
»Der gehört dem König Drosselbart.
Hättest du den genommen, wäre es dein Wald.«
»Ich arme Jungfer zart,
ach, hätt ich genommen den König Drosselbart!«

Anschließend gingen sie über eine Wiese, da fragte sie wieder:

»Wem gehört die schöne grüne Wiese?«
»Sie gehört dem König Drosselbart.
Hättest du den genommen, wäre es deine Wiese.«
»Ich arme Jungfer zart,
ach, hätt ich genommen den König Drosselbart!«

Dann kamen sie durch eine große Stadt und sie fragte erneut:

»Wem gehört diese schöne große Stadt?«
»Sie gehört dem König Drosselbart.
Hättest du den genommen, wäre es deine Stadt.«
»Ich arme Jungfer zart,
ach, hätt ich genommen den König Drosselbart!«

»Es gefällt mir gar nicht«, sagte der Spielmann, »dass du dir immer einen anderen zum Mann wünschst. Bin ich dir nicht gut genug?«

Schließlich kamen sie an ein ganz kleines Häuschen. Da sagte sie:

»Ach Gott, was ist das Haus so klein!
Wem mag das elende winzige Häuschen sein?«

Der Spielmann antwortete: »Das ist unser Haus, in dem wir wohnen.«

König Drosselbart

Sie musste sich bücken, damit sie zu der niedrigen Tür hineinkam.

»Wo sind die Diener?«, fragte die Königstochter.

»Was, Diener!«, antwortete der Bettler. »Du musst alles selber machen, was getan werden muss. Mach nur gleich Feuer und stell Wasser hin, um mir mein Essen zu kochen. Ich bin furchtbar müde.«

Die Königstochter verstand aber nichts vom Feuermachen und Kochen. Der Bettler musste helfen, damit es einigermaßen ging. Als sie das kärgliche Mahl verzehrt hatten, legten sie sich ins Bett. Aber am Morgen trieb der Spielmann sie schon ganz früh heraus, weil sie den Haushalt erledigen sollte. Ein paar Tage lebten sie auf diese Art mehr schlecht als recht und zehrten ihre Vorräte auf.

Da sagte der Mann: »Frau, so geht es nicht weiter. Wir müssen etwas verdienen. Du musst Körbe flechten.« Er ging hinaus, schnitt Weiden und brachte sie der Frau nach Hause.

Sie fing an zu flechten, aber die harten Weiden zerstachen ihr die zarten Hände, dass sie bluteten.

»Das geht nicht«, sagte der Mann. »Spinn lieber Garn, vielleicht kannst du das besser.«

Sie setzte sich hin und versuchte, Garn zu spinnen, aber der harte Faden schnitt ihr bald in die feinen Finger, bis das Blut herunterlief.

»Oje«, sagte der Mann, »du taugst zu keiner Arbeit. Mit dir habe ich kein gutes Los gezogen. Nun will ich mein Glück versuchen und mit Töpfen und Tongeschirr handeln. Setz dich auf den Markt und biete die Waren feil.«

Ach, dachte sie, wenn auf den Markt Leute aus meines Vaters Reich kommen und sehen mich da sitzen und feilhalten, wie werden sie mich verspotten!

Aber es half nichts, sie musste sich fügen, wenn sie nicht verhungern wollten. Das erste Mal ging es gut, denn die Leute kauften der Frau, weil sie so schön war, ihre Ware ab und bezahlten, was sie forderte. Ja, viele gaben ihr das Geld, ohne die Töpfe mitzunehmen. Nun lebte das Paar von dem Erlös, solange es ging. Dann erstand der Mann wieder eine Menge neues Geschirr. Die Frau setzte sich damit an eine Ecke des Marktes, stellte es um sich herum und bot es feil. Da kam plötzlich ein betrunkener Reiter dahergejagt

König Drosselbart

und ritt geradewegs in die Töpfe hinein, dass alles in tausend Scherben zersprang. Sie fing an zu weinen und wusste vor Angst nicht, was sie machen sollte.

»Ach, wie wird es mir ergehen!«, rief sie. »Was wird mein Mann dazu sagen!«

Sie lief nach Hause und berichtete ihm von dem Unglück.

»Wer setzt sich auch an die Ecke des Marktes mit Tongeschirr!«, sagte der Mann. »Hör auf mit dem Geheule. Ich sehe schon, du bist zu keiner ordentlichen Arbeit zu gebrauchen. Ich habe im Schloss des Königs nachgefragt, ob sie nicht eine Küchenmagd brauchen könnten, und sie haben mir versprochen, dich zu nehmen. Dafür bekommst du freies Essen.«

Nun wurde die Königstochter eine Küchenmagd, musste dem Koch zur Hand gehen und die unangenehmste Arbeit verrichten. Sie befestigte in beiden Taschen ein Töpfchen. Darin brachte sie das mit nach Hause, was sie von dem Übriggebliebenen abbekam. Davon ernährte sich das Paar.

Eines Tages wurde die Hochzeit des ältesten Königssohnes gefeiert. Die arme Frau ging hinauf und stellte sich vor die Saaltür, um zuzusehen. Die Lichter wurden angezündet, die Gäste traten ein, einer schöner als der andere, und alles war überaus prächtig. Traurig dachte die Frau an ihr Schicksal und verwünschte ihren Stolz, der sie erniedrigt und in so große Armut gestürzt hatte. Von den köstlichen Speisen, die hinein- und herausgetragen wurden und deren betörender Geruch ihr in die Nase stieg, warfen ihr die Diener manchmal ein paar Brocken zu. Die Frau steckte sie in ihr Töpfchen, um sie mit nach Hause zu nehmen. Auf einmal trat der Königssohn herein. Er war in Samt und Seide gekleidet und hatte goldene Ketten um den Hals. Und als er die schöne Frau in der Tür stehen sah, nahm er sie bei der Hand und wollte mit ihr tanzen. Aber sie weigerte sich und erschrak, denn es war der König Drosselbart, der um ihre Hand angehalten und den sie mit Spott abgewiesen hatte. Ihr Sträuben half nichts, er zog sie in den Saal. Da zerriss das Band, an dem die Taschen hingen. Die Töpfe fielen heraus, dass die Suppe nur so floss und die Brocken umhersprangen. Und als die Leute das sahen, brach ein allgemeines Gelächter aus und alle spotteten. Die arme Frau schämte sich so, dass sie sich gewünscht hätte, in einem Loch in der Erde verschwinden zu können. Sie sprang zur Türe hinaus und wollte fliehen, aber auf der Treppe holte sie ein Mann ein und brachte sie wieder zurück.

Und als sie ihn ansah, erkannte sie, dass es wieder der König Drosselbart war.

Er redete ihr freundlich zu: »Fürchte dich nicht, ich und der Spielmann, der mit dir in dem armseligen Häuschen gewohnt hat, sind ein und derselbe. Dir zuliebe habe ich mich so verstellt. Und der Reiter, der dir die Töpfe kaputt gemacht hat, bin ich auch gewesen. Das alles ist geschehen, um deinen Stolz zu brechen und dich für deinen Hochmut zu bestrafen, dessentwegen du mich verspottet hast.«

Da weinte die Frau bitterlich und sagte: »Ich habe dir unrecht getan und bin nicht wert, deine Frau zu sein.«

Er aber tröstete sie: »Die schlimme Zeit ist nun vorbei, jetzt wollen wir unsere Hochzeit feiern.«

Daraufhin zogen ihr die Kammerfrauen die prächtigsten Kleider an. Ihr Vater und der ganze Hof kamen und wünschten ihr Glück zu ihrer Vermählung mit dem König Drosselbart. Aber damit fing alles erst an. Ich wollte, du und ich, wir wären auch dabei gewesen.

Die sechs Schwäne

Es jagte einmal ein König in einem großen Wald und setzte einem Wild so eifrig nach, dass ihm niemand von seinen Leuten folgen konnte. Als der Abend kam, blieb er stehen und blickte um sich. Da bemerkte er, dass er sich verirrt hatte. Er suchte einen Weg aus dem Wald heraus, konnte aber keinen finden. Da sah er eine alte Frau mit wackelndem Kopf, die auf ihn zukam. Das war eine Hexe.

»Liebe Frau«, sagte er zu ihr, »könnt Ihr mir nicht den Weg zeigen, der aus dem Wald herausführt?«

»O ja, Herr König«, antwortete sie, »das kann ich. Aber ich stelle eine Bedingung, wenn Ihr die nicht erfüllt, kommt Ihr nie mehr aus dem Wald heraus und müsst darin verhungern.«

»Was ist das für eine Bedingung?«, fragte der König.

»Ich habe eine Tochter«, sagte die Alte, »die so einzigartig schön ist, dass Ihr keine Zweite auf der ganzen Welt finden könnt, die sich mit ihr vergleichen lässt. Sie hat es verdient, Eure Gemahlin zu werden. Wenn Ihr sie zur Königin macht, zeige ich Euch den Weg aus dem Wald.«

Der König hatte so große Angst, dass er einwilligte, und die Alte führte ihn zu ihrem Häuschen, wo ihre Tochter am Feuer saß. Sie empfing den König, als wenn sie ihn erwartet hätte. Er bemerkte zwar, dass sie sehr schön war, aber sie gefiel ihm trotzdem nicht. Er konnte sie nicht ansehen, ohne sich insgeheim zu grausen.

Nachdem er das Mädchen zu sich aufs Pferd gehoben hatte, zeigte ihm die Alte den Weg und der König gelangte wieder in sein königliches Schloss, wo die Hochzeit gefeiert wurde.

Der König war schon einmal verheiratet gewesen und hatte von seiner ersten Frau sieben Kinder – sechs Knaben und ein Mädchen –, die er über alles auf der Welt liebte. Weil er nun fürchtete, die Stiefmutter könnte sie nicht gut behandeln oder ihnen gar ein Leid zufügen, brachte er sie in ein einsames Schloss, das mitten in einem Wald stand. Es lag so verborgen und der Weg war so schwer zu finden, dass er ihn selbst nicht gefunden hätte, wenn ihm nicht eine weise Frau ein Knäuel Garn mit Zauberkraft geschenkt hätte. Wenn er das vor sich hinwarf, entwickelte es sich von selbst und zeigte ihm den Weg.

Der König ging aber so oft zu seinen geliebten Kindern, dass es der Königin auffiel. Sie wurde neugierig und wollte wissen, was er ganz allein draußen in dem Wald zu schaffen habe. Sie bestach seine Diener mit viel Geld, damit sie ihr das Geheimnis verrieten. Von ihnen erfuhr sie auch von dem Knäuel, das allein den Weg zeigen könnte. Von da an hatte die Königin keine Ruhe mehr, bis sie herausgebracht hatte, wo der König das Knäuel aufbewahrte. Dann fertigte sie kleine weiße Seidenhemdchen, und da sie von ihrer Mutter die Hexenkünste gelernt hatte, nähte sie einen Zauber hinein.

Als der König einmal auf der Jagd war, nahm sie die Hemdchen und ließ sich von dem Knäuel den Weg zeigen.

Die Kinder, die aus der Ferne jemanden kommen sahen, meinten, ihr geliebter Vater käme zu ihnen, und sprangen ihm freudig entgegen. Da warf die Königin jedem ein Hemdchen über. Sobald es ihren Körper berührt hatte, verwandelten sie sich in Schwäne, die über den Wald davonflogen.

Die Königin ging ganz vergnügt nach Hause, denn sie glaubte ja, ihre Stiefkinder los zu sein. Aber das Mädchen war ihr nicht wie die Brüder entgegengelaufen. Und die Königin wusste ja auch nichts von seiner Existenz.

Am nächsten Tag kam der König, um seine Kinder zu besuchen. Er fand aber nur noch das Mädchen vor. »Wo sind deine Brüder?«, fragte der König.

»Ach, lieber Vater«, antwortete es, »die sind fort und haben mich allein zurückgelassen.« Es erzählte ihm, dass es aus seinem Fenster mit angesehen habe, wie seine Brüder als Schwäne über den Wald weggeflogen seien. Dann zeigte es ihm die Federn, die sie im Hof hatten fallen lassen und die es aufgesammelt hatte. Der König war traurig, aber verdächtigte die Königin nicht der bösen Tat. Weil er fürchtete, das Mädchen würde ihm auch geraubt, wollte er es mit zu sich nehmen. Aber es hatte Angst vor der Stiefmutter und bat den König, dass es nur noch diese Nacht im Waldschloss bleiben dürfte.

Das arme Mädchen dachte: Ich bleibe nicht länger hier, sondern suche meine Brüder. Und als die Nacht kam, floh es geradewegs in den Wald hinein. Es lief während der ganzen Nacht und auch während des nächsten Tags in einem fort, bis es vor Müdigkeit nicht mehr konnte. Da sah es eine Wildhütte, stieg hinauf und fand eine Stube mit sechs kleinen Betten vor. Es traute sich nicht, sich in eins zu legen, sondern kroch unter eins, legte sich auf den harten Boden und wollte die Nacht dort verbringen. Als die Sonne bereits tief stand und bald untergehen würde, hörte es ein Rauschen und sah, dass sechs Schwäne zum Fenster hereingeflogen kamen. Sie setzten sich auf den Boden und pusteten sich gegenseitig an. Auf diese Weise bliesen sie sich alle Federn ab und dann streifte sich ihre Schwanenhaut ab wie ein Hemd. Da erkannte das Mädchen seine Brüder, freute sich und kroch unter dem Bett hervor. Die Brüder waren ebenfalls überglücklich, als sie ihre Schwester erblickten, aber ihre Freude war von kurzer Dauer.

»Du kannst hier nicht bleiben«, sagten sie zu ihrer Schwester. »Das ist eine Herberge für Räuber. Wenn sie zurückkommen und dich finden, ermorden sie dich.«

»Könnt ihr mich denn nicht beschützen?«, fragte das Mädchen.

»Nein«, antworteten sie, »denn wir können nur jeden Abend für eine Viertelstunde unsere Schwanenhaut ablegen und unsere menschliche Gestalt annehmen. Dann werden wir wieder in Schwäne verwandelt.«

Die Schwester weinte und sagte: »Könnt ihr denn nicht erlöst werden?«

»Leider nein«, antworteten sie, »die Bedingungen sind zu schwer. Du darfst sechs Jahre lang weder sprechen noch lachen und musst sechs Hemdchen für uns aus Sternenblumen nähen. Kommt ein einziges Wort aus deinem Mund, ist alles verloren.« Als die Brüder das gesagt hatten, war die Viertelstunde vorbei und sie flogen als Schwäne wieder zum Fenster hinaus.

Das Mädchen aber fasste den festen Entschluss, seine Brüder zu erlösen, und wenn es sein eigenes Leben kostete. Es verließ die Wildhütte, ging mitten in den Wald, setzte sich auf einen Baum und verbrachte da die Nacht. Am nächsten Morgen sammelte es Sternblumen und fing an zu nähen. Reden konnte es sowieso mit niemandem und zum Lachen hatte es keine Lust. Es saß da und sah nur auf seine Arbeit.

Als das Mädchen schon lange so dahingelebt hatte, jagte der König einmal wieder in dem Wald und seine Jäger kamen zu dem Baum, auf dem das Mädchen saß. »Wer bist du?«, riefen sie.

Es gab keine Antwort.

»Komm herunter zu uns«, sagten sie. »Wir tun dir nichts zuleide.«

Es schüttelte nur mit dem Kopf. Als sie es weiter mit Fragen bedrängten, warf es ihnen seine goldene Halskette hinunter und dachte, sie damit zufriedenzustellen. Die Männer ließen aber nicht ab, da warf es ihnen seinen Gürtel hinunter, und als auch das nichts half, seine Strumpfbänder und nach und nach alles, was es anhatte und entbehren konnte, sodass es schließlich nur noch sein Hemdchen behielt. Die Jäger ließen sich damit nicht abspeisen. Sie stiegen auf den Baum, hoben das Mädchen herab und führten es vor den König.

Der fragte: »Wer bist du? Was machst du auf dem Baum?«

Das Mädchen antwortete jedoch nicht. Er fragte es in allen Sprachen, die er sprach, aber das Mädchen blieb stumm wie ein Fisch. Es war so schön, dass es sein Herz bewegte, und er verliebte sich in das fremde Mädchen. Er hängte ihm seinen Mantel um, nahm es vor sich aufs Pferd und brachte es in sein Schloss. Da ließ er der Fremden kostbare Kleider geben und sie strahlte in ihrer Schönheit wie der helle Tag. Trotzdem war kein Wort aus ihr herauszubringen.

Der König setzte das Mädchen bei Tisch an seine Seite und seine Bescheidenheit gefiel ihm so sehr, dass er sagte: »Diese möchte ich heiraten und keine andere auf der Welt.« Nach einigen Tagen vermählte er sich mit ihr.

Der König hatte eine böse Mutter, die unzufrieden mit dieser Heirat war und schlecht von der jungen Königin redete. »Wer weiß, wo dieses Frauenzimmer her ist«, sagte sie, »das nicht reden kann. Sie ist eines Königs nicht würdig.«

Als die Königin nach einem Jahr das erste Kind zur Welt brachte, nahm es ihr die Alte weg und bestrich ihr im Schlaf den Mund mit Blut. Dann ging sie zum König und klagte sie an, sie sei eine Menschenfresserin.

Der König wollte es nicht glauben und duldete nicht, dass man ihr Leid zufügte. Die Königin saß jedoch nur da, nähte unablässig an den Hemden und achtete auf nichts anderes.

Das nächste Mal, als die Königin wieder einen schönen Knaben gebar, versuchte es die falsche Schwiegermutter wieder mit demselben Betrug.

Die sechs Schwäne

Der König wollte ihr nicht glauben. Er sagte: »Sie ist zu gut, als dass sie so etwas tun könnte. Wäre sie nicht stumm und könnte sich verteidigen, würde ihre Unschuld an den Tag kommen.«

Als aber die Alte das dritte Mal das neugeborene Kind raubte und die Königin anklagte, die kein Wort zu ihrer Verteidigung vorbrachte, konnte der König nicht anders, er musste den Fall dem Gericht übergeben. Die Königin wurde verurteilt, den Tod durchs Feuer zu erleiden.

Als der Tag herankam, wo das Urteil vollstreckt werden sollte, waren zugleich die sechs Jahre vorüber, in denen die Königin weder sprechen noch lachen durfte, und sie hatte ihre geliebten Brüder von dem Zauber befreit. Die sechs Hemden waren fertig geworden, nur an dem letzten fehlte noch der linke Ärmel. Als sie zum Scheiterhaufen geführt wurde, legte sie die Hemden über ihren Arm. Oben angekommen, sollte das Feuer eben angezündet werden. Die Königin schaute sich noch einmal um, da kamen sechs Schwäne durch die Luft geflogen. Sie sah, dass ihre Erlösung nahte, und ihr Herz machte vor Freude einen Sprung.

Die Schwäne rauschten zu ihr und ließen sich herabsinken, sodass sie ihnen die Hemden überwerfen konnte. Sobald diese sie berührten, fielen die Schwanenhäute ab und die Brüder standen lebendig vor ihr. Sie waren gesund und munter; nur dem jüngsten fehlte der linke Arm und er hatte dafür einen Schwanenflügel am Rücken. Sie umarmten und küssten sich. Dann ging die Königin zum König, der ganz bestürzt war, und fing an zu reden: »Liebster Gemahl, nun darf ich sprechen und kann dir verraten, dass ich unschuldig bin.« Sie erzählte ihm von dem Betrug der Alten, die ihre drei Kinder weggenommen und versteckt hatte.

Als sie hergebracht wurden, freute sich der König sehr. Die böse Schwiegermutter jedoch wurde zur Strafe auf den Scheiterhaufen gebunden und verbrannt. Der König und die Königin mit ihren sechs Brüdern lebten glücklich und zufrieden bis ins hohe Alter.

Daumesdick

Es war einmal ein armer Bauer, der saß abends beim Herd und schürte das Feuer. Seine Frau saß daneben und spann Garn. Da sagte er: »Es ist so traurig, dass wir keine Kinder haben! Bei uns ist es so still und in den anderen Häusern ist es laut und lustig.«

»Ja«, antwortete die Frau und seufzte, »wenn wir nur ein Kind hätten, ein einziges, und wenn es auch ganz klein wäre, nur daumengroß, wäre ich schon zufrieden. Wir würden es von Herzen lieben.«

Da wurde die Frau krank und gebar nach sieben Monaten ein Kind, das zwar völlig gesund, aber nicht länger als ein Daumen war. »Es ist, wie wir es uns gewünscht haben«, sagten die Eheleute. »Wir werden es lieben, so wie es ist.« Sie nannten den Kleinen nach seiner Gestalt Daumesdick. Er bekam ausreichend zu essen, aber das Kind wurde nicht größer, sondern blieb, wie es bei Geburt gewesen war. Doch es hatte einen wachen Verstand und erwies sich als sehr klug und geschickt. Ihm glückte alles, was es anfing.

Der Bauer machte sich eines Tages fertig, um in den Wald zu gehen und Holz zu fällen. Da murmelte er so vor sich hin: »Wenn nur einer da wäre, der mir den Wagen nachbrächte.«

»O Vater«, rief Daumesdick, »den Wagen bring ich Euch schon, verlasst Euch drauf. Er wird rechtzeitig im Wald sein.«

Da lachte der Mann. »Wie soll das gehen? Du bist viel zu klein, um das Pferd mit den Zügeln zu lenken.«

»Das macht nichts, Vater, solange die Mutter mir nur beim Anspannen hilft. Ich setze mich ins Ohr des Pferdes und rufe ihm zu, wohin es gehen soll.«

»Nun«, antwortete der Vater, »dann wollen wir es eben einmal versuchen.«

Als es so weit war, spannte die Mutter an und setzte Daumesdick ins Ohr des Pferdes. Dann gab der Kleine Kommandos, wie das Pferd laufen sollte: »Jüh und joh! Hott und har!« Da verhielt es sich ganz vorbildlich, wie wenn ein Meister es lenkte, und der Wagen fuhr auf dem richtigen Weg in den Wald.

Als er eben um eine Ecke bog und der Kleine »Har, har!« rief, kamen zwei fremde Männer daher.

»Was ist das?«, sagte der eine. »Da fährt ein Wagen und Kommandos sind zu hören. Doch ein Fuhrmann ist nicht zu sehen.«

»Das geht nicht mit rechten Dingen zu«, sagte der andere. »Lass uns dem Karren folgen und sehen, wo er anhält.«

Der Wagen aber fuhr mitten in den Wald hinein und geradewegs zu dem Platz, wo das Holz gehauen wurde. Als Daumesdick seinen Vater erblickte, rief er ihm zu: »Siehst du, Vater, da bin ich mit dem Wagen. Nun hol mich herunter.«

Der Vater hielt das Pferd mit der Linken und holte mit der Rechten sein Söhnchen aus dem Ohr. Der Kleine setzte sich gut gelaunt auf einen Strohhalm.

Als die beiden fremden Männer Daumesdick erblickten, wussten sie vor Verwunderung nicht, was sie sagen sollten. Da nahm der eine den andern beiseite und sagte: »Hör zu, der kleine Kerl könnte unser Glück sein. Wenn wir ihn in einer großen Stadt für Geld zur Schau stellten. Komm, lass ihn uns kaufen.«

Sie gingen zu dem Bauern und sagten: »Verkauft uns den kleinen Mann. Er soll es gut bei uns haben.«

»Nein«, antwortete der Vater. »Er ist mein Herzblatt und ist für alles Gold der Welt nicht zu haben.«

Als Daumesdick von dem Handel gehört hatte, war er an den Kleidern seines Vaters hinaufgekrochen. Er stellte sich auf seine Schulter und wisperte ihm ins Ohr: »Vater, gib mich nur her. Ich komme schon wieder zurück!«

Daraufhin gab ihn der Vater den beiden Männern für ein schönes Sümmchen Geld.

»Wo willst du sitzen?«, fragten sie ihn.

»Ach, setzt mich nur auf den Rand Eures Hutes. Dort kann ich auf und ab spazieren und die Gegend betrachten, ohne dass ich herunterfalle.«

Sie taten ihm den Gefallen, und als Daumesdick von seinem Vater Abschied genommen hatte, machten sie sich mit ihm auf den Weg. Sie gingen, bis der Abend dämmerte. Da sagte der Kleine: »Hebt mich herunter, ich muss mal.«

»Bleib nur oben«, sagte der Mann, auf dessen Kopf er saß. »Es macht mir nichts aus. Die Vögel lassen mir auch manchmal was drauffallen.«

»Nein«, sagte Daumesdick, »ich weiß, was sich gehört. Hebt mich doch bitte schnell herunter.«

Der Mann nahm den Hut ab und setzte den Kleinen auf einen Acker am Weg ab. Da sprang und kroch Daumesdick ein wenig zwischen den Erdklumpen hin und her, dann schlüpfte er plötzlich in ein Mauseloch, das er sich ausgesucht hatte. »Guten Abend, Ihr Herren, geht nur ohne mich nach Hause«, rief er ihnen zu und lachte sie aus.

Die beiden Geprellten stachen mit Stöcken in das Mauseloch, aber das war vergeblich: Daumesdick kroch immer weiter hinein. Da es bald ganz dunkel wurde, blieb ihnen nichts anderes übrig, als nach Hause zu wandern, auch wenn sie sich noch so sehr über den Verlust ärgerten.

Als Daumesdick merkte, dass sie weg waren, kroch er aus dem unterirdischen Gang wieder hervor. Bei Dunkelheit über den Acker zu gehen ist zu gefährlich, dachte er. »Wie leicht bricht man sich Hals und Bein.« Zum Glück stieß er an ein leeres Schneckenhaus. »Gottlob«, sagte er. »Hier kann ich die Nacht in Sicherheit verbringen.« Daraufhin setzte er sich hinein.

Kurze Zeit später, als er gerade einschlafen wollte, hörte er zwei Männer vorbeigehen. Einer der beiden sagte: »Wie sollen wir es nur anfangen, den reichen Pfarrer um sein Geld und sein Silber zu bringen?«

»Das könnte ich dir schon sagen«, rief Daumesdick dazwischen.

»Was war das?«, sagte der eine Dieb erschrocken. »Ich habe jemanden sprechen hören.«

Sie blieben stehen und horchten, da ergriff Daumesdick wieder das Wort: »Nehmt mich mit, dann werde ich euch helfen.«

»Wo bist du denn?«

»Sucht nur auf der Erde und passt gut auf, wo die Stimme herkommt«, antwortete er.

Da fanden die Diebe ihn endlich und hoben ihn in die Höhe.

»Du kleiner Wicht, wie willst du uns denn helfen!«, sagten sie.

»Ich krieche durch die Eisenstäbe in die Kammer des Pfarrers«, antwortete er, »und reiche euch heraus, was ihr haben wollt.«

»Gut«, sagten sie. »Dann wollen wir einmal sehen, was du kannst.«

Als sie am Pfarrhaus ankamen, kroch Daumesdick in die Kammer und schrie sogleich aus Leibeskräften: »Wollt ihr alles haben, was hier ist?«

Die Diebe erschraken und zischten: »Sei leise, damit niemand aufwacht.«

Aber Daumesdick tat, als hätte er sie nicht verstanden, und schrie von Neuem: »Was wollt ihr nun? Wollt ihr alles haben, was hier ist?«

Das hörte die Köchin, die in der angrenzenden Stube schlief. Sie richtete sich im Bett auf und horchte.

Die Diebe waren vor Schreck ein Stück weggelaufen. Endlich fassten sie wieder Mut und dachten: Der kleine Kerl will uns aufziehen.

Sie kamen zurück und flüsterten ihm zu: »Nun mach Ernst und reich uns etwas heraus.«

Da schrie Daumesdick noch einmal, so laut er konnte: »Ich will euch ja alles geben, streckt nur die Hände herein.«

Das hörte die Magd ganz deutlich, sprang aus dem Bett und stolperte zur Tür herein. Die Diebe liefen fort und rannten, als wäre die wilde Jagd hinter ihnen her. Da die Magd aber nichts bemerken konnte, holte sie eine Kerze. Als sie damit wieder hereinkam, schlich Daumesdick, ohne gesehen zu werden, hinaus in die Scheune.

Nachdem die Magd alle Winkel durchsucht und nichts gefunden hatte, legte sie sich schließlich wieder ins Bett. Sie glaubte, sie hätte das alles nur geträumt.

Daumesdick war in den Heuhalmen herumgeklettert und hatte einen schönen Platz zum Schlafen gefunden. Hier wollte er sich ausruhen, bis es Tag würde, und dann wieder zu seinen Eltern nach Hause gehen. Aber er musste andere Dinge erfahren! Ja, es gibt viel Not auf der Welt!

Die Magd stieg, als der Tag graute, aus dem Bett, um das Vieh zu füttern. Ihr erster Gang führte sie in die Scheune, wo sie einen Armvoll Heu packte. Sie erwischte ausgerechnet das, worin der arme Daumesdick lag. Er schlief aber so fest, dass er nichts mitbekam und erst aufwachte, als er sich im Maul der Kuh befand. Versehentlich hatte sie ihn mit dem Heu zusammen geschnappt.

»Ach Gott!«, rief er. »Wie bin ich in das Mahlwerk hier geraten?« Er merkte jedoch schnell, wo er wirklich war. Jetzt hieß es gut aufzupassen, dass er nicht zwischen die Zähne kam und zermalmt wurde. Dann hatte er keine Wahl, er musste mit in den Magen hinabrutschen. »Hier hat man die Fenster vergessen«, sagte er. »Es scheint keine Sonne herein und eine Lampe gibt es auch nicht.« Überhaupt gefiel ihm diese Herberge ganz und gar nicht. Das Schlimmste war, es kam immer mehr neues Heu zur Tür herein und es wurde immer enger. Da rief er schließlich in seiner Angst, so laut er konnte: »Bringt mir kein frisches Futter mehr, bringt mir kein frisches Futter mehr!«

Die Magd molk gerade die Kuh, und als sie jemanden sprechen hörte, ohne ihn zu sehen, erschrak sie sehr. Noch dazu, weil es dieselbe Stimme war, die sie auch in der Nacht gehört hatte. Sie fiel in ihrer Aufregung vom Stuhl und verschüttete die Milch.

Dann lief sie, so schnell sie konnte, zu ihrem Herrn und rief: »Ach Gott, Herr Pfarrer, die Kuh hat geredet.«

Daumesdick

»Du bist verrückt«, antwortete der Pfarrer, wollte aber trotzdem selbst einmal nachsehen, was im Stall vor sich ginge.

Kaum hatte er den Fuß hineingesetzt, rief Daumesdick aufs Neue: »Bringt mir kein frisches Futter mehr, bringt mir kein frisches Futter mehr.«

Da erschrak der Pfarrer selbst, meinte, es wäre ein böser Geist in die Kuh gefahren, und ließ sie töten. Sie wurde geschlachtet und der Magen, worin Daumesdick steckte, auf den Mist geworfen. Daumesdick hatte große Mühe, sich zu befreien. Doch als er gerade seinen Kopf herausstrecken wollte, widerfuhr ihm ein neues Unglück. Ein hungriger Wolf lief herbei und verschlang den ganzen Magen mit einem Happs. Daumesdick verlor den Mut nicht. Vielleicht, dachte er, lässt der Wolf mit sich reden, und er rief ihm aus dem Bauch heraus zu: »Lieber Wolf, ich wüsste da etwas Leckeres für dich.«

»Wo denn?«, sagte der Wolf.

»In dem und dem Haus. Du musst nur durch das Kanalrohr hineinkriechen und wirst Kuchen, Speck und Wurst finden, so viel du willst.« Daumesdick beschrieb ihm genau das Haus seines Vaters.

Der Wolf ließ sich das nicht zweimal sagen, quetschte sich in der Nacht durch das Kanalrohr und fraß in der Vorratskammer nach Herzenslust. Als er satt war, wollte er wieder hinaus, aber er war so dick geworden, dass er den Weg durch das Rohr nicht mehr nehmen konnte.

Darauf hatte Daumesdick gebaut und fing nun an, im Bauch des Wolfs einen gewaltigen Lärm zu machen. Er tobte und schrie, sosehr er konnte.

»Willst du wohl still sein!«, schimpfte der Wolf. »Du weckst ja die Leute auf.«

»Ach was«, antwortete der Kleine. »Du hast dich satt gefressen, nun will ich auch meinen Spaß haben.« Und er fing von Neuem an, aus Leibeskräften zu schreien.

Davon wachten endlich sein Vater und seine Mutter auf, liefen zur Kammer und schauten durch den Türspalt hinein. Als sie sahen, dass ein Wolf darin sein Unwesen trieb, holte der Mann schnell die Axt und die Frau die Sense.

»Bleib dahinten«, sagte der Mann, als sie in die Kammer traten. »Wenn ich ihm einen Schlag gegeben habe und er davon noch nicht tot ist, musst du auf ihn einhauen und ihm den Leib zerschneiden.«

Daumesdick hörte die Stimme seines Vaters und rief: »Lieber Vater, ich bin hier, im Bauch des Wolfs.«

Da freute sich der Vater: »Gottlob, unser geliebtes Kind ist wieder da!« Er sagte seiner Frau, sie solle die Sense beiseitelegen, damit Daumesdick nichts geschehen würde. Dann holte er aus und schlug dem Wolf mit einer solchen Wucht auf den Kopf, dass er tot umfiel.

Nun nahmen der Mann und die Frau Messer und Schere, schnitten dem Tier den Bauch auf und zogen den Kleinen wieder heraus.

»Ach«, sagte der Vater, »was haben wir uns für Sorgen um dich gemacht!«

»Ja, Vater, ich bin viel in der Welt herumgekommen. Ein Glück, dass ich wieder die Luft der Freiheit atme!«

»Wo bist du denn überall gewesen?«

»Ach, Vater, ich war in einem Mauseloch, in dem Bauch einer Kuh und in dem eines Wolfs. Nun bleibe ich aber bei euch.«

»Und wir verkaufen dich nicht mehr um alles Geld der Welt«, sagten die Eltern, herzten und küssten ihren geliebten Daumesdick. Sie gaben ihm zu essen und trinken und ließen ihm neue Kleider machen. Denn die alten waren auf der Reise zerschlissen.

Die Wichtelmänner

Ein Schuster war ohne seine Schuld so arm geworden, dass ihm schließlich nichts mehr blieb als Leder für ein einziges Paar Schuhe. Er schnitt sie am Abend zu und wollte sie am nächsten Morgen in Angriff nehmen. Weil er ein gutes Gewissen hatte, legte er sich ruhig zu Bett, betete und schlief ein.

Morgens, nachdem er sein Gebet verrichtet hatte und mit der Arbeit beginnen wollte, standen die beiden Schuhe fix und fertig auf seinem Tisch. Er wunderte sich und wusste nicht, was er dazu sagen sollte. Er nahm die Schuhe in die Hand, um sie näher zu betrachten: Sie waren so sauber gearbeitet, dass jeder Stich saß. Es handelte sich geradezu um ein Meisterstück.

Bald darauf trat auch schon ein Kunde ein, und weil ihm die Schuhe so gut gefielen, bezahlte er mehr als gewöhnlich dafür. Der Schuster konnte von dem Geld Leder für zwei Paar Schuhe besorgen.

Er schnitt sie abends zu und wollte am nächsten Morgen ausgeruht an die Arbeit gehen. Aber das brauchte er gar nicht, denn als er aufstand, waren sie schon fertig. Auch die Käufer blieben nicht aus, die ihm so viel Geld gaben, dass er Leder für vier Paar Schuhe kaufen konnte. Am Morgen darauf fand er auch die vier Paar fertig vor und so ging es immer weiter. Was er abends zuschnitt, war am Morgen verarbeitet, sodass er bald wieder ein gutes Auskommen hatte und schließlich ein wohlhabender Mann wurde.

Eines Abends, kurz vor Weihnachten, als der Mann wieder zugeschnitten hatte, sagte er vor dem Schlafengehen zu seiner Frau: »Wie wäre es, wenn wir diese Nacht aufblieben, um zu sehen, wer uns da hilft?«

Die Frau war einverstanden und machte ein Licht an. Daraufhin versteckten sie sich jeder in einer Ecke der Stube, hinter den Kleidern, die dort aufgehängt waren, und gaben acht.

Um Mitternacht kamen zwei kleine niedliche nackte Männchen, setzten sich an den Tisch des Schusters und nahmen alle zugeschnittenen Schuhe. Dann fingen sie an, mit ihren kleinen Fingern so geschickt und schnell zu stechen, zu nähen und zu klopfen, dass der Schuster vor Staunen die Augen nicht abwenden konnte. Sie hörten nicht auf, bis alles fertig auf dem Tisch stand. Nun sprangen sie schnell fort.

Am nächsten Morgen sagte die Frau: »Die kleinen Männer haben uns reich gemacht, wir sollten uns doch dankbar dafür zeigen. Sie laufen nackt herum und müssen frieren. Weißt du was? Ich nähe Hemdchen und Höschen für sie und stricke außerdem jedem ein Paar Strümpfe. Und du mach jedem ein Paar Schühchen.«

Der Mann antwortete: »Du hast recht.«

Abends, als sie alles fertig hatten, legten sie die Geschenke statt der zugeschnittenen Schuhe auf den Tisch und versteckten sich dann, um mit anzusehen, ob sich die Männlein darüber freuen würden.

Um Mitternacht kamen sie herangesprungen und wollten sich gleich an die Arbeit machen. Und als sie kein zugeschnittenes Leder, sondern die niedlichen Kleidungsstücke fanden, wunderten sie sich erst. Dann aber freuten sie sich gewaltig.

Mit rasender Geschwindigkeit zogen sie sich an, strichen die schönen Kleider glatt und sangen:

Die Wichtelmänner

»Sind wir nicht Knaben glatt und fein?
Was sollen wir länger Schuster sein!«

Sie hüpften und tanzten und sprangen über Stühle und Bänke. Schließlich tanzten sie zur Tür hinaus. Von nun an kamen sie nicht wieder. Dem Schuster aber ging es gut, solange er lebte, und es glückte ihm alles, was er anpackte.

Sechse kommen durch die ganze Welt

Es war einmal ein Mann, der viel wusste und konnte. Er diente im Krieg, wo er sich als gehorsam und tapfer erwies. Als der Krieg zu Ende war, wurde er hinausgeworfen und bekam drei Heller Essensgeld mit auf den Weg.

»Das lasse ich mir nicht gefallen«, sagte er. »Wenn ich die richtigen Leute finde, muss der König seine gesamten Schätze herausrücken.« Nach diesen Worten ging er wütend in den Wald. Dort traf er einen Mann, der sechs Bäume ausgerupft hatte, als wären es Kornhalme. Er fragte ihn: »Willst du mein Diener werden und mit mir ziehen?«

»Ja«, antwortete er, »aber erst will ich meiner Mutter das Holz heimbringen.« Er nahm einen der Bäume und wickelte ihn um die fünf anderen, hob das Ganze auf die Schulter und trug es fort. Dann kam er wieder, um mit seinem neuen Herrn zu gehen.

Der sagte: »Wir zwei werden mit Leichtigkeit durch die ganze Welt kommen.«

Und als sie ein Weilchen gegangen waren, trafen sie einen Jäger. Der lag auf den Knien, hatte die Büchse angelegt und zielte.

Der Herr fragte ihn: »Jäger, was willst du schießen?«

Er antwortete: »Zwei Meilen von hier sitzt eine Fliege auf dem Ast einer Eiche, der will ich das linke Auge herausschießen.«

»Oh, komm mit mir«, sagte der Mann. »Wenn wir drei zusammen sind, werden wir mit Leichtigkeit durch die ganze Welt kommen.«

Der Jäger war einverstanden und schloss sich ihm an. Sie kamen an sieben Windmühlen vorbei. Ihre Flügel drehten sich schnell, doch weder links noch rechts ging ein Wind. Nirgends bewegte sich ein Blättchen.

Da sagte der Mann: »Ich weiß nicht, was die Windmühlen antreibt, denn es weht kein Lüftchen.« Und er setzte mit seinen Dienern den Weg fort.

Als sie zwei Meilen gegangen waren, sahen sie auf einem Baum jemanden sitzen, der sich das eine Nasenloch zuhielt und aus dem anderen blies.

»Was treibst du da oben?«, fragte der Mann.

Er antwortete: »Zwei Meilen von hier stehen sieben Windmühlen. Die blase ich an, damit sie sich drehen.«

»Oh, komm doch mit mir«, sagte der Mann. »Wenn wir vier zusammen sind, werden wir mit Leichtigkeit durch die ganze Welt kommen.«

Da stieg der Bläser herunter und ging mit.

Nach einiger Zeit sahen sie jemanden, der auf einem Bein stand. Das andere hatte er abgeschnallt und neben sich gelegt.

Da sagte der Herr: »Du hast dir es wohl bequem gemacht, um ein wenig auszuruhen, oder?«

»Ich bin ein Läufer«, antwortete der Angesprochene. »Damit ich aber nicht zu schnell herumspringe, habe ich mir das eine Bein abgeschnallt. Wenn ich mit zwei Beinen laufe, ist das schneller, als ein Vogel fliegt.«

»Oh, komm mit mir. Wenn wir fünf zusammen sind, werden wir mit Leichtigkeit durch die ganze Welt kommen.«

Da ging er mit und bald darauf begegneten sie jemandem, der ein Hütchen aufhatte, das jedoch ganz auf einem Ohr saß.

Der Herr wandte sich an ihn: »Hübsch! Hübsch! Häng deinen Hut doch nicht auf ein Ohr. Du siehst ja aus wie ein Narr.«

»Ich muss das tun«, bekam er zur Antwort. »Denn rücke ich meinen Hut gerade, kommt ein gewaltiger Frost, dass die Vögel erfrieren und tot zur Erde fallen.«

»Oh, komm mit mir«, sagte der Herr. »Wenn wir sechs zusammen sind, werden wir mit Leichtigkeit durch die ganze Welt kommen.«

Nun erreichten die sechs eine Stadt. Dort hatte der König bekannt machen lassen, dass derjenige, der einen Wettlauf gegen seine Tochter gewinnen würde, sie zur Frau bekäme. Der Verlierer aber müsste auch seinen Kopf hergeben.

Da meldete sich der Mann und sagte: »Ich möchte gerne meinen Diener für mich laufen lassen.«

Der König antwortete: »Dann steht auch noch sein Leben auf dem Spiel. Ihr beide müsst den Kopf hinhalten, wenn ihr verliert.«

Als das abgemacht war, schnallte der Mann dem Läufer das zweite Bein an und sagte zu ihm: »Lauf schnell und hilf, dass wir siegen.«

Wer als Erster Wasser aus einem weit abgelegenen Brunnen brächte, der sollte Sieger sein. Der Läufer und die Königstochter bekamen jeweils einen Krug und sie fingen zu gleicher Zeit zu laufen an. Als die Königstochter erst eine kleine Strecke zurückgelegt hatte, konnte schon kein Zuschauer mehr den Läufer sehen. Es war, als wäre der Wind vorbeigesaust. In kürzester Zeit erreichte er den Brunnen, schöpfte den Krug voll Wasser und kehrte wieder um. Mitten auf dem Heimweg überkam ihn plötzlich die Müdigkeit. Da setzte er den Krug ab, legte sich hin und schlief ein. Er hatte einen Pferdeschädel, der auf dem Boden lag, als Kopfkissen benutzt, damit er unbequem liegen und bald wieder aufwachen würde. In der Zwischenzeit war die Königstochter, die auch gut laufen konnte – so gut es einem gewöhnlichen Menschen möglich ist –, am Brunnen angekommen und eilte mit ihrem Krug voll Wasser zurück. Als sie den Läufer auf der Erde liegen sah, freute sie sich und sagte: »Der Feind ist mir ausgeliefert.« Sie leerte seinen Krug aus und sprang davon.

Nun wäre alles verloren gewesen, wenn nicht der Jäger mit seinen scharfen Augen oben auf dem Schloss gestanden und alles mit angesehen hätte. Er sagte: »Die Königstochter soll uns doch nicht besiegen.« Er lud seine Büchse und schoss so geschickt, dass er dem Läufer den Pferdeschädel unter dem Kopf wegschoss, ohne ihm wehzutun.

Der Läufer wachte auf, sprang in die Höhe und sah, dass sein Krug leer und die Königstochter schon weit vor ihm war. Aber er verlor nicht den Mut, lief mit dem Krug wieder zum Brunnen zurück, schöpfte aufs Neue Wasser und war noch zehn Minuten vor der Königstochter wieder zurück. »Seht ihr«, sagte er, »jetzt erst hab ich die Beine in die Hand genommen. Das zuvor konnte man ja gar nicht laufen nennen.«

Den König aber kränkte es und seine Tochter noch mehr, dass ein abgedankter Soldat sie bekommen sollte. Sie beratschlagten sich, wie sie ihn samt seinen Kameraden loswürden.

Da sagte der König zu ihr: »Ich habe eine Idee. Mach dir keine Sorgen, die werden nicht wiederkommen.« Und er wandte sich an die sechs: »Habt Spaß, esst und trinkt.« Daraufhin führte er sie in eine Stube, die einen Boden aus Eisen hatte. Auch die Türen waren aus Eisen und die Fenster waren mit eisernen Stäben gesichert. In der Stube war ein Tisch mit köstlichen Speisen. Da sagte der König zu ihnen: »Geht hinein und lasst es euch schmecken.«

Und sobald sie darin waren, ließ er die Tür verriegeln. Dann ließ er den

Koch kommen und befahl ihm, ein Feuer unter der Stube zu machen, bis das Eisen glühen würde. Das tat der Koch.

Während die sechs an der Tafel saßen, wurde es ihnen ganz warm und sie meinten erst, das käme vom Essen. Als es immer heißer wurde und sie hinauswollten, Tür und Fenster jedoch verschlossen vorfanden, merkten sie, dass der König Böses im Schilde führte und sie ersticken wollte.

»Es soll ihm aber nicht gelingen«, sagte der mit dem Hütchen. »Ich lasse einen Frost kommen, vor dem sich das Feuer vor Scham verkriecht.« Da rückte er sein Hütchen gerade und sofort stellte sich ein Frost ein, der alle Hitze vertrieb und die Speisen in den Schüsseln gefrieren ließ.

Als der König nach ein paar Stunden glaubte, sie wären in der Hitze umgekommen, ließ er die Tür öffnen, um selbst nach ihnen zu sehen. Aber da standen sie alle sechs vor ihm, frisch und munter, und sagten, es sei ihnen ganz recht, dass sie herauskönnten, um sich zu wärmen. Denn bei der großen Kälte in der Stube würden die Speisen an den Schüsseln festfrieren.

Da ging der König voll Zorn hinunter zum Koch, schimpfte ihn und fragte, warum er nicht getan habe, was ihm befohlen war.

Der Koch antwortete: »Es ist genug Glut da, seht nur selbst.«

Da vergewisserte sich der König, dass ein gewaltiges Feuer unter der Eisenstube brannte, und merkte, dass er den sechsen auf diese Weise nichts anhaben konnte.

Nun überlegte der König aufs Neue, wie er die unliebsamen Gäste loswerden könnte. Er ließ den Meister kommen und machte ihm einen Vorschlag: »Wenn du dein Anrecht auf die Hand meiner Tochter aufgibst, bekommst du dafür so viel Gold, wie du willst.«

»O ja, Herr König«, antwortete er, »gebt mir so viel, wie mein Diener tragen kann.«

Damit war der König einverstanden.

»Ich will in vierzehn Tagen kommen und es holen«, fuhr der ehemalige Soldat fort.

Daraufhin rief er alle Schneider aus dem ganzen Reich herbei. Sie mussten vierzehn Tage lang an einem riesigen Sack nähen. Als er fertig war, musste der Starke, der Bäume ausrupfen konnte, den Sack auf die Schulter nehmen und mit ihm zum König gehen.

Da sagte der König: »Was ist das für ein gewaltiger Kerl, der einen Ballen Stoff, so groß wie ein Haus, auf der Schulter trägt?« Er erschrak und dachte: Was für riesige Mengen Gold wird der wegschleppen?

Er ließ eine Tonne Gold bringen, die sechzehn der stärksten Männer tragen mussten. Aber der Starke packte sie mit einer Hand, steckte sie in den Sack und sagte: »Warum bringt ihr nicht gleich mehr? Mit dem bisschen ist ja kaum der Boden bedeckt.«

Nach und nach ließ der König seinen ganzen Schatz herbeitragen. Den schob der Starke in den Sack hinein, der davon noch nicht einmal zur Hälfte voll wurde. »Schafft mehr herbei«, rief er, »die paar Brocken machen ihn nicht voll.«

Daraufhin mussten noch siebentausend Wagen mit Gold aus dem ganzen Reich zusammengefahren werden. Die schob der Starke samt den vorgespannten Ochsen in seinen Sack. »Ich will nicht kleinlich sein«, sagte er, »und nehme, was kommt, damit der Sack nur endlich voll wird.« Als alles darin verstaut war, wäre trotzdem noch viel hineingegangen. Da sagte der Starke: »Ich will dem Ganzen nun ein Ende machen. Bindet mir den Sack doch zu, wenn er auch noch nicht voll ist.« Dann schwang er ihn auf den Rücken und ging mit seinen Kameraden davon.

Als der König nun sah, wie ein einziger Mann den Reichtum des ganzen Landes davontrug, wurde er zornig und ließ seine Reiterei aufsitzen. Die sollte den sechs nachjagen und dem Starken den Sack wieder abnehmen. Zwei Regimenter holten sie bald ein und riefen ihnen zu: »Ihr seid Gefangene. Legt den Sack mit dem Gold hin oder ihr werdet niedergemetzelt.«

»Was sagt ihr?«, sagte der Bläser. »Wir seien Gefangene? Eher sollt ihr in der Luft herumtanzen!« Nach diesen Worten hielt er sich das eine Nasenloch zu und blies mit dem anderen die beiden Regimenter an. Sogleich fuhren sie auseinander und segelten durch die Luft über alle Berge, der eine hierhin, der andere dorthin. Ein Feldwebel rief um Gnade: Er habe neun Kriegsverletzungen und sei ein guter Mensch, der diese Strafe nicht verdiene. Da ließ der Bläser ein wenig nach, sodass der Feldwebel ohne Schaden wieder auf die Erde herunterkam. Dann sagte er zu ihm: »Geh zum König und richte ihm aus, er solle ruhig noch mehr Soldaten schicken. Ich möchte sie nämlich alle in die Luft blasen.«

Sechse kommen durch die ganze Welt

Als der König das vernahm, sagte er: »Lasst die Kerle gehen, gegen die können wir nichts ausrichten.«

Da brachten die sechs den Schatz nach Hause, teilten ihn unter sich auf und lebten glücklich bis an ihr Ende.

Der goldene Vogel

Es war einmal vor langer Zeit ein König, der hatte einen schönen Lustgarten hinter seinem Schloss. Darin stand ein Baum, der goldene Äpfel trug. Als die Äpfel reiften, wurden sie gezählt, aber gleich am nächsten Morgen fehlte einer. Das wurde dem König gemeldet und er befahl, dass unter dem Baum jede Nacht Wache gehalten werden sollte.

Der König hatte drei Söhne und er schickte den ältesten bei einbrechender Nacht in den Garten. Als es Mitternacht war, wurde er vom Schlaf überwältigt. Am nächsten Morgen fehlte wieder ein Apfel. In der folgenden Nacht musste der zweite Sohn Wache halten. Aber dem erging es nicht besser: Als es zwölf Uhr geschlagen hatte, schlief er ein und am nächsten Morgen fehlte ein Apfel. Jetzt kam der dritte Sohn an die Reihe. Der König traute ihm jedoch nicht viel zu und meinte, er würde noch weniger ausrichten als seine Brüder. Schließlich aber gestattete er es doch. Der junge Mann legte sich also unter den Baum, hielt Wache und bezwang den Schlaf.

Als es zwölf schlug, rauschte etwas durch die Luft. Der jüngste Bruder sah im Mondschein einen Vogel vorbeifliegen, dessen Gefieder von Gold glänzte. Der Vogel ließ sich auf dem Baum nieder und hatte soeben einen Apfel abgepickt, als der junge Mann einen Pfeil auf ihn abschoss. Der Vogel flog weg, aber der Pfeil hatte ihn getroffen und eine seiner goldenen Federn fiel herab. Der junge Mann hob sie auf, brachte sie am nächsten Morgen dem König und erzählte ihm, was er in der Nacht gesehen hatte. Der König versammelte seinen Rat um sich und man war sich einig: Eine Feder wie diese sei mehr wert als das gesamte Königreich.

»Wenn die Feder so kostbar ist«, erklärte der König, »hilft mir eine allein nichts, sondern ich will und muss den ganzen Vogel haben.«

Der älteste Sohn machte sich auf den Weg, verließ sich auf seine Klugheit und ging davon aus, den goldenen Vogel schon zu finden. Als er ein Stück gegangen war, sah er am Rand eines Waldes einen Fuchs sitzen, legte seine Flinte an und zielte auf ihn.

Der Fuchs rief: »Erschieß mich nicht. Ich gebe dir dafür einen guten Rat. Du bist auf dem Weg zu dem goldenen Vogel und wirst heute Abend in ein

Dorf kommen, wo sich zwei Wirtshäuser gegenüberstehen. Eins ist hell erleuchtet und darin geht es lustig her. Dort kehr aber nicht ein, sondern geh ins andere, wenn es auch einen schlechten Eindruck macht.«

Wie soll mir so ein albernes Tier einen vernünftigen Rat erteilen können!, dachte der Königssohn und drückte ab. Aber er verfehlte den Fuchs, der den Schwanz streckte und schnell in den Wald lief.

Daraufhin setzte der junge Mann seinen Weg fort und kam abends in das Dorf, in dem die beiden Wirtshäuser standen. In dem einen wurde gesungen und gesprungen, das andere sah armselig aus. Ich wäre wohl ein Narr, dachte der Königssohn, wenn ich in das schäbige Wirtshaus ginge und das schöne links liegen ließ. Also kehrte er in das ein, wo es hoch herging. Er lebte da eine Weile in Saus und Braus und vergaß den Vogel, seinen Vater und alle guten Lehren.

Als der älteste Sohn nach einiger Zeit immer noch nicht nach Hause gekommen war, machte sich der zweite auf den Weg, um den goldenen Vogel zu suchen. Wie dem ältesten begegnete ihm der Fuchs und gab ihm denselben guten Rat, den auch er nicht beachtete. Er kam zu den beiden Wirtshäusern. Sein Bruder stand am Fenster des einen, aus dem Trubel zu hören war, und rief ihm etwas zu. Der Königssohn konnte nicht widerstehen, ging hinein und ließ es sich gut gehen.

Es verstrich wieder einige Zeit, dann wollte der jüngste Königssohn ausziehen, um sein Glück zu versuchen.

Der Vater aber wollte es nicht zulassen. »Es ist vergeblich«, sagte er. »Der Jüngste wird den goldenen Vogel noch weniger finden als seine Brüder, und wenn ihm ein Unglück zustößt, weiß er sich nicht zu helfen. Es mangelt ihm am Nötigsten.«

Doch schließlich, als der junge Mann keine Ruhe mehr gab, ließ der König ihn ziehen. Vor dem Wald saß wieder der Fuchs, bat den Königssohn, ihn am Leben zu lassen, und erteilte den guten Rat.

Der jüngste Bruder war gutmütig und sagte: »Beruhige dich, kleiner Fuchs, ich tue dir nichts zuleide.«

»Das wirst du nicht bereuen«, antwortete der Fuchs. »Damit du schneller vorwärtskommst, steig hinten auf meinen Schwanz.« Und kaum hatte der junge Mann sich aufgesetzt, fing der Fuchs an zu laufen. Es ging dahin über Stock und Stein, dass die Haare im Wind pfiffen. Als sie in das Dorf kamen, stieg der junge Mann ab, befolgte den guten Rat und kehrte, ohne sich umzusehen, in das bescheidene Wirtshaus ein, wo er ruhig übernachtete.

Als er am anderen Morgen wieder aufbrach und über das Feld kam, saß dort schon der Fuchs und sagte: »Ich will dir verraten, was du weiter zu tun hast. Geh nur immer geradeaus. Am Ende wirst du an ein Schloss kommen, vor dem eine ganze Schar Soldaten liegt. Aber kümmre dich nicht weiter darum, denn sie werden alle tief schlafen. Du wirst sie laut schnarchen hören. Geh geradewegs in das Schloss hinein und durchquere alle Stuben. Zuletzt wirst du in eine Kammer kommen, wo ein goldener Vogel in einem hölzernen Käfig sitzt. Daneben steht ein leerer Käfig aus Gold, aber hüte dich davor, den Vogel aus seinem schäbigen Käfig herauszunehmen und in den prächtigen zu stecken. Sonst wird es dir schlimm ergehen.« Nach diesen Worten streckte der Fuchs wieder seinen Schwanz aus und der Königssohn setzte sich auf. Da ging es dahin über Stock und Stein, dass die Haare im Wind pfiffen.

Als er am Schloss eintraf, fand er alles so vor, wie der Fuchs gesagt hatte. Der Königssohn kam in die Kammer, wo der goldene Vogel in einem hölzernen Käfig saß, und ein goldener stand daneben. Die drei goldenen Äpfel aber lagen ebenfalls hier herum. Da dachte der junge Mann, es sei lächerlich, wenn er den schönen Vogel in dem hässlichen Käfig ließe. Er öffnete die Tür, packte den Vogel und setzte ihn in den goldenen Käfig. Im selben Augenblick aber tat der Vogel einen durchdringenden Schrei. Die Soldaten wachten auf, stürzten herein und führten den jungen Mann ins Gefängnis. Am nächsten Morgen wurde er vor ein Gericht gestellt und, da er alles gestand, zum Tode verurteilt. Doch sagte der König, er wolle ihm unter einer Bedingung das Leben schenken, nämlich wenn er ihm das goldene Pferd bringe, das noch schneller laufe als der Wind. Gelänge es ihm, dann würde er obendrein zur Belohnung den goldenen Vogel erhalten.

Der Königssohn machte sich auf den Weg, seufzte aber und war traurig, denn er hatte keine Ahnung, wo er das goldene Pferd finden sollte. Da sah er auf einmal seinen alten Freund, den Fuchs, am Wegesrand sitzen.

»Siehst du«, sagte der Fuchs, »so ist es gekommen, weil du nicht auf

Der goldene Vogel

mich gehört hast. Doch lass den Kopf nicht hängen, ich helfe dir und verrate dir, wie du zu dem goldenen Pferd gelangst. Du musst nur immer geradeaus gehen, dann wirst du zu einem Schloss kommen, in dessen Stall das Pferd steht. Vor dem Stall werden die Stallknechte liegen, aber sie werden tief schlafen. Du wirst sie laut schnarchen hören. Du kannst also getrost das goldene Pferd herausführen. Aber eins musst du beachten: Leg ihm den einfachen Sattel auf, der aus Holz und Leder ist, und ja nicht den goldenen, der auch dort hängt. Sonst wird es dir schlimm ergehen.« Dann streckte der Fuchs seinen Schwanz aus, der Königssohn setzte sich auf und es ging dahin über Stock und Stein, dass die Haare im Wind pfiffen.

Alles traf so ein, wie der Fuchs gesagt hatte, der Königssohn kam in den Stall, wo das goldene Pferd stand. Als er ihm aber den schlechten Sattel auflegen wollte, dachte er: Ein so schönes Tier wird verunstaltet, wenn ich ihm nicht den guten Sattel auflege, der doch viel besser zu ihm passt. Kaum aber berührte der goldene Sattel das Pferd, fing es an laut zu wiehern. Die Stallknechte wachten auf, ergriffen den jungen Mann und warfen ihn ins Gefängnis. Am nächsten Morgen wurde er vom Gericht zum Tode verurteilt. Der König versprach ihm jedoch das Leben zu schenken und dazu das goldene Pferd, wenn er die schöne Königstochter vom goldenen Schloss holen könne.

Schweren Herzens machte sich der Jüngling auf den Weg, doch zu seinem Glück traf er bald den treuen Fuchs.

»Ich sollte dich einfach deinem Unglück überlassen«, sagte der Fuchs, »aber ich habe Mitleid mit dir und will dir noch einmal aus deiner Not helfen. Der Weg hier führt geradewegs zu dem goldenen Schloss. Abends wirst du dort eintreffen und nachts, wenn alles still ist, geht die schöne Königstochter ins Badehaus, um zu baden. Und wenn sie hineingeht, spring auf sie zu und gib ihr einen Kuss, dann folgt sie dir und du kannst sie fortführen. Nur lass nicht zu, dass sie vorher von ihren Eltern Abschied nimmt. Sonst wird es dir schlimm ergehen.« Dann streckte der Fuchs seinen Schwanz, der Königssohn setzte sich auf und so ging es dahin über Stock und Stein, dass die Haare im Wind pfiffen.

Als der junge Mann beim goldenen Schloss ankam, war alles so, wie der Fuchs gesagt hatte. Er wartete bis Mitternacht, als alles in tiefem Schlaf lag und die schöne Königstochter ins Badehaus ging. Da sprang er hervor und gab ihr einen Kuss. Sie sagte, sie wolle gerne mit ihm gehen, flehte ihn aber unter Tränen an, er möge ihr erlauben, vorher von ihren Eltern Abschied zu nehmen. Er widerstand erst ihren Bitten. Als sie aber immer mehr weinte und sich vor seine Füße hinwarf, gab er schließlich nach. Kaum aber war die Königstochter ans Bett ihres Vaters getreten, wachten er und alle anderen, die im Schloss waren, auf. Der junge Mann wurde festgehalten und ins Gefängnis geworfen.

Am nächsten Morgen sagte der König zu ihm: »Dein Leben ist vorbei. Du kannst es nur retten, wenn du den Berg abträgst, der vor meinen Fenstern liegt und mir die Sicht nimmt. Das musst du in acht Tagen schaffen. Gelingt dir das, bekommst du meine Tochter zur Belohnung.«

Der Königssohn fing an, grub und schaufelte, ohne Unterbrechung. Als er aber nach sieben Tagen sah, wie wenig er ausgerichtet hatte, und so gut wie keine Veränderung erkennbar war, verzweifelte er und gab alle Hoffnung auf.

Am Abend des siebten Tages erschien der Fuchs und sagte: »Du verdienst eigentlich nicht, dass ich dir helfe. Aber lege dich schlafen, ich will die Arbeit trotzdem für dich tun.«

Am nächsten Morgen, als der junge Mann aufwachte und zum Fenster hinaussah, war der Berg verschwunden. Er eilte voll Freude zum König und meldete ihm, dass die Bedingung erfüllt sei. Der König mochte wollen oder nicht, er musste Wort halten und ihm seine Tochter geben.

Nun zogen die beiden zusammen fort und es dauerte nicht lange, da kam der treue Fuchs zu ihnen. »Das Beste hast du zwar«, sagte er, »aber zu der schönen Frau aus dem goldenen Schloss gehört auch das goldene Pferd.«

»Wie soll ich das bekommen?«, fragte der Jüngling.

»Das kann ich dir sagen«, antwortete der Fuchs. »Bring zuerst dem König, der dich zu dem goldenen Schloss geschickt hat, die schöne Königstochter. Er wird sich so grenzenlos freuen, dass sie dir das goldene Pferd gerne geben werden. Setz dich sofort darauf und reiche allen zum Abschied die Hand, zuletzt der schönen Königstochter. Wenn du sie gefasst hast, zieh sie mit einem Schwung hinauf zu dir aufs Pferd und jage davon. Niemand wird dich einholen, denn das Pferd läuft schneller als der Wind.«

Der goldene Vogel

Alles gelang bestens und der junge Mann nahm die schöne Königstochter auf dem goldenen Pferd mit sich fort. Der Fuchs blieb nicht zurück, sondern sagte zu dem Königssohn: »Jetzt will ich dir auch noch zu dem goldenen Vogel verhelfen. Wenn du in der Nähe des Schlosses bist, wo sich der Vogel befindet, lass die Jungfrau absitzen. Ich werde in der Zwischenzeit auf sie aufpassen. Du reitest dann auf dem goldenen Pferd in den Schlosshof. Sobald man das Pferd bemerkt, werden alle sich freuen und dir den goldenen Vogel herausbringen. Wenn du den Käfig in der Hand hast, jage zu uns zurück und hole die Königstochter wieder ab.«

Als der Plan geglückt war und der Königssohn mit seinen Schätzen nach Hause reiten wollte, sagte der Fuchs: »Nun möchte ich, dass du mich für meine Hilfe belohnst.«

»Was verlangst du?«, fragte der Jüngling.

»Wenn wir dort in den Wald kommen, schieß mich tot und hau mir Kopf und Pfoten ab.«

»Das wäre ganz schön undankbar von mir!«, rief der Königssohn. »Das kann ich dir unmöglich antun.«

Daraufhin sagte der Fuchs: »Wenn du es nicht tun willst, muss ich dich verlassen. Bevor ich aber fortgehe, will ich dir noch einen guten Rat geben. Vor zwei Dingen hüte dich: Kaufe kein Galgenfleisch und setze dich an keinen Brunnenrand.« Mit diesen Worten lief er in den Wald.

Der Jüngling dachte: Das ist ein seltsames Tier, das seltsame Marotten hat. Wer wird Galgenfleisch kaufen! Und auf die Idee, mich an einen Brunnenrand zu setzen, bin ich noch nie gekommen.

Er ritt mit der schönen Königstochter weiter und sein Weg führte ihn wieder durch das Dorf, in dem seine beiden Brüder geblieben waren. Da herrschte großer Aufruhr. Als er fragte, was da vor sich gehe, hieß es, es sollten zwei Leute aufgehängt werden. Als er näher kam, sah er, dass es seine Brüder waren, die allerhand angestellt und ihr ganzes Geld durchgebracht hatten. Er fragte, ob er nicht irgendetwas tun könnte, damit sie frei kämen.

»Nur, wenn Ihr für sie bezahlt«, antworteten die Leute. »Aber warum solltet Ihr für diese schlechten Menschen Euer Geld verschleudern?«

Er überlegte es sich aber nicht anders und zahlte für sie. Als sie frei waren, setzten sie die Reise gemeinsam fort.

Der goldene Vogel

Sie kamen in den Wald, wo ihnen der Fuchs das erste Mal begegnet war. Da es hier angenehm kühl war und die Sonne den ganzen Tag heiß gebrannt hatte, sagten die beiden Brüder: »Lasst uns hier an dem Brunnen ein wenig Rast machen, um zu essen und trinken.«

Der Jüngste willigte ein und während des Gesprächs vergaß er alles andere, setzte sich an den Brunnenrand und dachte sich nichts Schlimmes dabei. Aber die beiden Brüder warfen ihn rückwärts in den Brunnen, nahmen die Königstochter, das Pferd und den Vogel und zogen nach Hause zu ihrem Vater. »Da bringen wir nicht nur den goldenen Vogel«, sagten sie, »wir haben auch das goldene Pferd und die schöne Königstochter von dem goldenen Schloss erbeutet.«

Da war die Freude groß. Aber das Pferd, das fraß nicht, der Vogel, der pfiff nicht, und die junge Frau, die saß nur da und weinte.

Der jüngste Bruder war nicht umgekommen. Der Brunnen war zum Glück trocken und er fiel auf weiches Moos, ohne sich zu verletzen. Allerdings kam er nicht wieder heraus. Auch in dieser Notlage ließ ihn der treue Fuchs nicht allein. Er kam zu ihm heruntergesprungen und schimpfte ihn, dass er seinen Rat vergessen hätte.

»Ich kann's aber nicht lassen«, sagte er. »Ich werde dir wieder hochhelfen.« Er befahl ihm, er solle seinen Schwanz packen und sich daran festhalten. Dann zog er ihn in die Höhe. »Noch bist du nicht außer Gefahr«, sagte der Fuchs. »Deine Brüder waren sich nicht sicher, ob du auch wirklich tot bist. Deshalb haben sie den Wald mit Wächtern umstellt, die dich töten sollen, wenn du auftauchst.«

Da saß ein armer Mann am Weg, mit dem tauschte der junge Mann die Kleider und gelangte auf diese Weise an den Hof des Königs. Niemand erkannte ihn, aber der Vogel fing an zu pfeifen, das Pferd fing an zu fressen und die schöne Frau hörte auf zu weinen.

Der König fragte verwundert: »Was hat das zu bedeuten?«

Da sagte die Jungfrau: »Ich weiß es nicht, aber ich war so traurig und nun bin ich so fröhlich. Ich habe das Gefühl, als wäre der richtige Bräutigam gekommen.« Sie erzählte ihm alles, was geschehen war, obwohl die anderen Brüder ihr den Tod angedroht hatten, wenn sie etwas verraten würde.

Der König ließ alle Leute rufen, die in seinem Schloss waren. Da erschien auch der jüngste Sohn, der als ein armer Mann mit Lumpen verkleidet war. Die schöne Königstochter erkannte ihn trotzdem gleich und fiel ihm um den Hals. Die gottlosen Brüder wurden ergriffen und hingerichtet, der jüngste aber wurde mit der Schönen vermählt und zum Erben des Königs bestimmt.

Aber wie ist es dem armen Fuchs ergangen? Nach langer Zeit ging der Königssohn wieder einmal in den Wald. Da begegnete ihm der Fuchs und sagte: »Du hast nun alles, was du dir wünschen kannst. Mit meinem Unglück will es allerdings kein Ende nehmen und es steht doch in deiner Macht, mich zu erlösen.« Erneut flehte er den jungen Mann an, er möge ihn totschießen und ihm Kopf und Pfoten abhauen. Also tat er es und sogleich verwandelte sich der Fuchs in einen Menschen, und zwar in niemand anders als in den Bruder der schönen Königstochter. Denn endlich war dieser nun von dem Zauber, der auf ihm lag, erlöst. Und nun fehlte nichts mehr zu ihrem Glück, solange sie lebten.

Rumpelstilzchen

Es war einmal ein armer Müller, der eine schöne Tochter hatte. Eines Tages unterhielt er sich mit dem König. Um Eindruck zu machen, sagte er: »Ich habe eine Tochter, die Stroh zu Gold spinnen kann.«

Der König erwiderte: »Das gefällt mir. Wenn deine Tochter so geschickt ist, wie du sagst, dann bring sie morgen in mein Schloss. Da werde ich sie auf die Probe stellen.«

Als das Mädchen zu ihm gebracht wurde, führte der König es in eine Kammer, die ganz vollgefüllt mit Stroh war. Er gab ihm ein Spinnrad und eine Haspel. Dann sagte er: »Jetzt mache dich an die Arbeit. Wenn du bis morgen früh dieses Stroh nicht zu Gold gesponnen hast, musst du sterben.« Daraufhin schloss er die Kammer zu und das Mädchen blieb allein zurück.

Da saß die arme Müllerstochter nun und wusste keinen Rat: Sie konnte gar kein Stroh zu Gold spinnen. Ihre Angst wurde immer größer, sodass sie schließlich zu weinen anfing.

Auf einmal ging die Tür auf und ein kleines Männchen trat ein. »Guten Abend, Müllerstochter«, sagte es. »Warum weinst du so?«

»Ach«, antwortete das Mädchen, »ich soll Stroh zu Gold spinnen und kann das nicht.«

Das Männchen fragte: »Was gibst du mir, wenn ich dir helfe?«

»Mein Halsband«, sagte das Mädchen.

Das Männchen nahm das Halsband, setzte sich vor das Spinnrad und schnurr, schnurr, schnurr, dreimal gezogen, war die Spule voll. Dann steckte es eine andere Spule auf und schnurr, schnurr, schnurr, dreimal gezogen, war auch die zweite voll. So ging es weiter bis zum Morgen, da war das ganze Stroh versponnen und alle Spulen waren voll Gold.

Bei Sonnenaufgang kam auch schon der König. Als er das Gold erblickte, staunte er. Er freute sich zwar, aber er wurde auch immer gieriger nach Gold. Er ließ die Müllerstochter in eine andere Kammer voll Stroh bringen, die noch viel größer war. Dann befahl er, dieses Stroh auch in einer Nacht zu verspinnen, wenn ihr das Leben lieb sei.

Das Mädchen wusste sich nicht zu helfen und weinte.

Da ging wieder die Tür auf und das kleine Männchen erschien. »Was gibst du mir«, sagte es, »wenn ich dir das Stroh zu Gold spinne?«

»Meinen Ring am Finger«, antwortete das Mädchen.

Das Männchen nahm den Ring, fing wieder an mit dem Spinnrad zu schnurren und hatte bis zum Morgen das ganze Stroh zu glänzendem Gold gesponnen.

Der König freute sich ungemein, als er das Gold sah, hatte aber immer noch nicht genug. Er ließ die Müllerstochter in eine noch größere Kammer voll Stroh bringen und sagte: »Das musst du noch in dieser Nacht verspinnen. Gelingt es dir, sollst du meine Frau werden.«

Er dachte nämlich: Wenn es auch nur eine Müllerstochter ist, eine reichere Frau finde ich auf der ganzen Welt nicht.

Als das Mädchen allein war, kam das Männchen zum dritten Mal und sagte: »Was gibst du mir, wenn ich dir auch dieses Mal das Stroh spinne?«

»Ich habe nichts mehr, was ich geben könnte«, antwortete das Mädchen.

»Dann versprich mir, dass du mir, wenn du Königin wirst, dein erstes Kind gibst.«

Wer weiß, was bis dahin alles geschieht, dachte die Müllerstochter. In ihrer Not wusste sie sich sowieso nicht anders zu helfen. Also versprach sie dem Männchen, was es verlangte. Dafür spann das Männchen noch einmal das Stroh zu Gold.

Und als der König am nächsten Morgen alles so vorfand, wie er es gewünscht hatte, heiratete er die schöne Müllerstochter, die Königin wurde.

Nach einem Jahr brachte sie ein schönes Kind zur Welt und dachte gar nicht mehr an das Männchen. Da betrat es plötzlich ihre Kammer und sagte: »Nun gib mir, was du mir versprochen hast.«

Die Königin erschrak und bot dem Männchen alle Reichtümer des Königreichs an, wenn es nur das Kind behalten durfte.

Aber das Männchen sagte: »Nein, etwas Lebendes ist mir lieber als alle Schätze dieser Welt.«

Da fing die Königin so an zu jammern und zu weinen, dass das Männchen Mitleid mit ihr bekam. »Drei Tage werde ich dir Zeit lassen«, sagte es.

»Wenn du bis dahin meinen Namen weißt, dann kannst du dein Kind behalten.«

Daraufhin versuchte sich die Königin die ganze Nacht über an alle Namen zu erinnern, die sie jemals gehört hatte. Außerdem schickte sie einen Boten durch das ganze Land. Er sollte sich überall erkundigen, was es sonst noch für Namen gab.

Als das Männchen am nächsten Tag kam, fing sie mit Kaspar, Melchior, Balthasar an und zählte dann alle Namen, die sie wusste, der Reihe nach auf.

Aber bei jedem sagte das Männchen: »So heiß ich nicht.«

Am zweiten Tag ließ die Königin in der Nachbarschaft herumfragen, wie die Leute da genannt wurden. Daraufhin zählte es dem Männchen die ungewöhnlichsten und seltsamsten Namen auf: »Heißt du vielleicht Rippenbiest oder Hammelwade oder Schnürbein?«

Aber es antwortete immer: »So heiß ich nicht.«

Am dritten Tag kam der Bote wieder zurück und erzählte: »Neue Namen habe ich zwar nicht finden können. Aber als ich an einen Wald unter einem hohen Berg kam, wo Fuchs und Hase sich Gute Nacht sagen, sah ich dort ein kleines Haus. Davor brannte ein Feuer und ein lächerliches Männchen hüpfte auf einem Bein darum herum. Dabei schrie es:

>Heute back ich, morgen brau ich,
übermorgen hol ich der Königin ihr Kind;
ach, wie gut, dass niemand weiß,
dass ich Rumpelstilzchen heiß!<«

Ihr könnt euch vorstellen, wie froh die Königin war, als sie den Namen hörte!

Kurz darauf kam das Männchen herein und fragte: »Nun, Frau Königin, wie heiße ich?«

Da fragte sie erst: »Heißt du Kunz?«

»Nein.«

»Heißt du Heinz?«

»Nein.«

»Heißt du etwa Rumpelstilzchen?«

»Das hat dir der Teufel gesagt, das hat dir der Teufel gesagt!«, schrie das

Männchen und stampfte vor Zorn mit dem rechten Fuß so fest auf, dass es in der Erde verschwand. Dann packte es in seiner Wut den linken Fuß mit beiden Händen und riss sich selbst mitten entzwei.

Doktor Allwissend

Es war einmal ein armer Bauer, der Krebs hieß. Er fuhr mit zwei Ochsen eine Wagenladung Holz in die Stadt und verkaufte es für zwei Taler an einen Doktor. Als ihm das Geld ausbezahlt wurde, saß der Doktor gerade zu Tisch. Der Bauer sah, was der Doktor Köstliches aß und trank. Darauf bekam er Appetit und er wäre auch gern ein Doktor gewesen.

Also blieb er noch ein Weilchen stehen und fragte endlich, ob er nicht auch ein Doktor werden könnte.

»O ja«, sagte der Doktor. »Das lässt sich machen.«

»Was muss ich tun?«, fragte der Bauer.

»Kauf dir zuerst ein ABC-Buch, so eins, wo vorne ein Hahn drauf ist. Als Zweites mache deinen Wagen und deine zwei Ochsen zu Geld. Schaffe dir davon Kleider an und was man sonst noch zur Doktorei braucht. Und als Drittes besorge dir ein Schild mit den Worten: *Ich bin der Doktor Allwissend*, und lass es über deine Haustür nageln.«

Der Bauer tat alles wie geheißen. Als er nun ein wenig gedoktert hatte, aber noch nicht viel, wurde einem reichen hohen Herrn Geld gestohlen. Der hörte von dem Doktor Allwissend, der in dem und dem Dorf wohne und auch wissen müsse, wo das Geld hingekommen sei. Also ließ der Herr seinen Wagen anspannen, fuhr hinaus in das beschriebene Dorf und fragte den Bauern Krebs, ob er der Doktor Allwissend sei.

Ja, der sei er.

Daraufhin sollte er mitgehen und das gestohlene Geld wiederbeschaffen.

O ja, aber die Grete, seine Frau, müsse auch mit.

Der Herr war einverstanden und ließ sie beide zu sich in den Wagen sitzen. Dann fuhren sie zusammen fort.

Als sie an den Hof des Adelsherrn kamen, war der Tisch gedeckt. Da sollte Bauer Krebs zuerst noch mitessen. Ja, aber seine Frau, die Grete, auch, sagte der Bauer und setzte sich mit ihr an den Tisch. Als nun der erste Diener eine Schüssel mit köstlichem Essen auftrug, stieß der Bauer seine Frau an und sagte: »Grete, das war der Erste.« Er meinte, dieser Diener sei derjenige, der den ersten Gang bringe.

Der Diener aber meinte, er habe damit sagen wollen: Das ist der erste Dieb. Weil er wirklich einer der Diebe war, bekam er es mit der Angst zu tun. Draußen sagte er deshalb zu seinen Kameraden: »Der Doktor weiß alles. Er hat gesagt, ich sei der Erste.«

Der Zweite wollte gar nicht hereinkommen, er musste aber. Als er nun mit seiner Schüssel erschien, stieß der Bauer seine Frau an: »Grete, das ist der Zweite.«

Dieser Diener bekam es ebenfalls mit der Angst zu tun und er machte, dass er hinauskam.

Dem Dritten erging es nicht besser. Der Bauer sagte wieder: »Grete, das ist der Dritte.«

Der Vierte musste eine verdeckte Schüssel hereintragen und der Herr sagte zum Doktor, er solle zeigen, was er könne, und raten, was darunterliege. Es handelte sich um Krebse.

Der Bauer sah die Schüssel an, wusste nicht, wie er sich helfen sollte, und sagte: »Ach, ich armer Krebs!«

Als der Herr das hörte, rief er: »Tatsächlich, er weiß es. Dann weiß er bestimmt auch, wer das Geld hat.«

Der Diener hatte gewaltige Angst und er blinzelte den Doktor an, damit er mit ihm hinausging.

Draußen gestanden sie ihm alle vier, sie hätten das Geld gestohlen. Sie erklärten sich bereit, es herauszugeben, und versprachen dem Doktor außerdem eine schöne Summe zusätzlich, wenn er sie nicht verriet. Sie fürchteten nämlich um ihr Leben. Dann führten sie ihn dort hin, wo das Geld versteckt lag.

Der Doktor war mit dem Vorschlag einverstanden, ging wieder hinein, setzte sich an den Tisch und sagte: »Herr, nun will ich in meinem Buch suchen, wo das Geld steckt.«

Der fünfte Diener kroch in den Ofen und wollte hören, ob der Doktor noch mehr wusste. Der saß da und schlug sein ABC-Buch auf, blätterte hin und her und suchte den Hahn. Weil er ihn nicht gleich finden konnte, sagte er: »Du bist doch darin, jetzt komm schon heraus.« Da glaubte der Diener im Ofen, er sei gemeint. Erschrocken sprang er heraus und rief: »Der Mann weiß einfach alles.«

Nun zeigte der Doktor Allwissend dem Herrn, wo das Geld lag, sagte aber nicht, wer es gestohlen hatte. Daraufhin bekam er von beiden Seiten viel Geld zur Belohnung und wurde berühmt.

Die zwölf Jäger

Es war einmal ein Königssohn, der eine Braut hatte, die er sehr liebte. Als er nun neben ihr saß und ganz vergnügt war, erhielt er die Nachricht, dass sein Vater todkrank sei und ihn noch vor seinem Ende sehen wolle. Da sagte der Königssohn zu seiner Liebsten: »Ich muss fort. Hier hast du einen Ring als Andenken an mich. Sobald ich König bin, komm ich wieder und hol dich zu mir nach Hause.« Nach diesen Worten ritt er davon, und als er bei seinem Vater eintraf, war dieser dem Tode nahe.

Der Vater sagte zu ihm: »Liebster Sohn, ich habe dich vor meinem Ende noch einmal sehen wollen. Versprich mir, die Frau zu heiraten, die ich für dich ausgesucht habe.« Er nannte ihm eine gewisse Königstochter, die seine Gemahlin werden sollte.

Der Sohn war so traurig, dass er gar nicht nachdachte, sondern einfach drauflosredete. »Ja, lieber Vater«, sagte er, »was Euer Wille ist, soll geschehen.«

Daraufhin schloss der König die Augen und starb.

Als der Sohn zum König ausgerufen und die Trauerzeit vorüber war, musste er das Versprechen halten, das er seinem Vater gegeben hatte. Er ließ um die Königstochter werben und sie wurde ihm auch zugesagt. Das hörte seine erste Braut und die Untreue machte sie todtraurig.

Da sagte ihr Vater zu ihr: »Liebstes Kind, warum bist du so traurig? Alles, was du dir wünschst, sollst du haben.«

Sie überlegte einen Augenblick, dann sagte sie: »Lieber Vater, ich wünsche mir elf Mädchen, die genauso aussehen sollen wie ich.«

»Wenn es mir möglich ist, soll dein Wunsch erfüllt werden«, antwortete der Vater und ließ in seinem ganzen Reich so lange suchen, bis man elf junge Frauen gefunden hatte, die seiner Tochter zum Verwechseln ähnlich sahen.

Die Königstochter ließ zwölf Jägerkleider machen, die alle völlig gleich aussahen. Die elf Frauen mussten diese anziehen und sie selbst zog das zwölfte an. Daraufhin nahm sie Abschied von ihrem Vater und ritt mit den elf an den Hof ihres ehemaligen Bräutigams, den sie so sehr liebte. Dort angekommen, fragte sie an, ob er Jäger brauche und ob er sie nicht alle zusammen in seinen Dienst nehmen wolle.

Der König erkannte die Königstochter jedoch nicht. Weil die Jäger aber so schön waren, sagte er Ja, er wolle sie gerne nehmen. Also wurden die zwölf Frauen Jäger des Königs.

Der König hatte einen Löwen, der ein seltsames Tier war. Denn er kannte alle Geheimnisse. Eines Abends sagte er zum König: »Du meinst, du hättest da zwölf Jäger?«

»O ja«, sagte der König, »zwölf Jäger sind es.«

Der Löwe fuhr fort: »Du irrst dich, das sind zwölf Mädchen.«

Darauf erwiderte der König: »Das stimmt nie und nimmer! Wie willst du mir das beweisen?«

»O, lass Erbsen in deinem Vorzimmer ausstreuen«, antwortete der Löwe. »Dann wirst du es gleich sehen. Männer haben einen festen Tritt. Wenn sie über Erbsen gehen, regt sich nichts. Mädchen aber, die trippeln und trappeln und schlurfen, sodass die Erbsen nur so rollen.«

Dem König gefiel der Rat gut und er ließ Erbsen ausstreuen.

Es gab aber einen Diener des Königs, der sich mit den Jägern gut verstand. Als er hörte, dass sie auf die Probe gestellt werden sollten, erzählte er ihnen alles: »Der Löwe will dem König weismachen, ihr wärt Mädchen.«

Da bedankte sich die Königstochter bei ihm und sagte anschließend zu den Mädchen: »Tut euch Gewalt an und tretet fest auf die Erbsen.«

Als der König am nächsten Morgen die zwölf Jäger zu sich rufen ließ und sie ins Vorzimmer kamen, wo die Erbsen lagen, traten sie so fest darauf und hatten einen so sicheren, kraftvollen Gang, dass sich keine einzige Erbse bewegte.

Sobald sie wieder weg waren, sagte der König zum Löwen: »Du hast mich angelogen, sie gehen genauso wie Männer.«

Da erwiderte der Löwe: »Sie haben gewusst, dass sie auf die Probe gestellt werden sollten und haben sich Gewalt angetan. Lass zwölf Spinnräder ins Vorzimmer bringen. Sie werden gleich kommen und sich daran erfreuen. Und das tut kein Mann.«

Dem König gefiel der Rat und er ließ die Spinnräder ins Vorzimmer stellen.

Der Diener aber, der es gut mit den Jägern meinte, verriet ihnen wieder alles.

Als sie allein waren, sagte die Königstochter zu ihren elf Mädchen: »Tut euch Gewalt an und blickt euch nicht nach den Spinnrädern um.«

Als der König am nächsten Morgen seine zwölf Jäger rufen ließ, kamen sie durch das Vorzimmer und sahen die Spinnräder gar nicht an.

Da sagte der König wieder zum Löwen: »Du hast mich angelogen, es sind Männer, denn sie haben die Spinnräder nicht angesehen.«

Der Löwe antwortete: »Sie haben gewusst, dass sie auf die Probe gestellt werden sollten, und haben sich Gewalt angetan.«

Der König aber wollte dem Löwen nicht mehr glauben.

Die zwölf Jäger begleiteten den König immer auf die Jagd und sie wuchsen ihm von Mal zu Mal mehr ans Herz. Als sie wieder einmal auf der Jagd waren, kam die Nachricht, die Braut des Königs nähere sich. Als die erste Braut das hörte, tat ihr das so weh, dass es ihr fast das Herz brach und sie ohnmächtig auf die Erde fiel. Der König meinte, seinem treuen Jäger sei etwas zugestoßen. Er lief zu ihm, um ihm zu helfen, und zog ihm den Handschuh aus. Da erblickte er den Ring, den er seiner ersten Braut gegeben hatte. Als er ihr in das Gesicht sah, erkannte er sie.

Das berührte sein Herz so sehr, dass er sie küsste. Als sie die Augen aufschlug, sagte er: »Du bist mein und ich bin dein und kein Mensch auf der Welt kann das ändern.« Zu der anderen Braut schickte er einen Boten und ließ sie bitten, in ihr Reich zurückzukehren, denn er habe schon eine Gemahlin, und wer einen alten Schlüssel wiedergefunden habe, brauche den neuen nicht. Daraufhin wurde die Hochzeit gefeiert. Und schließlich wurde der gute Ruf des Löwen wiederhergestellt, weil sich ja gezeigt hatte, dass er doch die Wahrheit gesagt hatte.

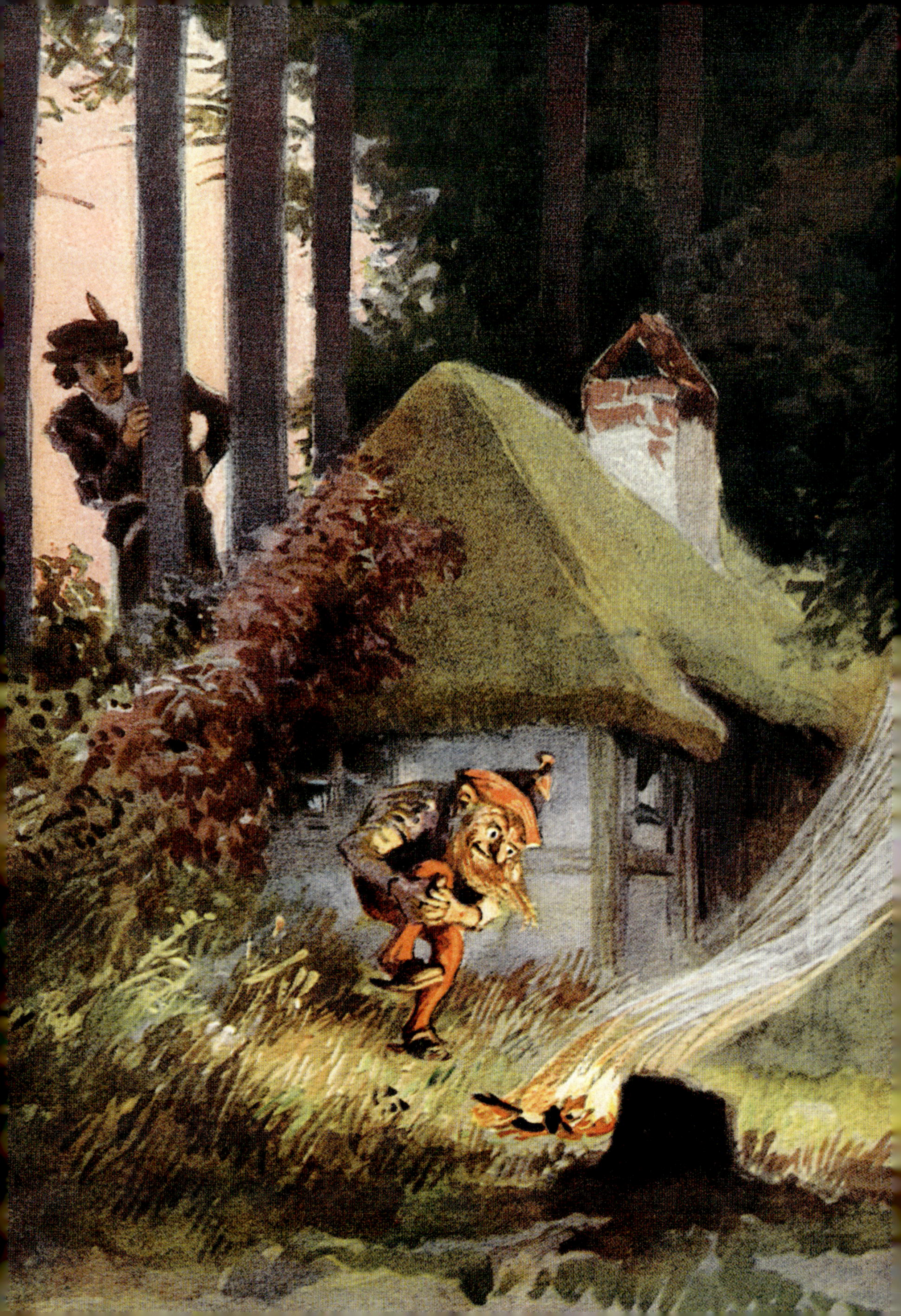

Rumpelstilzchen, zu Seite 185

Der Geist im Glas

Es war einmal ein armer Holzfäller, der von morgens bis in die späte Nacht arbeitete. Als er sich endlich etwas Geld zusammengespart hatte, sagte er zu seinem Jungen: »Du bist mein einziges Kind. Ich will das Geld, das ich unter Schweiß erworben habe, für deine Ausbildung verwenden. Lernst du etwas Anständiges, kannst du mich im Alter ernähren, wenn meine Glieder steif geworden sind und ich zu Hause sitzen muss.«

Der Junge ging also auf eine hohe Schule und lernte fleißig, sodass ihn seine Lehrer lobten, und blieb eine Zeit lang dort. Als er ein paar Schulen absolviert hatte und trotzdem noch nicht in allem vollkommen war, war das bisschen Geld, das der Vater beiseitegelegt hatte, draufgegangen und er musste wieder zu ihm heimkehren.

»Ach«, sagte der Vater betrübt »ich kann dir nichts mehr geben. Alles, was ich verdiene, brauchen wir für das tägliche Brot.«

»Lieber Vater«, antwortete der Sohn, »macht Euch darüber keine Gedanken, wenn es Gottes Wille ist, wird es das Beste für mich sein. Ich werde mich damit schon abfinden.«

Als der Vater in den Wald hinauswollte, sagte der Sohn: »Ich will Euch helfen.«

»Ja, mein Sohn«, sagte der Vater, »aber das geht nicht. Du bist nicht an harte Arbeit gewöhnt und hältst das nicht aus. Außerdem habe ich nur eine Axt und kein Geld übrig, um eine zweite zu kaufen.«

»Geht zum Nachbar«, antwortete der Sohn, »der leiht Euch seine Axt so lange, bis ich mir selbst eine verdient habe.«

Da borgte sich der Vater beim Nachbarn eine Axt und am nächsten Morgen gingen sie bei Tagesanbruch zusammen hinaus in den Wald. Der Sohn half dem Vater und stellte sich ganz ordentlich dabei an. Als nun die Sonne senkrecht über ihnen stand, sagte der Vater: »Komm, lass uns rasten und Mittag machen. Danach geht es noch einmal so gut.«

Der Sohn nahm sein Brot in die Hand und sagte: »Ruht Euch nur aus, Vater, ich bin nicht müde. Ich gehe im Wald ein wenig auf und ab und suche Vogelnester.«

»Du bist mir ein Spaßvogel«, sagte der Vater. »Wozu willst du da herumlaufen? Danach bist du nur müde und kannst den Arm nicht mehr heben. Bleib hier und setz dich zu mir.«

Der Sohn aber ging in den Wald, aß sein Brot, war guter Laune und sah zwischen die grünen Zweige hinein, ob dort ein Nest sei. So ging er hin und her, bis er schließlich zu einer großen Eiche kam. Sie war sicher schon viele Hundert Jahre alt und nicht einmal fünf Menschen konnten sie umspannen. Der Junge blieb stehen, sah sie an und dachte: Bestimmt hat so mancher Vogel sein Nest dort hineingebaut. Da war ihm auf einmal, als hörte er eine Stimme. Er horchte und vernahm, wie es in dumpfem Ton rief: »Lass mich heraus, lass mich heraus.«

Der Junge sah sich um, konnte aber nichts entdecken. Er hatte jedoch den Eindruck, als käme die Stimme aus der Erde. Da rief er: »Wo bist du?«

Die Stimme antwortete: »Ich stecke da unten bei den Wurzeln der Eiche. Lass mich heraus, lass mich heraus!«

Der Schüler fing an, unter dem Baum zu wühlen und bei den Wurzeln zu suchen, bis er endlich in einer kleinen Vertiefung eine Glasflasche entdeckte. Er hob sie in die Höhe und hielt sie gegen das Licht. Da sah er etwas, das aussah wie ein Frosch. Es sprang auf und nieder. »Lass mich heraus, lass mich heraus!«, rief es von Neuem.

Der Schüler, der nichts Böses dachte, nahm den Pfropfen von der Flasche ab. Sogleich stieg ein Geist heraus und fing an zu wachsen. Er wuchs so schnell, dass er in wenigen Augenblicken als ein entsetzlicher Kerl, so groß wie der halbe Baum, vor dem Schüler stand. »Weißt du«, rief er mit einer fürchterlichen Stimme, »was dein Lohn dafür ist, dass du mich herausgelassen hast?«

»Nein«, antwortete der Schüler ohne Furcht, »woher soll ich das wissen?«

»Dann sage ich es dir eben«, rief der Geist. »Den Hals muss ich dir dafür brechen.«

»Das hättest du mir früher sagen sollen«, antwortete der Schüler, »dann hätte ich dich stecken lassen. Meinen Kopf rührst du mir aber nicht an, da müssen mehr Leute gefragt werden.«

»Mehr Leute hin, mehr Leute her«, rief der Geist. »Den verdienten

Der Geist im Glas

Lohn sollst du jedenfalls bekommen! Denkst du, ich wäre gerne so lange Zeit eingeschlossen gewesen. Nein, es war eine Strafe. Ich bin der mächtige Merkurius, und wer mich befreit, dem muss ich den Hals brechen.«

»Langsam, langsam«, antwortete der Schüler. »So schnell geht das nicht. Erst will ich wissen, dass du wirklich in der kleinen Flasche gesessen hast und dass du der richtige Geist bist. Passt du da hinein, werde ich dir glauben und dann kannst du mit mir anstellen, was du willst.«

Überheblich sagte der Geist: »Das ist eine leichte Übung.« Er zog sich zusammen, machte sich so klein, wie er am Anfang gewesen war, und kroch durch die Öffnung und den Hals der Flasche wieder hinein.

Kaum aber war er darin, drückte der Schüler den abgezogenen Pfropfen wieder auf die Flasche und warf sie unter die Wurzeln der Eiche an ihren alten Platz zurück. Und schon hatte er den Geist betrogen.

Nun wollte der Schüler zu seinem Vater zurückgehen, aber der Geist rief ganz kläglich: »Ach, lass mich doch heraus, lass mich doch heraus!«

»Nein«, antwortete der Schüler, »ein zweites Mal lasse ich mich nicht darauf ein. Wer mich einmal umbringen wollte, den lass ich nicht mehr heraus, wenn ich ihn erst einmal wieder eingefangen habe.«

»Wenn du mich befreist«, rief der Geist, »gebe ich dir so viel, dass es für dein ganzes Leben reicht.«

»Nein«, antwortete der Schüler, »du würdest mich wie das erste Mal betrügen.«

»Du verspielst dein Glück«, sagte der Geist, »ich werde dir nichts tun, sondern dich reich belohnen.«

Der Schüler dachte: Ich will es wagen, vielleicht hält er Wort und anhaben kann er mir doch nichts. Er entfernte den Pfropfen.

Wie beim letzten Mal stieg der Geist aus der Flasche heraus, dehnte sich auseinander und wurde groß wie ein Riese. »Nun bekommst du deinen Lohn«, sagte er, reichte dem Schüler einen kleinen Lappen, der wie ein Pflaster aussah, und sagte: »Wenn du mit dem einen Ende eine Wunde bestreichst, heilt sie. Wenn du mit dem anderen Ende Stahl und Eisen bestreichst, wird es in Silber verwandelt.«

»Das muss ich erst ausprobieren«, sagte der Schüler, ging zu einem Baum, ritzte die Rinde mit der Axt auf und bestrich sie mit dem einen Ende des Pflasters. Sogleich schloss die Wunde sich wieder und war geheilt. »Du hast die Wahrheit gesagt«, sagte er zum Geist, »jetzt können wir uns trennen.«

Der Geist bedankte sich bei ihm für seine Erlösung und der Schüler bedankte sich bei dem Geist für sein Geschenk und ging zurück zu seinem Vater.

»Wo bist du herumgelaufen?«, fragte der Vater. »Warum hast du die Arbeit vergessen? Ich habe es ja gleich gesagt, dass du nichts zustande bringst.«

»Lasst gut sein, Vater, ich werde alles nachholen.«

»Ja, nachholen«, sagte der Vater zornig, »das gehört sich nicht.«

»Passt auf, Vater, den Baum da werde ich gleich umhauen, dass es nur so kracht.« Daraufhin nahm er sein Pflaster, bestrich die Axt damit und holte zu einem gewaltigen Hieb aus. Das Eisen hatte sich aber in Silber verwandelt, deshalb verbog sich die Schneide. »Ei, Vater, was habt Ihr mir denn für eine schlechte Axt gegeben, die ist ja ganz schief geworden.«

Da erschrak der Vater und rief: »Ach, was hast du gemacht! Nun muss ich die Axt bezahlen und weiß nicht womit! Du bist mir ja eine schöne Hilfe!«

»Werdet nicht böse«, antwortete der Sohn. »Die Axt bezahle ich schon.«

»Oh, du Dummkopf!«, rief der Vater. »Wovon willst du sie denn bezahlen? Du hast nur das, was ich dir gebe. Das sind Studentenkniffe, die dir im Kopf stecken, aber vom Holzhacken hast du keine Ahnung.«

Nach einem Weilchen sagte der Schüler: »Vater, ich kann nicht mehr. Wollen wir nicht lieber Feierabend machen?«

»Ei was!«, antwortete der Holzfäller. »Meinst du, ich kann einfach die Hände in den Schoß legen wie du? Ich muss noch arbeiten, du kannst aber ruhig schon nach Hause gehen.«

»Vater, ich bin zum ersten Mal hier im Wald und finde den Weg nicht allein. Geht doch mit.«

Weil sich der Zorn gelegt hatte, ließ der Vater sich schließlich überreden und ging mit ihm nach Hause. Da sagte er zu seinem Sohn: »Verkauf die beschädigte Axt und sieh zu, was du dafür noch kriegst. Den Rest muss ich eben dazuverdienen, um dem Nachbarn eine neue Axt bezahlen zu können.«

Der Sohn nahm die Axt und trug sie in die Stadt zu einem Goldschmied. Der untersuchte sie genau, legte sie auf die Waage und sagte: »Sie ist vierhundert Taler wert. So viel habe ich nicht bar.«

Der Schüler erwiderte: »Gebt mir, was Ihr habt. Den Rest borge ich Euch.«

Der Goldschmied gab ihm dreihundert Taler und blieb einhundert schuldig.

Daraufhin ging der Schüler nach Hause und sagte: »Vater, ich habe das Geld. Fragt, was der Nachbar für die Axt haben will.«

»Das weiß ich schon«, antwortete der Alte, »einen Taler sechs Groschen.«

»So gebt ihm zwei Taler zwölf Groschen. Das ist das Doppelte und wird ihm reichen. Seht, ich habe Geld im Überfluss.« Er gab dem Vater einhundert Taler und sagte: »Es soll Euch an nichts fehlen. Lebt, wie es Euch gefällt.«

»Mein Gott«, sagte der Alte, »wie bist du zu dem Reichtum gekommen?«

Da erzählte der Junge ihm, wie sich alles zugetragen hatte und wie er im Vertrauen auf sein Glück einen so reichen Fang gemacht hatte. Mit dem restlichen Geld aber ging er wieder zurück auf die hohe Schule und lernte weiter. Weil er mithilfe seines Pflasters alle Wunden heilen konnte, wurde er schließlich der berühmteste Doktor auf der ganzen Welt.

Hans im Glück

Hans hatte sieben Jahre bei seinem Herrn gearbeitet. Da sagte er zu ihm: »Herr, meine Zeit ist um. Ich will wieder nach Hause zu meiner Mutter. Gebt mir meinen Lohn.«

Der Herr antwortete: »Du hast mir treu und fleißig gedient. Wie der Dienst war, so soll der Lohn sein.« Nach diesen Worten gab er ihm einen Brocken Gold, der so groß wie Hans' Kopf war.

Hans zog sein Tüchlein aus der Tasche, wickelte den Klumpen darin ein, setzte ihn sich auf die Schulter und machte sich auf den Weg nach Hause. Als er so dahinging und immer ein Bein vor das andere setzte, bemerkte er einen Reiter, der frisch und fröhlich auf einem Pferd vorbeitrabte.

»Ach«, sagte Hans ganz laut, »wie schön ist doch das Reiten! Da sitzt man wie auf einem Stuhl, stößt sich an keinem Stein, schont die Schuh und kommt doch voran, ohne zu wissen wie.«

Als der Reiter das hörte, hielt er an und rief: »Ei, Hans, warum läufst du denn auch zu Fuß?«

»Ich muss ja wohl«, antwortete der. »schließlich habe ich einen Klumpen nach Hause zu tragen. Er ist zwar aus Gold, aber ich kann den Kopf nicht gerade halten. Außerdem drückt er mir auf die Schulter.«

»Weißt du was«, sagte der Reiter, »wir wollen tauschen: Ich gebe dir mein Pferd und du gibst mir deinen Klumpen.«

»Von Herzen gern«, sagte Hans, »aber ich sage es Euch, Ihr werdet ganz schön daran schleppen.«

Der Reiter stieg ab, nahm das Gold und half dem Hans auf das Pferd, gab ihm die Zügel fest in die Hände und sagte: »Wenn es schnell gehen soll, musst du mit der Zunge schnalzen und ›hopp, hopp‹ rufen.«

Hans war heilfroh, als er auf dem Pferd saß und so frank und frei dahinritt. Nach einem Weilchen wollte er, dass es noch schneller ging. Er fing an, mit der Zunge zu schnalzen und »hopp, hopp« zu rufen. Das Pferd verfiel in Galopp und ehe sich's Hans versah, wurde er abgeworfen und lag im Straßengraben.

Das Pferd wäre durchgegangen, wenn es nicht ein Bauer aufgehalten

Hans im Glück

hätte, der zufällig vorbeikam und eine Kuh vor sich hertrieb. Hans suchte seine Glieder zusammen und stand wieder auf. Er war wütend und sagte zu dem Bauern: »Das Reiten ist kein Spaß, vor allem wenn man auf so eine Mähre gerät, die einen abwirft, dass man sich fast den Hals bricht. Ich setze mich nicht mehr darauf. Da lob ich mir Eure Kuh. Man kann gemächlich hinterhergehen und bekommt obendrein jeden Tag seine Milch, seine Butter und seinen Käse. Was gäbe ich darum, wenn ich so eine Kuh hätte!«

»Nun«, sagte der Bauer, »um Euch einen Gefallen zu tun, tausche ich die Kuh gegen das Pferd.«

Hans willigte hocherfreut ein. Der Bauer schwang sich aufs Pferd und ritt schnell davon.

Hans trieb seine Kuh ruhig vor sich her und dachte über den guten Handel nach. Ich brauche nur ein Stück Brot und das werde ich ja wohl noch haben, dann kann ich, sooft ich möchte, Butter und Käse dazu essen. Habe ich Durst, dann melk ich einfach meine Kuh und trinke Milch. Was will man mehr?

Als er zu einem Wirtshaus kam, machte er halt. Dort aß er zur Feier des Tages alles, was er bei sich hatte, also sein Mittagessen und sein Abendbrot, auf einmal auf. Für seine letzten paar Heller ließ er sich ein halbes Glas Bier einschenken. Dann trieb er seine Kuh weiter, immer in die Richtung des Dorfes seiner Mutter.

Die Hitze wurde drückender, je mehr es auf Mittag zuging. Hans befand sich auf einer Heide, durch die er wohl noch eine Stunde wandern musste. Da wurde es ihm ganz heiß und vor Durst klebte ihm die Zunge am Gaumen. Man muss sich nur zu helfen wissen, dachte Hans, jetzt melke ich meine Kuh und erfrische mich an der Milch. Er band die Kuh an einen dürren Baum, und da er keinen Eimer hatte, stellte er seine Ledermütze darunter. Aber wie er sich auch abmühte, es kam kein Tropfen Milch. Und weil er sich ungeschickt anstellte, gab ihm das ungeduldige Tier endlich mit einem der Hinterfüße einen solchen Schlag vor den Kopf, dass er zu Boden taumelte. Eine Zeit lang wusste er gar nicht mehr, wo er überhaupt war. Glücklicherweise kam gerade ein Metzger daher, der eine Schubkarre mit einem jungen Schwein darauf vor sich herschob.

»Was ist denn hier los!«, rief er und half dem guten Hans auf.

Hans im Glück

Hans erzählte, was vorgefallen war. Der Metzger reichte ihm seine Flasche und sagte: »Da, trinkt einmal. Die Kuh will wohl keine Milch geben. Es ist ein altes Tier, das höchstens noch zum Ziehen taugt oder zum Schlachten.«

»Ei, ei«, sagte Hans und strich sich die Haare über den Kopf, »wer hätte das gedacht! Wenn man so ein Tier schlachtet, gibt das eine ordentliche Portion Fleisch! Aber ich mache mir nicht viel aus Kuhfleisch. Es ist mir nicht saftig genug. Ja, wenn man so ein junges Schwein hätte! Das schmeckt gut, ganz zu schweigen von den Würsten!«

»Passt auf, Hans«, sagte der Metzger, »Euch zuliebe tausche ich und gebe Euch das Schwein für die Kuh.«

»Gott möge Euch diesen Freundschaftsdienst belohnen«, sagte Hans, übergab ihm die Kuh und ließ sich den Strick, an dem das Schweinchen festgebunden war, in die Hand geben. Hans zog weiter und dachte darüber nach, wie doch alles nach Wunsch verliefe. Wenn einmal eine Unannehmlichkeit auftrete, würde sie doch gleich wieder gutgemacht.

Hans im Glück

Kurz darauf begegnete ihm ein junger Bursche, der eine schöne weiße Gans unter dem Arm trug. Sie wünschten sich einen guten Tag. Hans fing an, von seinem Glück zu erzählen, wie er alles zu seinem Vorteil getauscht habe. Der Bursche erzählte ihm, dass er die Gans zu einem Tauffest bringe.

»Hebt einmal hoch«, fuhr er fort und packte die Gans bei den Flügeln. »Wie schwer sie ist! Sie ist aber auch acht Wochen lang gemästet worden. Wer in den Braten beißt, muss sich das Fett von beiden Seiten abwischen.«

»Ja«, sagte Hans und wog die Gans mit der einen Hand ab, »die hat ihr Gewicht. Aber mein Schwein ist nicht zu verachten.«

Währenddessen sah sich der Bursche nach allen Seiten um und schüttelte mit dem Kopf. »Ich glaube«, fing er darauf an, »mit Eurem Schwein geht es nicht ganz mit rechten Dingen zu. In dem Dorf, durch das ich gekommen bin, ist dem Schulzen eben eins aus dem Stall gestohlen worden. Ich fürchte, Ihr habt es da in der Hand. Sie haben Leute ausgeschickt und es würde schlimm enden, wenn sie Euch mit dem Schwein erwischten. Bestenfalls würdet Ihr in ein finsteres Loch gesteckt werden.«

Der gute Hans bekam Angst. »Ach Gott«, sagte er, »helft mir! Ihr kennt Euch hier besser aus, nehmt mein Schwein und gebt mir Eure Gans.«

»Ich setze zwar einiges aufs Spiel«, antwortete der Bursche, »aber ich möchte nicht schuld an Eurem Unglück sein.« Er nahm also das Seil in die Hand und trieb das Schwein schnell auf einem Seitenweg davon.

Der gute Hans aber ging, von seinen Sorgen befreit, mit der Gans unter dem Arm Richtung Heimat.

»Wenn ich es mir recht überlege«, sagte er zu sich selbst, »habe ich noch einen Vorteil durch den Tausch: erst den guten Braten, dann die große Menge Fett, die heraussträufeln wird – das gibt ein Vierteljahr lang Gänsefettbrot –, und schließlich die schönen weißen Federn. Die lass ich mir in mein Kopfkissen stopfen und darauf werde ich vorzüglich einschlafen. Wie wird sich meine Mutter freuen!«

Als er durch das letzte Dorf vor seinem Ziel kam, stand da ein Scherenschleifer mit seinem Karren. Sein Rad schnurrte und er sang dazu:

> »Ich schleife die Schere und drehe geschwind
> und hänge mein Mäntelchen nach dem Wind.«

Hans blieb stehen und sah ihm zu. Schließlich redete er ihn an: »Euch geht es wohl sehr gut, weil Ihr so fröhlich seid?«

»Ja«, antwortete der Scherenschleifer, »dieses Handwerk hat einen goldenen Boden. Ein guter Scherenschleifer findet immer Geld in seiner Tasche, sooft er hineingreift. Aber wo habt Ihr die schöne Gans gekauft?«

»Die hab ich nicht gekauft, sondern für mein Schwein eingetauscht.«

»Und das Schwein?«

»Das hab ich für eine Kuh gekriegt.«

»Und die Kuh?«

»Die hab ich für ein Pferd bekommen.«

»Und das Pferd?«

»Dafür hab ich einen Klumpen Gold, so groß wie mein Kopf, gegeben.«

»Und das Gold?«

»Ei, das war mein Lohn für sieben Jahre Dienst.«

»Ihr habt Euch immer zu helfen gewusst«, sagte der Scherenschleifer. »Wenn Ihr es so weit bringt, dass Ihr das Geld in der Tasche klimpern hört, wenn Ihr aufsteht, dann habt Ihr Euer Glück gemacht.«

»Wie soll ich das anfangen?«, fragte Hans.

»Ihr müsst ein Scherenschleifer werden wie ich. Dazu braucht man eigentlich nichts außer einem Wetzstein. Das andere findet sich schon von selbst. Da hab ich einen. Er ist zwar ein wenig schadhaft, dafür verlange ich auch weiter nichts als Eure Gans. Wollt Ihr das?«

»Wie könnt Ihr noch fragen?«, antwortete Hans. »Ich werde ja zum glücklichsten Menschen auf Erden! Wenn ich Geld habe, sooft ich in die Tasche greife, was brauche ich mich da länger zu sorgen?« Hans reichte dem Scherenschleifer die Gans und nahm den Wetzstein in Empfang.

»Nun«, sagte der Schleifer und hob einen gewöhnlichen, aber schweren Feldstein auf, der neben ihm lag. »Da habt Ihr noch einen nützlichen Stein dazu. Auf ihm lässt es sich gut schlagen und Ihr könnt darauf Eure alten Nägel geradeklopfen. Nehmt ihn mit und hebt ihn gut auf.«

Hans lud sich den Stein auf und ging vergnügt weiter. Seine Augen leuchteten vor Freude. »Ich muss in einer Glückshaut geboren sein!«, rief er aus. »Alles, was ich mir wünsche, trifft ein wie bei einem Sonntagskind.«

Da er seit Tagesanbruch auf den Beinen gewesen war, begann er allmählich müde zu werden. Außerdem quälte ihn der Hunger, da er all seine Vorräte aus Freude über die erhandelte Kuh auf einmal aufgezehrt hatte. Schließlich konnte er nur noch mit Mühe weitergehen und musste dauernd haltmachen. Die Steine drückten ihn ganz erbärmlich. Da konnte er sich des Gedankens nicht erwehren, wie gut es wäre, wenn er sie gerade jetzt nicht zu tragen brauchte. Wie eine Schnecke schlich er zu einem Feldbrunnen, um sich auszuruhen und zu erfrischen. Damit er die Steine beim Hinsetzen nicht beschädigte, legte er sie vorsichtig neben sich auf den Rand des Brunnens. Anschließend nahm er Platz und wollte sich bücken, um zu trinken. Versehentlich stieß er dabei ein klein wenig an die Steine und beide plumpsten in den Brunnen hinunter. Als Hans gesehen hatte, wie sie in der Tiefe versunken waren, sprang er vor Freude auf. Dann kniete er sich nieder und dankte Gott mit Tränen in den Augen, dass er ihn, ohne dass er sich einen Vorwurf zu machen brauchte, von den schweren Steinen befreit hatte.

»So glücklich wie ich«, rief er aus, »ist kein anderer Mensch unter der Sonne!« Frei von Sorgen und aller Last sprang er nun davon, bis er zu Hause bei seiner Mutter war.

Der Zaunkönig und der Bär

Im Sommer gingen der Bär und der Wolf einmal im Wald spazieren. Da hörte der Bär schönen Vogelgesang. »Bruder Wolf«, fragte er, »was ist das für ein Vogel, der so schön singt?«

»Das ist der König der Vögel«, sagte der Wolf. »Vor dem müssen wir uns verneigen.«

Es war der Zaunkönig.

»Wenn das so ist«, sagte der Bär, »möchte ich seinen königlichen Palast sehen. Komm, führe mich hin.«

»Das geht nicht so leicht, wie du meinst«, sagte der Wolf, »du musst warten, bis die Frau Königin kommt.«

Bald darauf kam die Frau Königin mit Futter im Schnabel und der Herr König erschien ebenfalls. Sie wollten ihre Jungen füttern.

Der Bär wäre gerne hinterhergegangen, aber der Wolf hielt ihn am Ärmel und sagte: »Nein, du musst warten, bis Herr König und Frau Königin wieder fort sind.«

Also merkten sie sich das Loch, wo das Nest stand, und trabten wieder davon. Der Bär aber hatte keine Ruhe, er wollte unbedingt den königlichen Palast sehen und ging nach einer kurzen Weile wieder zum Nest. Da waren König und Königin ausgeflogen. Er guckte hinein und sah fünf oder sechs Junge, die darin lagen.

»Ist das der königliche Palast?«, rief der Bär. »Das ist ein erbärmlicher Palast! Ihr seid auch keine Königskinder, ihr seid unehrliche Kinder.«

Als die jungen Zaunkönige das hörten, wurden sie sehr böse und schrien: »Nein, das sind wir nicht, unsere Eltern sind ehrliche Leute! Bär, davon sollst du schon noch überzeugt werden!«

Der Bär und der Wolf bekamen Angst. Sie kehrten um und setzten sich in ihre Höhlen. Die jungen Zaunkönige aber schrien und lärmten in einem fort. Als ihre Eltern wieder Futter brachten, sagten sie: »Wir rühren kein Fliegenbein mehr an und verhungern lieber, wenn ihr den Bären nicht davon überzeugt, dass wir ehrliche Kinder sind. Der Bär hat uns beschimpft!«

Da sagte der alte König: »Beruhigt euch, davon werden wir ihn schon

Der Zaunkönig und der Bär

überzeugen.« Nach diesen Worten flog er mit der Frau Königin vor die Höhle des Bären und rief hinein: »Alter Brummbär, warum hast du meine Kinder beschimpft? Das sollst du büßen. Wir werden einen blutigen Krieg ausfechten.« Dem Bären wurde also der Krieg erklärt. Der gab an alle vierfüßigen Tiere den Einberufungsbefehl aus: dem Ochsen, dem Esel, dem Rind, dem Hirschen, dem Reh, und was sonst noch alles auf der Erde auf vier Füßen steht. Der Zaunkönig aber gab den Einberufungsbefehl an alle Tiere aus, die in der Luft fliegen – nicht nur die großen und kleinen Vögel, sondern auch die Mücken, Hornissen, Bienen und Fliegen mussten herbeikommen.

Als nun die Zeit kam, wo der Krieg beginnen sollte, schickte der Zaunkönig Kundschafter aus, die herausfinden sollten, wer der kommandierende General des Feindes wäre. Die Mücke war die Listigste von allen. Sie schwärmte durch den Wald, wo der Feind sich versammelte, und setzte sich schließlich unter ein Blatt auf den Baum, wo die Parole ausgegeben wurde. Da stand der Bär, rief den Fuchs zu sich und sagte: »Fuchs, du bist der Schlauste von allen Tieren. Du sollst General sein und uns anführen.«

»Gut«, sagte der Fuchs, »aber was für Zeichen wollen wir verabreden?« Niemand hatte eine Idee. Daraufhin sagte der Fuchs: »Ich habe einen schönen, langen buschigen Schwanz, der fast aussieht wie ein roter Federbusch. Wenn ich den Schwanz in die Höhe halte, dann läuft die Sache gut und ihr müsst drauflosmarschieren. Lasse ich ihn aber herunterhängen, dann ergreift die Flucht und lauft, was ihr könnt.«

Nachdem die Mücke das gehört hatte, flog sie wieder nach Hause und verriet dem Zaunkönig alles haarklein.

Als der Tag anbrach, an dem die Schlacht stattfinden sollte, hu, da kamen die vierfüßigen Tiere angerannt mit Getöse, dass die Erde zitterte. Der Zaunkönig rückte mit seiner Armee durch die Luft vor. Alles schnurrte, schrie und schwärmte, dass einem angst und bange wurde. Beide Parteien näherten sich einander. Der Zaunkönig aber schickte die Hornisse aus. Sie sollte sich dem Fuchs unter den Schwanz setzen und aus Leibeskräften stechen. Als nun der Fuchs den ersten Stich bekam, zuckte er, dass er das eine Bein aufhob. Doch er ertrug es noch und hielt den Schwanz weiterhin in die Höhe. Beim zweiten Stich musste er ihn einen Augenblick herunterlassen.

Beim dritten aber konnte er sich nicht mehr halten. Er schrie und nahm den Schwanz zwischen die Beine. Als die Tiere das sahen, meinten sie, alles sei verloren, und fingen an wegzulaufen, jedes in seine Höhle. Damit hatten die Vögel die Schlacht gewonnen.

Daraufhin flogen der Herr König und die Frau Königin nach Hause zu ihren Kindern und riefen: »Kinder, freut euch. Ihr könnt wieder nach Herzenslust essen und trinken. Wir haben den Krieg gewonnen.«

Die jungen Zaunkönige aber sagten: »Nein, noch essen wir nicht. Der Bär soll erst vor das Nest kommen und Abbitte leisten. Er soll sagen, dass wir ehrliche Kinder sind.«

Also flog der Zaunkönig vor das Loch des Bären und rief: »Brummbär, du sollst zu meinen Kindern gehen und Abbitte leisten. Sag ihnen, dass sie ehrliche Kinder sind. Sonst werden dir die Rippen zertreten.«

Da kroch der Bär, den große Angst quälte, heraus und leistete Abbitte. Erst jetzt waren die jungen Zaunkönige zufrieden, setzten sich zusammen, aßen und tranken und machten sich lustig bis in die späte Nacht hinein.

Der arme Müllerbursche und das Kätzchen

In einer Mühle lebte einst ein alter Müller, der weder Frau noch Kinder hatte. Allerdings arbeiteten drei Müllerburschen bei ihm. Als sie bereits etliche Jahre bei ihm gewesen waren, sagte er eines Tags zu ihnen: »Ich bin alt und will mich zur Ruhe setzen. Ich werde die Mühle demjenigen von euch geben, der mir das beste Pferd besorgt. Dafür soll er mich bis zu meinem Tod verpflegen.«

Einer von den Burschen war der Kleinknecht. Er wurde von den anderen für dumm gehalten und sie gönnten ihm die Mühle nicht. Am Ende wollte er sie dann gar nicht mehr.

Alle drei brachen gemeinsam auf, und als sie vor das Dorf kamen, sagten die zwei zu dem dummen Hans: »Du kannst ruhig hierbleiben, du kriegst nie im Leben einen Gaul.«

Hans aber ging trotzdem mit, und als es Nacht war, kamen sie an eine Höhle, in die sie sich zum Schlafen legten. Die zwei Klugen warteten, bis Hans eingeschlafen war. Dann standen sie auf, schlichen sich davon und ließen Hans liegen. Sie glaubten, es recht schlau angestellt zu haben. Aber da sollten sie sich gehörig täuschen!

Als nun die Sonne kam und Hans aufwachte, lag er in einer tiefen Höhle. Er guckte sich überall um und rief: »Ach Gott, wo bin ich nur!« Dann erhob er sich und krabbelte die Höhle hinauf, ging in den Wald und dachte: Ich bin hier ganz allein, wie soll ich nur zu einem Pferd kommen!

Während er so in Gedanken dahinging, begegnete ihm ein kleines buntes Kätzchen, das ganz freundlich fragte: »Hans, wo willst du hin?«

»Ach, du kannst mir doch nicht helfen!«

»Ich weiß schon, was du suchst«, sagte das Kätzchen. »Du willst ein hübsches Pferd. Wenn du sieben Jahre lang bei mir als Knecht arbeitest, werde ich dir ein so schönes Pferd geben, wie du noch nie in deinem Leben eins gesehen hast.«

Das ist eine sonderbare Katze, dachte Hans, aber ich will wissen, ob das wahr ist, was sie sagt.

Da nahm die Katze Hans mit in ihr verwunschenes Schloss. Dort waren

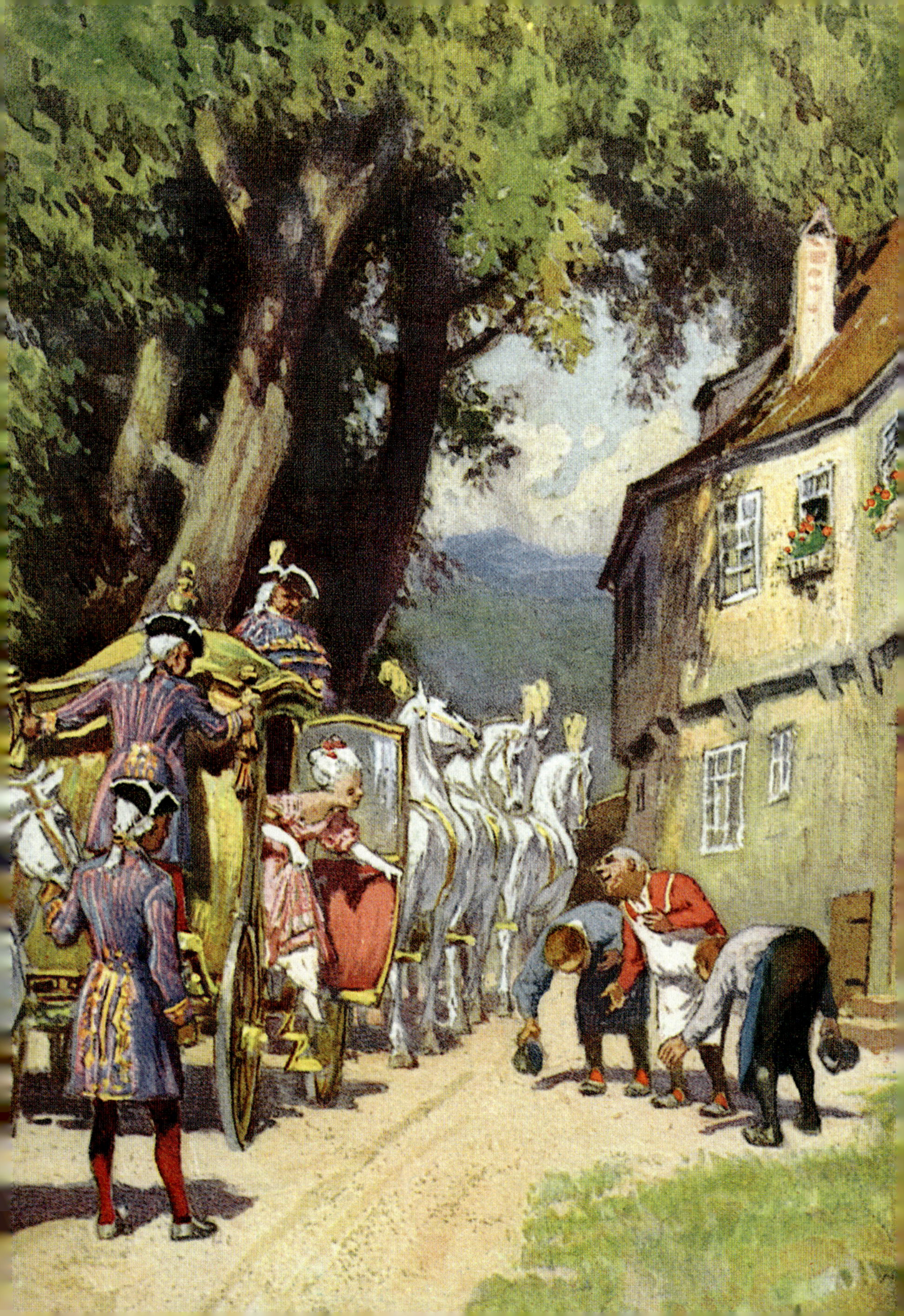

Der arme Müllerbursche und das Kätzchen, zu Seite 210

lauter Kätzchen, die ihr dienten. Sie sprangen flink die Treppe hinauf und hinab, waren lustig und guter Dinge. Wenn sie sich abends zu Tisch setzten, mussten drei Musik machen: Eins spielte den Bass, das andere die Geige, das dritte setzte die Trompete an und blies die Backen auf, so sehr es nur konnte. Als sie gegessen hatten, wurde der Tisch weggetragen und die Katze sagte: »Komm, Hans, und tanze mit mir.«

»Nein«, antwortete er, »mit einer Miezekatze tanze ich nicht. Das habe ich noch nie getan.«

»Dann bringt ihn ins Bett«, sagte die Katze zu ihren Kätzchen.

Daraufhin leuchtete ihm eins den Weg, damit er in seine Schlafkammer fand, eins zog ihm die Schuhe aus, eins die Strümpfe und zuletzt blies eins das Licht aus. Am nächsten Morgen kamen die Kätzchen wieder und halfen ihm aus dem Bett; eins zog ihm die Strümpfe an, eins band ihm die Strumpfbänder, eins holte die Schuhe, eins wusch ihn und eins trocknete ihm mit dem Schwanz das Gesicht ab.

»Das tut gut«, sagte Hans. Aber auch er musste der Katze dienen und alle Tage Holz hacken. Dazu bekam er eine Axt, Keile und eine Säge, die aus Silber waren, und einen Schläger aus Kupfer. Also machte er das Holz klein, blieb immer im Haus, bekam gutes Essen und Trinken, sah aber niemanden außer der bunten Katze und ihren Bediensteten.

Einmal sagte die Katze zu ihm: »Mähe meine Wiese und lass das Gras trocknen.« Sie gab ihm eine Sense aus Silber und einen Wetzstein aus Gold, aber sie ermahnte ihn, alles wieder ordnungsgemäß abzuliefern.

Hans führte aus, was ihm aufgetragen war. Nach getaner Arbeit trug er Sense, Wetzstein und Heu nach Hause und fragte, ob die Katze ihm nicht seinen Lohn geben wolle.

»Nein«, sagte sie, »du musst erst noch ein Letztes für mich tun: Hier ist Bauholz aus Silber. Nimm diese Zimmeraxt, dieses Winkeleisen und was sonst noch nötig ist und baue mir ein kleines Häuschen.«

Alle Gerätschaften waren aus Silber. Hans baute damit das Häuschen und sagte dann, er habe nun alles getan wie abgemacht, aber noch kein Pferd dafür bekommen. Die sieben Jahre waren jedoch so schnell vergangen wie ein halbes.

Da fragte die Katze, ob er ihre Pferde sehen wolle.

»Ja«, sagte Hans.

Daraufhin führte die Katze ihn zu dem Häuschen, und als sie die Tür öffnete, standen vor ihm zwölf Pferde, ach, wie waren die schön! Sie glänzten und blinkten, dass Hans das Herz vor Freude aufging. Die Katze gab Hans etwas zu essen und zu trinken und sagte: »Geh nach Hause. Dein Pferd gebe ich dir nicht mit, sondern ich werde es dir in drei Tagen nachbringen.«

Also zeigte die Katze ihm den Weg und Hans machte sich auf zur Mühle. Die Katze hatte ihm aber nicht einmal neue Kleider gegeben, sondern er musste seine alten zerlumpten anbehalten, die er mitgebracht hatte und die ihm in den sieben Jahren überall zu kurz geworden waren. Als er zu Hause ankam, waren die beiden anderen Müllerburschen auch bereits wieder da. Zwar hatte jeder ein Pferd mitgebracht, aber das eine war blind, das andere lahm. Sie fragten: »Hans, wo hast du dein Pferd?«

»In drei Tagen wird es nachkommen.«

Da lachten die beiden und sagten: »Ja, Hans, wo willst du ein Pferd herkriegen! Das wird so etwas sein!«

Hans ging in die Stube, der Müller verbot ihm aber, an den Tisch zu kommen, denn er sei so zerlumpt, man müsse sich schämen, wenn jemand hereinkäme. Da reichten sie ihm ein bisschen Essen hinaus. Als sie abends schlafen gingen, wollten ihm die zwei anderen kein Bett geben. Hans musste schließlich in den Gänsestall kriechen und sich auf ein wenig hartes Stroh legen.

Als Hans aufwachte, waren die drei Tage schon vorüber und es kam eine Kutsche mit sechs Pferden. Ei, wie die schön glänzten! Ein Diener brachte noch ein siebtes, das für den armen Müllerburschen bestimmt war. Aus der Kutsche stieg eine schöne Königstochter und ging in die Mühle hinein. Die Königstochter war das kleine bunte Kätzchen, bei dem der arme Hans sieben Jahre als Diener gearbeitet hatte. Sie fragte den Müller, wo der Mahlbursche, der Kleinknecht, sei.

Der Müller antwortete: »Den können wir nicht in die Mühle lassen, weil er so zerlumpt ist. Er liegt im Gänsestall.«

Daraufhin sagte die Königstochter, sie sollten ihn gleich holen.

Also holten sie ihn und er musste seine zerfetzten Kleider zusammenraufen, um sich zu bedecken. Da packte der Diener prächtige Kleider aus, wusch ihn und zog ihn an. Als er fertig war, konnte kein König schöner aussehen. Danach verlangte die junge Dame die Pferde zu sehen, die die anderen Mahlburschen mitgebracht hatten und von denen eins blind und das andere lahm war. Sie ließ von dem Diener das siebte Pferd bringen. Als der Müller das sah, sagte er, so eins habe er noch nie auf seinem Hof gesehen.

»Das ist für den dritten Mahlburschen«, sagte die Königstochter.

»Dann bekommt er die Mühle«, sagte der Müller.

Die Königstochter aber sagte, da habe er das Pferd und seine Mühle könne er auch behalten. Nach diesen Worten nahm sie ihren treuen Hans, setzte ihn in die Kutsche und fuhr mit ihm davon. Sie fuhren zuerst zu dem kleinen Häuschen, das er mit dem silbernen Werkzeug gebaut hatte. Doch plötzlich war es ein großes Schloss, in dem alles aus Silber und Gold war. Da heiratete sie ihn und er war reich, so reich, dass er sein ganzes Leben lang mehr als genug hatte. Darum soll keiner sagen, dass wer dumm ist, nichts Anständiges werden könne.

Einäuglein, Zweiäuglein und Dreiäuglein

Es war einmal eine Frau, die drei Töchter hatte. Die älteste hieß Einäuglein, weil sie nur ein einziges Auge mitten auf der Stirn hatte, die mittlere Zweiäuglein, weil sie zwei Augen hatte wie alle anderen Menschen auch, und die jüngste Dreiäuglein, weil sie drei Augen hatte. Das dritte befand sich ebenfalls mitten auf der Stirn. Da aber Zweiäuglein nicht anders aussah als alle anderen, konnten es die Schwestern und die Mutter nicht leiden.

Sie sagten zu ihm: »Du mit deinen zwei Augen bist nicht besser als das gemeine Volk. Du gehörst nicht zu uns.«

Sie stießen es dauernd herum, es musste schäbige Kleider tragen und sie gaben ihm nur das zu essen, was sie übrig ließen. Überhaupt kränkten sie es, wo sie nur konnten.

Eines Tages musste Zweiäuglein aufs Feld hinausgehen und die Ziege hüten. Es war noch ganz hungrig, weil ihm seine Schwestern so wenig zu essen gegeben hatten. Da setzte es sich auf einen Rain und weinte so sehr, dass zwei Bächlein aus seinen Augen flossen. Und als es einmal aufblickte, stand eine Frau neben ihm. Sie fragte: »Zweiäuglein, warum weinst du?«

Zweiäuglein antwortete: »Wie sollte ich nicht weinen? Weil ich zwei Augen habe wie andere Menschen, können mich meine Schwestern und meine Mutter nicht leiden. Sie stoßen mich von einer Ecke in die andere, ich muss alte Kleider tragen und sie geben mir nur das zu essen, was sie übrig lassen. Heute haben sie mir so wenig gegeben, dass ich noch ganz hungrig bin.«

Daraufhin sagte die weise Frau: »Zweiäuglein, wisch dir die Tränen ab. Ich will dir etwas verraten und du musst dann nie mehr hungern. Sag einfach zu deiner Ziege:

>Zicklein, meck,
Tischlein, deck<,

und schon wird ein schön gedecktes Tischlein vor dir auftauchen. Darauf werden die besten Speisen stehen und du kannst essen, so viel du Lust hast. Wenn du satt bist und das Tischlein nicht mehr brauchst, sag:

>Zicklein, meck,
Tischlein, weg<,

dann wird es vor deinen Augen wieder verschwinden.« Nach diesen Worten ging die weise Frau davon.

Zweiäuglein aber dachte: Ich muss gleich einmal ausprobieren, ob es wahr ist, was die Frau gesagt hat, denn ich habe zu großen Hunger. Es sagte also:

»Zicklein, meck,
Tischlein, deck«,

und kaum hatte es die Worte ausgesprochen, stand schon ein Tischlein mit einer weißen Tischdecke da. Darauf waren ein Teller mit einem Messer, einer Gabel und einem silbernen Löffel. Die schönsten Speisen standen da, dampften und waren noch warm, als wären sie eben aus der Küche gekommen.

Da sprach Zweiäuglein das kürzeste Gebet, das es kannte: »Herr Gott, sei unser Gast zu aller Zeit, amen.« Dann griff es zu und ließ es sich schmecken. Als es satt war, sagte es, wie ihn die weise Frau gelehrt hatte:

»Zicklein, meck,
Tischlein, weg.«

Sogleich waren das Tischlein und alles, was darauf stand, wieder verschwunden. Das ist ein schöner Haushalt, dachte Zweiäuglein. Es freute sich und war guter Dinge.

Als es abends mit seiner Ziege nach Hause kam, fand es ein Tonschüsselchen mit Essen vor, das ihm die Schwestern hingestellt hatten. Aber es rührte nichts an.

Am nächsten Tag ging es mit seiner Ziege wieder hinaus und ließ die paar Brocken, die ihm gereicht wurden, liegen. Das erste Mal und das zweite Mal beachteten die Schwestern es gar nicht. Als es aber jedes Mal geschah, wurden sie aufmerksam und sagten: »Mit dem Zweiäuglein stimmt etwas nicht. Es lässt jedes Mal das Essen stehen. Sonst hat es doch immer alles aufgegessen, was ihm gereicht wurde. Das muss sich woanders satt essen.« Um

Einäuglein, Zweiäuglein und Dreiäuglein

hinter die Wahrheit zu kommen, sollte Einäuglein mitgehen, wenn Zweiäuglein die Ziege auf die Weide trieb. Dort sollte es achtgeben, ob ihm jemand etwa Essen und Trinken brächte.

Als nun Zweiäuglein sich wieder aufmachte, trat Einäuglein an es heran und sagte: »Ich will mit aufs Feld gehen und nachsehen, ob die Ziege auch gut gehütet wird und genug Futter bekommt.«

Aber Zweiäuglein merkte, was Einäuglein im Sinn hatte. Sie trieb die Ziege hinaus ins hohe Gras und sagte: »Komm, Einäuglein, wir wollen uns hinsetzen und ich singe dir etwas vor.«

Einäuglein setzte sich hin. Es war von dem ungewohnten Weg und von der Hitze müde. Zweiäuglein sang die ganze Zeit:

»Einäuglein, wachst du?
Einäuglein, schläfst du?«

Da machte Einäuglein das eine Auge zu und schlief ein. Und als Zweiäuglein sah, dass Einäuglein fest schlief und nichts verraten konnte, sagte es:

»Zicklein, meck,
Tischlein, deck.«

Dann setzte es sich an sein Tischlein und aß und trank, bis es satt war. Anschließend rief es wieder:

»Zicklein, meck,
Tischlein, weg.«

Und augenblicklich war alles wieder verschwunden.

Zweiäuglein weckte Einäuglein. »Einäuglein, du bist beim Hüten eingeschlafen!«, sagte es. »In der Zwischenzeit hätte die Ziege überallhin laufen können. Komm, lass uns nach Hause gehen.«

Daraufhin gingen sie nach Hause und Zweiäuglein ließ wieder sein Schüsselchen unangerührt stehen. Einäuglein konnte der Mutter jedoch nicht verraten, warum Zweiäuglein nicht essen wollte. Zu seiner Entschuldigung sagte es: »Ich war draußen eingeschlafen.«

Am nächsten Tag sagte die Mutter zu Dreiäuglein: »Diesmal sollst du mitgehen und aufpassen, ob Zweiäuglein draußen etwas isst und ihm jemand Essen und Trinken bringt. Denn es muss heimlich essen und trinken.«

Da trat Dreiäuglein an das Zweiäuglein heran und sagte: »Ich gehe mit, um nachzusehen, ob die Ziege auch gut gehütet wird und genug Futter bekommt.«

Aber Zweiäuglein merkte, was Dreiäuglein im Sinn hatte. Sie trieb die Ziege hinaus ins hohe Gras und sagte: »Lass uns da hinsetzen, Dreiäuglein. Ich möchte dir etwas vorsingen.«

Dreiäuglein setzte sich. Es war müde von dem Weg und der Hitze. Zweiäuglein begann wieder ihr Lied zu singen:

»Dreiäuglein, wachst du?«

Aber statt zu singen:

»Dreiäuglein, schläfst du?« – sang es aus Unachtsamkeit:
»Zweiäuglein, schläfst du?« Und so sang es die ganze Zeit:

»Dreiäuglein, wachst du?
Zweiäuglein, schläfst du?«

Da fielen dem Dreiäuglein seine zwei Augen zu. Das dritte aber schlief nicht ein, weil es sich nicht angesprochen fühlte. Zwar schloss Dreiäuglein es, aber nur aus List. In Wirklichkeit blinzelte Dreiäuglein und konnte alles ganz genau sehen. Und als Zweiäuglein glaubte, Dreiäuglein schliefe fest, sagte es sein Sprüchlein:

»Zicklein, meck,
Tischlein, deck.«

Zweiäuglein aß und trank nach Herzenslust und befahl dann dem Tischlein, wieder zu verschwinden:

»Zicklein, meck,
Tischlein, weg.«

Dreiäuglein hatte alles mit angesehen. Zweiäuglein ging zu ihm, weckte es und sagte: »Ei, Dreiäuglein, bist du eingeschlafen? Du kannst aber gut hüten! Komm, lass uns nach Hause gehen.«

Und als sie zu Hause ankamen, aß Zweiäuglein wieder nicht.

Dreiäuglein erzählte der Mutter: »Ich weiß nun, warum das hochmütige Ding nicht isst. Wenn sie draußen zur Ziege spricht:

>Zicklein, meck,
Tischlein, deck<,

steht mit einem Schlag ein Tischlein vor ihr, das mit dem besten Essen besetzt ist, mit viel besserem, als wir haben. Und wenn sie satt ist, sagt sie:

>Zicklein, meck,
Tischlein, weg<,

und alles ist wieder verschwunden. Ich habe alles genau mit angesehen. Zwei Augen hatte Zweiäuglein mir mit einem Sprüchlein eingeschläfert, aber das eine auf der Stirn, das war zum Glück wach geblieben.«

Da rief die neidische Mutter zu Zweiäuglein: »Willst du es besser haben als wir? Die Lust soll dir vergehen!« Sie holte ein Schlachtmesser und stieß es der Ziege ins Herz, dass sie tot umfiel.

Als Zweiäuglein das sah, lief es traurig hinaus. Es setzte sich auf den Feldrain und weinte bittere Tränen. Da stand auf einmal die weise Frau wieder neben ihm und sagte: »Zweiäuglein, warum weinst du?«

»Wie sollte ich nicht weinen!«, antwortete es. »Meine Mutter hat die Ziege totgestochen, die mir jeden Tag, wenn ich Euer Sprüchlein aufsagte, den Tisch so schön deckte. Jetzt muss ich wieder Hunger leiden.«

Die weise Frau sagte: »Zweiäuglein, ich gebe dir einen guten Rat. Bitte deine Schwestern, dass sie dir die Eingeweide der geschlachteten Ziege geben, und vergrab sie vor der Haustür in der Erde. Das wird dir Glück bringen.« Nach diesen Worten verschwand sie.

Zweiäuglein ging nach Hause und sagte zu den Schwestern: »Liebe Schwestern, gebt mir doch etwas von meiner Ziege. Ich verlange kein besonders gutes Stück. Es reicht, wenn ihr mir die Eingeweide gebt.«

Da lachten die beiden und antworteten: »Das kannst du haben, wenn du weiter nichts willst.«

Und Zweiäuglein nahm die Eingeweide und vergrub sie abends in aller Stille vor der Haustür, so wie die weise Frau ihr geraten hatte.

Einäuglein, Zweiäuglein und Dreiäuglein

Am nächsten Morgen, als sie alle aufwachten und vor die Haustür traten, stand da ein prächtiger Baum. Er hatte silberne Blätter und goldene Früchte. Etwas Schöneres und Köstlicheres gab es wahrscheinlich auf der ganzen Welt nicht. Sie wussten aber nicht, wie der Baum in der Nacht dahin gekommen war. Nur Zweiäuglein bemerkte, dass er aus den Eingeweiden der Ziege gewachsen sein musste, denn er stand genau da, wo es die Innereien in der Erde vergraben hatte.

Da sagte die Mutter zu Einäuglein: »Steig hinauf, mein Kind, und hol uns die Früchte vom Baum herunter.«

Einäuglein stieg hinauf, aber als es nach einem der goldenen Äpfeln greifen wollte, glitt ihm der Zweig aus den Händen. Und das geschah jedes Mal, sodass Einäuglein keinen einzigen Apfel pflücken konnte, auch wenn es sich noch so sehr bemühte.

Daraufhin sagte die Mutter: »Dreiäuglein, steig du hinauf. Du kannst mit deinen drei Augen besser um dich schauen als Einäuglein.«

Einäuglein rutschte herunter und Dreiäuglein stieg hinauf. Aber Dreiäuglein hatte nicht mehr Erfolg, da konnte es schauen, wie es wollte. Die goldenen Äpfel wichen immer zurück.

Schließlich wurde die Mutter ungeduldig und stieg selbst hinauf. Sie konnte aber genauso wenig eine Frucht fassen wie Einäuglein und Dreiäuglein und griff immer ins Leere.

Da sagte Zweiäuglein: »Ich werde auch einmal hinaufklettern, vielleicht gelingt es mir ja besser.«

Die Schwestern riefen zwar: »Du mit deinen zwei Augen, was willst du da ausrichten?«

Aber Zweiäuglein stieg trotzdem hinauf. Die goldenen Äpfel zogen sich nicht vor ihm zurück, sondern fielen von selbst in seine Hand, sodass es einen nach dem anderen pflücken konnte.

Schließlich brachte es ein Schürzchen voll mit herunter. Die Mutter nahm ihm die Äpfel ab. Statt das arme Zweiäuglein nun besser zu behandeln, wurden Einäuglein und Dreiäuglein neidisch und sie gingen von da an nur noch härter mit ihm um.

Als sie einmal zusammen an dem Baum standen, kam ein junger Ritter daher.

»Schnell, Zweiäuglein«, riefen die zwei Schwestern. »Komm herunter, damit wir uns nicht für dich schämen müssen.«

In aller Eile stülpten sie über das arme Zweiäuglein ein leeres Fass, das gleich neben dem Baum stand, und schoben die goldenen Äpfel, die es gepflückt hatte, ebenfalls darunter. Als nun der Ritter näher kam, sahen sie, dass es ein schöner Herr war. Er blieb stehen, bewunderte den prächtigen Baum aus Gold und Silber und sagte zu den beiden Schwestern: »Wem gehört dieser schöne Baum? Wer mir einen Zweig davon gibt, kann von mir verlangen, was er will.«

Da antworteten Einäuglein und Dreiäuglein, der Baum gehöre ihnen und sie würden ihm einen Zweig abbrechen. Sie gaben sich beide auch große Mühe, aber sie waren nicht dazu imstande, denn die Zweige und Früchte wichen jedes Mal vor ihnen zurück.

Da sagte der Ritter: »Das ist ja seltsam, dass der Baum euch gehört und ihr nicht einmal etwas davon abbrechen könnt.«

Sie blieben dabei, der Baum sei ihr Eigentum. Während sie redeten, rollte Zweiäuglein unter dem Fass ein paar goldene Äpfel heraus, sodass sie zu den Füßen des Ritters kullerten. Zweiäuglein ärgerte sich nämlich darüber, dass Einäuglein und Dreiäuglein nicht die Wahrheit sagten. Als der Ritter die Äpfel sah, wunderte er sich und fragte, wo sie herkämen. Einäuglein und Dreiäuglein antworteten, sie hätten noch eine Schwester, die dürfe sich aber nicht sehen lassen, weil sie nur zwei Augen habe wie alle anderen gewöhnlichen Menschen. Der Ritter verlangte jedoch, sie zu sehen, und rief: »Zweiäuglein, komm hervor.«

Da kam Zweiäuglein ganz furchtlos unter dem Fass hervor. Der Ritter staunte über seine Schönheit und sagte: »Du, Zweiäuglein, kannst mir bestimmt einen Zweig von dem Baum abbrechen.«

»Ja«, antwortete Zweiäuglein, »das kann ich, denn der Baum gehört mir.« Und es stieg hinauf, brach mit Leichtigkeit einen Zweig mit feinen silbernen Blättern und goldenen Früchten ab und reichte ihn dem Ritter.

Da sagte der Ritter: »Zweiäuglein, was soll ich dir dafür geben?«

»Ach«, antwortete Zweiäuglein, »ich leide Hunger und Durst, Kummer und Not vom frühen Morgen bis zum späten Abend. Wenn Ihr mich mitnehmen und erlösen würdet, wäre ich glücklich.«

Da hob der Ritter Zweiäuglein auf sein Pferd und brachte es nach Hause auf das Schloss seines Vaters. Dort gab er ihm schöne Kleider und Essen und Trinken, so viel es wollte. Weil er es so lieb hatte, heiratete er es.

Als Zweiäuglein von dem schönen Ritter fortgeführt wurde, beneideten die zwei Schwestern es erst recht um sein Glück. Der Wunderbaum bleibt uns trotzdem, dachten sie, auch wenn wir keine Früchte davon pflücken können, wird doch jeder davor stehen bleiben, zu uns kommen und ihn bewundern. Wer weiß, wo unser Weizen noch blüht!

Aber am anderen Morgen war der Baum verschwunden und all ihre Hoffnung dahin. Als Zweiäuglein aus seiner Kammer hinaussah, stand er plötzlich davor. Es freute sich sehr, dass er ihm nachgefolgt war.

Zweiäuglein lebte lange und war glücklich. Einmal kamen zwei arme Frauen zu ihm auf das Schloss und baten um ein Almosen. Zweiäuglein sah ihnen ins Gesicht und erkannte seine Schwestern Einäuglein und Dreiäuglein, die so arm geworden waren, dass sie umherziehen und um Brot betteln mussten. Zweiäuglein hieß sie willkommen. Es war gut zu ihnen und kümmerte sich um sie, sodass die beiden von Herzen bereuten, was sie ihrer Schwester in der Jugend Böses angetan hatten.

Der Mond

Vor langer Zeit gab es einmal ein Land, wo die Nacht immer dunkel war und der Himmel sich wie ein schwarzes Tuch über alles breitete. Denn niemals ging dort der Mond auf und kein Stern blinkte in der Finsternis. Bei Erschaffung der Welt hatte das nächtliche Licht ausgereicht.

Aus diesem Land gingen einmal vier Burschen auf die Wanderschaft und gelangten in ein anderes Reich. Abends, als die Sonne hinter den Bergen verschwunden war, stand über einer Eiche eine leuchtende Kugel, die ein sanftes Licht ausgoss. Man konnte alles gut sehen und unterscheiden, wenn das Licht auch nicht so hell wie das der Sonne war. Die Wanderer blieben stehen und fragten einen Bauern, der mit seinem Wagen vorbeifuhr, was das für ein Licht sei.

»Das ist der Mond«, antwortete dieser, »unser Bürgermeister hat ihn für drei Taler gekauft und an der Eiche befestigt. Er muss täglich Öl nachgießen und ihn sauber halten, damit er immer hell brennt. Dafür erhält er von uns wöchentlich einen Taler.«

Als der Bauer weitergefahren war, sagte einer der Burschen: »Diese Lampe könnten wir gut brauchen. Wir haben zu Hause eine Eiche, die genauso groß ist. Daran können wir die Lampe hängen. Es wäre doch wunderbar, wenn wir nachts nicht mehr in der Finsternis herumtappen müssten!«

»Wisst ihr was?«, sagte der Zweite. »Wir holen einen Wagen und Pferde und nehmen den Mond mit. Die können sich hier ja einen anderen kaufen.«

»Ich kann gut klettern«, sagte der Dritte. »Ich hole den Mond herunter.«

Der Vierte brachte einen Wagen mit Pferden und der Dritte stieg auf den Baum hinauf, bohrte ein Loch in den Mond, zog ein Seil hindurch und ließ ihn herab. Als die glänzende Kugel auf dem Wagen lag, deckten sie ein Tuch darüber, damit niemand den Diebstahl bemerken würde. Sie schafften den Mond wohlbehalten in ihr Land und stellten ihn auf eine hohe Eiche.

Alt und Jung freute sich, als die neue Lampe ihr Licht über alle Felder leuchten ließ und Stuben und Kammern damit erfüllte. Die Zwerge kamen aus den Felsenhöhlen hervor und die kleinen Wichtelmänner tanzten in ihren roten Röckchen auf den Wiesen einen Ringeltanz.

Die vier versorgten den Mond mit Öl, putzten den Docht und erhielten wöchentlich ihren Taler. Als sie alt wurden, erkrankte einer von ihnen. Er sah seinen baldigen Tod voraus und ordnete an, dass ihm der vierte Teil des Mondes mit in das Grab gegeben werden sollte. Nach seinem Tod stieg der Bürgermeister auf den Baum und schnitt mit der Heckenschere ein Viertel ab, das in den Sarg gelegt wurde. Das Licht des Mondes nahm ab, aber noch nicht merklich. Als der Zweite starb, wurde ihm das zweite Viertel mit ins Grab gegeben und das Licht nahm wieder ab. Noch schwächer wurde es nach dem Tod des Dritten, der ebenfalls seinen Teil des Mondes mit ins Grab nahm. Und als der Vierte starb, trat wieder die alte Finsternis ein. Wenn die Leute abends ohne Laterne ausgingen, stießen sie mit den Köpfen zusammen.

Die abgetrennten Teile des Mondes vereinigten sich in der Unterwelt, wo immer Dunkelheit geherrscht hatte, wieder. Die Toten wurden unruhig und erwachten aus ihrem Schlaf. Sie staunten, als sie wieder sehen konnten. Das Mondlicht war ihnen genug, denn ihre Augen waren so schwach geworden, dass sie den Glanz der Sonne nicht ertragen hätten. Sie erhoben sich und es ging lustig zu. Sie nahmen ihre alte Lebensweise wieder an. Ein Teil gab sich dem Glücksspiel hin oder ging zum Tanzen. Andere liefen in die Wirtshäuser, wo sie Wein bestellten, sich betranken, tobten und zankten und sich anschließend mit ihren Knüppeln prügelten. Der Lärm wurde immer stärker und drang schließlich bis in den Himmel hinauf.

Der heilige Petrus, der das Himmelstor bewacht, glaubte, die Unterwelt wäre in Aufruhr geraten, und rief die himmlischen Heerscharen zusammen. Da sie aber nicht kamen, setzte er sich auf sein Pferd und ritt durch das Himmelstor hinunter in die Unterwelt. Dort brachte er die Toten zur Ruhe, befahl ihnen, sich wieder in ihre Gräber zu legen, und nahm den Mond mit, den er oben am Himmel aufhängte.

Rotkäppchen

Es war einmal ein kleines süßes Mädchen, das man einfach lieb haben musste, sobald man es nur ansah. Am allerliebsten aber hatte es seine Großmutter. Sie wusste gar nicht mehr, was sie dem Kind noch alles geben sollte. Einmal schenkte sie ihm ein Käppchen aus rotem Samt. Weil ihm das so gut stand und es nichts anderes mehr aufsetzen wollte, hieß es von da an nur Rotkäppchen.

Eines Tages sagte seine Mutter zu dem Mädchen: »Rotkäppchen, hier hast du einen Kuchen und eine Flasche Wein. Bring es der Großmutter. Sie ist krank und schwach und soll sich ein wenig stärken. Mach dich auf, bevor es heiß wird, und komm nicht vom Weg ab. Sonst fällst du nur hin und zerbrichst die Flasche. Dann geht die Großmutter leer aus. Und wenn du in ihre Stube kommst, vergiss nicht, Guten Morgen zu sagen, und guck nicht erst in alle Ecken hinein.«

»Ja, mach ich«, sagte Rotkäppchen zu seiner Mutter und gab ihr die Hand darauf.

Die Großmutter wohnte draußen im Wald, eine halbe Stunde vom Dorf entfernt. Unterwegs begegnete dem Mädchen der Wolf. Rotkäppchen wusste nicht, was das für ein böses Tier war, und fürchtete sich deshalb nicht vor ihm.

»Guten Tag, Rotkäppchen«, sagte der Wolf.

»Schönen Dank, Wolf.«

»Wohin willst du denn so früh, Rotkäppchen?«

»Zur Großmutter.«

»Was hast du da unter der Schürze?«

»Kuchen und Wein. Gestern haben wir gebacken. Das wird meiner kranken und schwachen Großmutter guttun.«

»Rotkäppchen, wo wohnt deine Großmutter denn?«

»Noch eine gute Viertelstunde von hier, unter den drei großen Eichen, da steht ihr Haus mitten im Wald. Dort, wo die Nusshecken sind. Die wirst du ja kennen«, sagte Rotkäppchen.

Der Wolf dachte bei sich: Das junge zarte Ding, das ist ein leckerer Bissen. Das wird noch besser schmecken als die Alte. Wenn ich es schlau anstelle, kann ich mir beide schnappen.

Er ging ein Weilchen neben Rotkäppchen her, dann sagte er: »Rotkäppchen, schau, die schönen Blumen, die hier überall stehen. Warum guckst du dich nicht um? Ich glaube, du hörst gar nicht, wie schön die Vögel singen. Du gehst dahin, ohne nach links und rechts zu schauen, als wärst du auf dem Weg zur Schule. Dabei ist es so schön hier draußen im Wald!«

Rotkäppchen blickte sich um. Und es sah, wie die Sonnenstrahlen durch die Bäume hin und her tanzten und dass alles voll schöner Blumen stand. Da dachte es: Wenn ich der Großmutter einen frischen Strauß mitbringe, freut sie sich bestimmt. Es ist noch so früh am Tag, dass ich trotzdem rechtzeitig ankomme. Es verließ den Weg, lief in den Wald hinein und suchte Blumen. Sobald es eine gepflückt hatte, meinte es, ein Stück weiter weg stünde noch eine schönere, und lief dorthin. Auf diese Weise geriet Rotkäppchen immer tiefer in den Wald hinein.

In der Zwischenzeit ging der Wolf geradewegs zum Haus der Großmutter und klopfte an die Tür.

»Wer ist da?«

»Rotkäppchen. Ich bringe dir Kuchen und Wein. Mach bitte auf.«

»Drück nur die Klinke hinunter«, rief die Großmutter. »Ich bin zu schwach, um aufzustehen.«

Der Wolf drückte die Klinke hinunter und die Tür sprang auf. Dann ging er, ohne ein Wort zu sagen, zum Bett der Großmutter und verschlang sie. Anschließend zog er ihre Kleider an, setzte ihre Haube auf, legte sich in ihr Bett und zog die Vorhänge zu.

Rotkäppchen war überall herumgelaufen, um Blumen zu pflücken. Als es so viele zusammenhatte, wie es tragen konnte, fiel ihm die Großmutter wieder ein und es machte sich auf den Weg zu ihr.

Am Haus der Großmutter angekommen, wunderte Rotkäppchen sich, dass die Tür offen stand. Als es die Stube betrat, hatte es so ein seltsames Gefühl. Es dachte: O mein Gott, warum habe ich solche Angst? Sonst bin ich doch so gerne bei der Großmutter!

Rotkäppchen rief »Guten Morgen«, bekam aber keine Antwort. Daraufhin ging es zum Bett und zog die Vorhänge zurück. Da lag die Großmutter.

Sie hatte die Haube tief ins Gesicht gezogen und sah so seltsam aus.

»Großmutter, was hast du für große Ohren!«
»Damit ich dich besser hören kann.«
»Großmutter, was hast du für große Augen!«
»Damit ich dich besser sehen kann.«
»Großmutter, was hast du für große Hände!«
»Damit ich dich besser packen kann.«
»Aber, Großmutter, was hast du für ein entsetzlich großes Maul!«
»Damit ich dich besser fressen kann.«

Kaum hatte der Wolf das gesagt, machte er einen Satz aus dem Bett und verschlang das arme Rotkäppchen.

Als der Wolf satt war, legte er sich wieder ins Bett. Er schlief ein und fing an, laut zu schnarchen. In diesem Augenblick ging der Jäger an dem Haus vorbei und dachte: Wie laut die alte Frau schnarcht! Ich muss einmal nachsehen, ob ihr etwas fehlt. Er betrat die Stube, und als er vor dem Bett stand, sah er, dass der Wolf darin lag.

»Da bist du ja, du Bösewicht«, sagte er. »Dich habe ich schon lange gesucht.« Der Jäger wollte gerade seine Büchse anlegen, da fiel ihm ein, dass der Wolf die Großmutter gefressen haben könnte. Bestimmt war sie noch zu retten! Er schoss also nicht, sondern nahm eine Schere und fing an, dem schlafenden Wolf den Bauch aufzuschneiden. Schon nach wenigen Schnitten sah er das rote Käppchen leuchten.

Nach ein paar weiteren Schnitten sprang das Mädchen heraus und rief: »Was hatte ich für eine Angst! Es war ja so dunkel im Bauch des Wolfs!«

Und dann kam auch die alte Großmutter zum Vorschein. Sie lebte, konnte aber kaum noch atmen.

Rotkäppchen holte schnell ein paar große Steine. Damit füllten sie alle den Bauch des Wolfs. Als er aufwachte, wollte er wegspringen, aber die Steine waren so schwer, dass er zu Boden stürzte und sofort tot war.

Da freuten sich alle drei. Der Jäger zog dem Wolf den Pelz ab und ging damit nach Hause. Die Großmutter aß den Kuchen und trank den Wein, den Rotkäppchen mitgebracht hatte, und erholte sich wieder. Rotkäppchen aber schwor sich: Nie mehr verlasse ich den Weg und laufe in den Wald, wenn es die Mutter verboten hat.

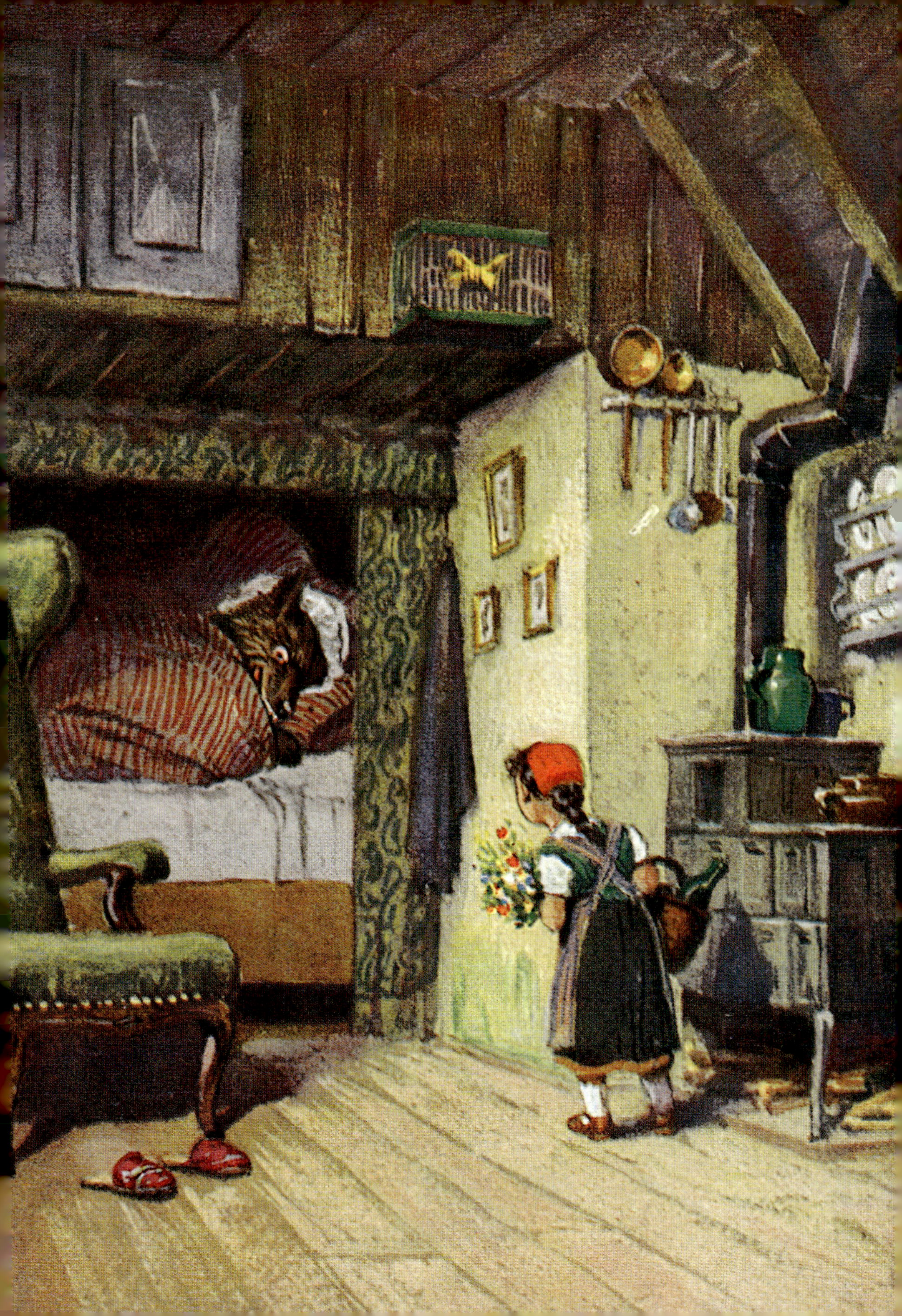

Rotkäppchen, zu Seite 224

Die Nixe im Teich

Es war einmal ein Müller, der zusammen mit seiner Frau ein glückliches Leben führte. Sie waren wohlhabend und ihr Wohlstand nahm von Jahr zu Jahr noch zu. Aber Unglück kommt über Nacht. So wie ihr Vermögen angewachsen war, so schwand es von Jahr zu Jahr wieder und am Schluss konnte der Müller kaum noch die Mühle, in der er saß, sein Eigen nennen. Wenn er sich nach der Arbeit zum Schlafen hinlegte, fand er keine Ruhe, sondern wälzte sich vor Sorgen in seinem Bett hin und her.

Eines Morgens stand er schon vor Tagesanbruch auf, ging hinaus ins Freie und hoffte, dass er sich dort etwas beruhigte. Als er über den Mühldamm dahinschritt, brach gerade der erste Sonnenstrahl hervor und er hörte im Wasser etwas rauschen. Er wandte sich um und erblickte eine schöne Frau, die sich langsam aus dem Wasser erhob. Ihre langen Haare flossen an beiden Seiten herab und bedeckten ihren weißen Körper. Er erkannte zwar, dass es die Nixe des Teichs war, fürchtete sich aber sehr. Er wusste nicht, ob er besser davongehen oder stehen bleiben sollte. Die Nixe nannte ihn mit ihrer sanften Stimme beim Namen und fragte, warum er so traurig sei.

Der Müller war zunächst ganz sprachlos vor Angst. Als sie aber so freundlich war, fasste er sich ein Herz und erzählte ihr, dass er früher in Glück und Reichtum gelebt habe. Jetzt aber sei er so arm, dass er sich nicht mehr zu helfen wisse.

»Beruhige dich«, antwortete die Nixe. »Ich mache dich reicher und glücklicher, als du je gewesen bist. Du musst mir nur versprechen, das zu geben, was eben in deinem Haus geboren worden ist.«

Was kann das anderes sein, dachte der Müller, als ein kleiner Hund oder ein kleines Kätzchen? Er willigte also ein.

Die Nixe tauchte wieder im Wasser unter und er ging guter Dinge zurück zu seiner Mühle. Bevor er sie erreichte, trat schon die Magd aus der Haustür und rief ihm zu, er solle sich freuen, seine Frau habe ihm einen kleinen Jungen geboren.

Der Müller stand wie vom Blitz gerührt da. Er merkte sehr wohl, dass die

Die Nixe im Teich

hinterhältige Nixe das gewusst und ihn betrogen hatte. Mit gesenktem Haupt trat er ans Bett seiner Frau, die ihn fragte: »Warum freust du dich nicht über den schönen Jungen?«

Nun erzählte er ihr, was für ein Versprechen er der Nixe gegeben hatte. »Was hilft mir Glück und Reichtum«, fügte er hinzu, »wenn ich mein Kind verliere? Aber was kann ich tun?«

Auch die Verwandten, die gekommen waren, um Glück zu wünschen, wussten keinen Rat.

Währenddessen kehrte der Wohlstand in das Haus des Müllers zurück. Was er unternahm, gelang. Es war, als ob sich die Kisten von selbst füllten und das Geld im Schrank sich über Nacht vermehrte. Es dauerte nicht lange, da war sein Reichtum größer als je zuvor. Aber er konnte sich nicht uneingeschränkt darüber freuen, denn die Zusage, die er der Nixe gegeben hatte, quälte ihn. Jedes Mal wenn er an dem Teich vorbeikam, fürchtete er, sie könnte auftauchen und ihn an sein Versprechen erinnern. Den Jungen selbst ließ er nicht in die Nähe des Wassers. »Pass gut auf«, sagte er zu ihm. »Wenn du das Wasser berührst, kommt eine Hand heraus, hascht nach dir und zieht dich hinunter.« Doch als Jahr um Jahr verging und die Nixe sich nicht wieder blicken ließ, fing der Müller an, sich zu beruhigen.

Aus dem Kind wurde ein junger Mann und er kam zu einem Jäger in die Lehre. Als er ausgelernt hatte und ein fähiger Jäger geworden war, nahm ihn der Herr des Dorfes in seine Dienste. Im Dorf lebte ein schönes Mädchen, das dem Jäger gefiel. Sein Herr bemerkte das und schenkte ihm ein kleines Haus. Daraufhin heirateten die beiden und führten ein ruhiges und glückliches Leben. Sie liebten sich nämlich von Herzen.

Eines Tages verfolgte der Jäger ein Reh. Als das Tier aus dem Wald auf das freie Feld hinauslief, setzte er ihm nach und streckte es schließlich mit einem Schuss nieder. Er bemerkte nicht, dass er sich in der Nähe des gefährlichen Weihers befand. Nachdem er das Tier ausgenommen hatte, ging zum Wasser, um seine mit Blut befleckten Hände zu waschen. Kaum aber hatte er sie hineingetaucht, als die Nixe erschien. Sie umschlang ihn lachend mit ihren nassen Armen und zog ihn so schnell ins Wasser hinunter, dass die Wellen über ihm zusammenschlugen.

Als der Jäger abends nicht nach Haus kam, bekam seine Frau Angst. Sie ging hinaus, um ihn zu suchen. Er hatte ihr oft erzählt, dass er sich vor der hinterhältigen Nixe in Acht nehmen müsse und nicht in die Nähe des Weihers gelangen dürfe. Deshalb ahnte sie schon, was geschehen war. Sie eilte zu dem Wasser. Als sie am Ufer seine Jägertasche liegen sah, zweifelte sie nicht länger an dem Unglück. Verzweifelt rief sie ihren Liebsten beim Namen, aber vergeblich. Sie rannte auf die andere Seite des Weihers hinüber und rief aufs Neue. Dann beschimpfte sie die Nixe mit harten Worten, aber keine Antwort erfolgte. Der Wasserspiegel blieb ruhig, nur das halbe Gesicht des Mondes blickte ihr unbeweglich entgegen.

Die arme Frau verließ den Teich nicht. Ohne Rast und Ruh umkreiste sie ihn mit schnellen Schritten immer wieder – manchmal schweigend, manchmal laut schreiend, manchmal leise wimmernd. Schließlich war sie am Ende ihrer Kräfte. Sie sank zu Boden und fiel in einen tiefen Schlaf. Bald hatte sie einen Traum.

Sie stieg über große Felsblöcke auf einen Berg und hatte Angst. Dornen und Ranken hakten sich an ihre Füße. Der Regen schlug ihr ins Gesicht und der Wind zerzauste ihr langes Haar. Als sie die Anhöhe erreicht hatte, bot sich ein ganz anderes Bild. Der Himmel war blau, die Luft mild, das Gelände fiel sanft ab und auf einer bunten Blumenwiese stand eine einladende Hütte. Sie ging darauf zu und öffnete die Tür. Da saß eine alte Frau mit weißen Haaren, die ihr freundlich zuwinkte.

In diesem Augenblick wachte die arme Frau auf. Der Tag war schon angebrochen und sie beschloss, dem Traum sogleich Folge zu leisten. Mühsam stieg sie den Berg hinauf und alles war so, wie sie es im Schlaf gesehen hatte. Die Alte empfing sie freundlich und zeigte auf einen Stuhl, auf den sie sich setzen sollte. »Du musst etwas Schreckliches erlebt haben«, sagte sie, »weil du zu mir in meine einsame Hütte kommst.«

Die Frau erzählte ihr unter Tränen, was vorgefallen war.

»Sei unbesorgt«, sagte die Alte. »Ich werde dir helfen. Hier hast du einen goldenen Kamm. Warte bis Vollmond, dann gehe zu dem Weiher, setze dich an den Rand und kämme dein langes schwarzes Haar. Wenn du fertig bist, lege den Kamm ans Ufer und du wirst sehen, was geschieht.«

Die Frau kehrte nach Hause zurück. Aber die Zeit bis Vollmond kam ihr unendlich lang vor. Endlich erschien die leuchtende Scheibe am Himmel und sie ging hinaus an den Weiher. Dort setzte sie sich hin und kämmte ihre langen schwarzen Haare mit dem goldenen Kamm. Als sie fertig war, legte sie ihn an den Rand des Wassers. Kurz darauf kam ein Brausen aus der Tiefe, eine Welle erhob sich, rollte ans Ufer und nahm den Kamm mit. Sobald der Kamm auf den Grund gesunken war, teilte sich das Wasser und der Kopf des Jägers tauchte auf. Der Jäger sagte nichts und schaute seine Frau nur mit traurigen Blicken an. Im selben Augenblick kam eine zweite Welle herangerauscht und ließ den Kopf des Mannes verschwinden. Der Weiher lag nun wieder genauso ruhig da wie zuvor und nur das Gesicht des Vollmondes glänzte darauf.

Traurig kehrte die Frau nach Hause zurück. Doch im Traum sah sie erneut die Hütte der Alten. Also machte sie sich am nächsten Morgen auf den Weg zu der weisen Frau und klagte ihr Leid. Die Alte gab ihr eine goldene Flöte und sagte: »Warte wieder bis Vollmond, dann setze dich an das Ufer und spiele ein schönes Lied auf der Flöte. Wenn du damit fertig bist, lege sie in den Sand. Du wirst sehen, was geschieht.«

Die Frau tat, was die Alte ihr gesagt hatte. Kaum lag die Flöte im Sand, kam ein Brausen aus der Tiefe, eine Welle erhob sich, näherte sich dem Ufer und nahm die Flöte mit. Bald darauf teilte sich das Wasser und nicht nur der Kopf, sondern der Mann tauchte bis zum Bauch auf. Er breitete voll Verlangen die Arme nach seiner Frau aus, aber eine zweite Welle rauschte heran, bedeckte ihn und zog ihn wieder hinunter.

»Ach, was nützt es mir«, sagte die Unglückliche, »dass ich meinen Liebsten zu sehen bekomme, wenn ich ihn dann doch wieder verliere.« Traurigkeit erfüllte aufs Neue ihr Herz. Aber im Traum erschien ihr zum dritten Mal das Haus der Alten. Sie machte sich also auf den Weg dorthin. Die weise Frau tröstete sie und gab ihr diesmal ein goldenes Spinnrad. Sie sagte: »Es ist noch nicht alles geschafft. Warte bis Vollmond, dann nimm das Spinnrad, setze dich an das Ufer und spinne die Spule voll. Wenn du fertig bist, stelle das Spinnrad ans Wasser und du wirst sehen, was geschieht.«

Die Frau befolgte alles genau. Sobald der Vollmond sich zeigte, trug sie das goldene Spinnrad an das Ufer und spann, bis der Flachs zu Ende und die Spule mit dem Faden voll war. Kaum aber stand das Spinnrad am Ufer, kam ein noch heftigeres Brausen als sonst aus der Tiefe, eine mächtige Welle näherte sich schnell und nahm das Rad mit.

Die Nixe im Teich

Im selben Augenblick tauchte mit einem Wasserstrahl erst der Kopf und dann der ganze Mann auf. Schnell sprang er ans Ufer, nahm seine Frau an der Hand und lief mit ihr weg. Kaum hatten sie sich etwas entfernt, erhob der ganze Weiher sich mit entsetzlichem Brausen und strömte mit reißender Gewalt auf das weite Feld. Schon sahen die Fliehenden ihren Tod vor Augen. In ihrer Angst rief die Frau die Hilfe der Alten an und schon waren sie verwandelt: sie in eine Kröte, er in einen Frosch. Die Flut erreichte sie zwar, konnte sie aber nicht töten. Allerdings riss sie die beiden auseinander und trug sie weit weg.

Als das Wasser sich verlaufen hatte und beide wieder trockenen Boden unter den Füßen hatten, bekamen sie ihre menschliche Gestalt zurück. Aber keiner wusste, wo der andere war. Sie befanden sich unter fremden Menschen, die ihre Heimat nicht kannten. Hohe Berge und tiefe Täler lagen zwischen ihnen. Um zu überleben, mussten beide Schafe hüten. Traurig und voll Sehnsucht trieben sie viele Jahre lang ihre Herden durch Feld und Wald.

Als es wieder einmal Frühling wurde, zogen beide am selben Tag mit ihren Herden aus und der Zufall wollte es, dass sie sich begegneten. Er erblickte an einem fernen Berghang eine Herde und trieb seine Schafe ebenfalls dorthin. Sie erkannten sich jedoch nicht, trotzdem freuten sie sich, dass sie nicht mehr so einsam waren. Von nun an trieben sie jeden Tag ihre Herden nebeneinander her. Sie redeten nicht viel, aber sie fühlten sich ein wenig getröstet. Als der Vollmond eines Abends am Himmel schien und die Schafe schon schliefen, holte der Schäfer die Flöte aus seiner Tasche und spielte ein schönes, aber trauriges Lied. Als er fertig war, bemerkte er, dass die Schäferin weinte. »Warum weinst du?«, fragte er.

»Ach«, antwortete sie, »der Vollmond schien genauso wie heute, als ich dieses Lied zum letzten Mal auf der Flöte spielte und der Kopf meines Liebsten aus dem Wasser auftauchte.«

Nun sah er sie an und es war, als fiele ihm ein Schleier von den Augen: Er erkannte seine geliebte Frau. Und als der Mond auf sein Gesicht schien und sie ihn anschaute, erkannte sie ihn auch. Sie umarmten und küssten sich. Und es braucht wohl keiner danach zu fragen, ob sie glücklich waren.

Die sieben Schwaben

Es kamen einmal sieben Schwaben zusammen. Der erste war der Herr Schulz, der zweite der Jackli, der dritte der Marli, der vierte der Jergli, der fünfte der Michal, der sechste der Hans, der siebte der Veitli. Alle sieben wollten in die Welt hinausziehen, Abenteuer erleben und Heldentaten vollbringen. Damit sie auf ihrer Reise sicher waren, ließen sie sich einen dicken und langen Spieß machen.

Diesen Spieß trugen sie alle sieben zusammen. Vorne ging Herr Schulz als der Mutigste und dann folgten die anderen der Reihe nach. Veitli war der Letzte.

Als sie einmal im Herbst weit gegangen waren und noch ein gutes Stück bis in das nächste Dorf hatten, wo sie übernachten konnten, flog in der Dämmerung ein großer Rosskäfer oder eine Hornisse hinter einer Staude vorbei und brummte feindlich.

Herr Schulz erschrak so, dass er den Spieß fast hätte fallen lassen und ihm der Angstschweiß ausbrach. »Horcht«, rief er seinen Kameraden zu. »Ich höre eine Trommel!«

Jackli, der hinter ihm den Spieß hielt, stieg ich weiß nicht was für ein Geruch in die Nase. Er sagte: »Ohne Zweifel, hier ist etwas, denn ich schmeck das Pulver und den Zündstrick.«

Bei diesen Worten ergriff Herr Schulz die Flucht und sprang, hui, über einen Zaun. Da er aber ausgerechnet auf die Zinken eines Rechens sprang, der vom Heumachen liegen geblieben war, klatschte ihm der Stiel ins Gesicht und gab ihm einen Schlag, der sich gewaschen hatte. »O wei, o wei«, schrie Herr Schulz. »Nimm mich gefangen. Ich ergebe mich, ich ergebe mich!«

Die anderen sechs hüpften auch alle einer über den anderen und schrien: »Ergibst du dich, dann ergeb ich mich auch, ergibst du dich, dann ergeb ich mich auch.«

Als kein Feind da war, der sie fesselte und fortführte, merkten sie schließlich, dass sie sich getäuscht hatten.

Damit niemand davon erfahren würde und sie nicht verspottet würden, schworen sie sich gegenseitig, die Geschichte so lange geheim zu halten, bis einer das Maul aufmachte.

Daraufhin zogen sie weiter. Die zweite Gefahr, in die sie gerieten, kann aber mit der ersten nicht verglichen werden. Nach einigen Tagen führte ihr Weg sie über ein brachliegendes Feld. Ein Hase saß dort in der Sonne und schlief. Er streckte die Ohren in die Höhe und hatte seine großen gläsernen Augen weit offen stehen. Bei dem Anblick des gefährlichen, wilden Tiers, das sie für einen Drachen hielten, erschraken sie. Sie hielten Rat, was zu tun wäre. Denn wenn sie flohen, war zu befürchten, dass das Ungeheuer ihnen nachsetzte und sie alle mit Haut und Haar verschlang. Also sagten sie: »Dann müssen wir eben kämpfen. Frisch gewagt ist halb gewonnen!« Sie ergriffen alle sieben den Spieß, Herr Schulz vorne und Veitli hinten. Herr Schulz wollte noch warten. Veitli aber war hinten ganz mutig geworden. Er wollte losbrechen und rief:

>>Stoß zu in aller Schwabe Name,
sonst wünsch i, dass ihr möcht erlahme.<<

Aber Hans wusste, wie man ihn treffen konnte, und sagte:

»Beim Element, du hascht gut schwätze,
bischt stets der Letscht beim Drachehetze.«

Michal rief:

»Es wird nit fehle um ei Haar,
so ischt es wohl der Teufel gar.«

Danach kam Jergli an die Reihe und sagte:

»Ischt er es nit, so ischt's sei Mutter
oder des Teufels Stiefbruder.«

Marli hatte einen guten Gedanken und sagte zu Veitli:

»Gang, Veitli, gang, gang du voran,
i will dahinte vor di stahn.«

Veitli aber hörte nicht darauf und Jackli sagte:

»Der Schulz, der muss der Erschte sei,
denn ihm gebührt die Ehr allei.«

Da nahm sich Herr Schulz ein Herz und sagte feierlich:

»So zieht denn herzhaft in den Streit,
hieran erkennt man tapfre Leut.«

Da gingen sie alle zusammen auf den Drachen los. Herr Schulz bekreuzigte sich und rief Gott um Beistand an. Als das alles nicht zu helfen schien und er dem Feind immer näher kam, schrie er in großer Angst: »Hau! Hurlehau! Hau! Hauhau!« Davon erwachte der Hase, erschrak und sprang eilig davon. Als Herr Schulz ihn übers Feld flüchten sah, rief er voll Freude:

»Potz, Veitli, lueg, lueg, was ischt das?
Das Ungehüer ischt a Has.«

Die sieben Schwaben suchten aber auch weiterhin das Abenteuer und gelangten an die Mosel, die ein moosiger, stiller und tiefer Fluss ist. Über sie führen nicht viele Brücken, sondern man muss sich oft mit Schiffen übersetzen lassen. Weil die sieben das nicht wussten, fragten sie einen Mann, der auf der anderen Seite des Flusses arbeitete, wie man dort hinüberkomme. Der Mann verstand wegen der großen Entfernung und wegen ihres Dialekts nicht, was sie wollten. In seinem Triererisch fragte er: »Wat? Wat?«

Da glaubte Herr Schulz, er würde »Wate, wate durchs Wasser« sagen. Weil er der Vorderste war, machte er sich auf den Weg und ging in die Mosel hinein. Bald versank er im Schlamm und in den tiefen Wellen. Seinen Hut aber jagte der Wind hinüber an das gegenüberliegende Ufer. Ein Frosch setzte sich daneben und quakte: »Wat, wat, wat.«

Die sechs anderen hörten das und sagten: »Unser Kamerad Herr Schulz ruft uns. Wenn er hinüberwaten kann, können wir das auch!« Daraufhin sprangen sie schnell alle zusammen in das Wasser und ertranken. Ein Frosch hat also die sechs ums Leben gebracht und niemand von dem Schwabenbund kam je wieder nach Hause.

Der süße Brei

Es war einmal ein armes, braves Mädchen, das mit seiner Mutter allein lebte. Als sie nichts mehr zu essen hatten, ging das Kind hinaus in den Wald. Dort begegnete es einer alten Frau, die über seine Notlage schon Bescheid wusste. Sie schenkte ihm ein Töpfchen, das guten süßen Hirsebrei kochte, wenn das Mädchen »Töpfchen, koche« sagte. Und wenn es »Töpfchen, steh« sagte, hörte das Töpfchen wieder auf zu kochen.

Das Mädchen brachte den Topf nach Hause zu seiner Mutter und der Hunger hatte ein Ende. Die beiden aßen süßen Brei, sooft sie wollten.

Als das Mädchen eine Zeit lang weg war, sagte die Mutter: »Töpfchen, koche.« Und da kochte ihr das Töpfchen Brei. Sie aß sich satt und wollte, dass das Töpfchen wieder aufhörte. Aber sie wusste den Spruch nicht mehr. Also kochte das Töpfchen weiter, bis der Brei über den Rand stieg. Bald war die Küche und das ganze Haus voll, dann das zweite Haus und schließlich sogar die Straße. Es war, als wollte das Töpfchen die ganze Welt satt machen, als herrschte die größte Hungersnot und kein Mensch wüsste sich mehr zu helfen. Als nur noch ein einziges Haus übrig war, kam endlich das Kind nach Hause. Es sagte nur: »Töpfchen, steh«, und schon hörte es auf zu kochen. Und jeder, der in die Stadt wollte, musste sich durchessen.

Der alte Großvater und der Enkel

Es war einmal ein steinalter Mann, der fast blind und taub war und dem die Knie zitterten. Wenn er bei Tisch saß, konnte er den Löffel kaum halten. Deshalb verschüttete er immer etwas Suppe auf das Tischtuch und außerdem floss ihm hin und wieder etwas aus dem Mund. Sein Sohn und dessen Frau ekelten sich davor. Deswegen musste sich der alte Großvater hinter den Ofen in die Ecke setzen. Sie gaben ihm sein Essen in einer Tonschüssel, allerdings nur so wenig, dass er davon nicht einmal satt wurde. Da sah er traurig zu dem Tisch hinüber und die Augen wurden ihm nass.

Einmal konnten seine zittrigen Hände das Schüsselchen nicht mehr festhalten. Es fiel zur Erde und zerbrach. Die junge Frau schimpfte, er aber sagte nichts und seufzte nur. Da kaufte sie ihm ein hölzernes Schüsselchen für ein paar Heller, aus dem er essen musste. Als sie so dasaßen, sammelte der kleine vierjährige Enkel dünne Bretter zusammen.

»Was machst du da?«, fragte der Vater.

»Ich mache einen Trog«, antwortete das Kind. »Daraus sollen Vater und Mutter essen, wenn ich groß bin.«

Da sahen sich der Mann und die Frau eine Weile an und fingen schließlich an zu weinen. Sofort holten sie den alten Großvater an den Tisch zurück und ließen ihn von nun an immer mitessen. Sie sagten auch nichts, wenn er ein wenig verschüttete.

Die klugen Leute

Eines Tages holte ein Bauer seinen Stock aus der Ecke und sagte zu seiner Frau: »Trine, ich gehe jetzt und komme erst in drei Tagen wieder zurück. Wenn der Viehhändler in der Zwischenzeit aufkreuzt, kannst du ihm ruhig unsere drei Kühe verkaufen. Aber gib sie nicht für weniger als zweihundert Taler her, hörst du.«

»Geh nur in Gottes Namen«, antwortete die Frau. »Ich mache das schon.«

»Ja, du!«, sagte der Mann. »Du bist als ein kleines Kind einmal auf den Kopf gefallen. Das merkt man immer noch. Aber eins sage ich dir, machst du Dummheiten, dann streiche ich dir den Rücken blau an, und das ohne Farbe, bloß mit dem Stock, den ich da in der Hand habe. Und der Anstrich wird ein ganzes Jahr halten, darauf kannst du dich verlassen.« Nach diesen Worten ging der Mann davon.

Am nächsten Morgen kam der Viehhändler und die Frau brauchte nicht lange zu verhandeln.

Als der Händler sich die Kühe angesehen hatte und den Preis hörte, sagte er: »Das gebe ich gerne. Das ist ein guter Preis. Ich nehme die Tiere gleich mit.« Er machte sie von der Kette los und trieb sie aus dem Stall.

Als er gerade zum Hoftor hinauswollte, packte ihn die Frau am Ärmel und sagte: »Ihr müsst mir erst die zweihundert Taler geben, sonst kann ich Euch nicht gehen lassen.«

»Richtig«, antwortete der Mann. »Ich habe allerdings vergessen, meine Geldkatze umzuschnallen. Aber macht Euch keine Sorgen. Zwei Kühe nehme ich mit und die dritte lasse ich Euch als Pfand da. Dann habt Ihr eine Sicherheit, dass ich auch wirklich zahle.«

Der Frau leuchtete das ein. Sie ließ den Mann mit seinen Kühen ziehen und dachte: Wie wird sich Hans freuen, dass ich mich so klug angestellt habe!

Der Bauer kam nach drei Tagen wieder nach Hause und fragte gleich, ob die Kühe verkauft seien.

»Natürlich, lieber Hans«, antwortete die Frau. »Und wie du gesagt hast, für zweihundert Taler. So viel sind sie kaum wert, aber der Mann nahm sie ohne Widerrede.«

»Wo ist das Geld?«, fragte der Bauer.

»Das Geld, das habe ich nicht«, antwortete die Frau. »Der Viehhändler hatte seine Geldkatze vergessen. Er wird es uns aber bald bringen, denn er hat mir ein gutes Pfand zurückgelassen.«

»Was für ein Pfand?«, fragte der Mann.

»Eine von den drei Kühen. Der Händler kriegt sie erst, wenn er die anderen bezahlt hat. Ich war so klug und habe die kleinste zurückbehalten, die am wenigsten frisst.«

Der Mann wurde zornig und hob seinen Stock, um der Frau damit den angedrohten Anstrich zu verpassen. Plötzlich ließ er ihn sinken und sagte: »Du bist die dümmste Gans, die auf Gottes Erde herumwackelt, aber du tust mir leid. Ich werde drei Tage auf der Landstraße warten, ob ich jemanden finde, der noch dümmer ist als du. Wenn ja, lasse ich es gut sein. Wenn nicht, bekommst du den Lohn, den du verdienst, ohne Abzug.«

Er ging hinaus auf die große Straße, setzte sich auf einen Stein und wartete auf das, was kommen würde. Da sah er einen Leiterwagen heranfahren und eine Frau stand mitten darauf, statt auf dem Bündel Stroh zu sitzen, das dabeilag, oder neben den Ochsen zu gehen und sie zu führen. Der Mann dachte: Das ist wohl eine, wie du sie suchst. Er sprang auf und lief vor dem Wagen hin und her wie einer, der nicht ganz bei Verstand ist.

»Was wollt Ihr?«, sagte die Frau zu ihm. »Ich kenne Euch nicht. Wo kommt Ihr her?«

»Ich bin vom Himmel gefallen«, antwortete der Mann, »und weiß nicht, wie ich wieder zurückkommen soll. Könnt Ihr mich nicht hinauffahren?«

»Nein«, sagte die Frau, »ich kenne den Weg nicht. Aber wenn Ihr aus dem Himmel kommt, dann könnt Ihr mir bestimmt sagen, wie es meinem Mann geht, der schon seit drei Jahren dort ist. Ihr habt ihn doch sicher gesehen?«

»Ich habe ihn zwar gesehen, aber es kann nicht allen Menschen gut gehen. Er hütet die Schafe und das liebe Vieh macht ihm sehr zu schaffen. Es springt auf die Berge und verirrt sich in der Wildnis. Dann muss er jedes Mal hinterherlaufen und es wieder zusammentreiben. Außerdem sieht er ganz schön heruntergekommen aus und die Kleider werden ihm bald vom Leib fallen. Schneider gibt es dort nicht, denn der heilige Petrus lässt keinen hinein.«

»Wer hätte das gedacht!«, rief die Frau. »Wisst Ihr was? Ich will seine Sonntagskleider holen, die noch zu Hause im Schrank hängen. Die kann er dort ruhig tragen. Seid so gut und nehmt die Sachen mit.«

»Das geht nicht«, antwortete der Bauer. »Kleider darf man nicht in den Himmel mitnehmen. Die werden einem vor dem Tor abgenommen.«

»Passt auf«, sagte die Frau, »ich habe gestern meinen Weizen verkauft und ein ordentliches Sümmchen Geld dafür bekommen. Das schicke ich ihm. Wenn Ihr den Beutel in die Tasche steckt, merkt es kein Mensch.«

»Wenn es sein muss«, erwiderte der Bauer, »will ich Euch eben den Gefallen tun.«

»Bleibt nur da sitzen«, sagte sie. »Ich fahre schnell nach Hause und hole den Beutel. Ich bin bald wieder hier. Ich setze mich nicht auf das Stroh, sondern stehe auf dem Wagen, dann ist es für das Vieh leichter.« Sie trieb ihre

Die klugen Leute

Ochsen an und der Bauer dachte: Die scheint nicht ganz richtig im Kopf zu sein. Bringt sie das Geld wirklich, hat meine Frau Glück und kriegt keine Schläge.

Es dauerte nicht lange, da kam sie angelaufen, brachte das Geld und steckte es ihm eigenhändig in die Tasche. Bevor sie wegging, bedankte sie sich bei ihm noch tausendmal für seine Gefälligkeit.

Als die Frau wieder bei sich zu Hause eintraf, war ihr Sohn von der Feldarbeit zurückgekehrt. Sie erzählte ihm, was sie erlebt hatte, und setzte dann hinzu: »Ich freue mich, dass ich meinem armen Mann etwas schicken konnte. Wer hätte gedacht, dass es ihm im Himmel an etwas fehlen würde?«

Der Sohn wunderte sich. »Mutter«, sagte er, »so jemanden aus dem Himmel trifft man nicht alle Tage. Ich sehe gleich einmal nach, ob ich den Mann noch finde. Er muss mir erzählen, wie es dort aussieht und wie es mit der Arbeit läuft.« Er sattelte das Pferd und ritt, so schnell es ging, davon. Er fand den Bauer, wie er unter einem Weidenbaum saß und gerade das Geld zählen wollte, das im Beutel war.

»Habt Ihr den Mann gesehen«, rief ihm der Junge zu, »der aus dem Himmel gekommen ist?«

»Ja«, antwortete der Bauer, »der hat sich wieder auf den Rückweg gemacht und ist den Berg dort hinaufgegangen, von wo er es nicht mehr so weit hat. Ihr könnt ihn noch einholen, wenn Ihr Euch beeilt.«

»Ach«, sagte der Junge, »ich habe mich den ganzen Tag abgehetzt und der Ritt hierher hat mir den Rest gegeben. Ich kann nicht mehr. Ihr kennt den Mann doch. Seid also bitte so gut und nehmt mein Pferd. Reitet zu ihm und überredet ihn, dass er hierherkommt.«

Aha, dachte der Bauer, das ist auch einer, der keinen Docht in seiner Lampe hat. »Warum sollte ich Euch den Gefallen nicht tun?«, sagte er, stieg auf das Pferd und ritt in schnellem Trab davon.

Der Junge blieb sitzen, bis die Nacht anbrach, aber der Bauer kam nicht zurück. Bestimmt, dachte er, hatte der Mann aus dem Himmel es sehr eilig und wollte nicht umkehren. Der Bauer hat ihm dann sicher das Pferd für meinen Vater mitgegeben.

Er ging nach Hause und erzählte seiner Mutter, was geschehen war: Das

Die klugen Leute

Pferd habe er dem Vater geschickt, damit er nicht immer zu Fuß herumlaufen müsse.

»Das hast du gut gemacht«, antwortete sie. »Du hast ja noch junge Beine. Dir macht es nichts aus, zu Fuß zu gehen.«

Wieder zu Hause stellte der Bauer das Pferd in den Stall neben die verpfändete Kuh. Dann ging er zu seiner Frau und sagte: »Trine, du hattest Glück! Ich habe zwei gefunden, die noch dümmer sind als du. Diesmal kommst du ohne Schläge davon. Ich spare sie für eine andere Gelegenheit auf.« Dann zündete er seine Pfeife an, setzte sich in den Großvaterstuhl und sagte: »Das war ein gutes Geschäft, für zwei magere Kühe ein Pferd und noch einen dicken Beutel voll Geld obendrauf. Wenn die Dummheit immer so viel einbrächte, würde ich sie hoch achten.« So dachte der Bauer, aber dir sind bestimmt die Dummen lieber.

Die vier kunstreichen Brüder

Es war einmal ein armer Mann, der vier Söhne hatte. Als sie herangewachsen waren, sagte er zu ihnen: »Liebe Kinder, ihr müsst jetzt hinaus in die Welt. Ich habe nichts, was ich euch geben könnte. Geht in die Fremde, lernt ein Handwerk und seht, wie ihr euch durchschlagt.«

Da ergriffen die vier Brüder den Wanderstab, nahmen Abschied von ihrem Vater und zogen zusammen zum Tor hinaus. Als sie eine Zeit lang gewandert waren, kamen sie an eine Kreuzung, an der die Straßen in vier verschiedene Richtungen führten.

Der Älteste sagte: »Hier müssen wir uns trennen, aber heute in vier Jahren wollen wir uns an dieser Stelle wiedertreffen. In der Zwischenzeit versuchen wir, unser Glück zu machen.«

Nun ging jeder seines Weges. Dem Ältesten begegnete bald darauf ein Mann, der ihn fragte, wo er hinwolle und was er vorhabe.

»Ich will ein Handwerk lernen«, antwortete er.

Da sagte der Mann: »Geh mit mir und werde ein Dieb.«

»Nein«, antwortete er, »das ist kein ehrliches Handwerk. Das Ende vom Lied wird sein, dass ich als Glockenschwengel in der Luft baumle.«

»O«, sagte der Mann, »vor dem Galgen brauchst du dich nicht zu fürchten. Ich lehre dich, wie du dir holst, was sonst kein Mensch kriegen kann, und wie dir niemand auf die Spur kommt.«

Da ließ der älteste Bruder sich überreden, ging bei dem Mann in die Lehre und wurde ein so geschickter Dieb, dass nichts, was er haben wollte, vor ihm sicher war.

Der zweite Bruder begegnete einem Mann, der ebenfalls fragte, was er lernen wolle.

»Ich weiß es noch nicht«, antwortete er.

»Dann geh mit mir und werde ein Sternengucker. Es gibt nichts Besseres, denn es bleibt einem nichts verborgen.«

Der zweite Bruder ließ sich überzeugen und wurde ein geschickter Sternengucker. Als er ausgelernt hatte und weiterziehen wollte, gab ihm sein Meister sogar ein Fernrohr und sagte: »Damit kannst du sehen, was auf der

Erde und am Himmel alles vor sich geht. Nichts bleibt dir damit verborgen.«

Den dritten Bruder nahm ein Jäger in die Lehre und unterrichtete ihn umfassend in der Jägerei. Der Meister schenkte ihm zum Abschied eine Büchse und sagte: »Damit verfehlst du nichts, was du anvisierst.«

Der jüngste Bruder begegnete ebenfalls einem Mann, der ihn anredete und nach seinen Plänen fragte.

»Hast du nicht Lust, ein Schneider zu werden?«

»Ich weiß nicht«, sagte der Junge. »Von morgens bis abends krumm dasitzen, mit der Nadel hin und her fegen und bügeln, das liegt mir gar nicht.«

»Ach was«, antwortete der Mann, »du hast ja keine Ahnung. Bei mir lernst du eine ganz andere Schneiderkunst. Sie ist zum Teil sehr ehrenvoll.«

Da ließ er sich überreden, ging mit und lernte das Schneiderhandwerk. Zum Abschied gab ihm der Mann eine Nadel und sagte: »Damit kannst du alles zusammennähen, sei es so weich wie ein Ei oder so hart wie Stahl. Und es wird zu einem Stück verschmelzen, sodass keine Naht zu sehen ist.«

Als die vier Jahre vorüber waren, kamen die vier Brüder wieder an der Weggabelung zusammen. Sie umarmten und küssten sich und kehrten anschließend zurück zu ihrem Vater.

»Nun«, sagte dieser glücklich, »hat euch der Wind wieder zu mir geweht?«

Sie erzählten, wie es ihnen ergangen war und dass jeder ein Handwerk gelernt habe. Als sie gerade vor dem Haus unter einem großen Baum saßen, sagte der Vater: »Jetzt stelle ich euch einmal auf die Probe, um zu sehen, was ihr könnt.« Nach diesen Worten schaute er nach oben und sagte zu dem zweiten Sohn: »Oben im Baumwipfel befindet sich zwischen zwei Ästen ein Buchfinkennest. Kannst du mir sagen, wie viele Eier darin liegen?«

Der Sternengucker schaute mit seinem Fernglas hinauf und sagte: »Fünf sind es.«

Daraufhin sagte der Vater zum Ältesten: »Hol die Eier herunter, ohne dass der Vogel, der darauf sitzt und brütet, gestört wird.«

Der Dieb stieg flink hinauf und nahm dem Vogel, der gar nichts merkte und ruhig sitzen blieb, die fünf Eier unter dem Hintern weg. Dann brachte er sie dem Vater herunter.

Die vier kunstreichen Brüder

Der Vater nahm sie und legte sie auf den Tisch, an jede Ecke eins und das fünfte in die Mitte. Nun sagte er zum Jäger: »Schieß mit einem Schuss die fünf Eier in der Mitte entzwei.«

Der Jäger legte seine Büchse an und zerschoss alle fünf Eier, wie es der Vater verlangt hatte, und zwar mit einem Schuss. Er hatte wahrscheinlich Pulver, das um die Ecke schießt.

»Nun kommst du an die Reihe«, sagte der Vater zu dem vierten Sohn. »Näh die Eier und die jungen Vögelchen, die darin sind, wieder zusammen. Und zwar so, dass ihnen der Schuss nicht schadet.« Der Schneider holte seine Nadel und nähte, wie es der Vater verlangt hatte.

Als er fertig war, musste der Dieb die Eier wieder auf den Baum ins Nest tragen und unter den Vogel legen, ohne dass der etwas merkte. Das Tierchen brütete sie aus und nach ein paar Tagen schlüpften die Jungen. Sie hatten da, wo sie der Schneider zusammengenäht hatte, ein rotes Streifchen um den Hals.

»Ja«, sagte der Alte zu seinen Söhnen, »ich muss euch über den grünen Klee loben! Ihr habt eure Zeit gut genutzt und etwas Anständiges gelernt. Ich kann gar nicht sagen, wer von euch der Beste ist. Bestimmt habt ihr bald Gelegenheit, euer Können zu zeigen. Dann wird es sich herausstellen, wer am geschicktesten ist.«

Kurz darauf brach große Aufregung im ganzen Land aus. Es hieß, die Königstochter sei von einem Drachen entführt worden. Der König machte sich Tag und Nacht Sorgen. Er ließ bekannt machen, wer sie zurückbrächte, sollte sie zur Frau bekommen.

Die vier Brüder sagten sich: »Das ist eine gute Gelegenheit, wo wir uns beweisen können!« Sie wollten zusammen losziehen, um die Königstochter zu befreien.

»Wo sie ist, werde ich bald wissen«, sagte der Sternengucker und schaute durch sein Fernrohr. »Ich sehe sie schon: Sie ist weit weg von hier und sitzt auf einem Felsen im Meer. Neben ihr ist der Drache, der sie bewacht.« Daraufhin bat er den König um ein Schiff für sich und seine Brüder und fuhr mit ihnen über das Meer, bis sie zu dem Felsen kamen. Die Königstochter saß da, während der Drache in ihrem Schoß lag und fest schlief.

Die vier kunstreichen Brüder

Der Jäger sagte: »Ich kann nicht schießen, denn ich würde sonst die schöne junge Frau töten.«

»Dann will ich mein Glück versuchen«, sagte der Dieb. Er schlich sich an und stahl die Königstochter unter dem Drachen weg, aber so leise und behänd, dass das Ungeheuer nichts merkte, sondern einfach weiterschnarchte.

Die Brüder eilten voll Freude mit der schönen Frau aufs Schiff und steuerten in die offene See. Als der Drache bei seinem Erwachen die Königstochter nicht mehr vorfand, kam er hinter ihnen her und schnaubte wütend durch die Luft. Er schwebte über dem Schiff und wollte sich gerade herablassen, da legte der Jäger seine Büchse an und schoss ihm mitten ins Herz. Das Ungeheuer fiel tot vom Himmel. Es war aber so groß, dass es das ganze Schiff zertrümmerte. Mit Glück erhaschten die Brüder und die Königstochter noch ein paar Bretter und trieben damit auf dem weiten Meer umher. Sie schwebten in großer Gefahr, aber der Schneider war nicht faul und nahm seine Zaubernadel. Schnell nähte er die Bretter mit ein paar großen Stichen zusammen, setzte sich darauf und sammelte alle Teile des Schiffs auf. Dann nähte er alles so geschickt zusammen, dass das Schiff in kurzer Zeit wieder segelfertig war und sie glücklich nach Hause fahren konnten.

Als der König seine Tochter wiederhatte, freute er sich gewaltig. Er sagte zu den vier Brüdern: »Einer von euch soll sie zur Frau bekommen. Macht unter euch aus, wer.«

Da entstand ein heftiger Streit unter ihnen, denn jeder erhob Anspruch auf die Königstochter.

Der Sternengucker sagte: »Hätte ich mit meinem Fernrohr nicht herausgefunden, wo die Königstochter sich befindet, hätten all eure Künste nichts genützt. Deshalb steht sie mir zu.«

Der Dieb sagte: »Was hätte das geholfen, wenn ich sie nicht von dem Drachen weggeholt hätte. Deshalb steht sie mir zu.«

Der Jäger sagte: »Hätte ich das Ungeheuer nicht erschossen, hätte es euch samt der Königstochter zerrissen. Deshalb steht sie mir zu.«

Der Schneider sagte: »Und hätte ich das Schiff nicht wieder zusammengeflickt, wärt ihr alle jämmerlich ertrunken. Deshalb steht sie mir zu.«

Da traf der König eine Entscheidung: »Jeder von euch hat das gleiche

Anrecht auf meine Tochter. Aber weil nicht jeder von euch vieren sie haben kann, soll sie keiner bekommen. Stattdessen gebe ich einem jeden zur Belohnung einen Teil des Königreichs.«

Die Brüder waren mit dieser Entscheidung zufrieden und sie sagten: »Es ist besser so, als dass wir uns zerstreiten.« Daraufhin erhielt jeder einen Teil des Königreichs und sie lebten mit ihrem Vater glücklich bis zu ihrem Tode.

Vom klugen Schneiderlein

Es war einmal eine Prinzessin, die sehr hochmütig war. Kam jemand, der um ihre Hand anhalten wollte, gab sie ihm eine Rätselaufgabe auf. Wenn er sie nicht lösen konnte, wurde er verspottet und weggeschickt. Sie ließ auch bekannt geben, wer ihr Rätsel löste, sollte sie zur Frau bekommen, egal um wen es sich dabei handelte. Schließlich fanden sich auch drei Schneider zusammen. Die zwei ältesten meinten, sie hätten beim Nähen mit der Nadel schon so oft gut getroffen, also müssten sie auch hier einen Treffer landen. Der dritte war ein kleiner unnützer Springinsfeld, der nicht einmal sein Handwerk richtig beherrschte. Aber er glaubte fest an sein Glück, denn ansonsten hatte er nichts zu bieten. Da sagten die zwei anderen zu ihm: »Bleib nur zu Hause, du kommst mit deinem bisschen Verstand sowieso nicht weit.«

Der Schneider ließ sich aber nicht beirren und sagte, er habe es sich nun einmal in den Kopf gesetzt und werde sich schon zu helfen wissen. Er zog los, als gehörte ihm die ganze Welt.

Also meldeten sich alle drei bei der Prinzessin und sagten, sie solle ihnen ihr Rätsel vorlegen. Sie seien die Richtigen, um es zu lösen. Denn sie hätten einen so feinen Verstand, dass man ihn durch ein Nadelöhr fädeln könne.

Da sagte die Prinzessin: »Ich habe zweierlei Haar auf dem Kopf. Welche Farben hat es?«

»Wenn es weiter nichts ist!«, sagte der Erste. »Schwarz und weiß wie der Stoff mit dem Muster, das man ›Kümmel und Salz‹ nennt.«

Die Prinzessin sagte: »Falsch geraten! Der Zweite soll antworten.«

Da sagte der Zweite: »Wenn es nicht schwarz und weiß ist, dann ist es braun und rot wie der Sonntagsanzug meines Herrn Vaters.«

»Falsch geraten!«, sagte die Prinzessin. »Nun soll der Dritte antworten. Ich sehe ihm an, dass er es mit Sicherheit weiß.«

Daraufhin trat das Schneiderlein keck nach vorne und sagte: »Die Prinzessin hat ein silbernes und ein goldenes Haar auf dem Kopf. Das sind die zweierlei Farben.«

Als die Prinzessin das hörte, wurde sie blass, ja beinahe wäre sie sogar vor

Schrecken umgefallen, denn das Schneiderlein hatte ins Schwarze getroffen. Dabei hatte sie fest geglaubt, kein Mensch auf der Welt würde das herausbringen. Als sie sich wieder gefasst hatte, sagte sie: »Damit hast du mich noch nicht gewonnen. Du musst noch eine Aufgabe erfüllen. Unten im Stall liegt ein Bär. Dort musst du die Nacht verbringen. Wenn ich morgen aufstehe und du lebst noch, darfst du mich heiraten.« Damit wollte sie das Schneiderlein jedoch nur loswerden, denn der Bär hatte noch keinen Menschen am Leben gelassen, der ihm unter die Tatzen gekommen war.

Das Schneiderlein ließ sich allerdings nicht abschrecken. Es war ganz fröhlich und sagte: »Frisch gewagt ist halb gewonnen.«

Als es Abend war, wurde das Schneiderlein zum Bären hinuntergebracht. Der Bär wollte auch gleich auf den kleinen Kerl losstürzen und ihn mit seiner Tatze willkommen heißen.

»Sachte, sachte«, sagte das Schneiderlein. »Ich werde dich schon bändigen!« Da holte es ganz langsam, als hätte es keine Sorgen, Nüsse aus der Tasche, biss sie auf und aß die Kerne.

Als der Bär das sah, bekam er Appetit und wollte auch Nüsse haben. Das Schneiderlein griff in die Tasche und reichte ihm eine Handvoll. Es waren aber keine Nüsse, sondern harte Steine. Der Bär steckte sie ins Maul, konnte sie aber nicht aufbeißen, sosehr er sich auch bemühte. Ei, dachte er, was bist du für ein dummer Klotz! Kannst nicht einmal die Nüsse aufbeißen. Also sagte er zum Schneiderlein: »Sei so gut, beiß mir die Nüsse auf.«

»Da siehst du, was du für ein Held bist«, sagte das Schneiderlein. »Du hast so ein großes Maul und kannst die kleine Nuss nicht aufbeißen.« Und es nahm die Steine, tauschte schnell einen durch eine Nuss aus, steckte diese in den Mund und knack! war sie offen.

»Ich muss es noch einmal probieren«, sagte der Bär. »Wenn ich es mir so ansehe, müsste ich das doch bestimmt auch können.«

Da gab ihm das Schneiderlein wieder Wackersteine und der Bär biss aus Leibeskräften hinein. Aber du glaubst nicht, dass er sie aufgebracht hat! Danach holte das Schneiderlein eine Violine unter dem Mantel hervor und spielte ein Stückchen.

Als der Bär die Musik vernahm, konnte er es nicht lassen und fing an zu tanzen. Nach einer Weile sagte er zum Schneiderlein, weil ihm die Musik so gut gefiel: »Ist das Geigen eigentlich schwer?«

»Kinderleicht, schau, mit der Linken leg ich die Finger auf und mit der Rechten streich ich mit dem Bogen drauflos. Und schon wird es lustig, hopsasa, fiderallalla!«

»Geigen«, sagte der Bär, »das möchte ich auch können. Dann könnte ich immer tanzen, wenn ich Lust hätte. Was meinst du dazu? Willst du mir Unterricht geben?«

»Von Herzen gern«, sagte das Schneiderlein, »wenn du Talent hast. Aber zeig einmal deine Tatzen her, die sind ganz schön lang. Ich muss dir die Nägel ein wenig abschneiden.« Da ließ er sich einen Schraubstock bringen und der Bär legte seine Tatzen darauf. Das Schneiderlein schraubte sie fest und sagte: »Warte, bis ich mit der Schere komme.« Dann konnte der Bär brummen, so viel er wollte. Das Schneiderlein legte sich einfach in die Ecke auf ein Bündel Stroh und schlief ein.

Als die Prinzessin den Bären abends so laut brummen hörte, nahm sie an, er brumme vor Freude, weil er dem Schneider den Garaus gemacht habe.

Am nächsten Morgen stand sie vergnügt auf und machte sich keine Sorgen. Als sie aber in den Stall gucken wollte, stand das Schneiderlein davor, gesund und munter wie ein Fisch im Wasser. Da sie es öffentlich versprochen hatte, konnte sie nun kein Wort mehr dagegen sagen, das Schneiderlein zu heiraten. Der König ließ einen Wagen kommen, in dem sie mit dem Schneiderlein zur Kirche fahren musste, um vermählt zu werden.

Sobald sie eingestiegen waren, gingen die beiden anderen Schneider, die falsch waren und ihrem Kameraden das Glück nicht gönnten, in den Stall und schraubten den Bären los. Der Bär rannte in voller Wut hinter dem Wagen her. Die Prinzessin hörte ihn schnauben und brummen. Sie bekam Angst und rief: »Ach, der Bär ist hinter uns und will dich holen.«

Das Schneiderlein war schnell. Es stellte sich auf den Kopf, streckte die Beine zum Fenster hinaus und rief: »Siehst du den Schraubstock? Wenn du nicht abhaust, musst du wieder hinein.«

Als der Bär das sah, drehte er um und lief davon. Mein Schneiderlein fuhr daraufhin in aller Ruhe in die Kirche und wurde mit der Prinzessin vermählt. Er lebte mit ihr glücklich wie eine Heidelerche. Wer es nicht glaubt, bezahlt einen Taler.

Simeliberg

Es waren einmal zwei Brüder, von denen einer reich und der andere arm war. Der Reiche aber gab dem Armen nichts ab und der musste sich seinen kümmerlichen Lebensunterhalt verdienen, indem er mit Korn handelte. Oft ging es ihm so schlecht, dass er für seine Frau und Kinder nicht einmal mehr genug Brot hatte. Als er einmal mit seinem Karren durch den Wald fuhr, erblickte er an der Seite einen großen, kahlen Berg. Weil er ihn noch nie zuvor gesehen hatte, hielt er an und betrachtete ihn verwundert. Als er so dastand, sah er plötzlich zwölf große wilde Männer daherkommen. Er glaubte, es seien Räuber, und schob seinen Karren ins Gebüsch. Dann stieg er auf einen Baum und wartete ab, was geschehen würde.

Die zwölf Männer stellten sich vor den Berg und riefen: »Berg Semsi, Berg Semsi, öffne dich.« Sogleich öffnete sich der kahle Berg in der Mitte und die zwölf gingen hinein. Sobald sie drinnen waren, schloss sich der Berg wieder. Nach einer kurzen Weile aber ging er erneut auf. Die Männer kamen heraus und trugen schwere Säcke auf den Rücken. Als sie alle wieder im Freien waren, sprachen sie: »Berg Semsi, Berg Semsi, schließe dich.« Da schloss sich der Berg, sodass kein Eingang mehr zu erkennen war, und die zwölf gingen weg.

Als nichts mehr von ihnen zu sehen war, stieg der Arme vom Baum herunter und wollte wissen, was wohl da im Berg verborgen lag. Also stellte er sich davor und sagte: »Berg Semsi, Berg Semsi, öffne dich.« Und der Berg öffnete sich auch tatsächlich vor ihm. Also ging er hinein. Das Innere des Berges war eine Höhle, die voll Silber und Gold war und an deren hinterem Ende große Haufen Perlen und blitzende Edelsteine wie Korn aufgeschüttet lagen. Der Arme wusste gar nicht, was er tun sollte und ob er sich etwas von den Schätzen nehmen durfte. Schließlich füllte er seine Taschen mit Gold, die Perlen und Edelsteine aber ließ er liegen. Als er wieder herauskam, sagte er ebenfalls: »Berg Semsi, Berg Semsi, schließe dich.« Da schloss sich der Berg und der Mann fuhr mit seinem Karren nach Hause.

Nun musste er sich keine Sorgen mehr machen und konnte mit seinem Gold für Frau und Kind Brot und sogar Wein kaufen. Er lebte glücklich, spendete für die Armen und tat viel Gutes. Als aber das Geld zu Ende war, ging er zu seinem Bruder, lieh sich einen Scheffel, mit dem man Getreide misst, und holte sich von Neuem Gold aus dem Berg. Er rührte jedoch nichts von den großen Schätzen an. Als er sich zum dritten Mal Gold holen wollte, borgte er sich bei seinem Bruder wieder den Scheffel. Der Reiche war aber schon lange neidisch auf das Vermögen, zu dem sein Bruder plötzlich gekommen war. Er konnte sich nicht erklären, woher der Reichtum stammte und was sein Bruder mit dem Scheffel anfing. Da dachte er sich eine List aus und bestrich den Boden mit Pech. Als er das Maß zurückbekam, war ein Goldstück darin hängen geblieben. Sofort ging er zu seinem Bruder und fragte ihn: »Was hast du mit dem Scheffel gemessen?«

»Korn und Gerste«, bekam er zur Antwort.

Da zeigte der Bruder ihm das Goldstück und drohte, ihn bei Gericht zu verklagen, wenn er nicht die Wahrheit sagte. Nun erzählte dieser sie ihm. Der Reiche aber ließ sogleich einen Wagen anspannen, fuhr zu dem Berg und wollte die Gelegenheit nutzen, um sich im großen Stil an den Schätzen zu bereichern. Als er vor dem Berg stand, rief er: »Berg Semsi, Berg Semsi, öffne dich.« Der Berg öffnete sich und der Mann ging hinein. Da lagen die Reichtümer alle vor ihm und er wusste lange nicht, wonach er als Erstes greifen sollte. Schließlich lud er Edelsteine auf, so viel er tragen konnte.

Er wollte seine Beute hinausbringen. Weil er an nichts anderes mehr denken konnte als an die kostbaren Schätze, hatte er den Namen des Berges vergessen und rief: »Berg Simeli, Berg Simeli, öffne dich.« Aber das war nicht der richtige Name. Daher regte sich der Berg nicht und blieb verschlossen. Da bekam er Angst, aber je länger er überlegte, desto mehr verwirrten sich seine Gedanken. Nun halfen ihm alle Schätze nichts mehr.

Am Abend öffnete sich der Berg und die zwölf Räuber kamen herein. Als sie den fremden Mann sahen, lachten sie und riefen: »Haben wir dich endlich! Glaubst du, wir hätten nicht bemerkt, dass du schon zweimal hereingekommen bist? Aber wir konnten dich nicht fangen. Zum dritten Mal sollst du uns nicht wieder entwischen!«

Da rief der Mann: »Ich war es nicht, mein Bruder war es!« Aber er konnte um sein Leben bitten und sagen, was er wollte, sie schlugen ihm trotzdem den Kopf ab.

Simeliberg

Der Zaunkönig

Vor langer Zeit hatte jeder Klang noch eine Bedeutung. Wenn der Hammer des Schmieds ertönte, rief er: »Smiet mi to! Smiet mi to!« Wenn der Hobel des Tischlers schnarrte, sagte er: »Dor hast! Dor, dor hast!« Fing das Räderwerk der Mühle an zu klappern, sagte es: »Help, Herr Gott! Help, Herr Gott!« War der Müller ein Betrüger und ließ die Mühle an, sprach sie hochdeutsch und fragte erst langsam: »Wer ist da? Wer ist da?« Dann antwortete sie schnell: »Der Müller! Der Müller!« Schließlich schrie sie ganz geschwind: »Stiehlt tapfer, stiehlt tapfer, vom Achtel drei Sechter.«

Zu dieser Zeit hatten auch die Vögel ihre eigene Sprache, die jeder verstand. Heutzutage klingt es nur noch wie ein Zwitschern, Kreischen und Pfeifen und bei einigen wie Musik ohne Worte. Die Vögel wollten aber eines Tages nicht länger ohne Herrn sein und einen unter sich zu ihrem König wählen. Nur einer von ihnen, der Kiebitz, war dagegen. Frei hatte er gelebt und frei wollte er sterben. Angstvoll hin und her fliegend rief er: »Wo bliew ick? Wo bliew ick?« Er zog sich zurück in einsame Sümpfe und zeigte sich nie mehr unter seinesgleichen.

Die Vögel wollten sich besprechen und an einem schönen Maimorgen kamen sie alle aus Wäldern und Feldern zusammen: Adler und Buchfink, Eule und Krähe, Lerche und Sperling – was soll ich sie alle nennen? Selbst der Kuckuck kam und der Wiedehopf, der so heißt, weil er sich immer ein paar Tage früher hören lässt. Auch ein ganz kleiner Vogel, der noch keinen Namen hatte, mischte sich unter die Schar.

Das Huhn, das von der ganzen Sache nichts mitbekommen hatte und zufällig vorbeikam, wunderte sich über die große Versammlung. »Wat, wat, wat is den dar to don?«, gackerte es. Aber der Hahn beruhigte seine liebe Henne und sagte: »Luter riek Lüd!« Außerdem erzählte er ihr, was sie vorhätten.

Es wurde also beschlossen, dass derjenige König sein sollte, der am höchsten fliegen könnte. Ein Laubfrosch, der im Gebüsch saß, rief, als er das hörte, warnend: »Natt, natt, natt! Natt, natt, natt!« Er meinte nämlich, es würden deshalb viele Tränen vergossen werden.

Die Krähe aber sagte: »Quark ok!« Es sollte alles friedlich abgehen.

Die Vögel einigten sich darauf, gleich an diesem schönen Morgen in die Lüfte aufzusteigen, damit niemand hinterher sagen könnte: »Ich wäre bestimmt noch höher geflogen. Aber da kam der Abend und ich konnte nicht mehr.« Auf ein Zeichen hin erhob sich also die ganze Schar in die Lüfte. Der Staub stieg vom Feld auf, ein gewaltiges Sausen, Brausen und Flügelschlagen war zu hören und es sah aus, als würde eine schwarze Wolke vorbeiziehen. Die kleinern Vögel blieben bald zurück. Sie konnten nicht mehr und landeten wieder auf der Erde. Die größeren hielten länger durch, aber keiner konnte es dem Adler gleichtun. Der stieg so hoch, dass er der Sonne die Augen hätte aushacken können. Und als er sah, dass die anderen nicht zu ihm heraufkonnten, dachte er: Warum sollte ich noch höher fliegen? Ich bin doch sowieso der König. Daraufhin fing er an, sich wieder herabzulassen.

Die Vögel unter ihm riefen ihm alle gleich zu: »Du bist unser König! Keiner ist höher geflogen als du.«

»Mit Ausnahme von mir«, schrie der kleine Kerl ohne Namen, der sich in die Brustfedern des Adlers verkrochen hatte. Und da er nicht müde war, stieg er höher und höher, so hoch, dass er Gott auf seinem Stuhl sitzen sehen konnte. Als er so weit gekommen war, legte er seine Flügel zusammen und ließ sich wieder heruntersinken. Wieder am Boden rief er mit feiner, durchdringender Stimme: »König bün ick! König bün ick!«

»Du unser König?«, schrien die Vögel zornig. »Nur mithilfe einer List hast du es geschafft.« Sie stellten eine andere Bedingung auf: Derjenige sollte ihr König sein, der sich am tiefsten in die Erde fallen lassen konnte. Wie schnell ließ sich da die Gans mit ihrer breiten Brust auf den Boden klatschen! Und wie schnell scharrte da der Hahn ein Loch! Die Ente hatte am meisten Pech. Sie sprang in einen Graben, verrenkte sich dabei die Beine und watschelte zum Teich, während sie rief: »Pracherwerk! Pracherwerk!« Der Kleine ohne Namen suchte ein Mauseloch, schlüpfte hinein und rief mit seiner feinen Stimme heraus: »König bün ick! König bün ick!«

»Du unser König?«, riefen die Vögel noch zorniger. »Meinst du, wir lassen deine Listen gelten?« Sie beschlossen, ihn in seinem Loch gefangen zu halten und auszuhungern. Die Eule musste sich als Wache davorstellen. Sie sollte den Bengel nicht wieder herauslassen, wenn ihr das eigene Leben lieb sei.

Als die Vögel am Abend vom anstrengenden Fliegen müde waren, gingen sie mit Frau und Kind zu Bett. Nur die Eule blieb bei dem Mauseloch stehen und blickte mit ihren großen Augen unverwandt hinein. Inzwischen war sie jedoch auch müde geworden und dachte: Ein Auge kann ich doch bestimmt zumachen, ich kann ja noch mit dem anderen aufpassen, dass der kleine Bösewicht nicht aus seinem Loch herauskommt. Also schloss sie das eine Auge und schaute mit dem anderen starr auf das Mauseloch. Der kleine Kerl guckte mit dem Kopf heraus und wollte schnell davonwischen, aber die Eule erschien sofort und er zog den Kopf wieder zurück. Dann öffnete die Eule das eine Auge wieder und schloss das andere. Auf diese Weise wollte sie die ganze Nacht abwechselnd ein Auge ausruhen lassen. Aber als sie das eine Auge wieder zumachte, vergaß sie, das andere zu öffnen. Sobald beide Augen zu waren, schlief sie ein. Der Kleine merkte das sogleich und schlüpfte aus dem Loch davon.

Seit dieser Zeit darf sich die Eule nicht mehr bei Tag sehen lassen, sonst sind die anderen Vögel hinter ihr her und zerzausen ihr das Fell. Sie fliegt nur nachts aus, hasst Mäuse und verfolgt sie, weil sie so böse Löcher machen. Auch der kleine Vogel lässt sich nicht gerne sehen, denn er fürchtet, dass es ihm an den Kragen geht, wenn er erwischt wird. Er schlüpft zwischen den Zaunpfählen herum, und wenn er sich ganz sicher fühlt, ruft er manchmal: »König bün ick!« Deshalb nennen ihn die anderen Vögel aus Spott Zaunkönig.

Niemand aber freute sich mehr als die Lerche, dass sie dem Zaunkönig nicht gehorchen musste. Immer wenn sich die Sonne blicken lässt, steigt sie in die Lüfte und ruft: »Ach, wo is dat schön! Schön is dat! Schön! Schön! Ach, wo is dat schön!«

Das Waldhaus

Ein armer Holzfäller lebte mit seiner Frau und seinen drei Töchtern in einer kleinen Hütte am Rande eines einsamen Waldes. Eines Morgens, als er wieder an seine Arbeit wollte, sagte er zu seiner Frau: »Das älteste Mädchen soll mir heute mein Mittagsbrot hinaus in den Wald bringen. Ich werde sonst nicht fertig. Und damit die Kleine sich nicht verirrt«, setzte er hinzu, »streue ich Hirsekörner auf den Weg.«

Als die Sonne senkrecht über dem Wald stand, brach das Mädchen mit einem Topf voll Suppe auf. Aber die Feld- und Waldsperlinge, die Lerchen und Finken, die Amseln und Zeisige hatten die Hirse schon längst aufgepickt und das Mädchen konnte den Weg nicht finden.

Da ging es auf gut Glück immer weiter, bis die Sonne sank und die Nacht hereinbrach. Die Bäume rauschten in der Dunkelheit, die Eulen schnarrten und es bekam allmählich Angst. Da erblickte es in der Ferne ein Licht, das zwischen den Bäumen blinkte. Dort wohnen bestimmt Leute, dachte es, bei denen ich über Nacht bleiben kann. Voll Zuversicht ging es auf das Licht zu. Bald kam es an ein Haus, dessen Fenster erleuchtet waren. Es klopfte an und eine raue Stimme rief von innen: »Herein.«

Das Mädchen betrat die dunkle Diele und pochte an die Stubentür.

»Nur herein«, rief die Stimme.

Als das Mädchen die Tür öffnete, saß ein alter eisgrauer Mann an einem Tisch, hatte das Gesicht auf die beiden Hände gestützt und sein weißer Bart floss über den Tisch herunter, fast bis auf die Erde. Am Ofen lagen drei Tiere, ein Hühnchen, ein Hähnchen und eine bunt gescheckte Kuh. Das Mädchen erzählte dem Alten von seinem Unglück und bat um eine Unterkunft für die Nacht.

Der Mann antwortete:

>»Schön Hühnchen,
>schön Hähnchen
>und du schöne bunte Kuh,
>was sagst du dazu?«

»Duks!«, antworteten die Tiere. Das musste wohl heißen: »Wir sind einverstanden«, denn der Alte sagte daraufhin: »Hier ist genug für alle. Geh hinaus an den Herd und koch uns ein Abendessen.«

In der Küche gab es alles im Überfluss und das Mädchen kochte ein leckeres Essen. An die Tiere dachte es allerdings nicht. Es stellte die volle Schüssel auf den Tisch, setzte sich zu dem grauen Mann, aß und stillte seinen Hunger. Als es satt war, sagte es: »Jetzt bin ich müde. Wo ist denn ein Bett, in dem ich schlafen kann?«

Die Tiere antworteten:

>»Du hast mit ihm gegessen,
du hast mit ihm getrunken,
du hast an uns gar nicht gedacht,
nun sieh auch, wo du bleibst die Nacht.«

Da sagte der Alte: »Steig nur die Treppe hinauf. Dort findest du eine Kammer mit zwei Betten. Schüttle sie auf und beziehe sie mit einem weißen Leintuch. Dann komme ich auch, um mich schlafen zu legen.«

Das Mädchen stieg hinauf. Als es die Betten aufgeschüttelt und frisch bezogen hatte, legte es sich in eines, ohne auf den Alten zu warten.

Nach einiger Zeit kam der graue Mann, leuchtete das Mädchen mit dem Licht an und schüttelte den Kopf. Und als er sah, dass es fest schlief, öffnete er eine Falltür und ließ es in den Keller hinunterstürzen.

Der Holzfäller kam am späten Abend nach Hause und machte seiner Frau Vorwürfe, dass sie ihn den ganzen Tag habe hungern lassen.

»Ich habe keine Schuld«, antwortete sie. »Das Mädchen ist mit dem Mittagessen hinausgegangen. Es muss sich wohl verirrt haben. Morgen wird es schon wiederkommen.«

Der Holzfäller stand schon vor Tagesanbruch auf, um in den Wald zu gehen. Er verlangte, dass die zweite Tochter ihm diesmal das Essen bringen sollte.

»Ich nehme diesmal Linsen mit«, sagte er. »Die sind größer als Hirsekörner und man kann sie besser sehen. Da kann das Mädchen den Weg bestimmt nicht mehr verfehlen.«

Zur Mittagszeit ging das Mädchen los, um seinem Vater das Essen zu bringen. Aber die Linsen waren verschwunden. Wie am Tag zuvor hatten die Waldvögel sie aufgepickt und keine übrig gelassen.

Das Mädchen irrte im Wald umher, bis es Nacht wurde. Da kam es ebenfalls zu dem Haus des Alten, wurde hereingelassen und bat um etwas zu essen und ein Bett für die Nacht. Der Mann mit dem weißen Bart fragte wieder die Tiere:

>»Schön Hühnchen,
schön Hähnchen
und du schöne bunte Kuh,
was sagst du dazu?«

Die Tiere antworteten erneut: »Duks!« Und alles ereignete sich genauso wie am Tag zuvor. Das Mädchen kochte ein gutes Essen, aß und trank mit dem Alten und kümmerte sich nicht um die Tiere. Als es sich nach seinem Nachtlager erkundigte, antworteten sie:

»Du hast mit ihm gegessen,
du hast mit ihm getrunken,
du hast an uns gar nicht gedacht,
nun sieh auch, wo du bleibst die Nacht.«

Als es eingeschlafen war, kam der Alte, betrachtete es mit Kopfschütteln und ließ es in den Keller hinab.

Am dritten Morgen sagte der Holzfäller zu seiner Frau: »Schicke mir heute unser jüngstes Kind mit dem Essen hinaus. Das Mädchen ist immer gehorsam gewesen, das wird seinen Weg nicht verlassen und wie seine Schwestern, die wilden Hummeln, herumschwärmen.«

Die Mutter war dagegen und sagte: »Soll ich mein liebstes Kind auch noch verlieren?«

»Keine Sorge«, antwortete der Mann. »Das Mädchen verirrt sich nicht. Es ist viel zu klug und vernünftig. Außerdem streue ich Erbsen aus. Die sind noch größer als Linsen und werden unserer Tochter den Weg zeigen.«

Aber als das Mädchen mit dem Korb am Arm vor die Tür trat, hatten die Waldtauben die Erbsen schon im Kropf. Das Mädchen wusste nicht, in welche Richtung es gehen sollte. Es machte sich Sorgen und dachte dauernd daran, wie der arme Vater hungern und die gute Mutter jammern würde, wenn es ausbliebe.

Als es schließlich dunkel wurde, erblickte das Mädchen das Licht und kam ebenfalls an das Waldhaus. Es bat ganz freundlich, ihm eine Unterkunft für die Nacht zu geben.

Der Mann mit dem weißen Bart fragte wieder seine Tiere:

>»Schön Hühnchen,
schön Hähnchen
und du schöne bunte Kuh,
was sagst du dazu?«

»Duks!«, sagten sie.

Da ging das Mädchen an den Ofen, wo die Tiere lagen. Es liebkoste Hühnchen und Hähnchen, indem es mit der Hand über die glatten Federn strich, und die bunte Kuh kraulte es zwischen den Hörnern.

Als es auf die Aufforderung des Alten hin eine gute Suppe bereitet hatte und die Schüssel auf dem Tisch stand, sagte es: »Soll ich mich satt essen und die guten Tiere sollen nichts bekommen? In der Küche ist alles im Überfluss vorhanden, da kann ich mich ruhig erst einmal um sie kümmern.«

Nach diesen Worten ging das Mädchen hinaus, holte Gerste und streute sie vor Hühnchen und Hähnchen aus. Dann brachte es der Kuh duftendes Heu, einen ganzen Armvoll.

»Lasst es euch schmecken, ihr lieben Tiere«, sagte es. »Wenn ihr durstig seid, bringe ich euch frisches Wasser.« Dann trug es einen Eimer voll Wasser herein.

Hühnchen und Hähnchen sprangen auf den Rand, steckten den Schnabel hinein und hielten dann den Kopf in die Höhe, so wie Vögel eben trinken, und die bunte Kuh nahm ebenfalls einen herzhaften Zug.

Als die Tiere gefüttert waren, setzte sich das Mädchen zu dem Alten an den Tisch und aß, was er ihm übrig gelassen hatte.

Kurz darauf steckten Hühnchen und Hähnchen die Köpfchen unter die Flügel und die bunte Kuh blinzelte mit den Augen.

Da sagte das Mädchen: »Sollen wir uns nicht langsam zum Schlafen legen?

Das Waldhaus

Schön Hühnchen,
schön Hähnchen
und du schöne bunte Kuh,
was sagst du dazu?«

Die Tiere antworteten: »Duks,
du hast mit uns gegessen,
du hast mit uns getrunken,
du hast uns alle wohl bedacht,
wir wünschen dir eine gute Nacht.«

Das Mädchen ging also die Treppe hinauf, schüttelte die Federkissen aus und bezog die Betten frisch. Als es fertig war, kam der Alte und legte sich in eines der Betten. Sein weißer Bart reichte ihm bis an die Füße. Das Mädchen legte sich in das andere, murmelte sein Gebet und schlief ein.

Das Waldhaus

Bis Mitternacht schlief es tief und fest. Dann wurde es so laut in dem Haus, dass das Mädchen aufwachte. In den Ecken fing es an zu knittern und zu knattern. Die Tür sprang auf und schlug an die Wand. Die Balken dröhnten, als wenn sie aus ihren Fugen gerissen würden. Außerdem klang es so, als würde die Treppe herunterstürzen. Und schließlich krachte es, als fiele das ganze Dach in sich zusammen. Da es aber auf einmal wieder leise wurde und dem Mädchen nichts geschah, blieb es ruhig liegen und schlief wieder ein.

Als das Mädchen am Morgen bei hellem Sonnenschein aufwachte, musste es sich seine Augen reiben, denn es konnte gar nicht glauben, was es da sah. Es lag in einem großen Saal und ringsumher glänzte alles in einer Pracht, wie sie nur bei Königen üblich ist. An der grünen Seidentapete an den Wänden wuchsen goldene Blumen in die Höhe. Das Bett war aus Elfenbein und die Decke aus rotem Samt. Und auf einem Stuhl daneben stand ein Paar mit Perlen bestickte Pantoffeln. Das Mädchen glaubte, es träumte. Dann traten auch noch drei teuer gekleidete Diener ein und fragten nach seinen Wünschen.

»Geht nur«, antwortete das Mädchen. »Ich stehe gleich auf und koche dem Alten eine Suppe. Danach füttere ich schön Hühnchen, schön Hähnchen und die schöne bunte Kuh.«

Es dachte, der Alte wäre schon aufgestanden, und sah sich nach seinem Bett um. Aber er lag nicht mehr darin, sondern ein fremder Mann. Er war jung und schön. Als das Mädchen ihn betrachtete, wachte er auf, richtete sich auf und sagte: »Ich bin ein Königssohn. Eine böse Hexe hat mich verwünscht, als ein alter eisgrauer Mann im Wald zu leben. Nur meine drei Diener durften mir in der Gestalt eines Hühnchens, eines Hähnchens und einer bunten Kuh Gesellschaft leisten. Ich sollte erst erlöst werden, wenn ein gutherziges Mädchen zu uns käme, das sich nicht nur gegenüber den Menschen, sondern auch gegenüber den Tieren als gütig erwiese. Und das bist du gewesen. Heute um Mitternacht sind wir durch dich erlöst worden und das alte Waldhaus wurde wieder in meinen königlichen Palast verwandelt.«

Der Königssohn sagte den drei Dienern, sie sollten den Vater und die Mutter des Mädchens zur Hochzeitsfeier holen.

Das Waldhaus

»Aber wo sind meine zwei Schwestern?«, fragte das Mädchen.

»Die habe ich in den Keller gesperrt. Morgen werden sie in den Wald zurückgebracht. Sie sollen bei einem Köhler so lange als Mägde arbeiten, bis sie sich gebessert haben und auch Tiere nicht mehr hungern lassen.«

Die Gänsehirtin am Brunnen

Es war einmal ein steinaltes Mütterchen, das mit seiner Herde Gänse in einem einsamen Tal in den Bergen lebte. Dort hatte es ein kleines Haus, das von einem großen Wald umgeben war. Jeden Morgen nahm die Alte ihre Krücke und wackelte in den Wald. Da schuftete das Mütterchen mehr, als man ihm in seinem hohen Alter zugetraut hätte, sammelte Gras für seine Gänse, pflückte das wilde Obst, so weit die alte Frau es mit den Händen erreichen konnte, und trug alles auf dem Rücken nach Hause.

Man hätte glauben können, die schwere Last würde sie zu Boden drücken, aber sie brachte immer alles wohlbehalten nach Hause. Wenn ihr jemand begegnete, grüßte sie freundlich: »Guten Tag, mein lieber Herr. Heute ist schönes Wetter. Ja, Ihr wundert Euch, dass ich das Gras schleppe. Aber jeder hat seine Last zu tragen.«

Doch die Leute begegneten ihr nicht gerne und machten lieber einen Umweg. Wenn ein Vater mit seinem Sohn an ihr vorbeiging, sagte er leise zu ihm: »Nimm dich in Acht vor der Alten. Die hat es faustdick hinter den Ohren. Sie ist eine Hexe.«

Eines Morgens ging ein hübscher junger Mann durch den Wald. Die Sonne schien, die Vögel sangen und ein kühles Lüftchen strich durch das Laub. Es war ein wunderschöner Tag. Bisher war dem Mann niemand über den Weg gelaufen. Da erblickte er plötzlich die alte Hexe, die auf den Knien am Boden saß und Gras mit einer Sichel abschnitt. Eine ganze Ladung hatte sie schon in ihr Tragetuch geschoben und daneben standen zwei Körbe, die voll von wilden Birnen und Äpfeln waren.

»Aber, Mütterchen«, sagte der junge Mann, »wie willst du das alles fortschaffen?«

»Ich muss sie tragen, lieber Herr«, antwortete sie. »Reicher Leute Kinder brauchen sich mit so etwas nicht abzumühen. Aber bei den Bauern heißt es:

> Schau dich nicht um,
> dein Buckel ist krumm.

Wollt Ihr mir helfen?«, sagte sie, als er bei ihr stehen blieb. »Ihr habt noch einen gesunden Rücken und junge Beine. Es wird ein Leichtes für Euch sein. Auch ist es von hier nicht so weit zu meinem Haus. Hinter dem Berg dort steht es auf einer Heide. Wie schnell seid Ihr da hinaufgesprungen!«

Der junge Mann empfand Mitleid mit der Alten. »Zwar ist mein Vater kein Bauer«, antwortete er, »sondern ein reicher Graf, aber damit Ihr seht, dass nicht nur die Bauern schwer schleppen können, nehme ich Euch Euer Bündel ab.«

»Wenn Ihr es versuchen wollt«, sagte sie, »so soll es mir recht sein. Eine Stunde lang werdet Ihr schon gehen müssen. Aber was macht Euch das schon aus! Die Äpfel und Birnen dort müsst Ihr auch mitnehmen.«

Als der junge Graf hörte, dass der Marsch eine Stunde dauern würde, bekam er doch ein wenig Bedenken. Aber die Alte ließ ihn nicht wieder gehen. Sie packte ihm das Tragtuch auf den Rücken und hängte ihm die beiden Körbe an den Arm. »Seht Ihr, es geht ganz leicht«, sagte sie.

»Nein, es geht nicht leicht«, antwortete der Graf mit schmerzverzerrtem Gesicht. »Das Bündel drückt ja so sehr, als wären lauter schwere Steine darin, und die Äpfel und Birnen haben ein Gewicht, als wären sie aus Blei. Ich bekomme kaum Luft.« Er hatte gute Lust, alles wieder abzulegen, aber die Alte ließ es nicht zu.

»Seht einmal an«, sagte sie spöttisch, »der junge Herr will nicht tragen, was ich alte Frau sonst immer schleppen muss. Mit schönen Worten sind sie schnell bei der Hand, aber wenn es ernst wird, machen sie sich aus dem Staub. Was steht Ihr herum?«, fuhr sie fort. »Los, hebt die Beine. Niemand nimmt Euch das Bündel wieder ab.«

Solange er auf ebener Erde ging, war es noch auszuhalten. Aber als sie den Berg hinaufsteigen mussten und sich die Steine hinter seinen Füßen lösten und hinunterrollten, als wären sie lebendig, überstieg das seine Kräfte. Die Schweißtropfen standen ihm auf der Stirn und es lief ihm bald heiß, bald kalt den Rücken hinab. »Mütterchen«, sagte er, »ich kann nicht mehr. Ich muss mich ein wenig ausruhen.«

»Nichts da«, antwortete die Alte. »Wenn wir da sind, könnt Ihr Euch ausruhen, aber jetzt müsst Ihr weiter. Wer weiß, wozu Euch das nützt.«

»Alte, du wirst unverschämt!«, sagte der Graf und wollte das Tragtuch abwerfen, aber er bemühte sich vergeblich. Es hing so fest an seinem Rücken, als wenn es angewachsen wäre. Er drehte und wendete sich, er konnte es jedoch nicht wieder loswerden.

Die Alte lachte und sprang vergnügt mit ihrer Krücke herum. »Ärgert Euch nicht, lieber Herr«, sagte sie, »Ihr werdet ja so rot im Gesicht wie ein zorniger Hahn. Tragt das Bündel, und wenn wir zu Hause sind, werde ich Euch schon ein gutes Trinkgeld geben.«

Was sollte er machen? Er musste sich mit seinem Schicksal abfinden und geduldig hinter der Alten herschleichen. Es schien, als würde sie immer flinker und seine Last immer schwerer. Auf einmal tat sie einen Satz, sprang auf das Tragetuch und setzte sich oben darauf. So zaundürr, wie sie war, war sie doch schwerer als das dickste Bauernmädchen. Dem jungen Mann zitterten die Knie. Aber wenn er nicht weiterging, schlug ihn die Alte mit einer Gerte und mit Brennnesseln auf die Beine. Unter Ächzen stieg er den Berg hinauf, und kurz bevor er zusammenbrach, erreichte er endlich das Haus der Alten. Als die Gänse die Alte erblickten, streckten sie die Flügel in die Höhe und die Hälse nach vorne. Sie liefen ihr entgegen und schrien: »Wulle wulle!« Hinter der Herde mit einer Rute in der Hand ging eine ältliche Frau, dick und groß, dazu hässlich wie die Nacht.

»Frau Mutter«, sagte sie zu der Alten, »ist Euch etwas zugestoßen? Ihr seid so lange weg gewesen.«

»Wo denkst du hin, mein Töchterchen!«, erwiderte sie. »Mir ist nichts zugestoßen, im Gegenteil, der liebe Herr da hat mir meine Last abgenommen: Stell dir vor, als ich müde war, hat er sogar mich selbst noch auf den Rücken genommen. Der Weg ist uns auch gar nicht lang erschienen. Wir sind lustig gewesen und haben immer Spaß miteinander gehabt.«

Endlich rutschte die Alte herab und nahm dem jungen Mann das Bündel vom Rücken und die Körbe vom Arm. Sie sah ihn ganz freundlich an und sagte: »Nun setzt Euch auf die Bank vor die Tür und ruht Euch aus. Ihr habt einen großzügigen Lohn verdient. Und der soll auch nicht ausbleiben.« Dann sagte sie zu der Gänsehirtin: »Geh ins Haus, mein Töchterchen. Es gehört sich nicht, dass du mit einem jungen Herrn allein bist. Man muss nicht Öl ins Feuer gießen. Er könnte sich in dich verlieben.«

Der Graf wusste nicht, ob er weinen oder lachen sollte. So ein hässlicher

Die Gänsehirtin am Brunnen

Besen, dachte er, und wenn sie dreißig Jahre jünger wäre, würde sie mir nicht gefallen.

Währenddessen hätschelte und streichelte die Alte ihre Gänse wie Kinder und ging dann mit ihrer Tochter in das Haus. Der junge Mann legte sich auf die Bank unter einem wilden Apfelbaum. Die Luft war lau und mild. Ringsumher breitete sich eine grüne Wiese aus, die mit wildem Thymian, Himmelsschlüsseln und tausend anderen Blumen übersät war. Mitten hindurch rauschte ein klarer Bach, auf dem die Sonne glitzerte. Und die weißen Gänse spazierten auf und ab oder pudelten sich im Wasser.

»Es ist sehr schön hier«, sagte er zu sich. »Aber ich bin so müde, dass ich die Augen nicht mehr offen halten kann. Ich schlafe ein wenig. Hoffentlich kommt kein Windstoß und bläst mir meine Beine weg, denn die sind mürbe wie Zunder.«

Als er ein Weilchen geschlafen hatte, kam die Alte und schüttelte ihn wach. »Steh auf«, sagte sie. »Hier kannst du nicht bleiben. Ich habe dich zwar schwer schuften lassen, aber das Leben hat es dennoch nicht gekostet. Jetzt gebe ich dir deinen Lohn. Geld und materielle Güter brauchst du nicht, davon hast du genug.« Mit diesen Worten steckte sie ihm eine kleine Dose in die Hand, die aus einem einzigen Smaragd geschnitten war. »Hebe sie gut auf«, fuhr sie fort. »Sie wird dir Glück bringen.«

Der Graf sprang auf. Da er sich frisch und wieder ganz bei Kräften fühlte, bedankte er sich bei der Alten für ihr Geschenk und machte sich auf den Weg, ohne sich nach dem Töchterchen auch nur einmal umzublicken. Noch aus der Ferne hörte er das lustige Geschrei der Gänse.

Der Graf musste drei Tage in der Wildnis herumirren, bevor er wieder herausfand. Da kam er in eine große Stadt, und weil ihn niemand kannte, wurde er in das Schloss vor den Thron des Königs und der Königin geführt. Der Graf ließ sich auf ein Knie nieder, zog das smaragdene Gefäß aus der Tasche und legte es der Königin zu Füßen. Sie befahl ihm aufzustehen und er musste ihr die Dose hinaufreichen. Kaum aber hatte sie es geöffnet und hineingeblickt, fiel sie wie tot zu Boden. Der Graf wurde von den Dienern des Königs verhaftet und sollte in das Gefängnis geführt werden. Da schlug die Königin die Augen auf und rief, sie sollten ihn freilassen. Alle mussten hinausgehen, denn sie wollte unter vier Augen mit ihm reden.

Als die Königin allein mit ihm war, fing sie an zu weinen und sagte: »Was hilft mir Glanz und Ehre, die mich umgeben! Jeden Morgen erwache ich mit Kummer und Sorgen. Ich habe drei Töchter gehabt. Die jüngste war so schön, dass man es für ein Wunder hielt. Ihre Haut war weiß wie Schnee, ihre Wangen rot wie die Apfelblüte und ihr Haar glänzte wie Sonnenstrahlen. Wenn sie weinte, kamen keinen Träne aus ihren Augen, sondern lauter Perlen und Edelsteine. Als sie fünfzehn Jahre alt war, ließ der König alle drei Schwestern vor seinen Thron kommen. Da hättet Ihr sehen sollen, was die Leute für Augen machten! Als die Jüngste eintrat, war es, als wenn die Sonne aufginge. Der König sagte: ›Meine Töchter, ich weiß nicht, wann ich sterben werde. Deshalb bestimme ich heute, was jede nach meinem Tod erhalten soll. Ihr alle habt mich lieb, aber diejenige von euch, die mich am liebsten hat, soll das Beste haben.‹ Jede sagte, sie habe ihn am liebsten. ›Könnt ihr es nicht mit Worten ausdrücken‹, erwiderte der König, ›wie lieb ihr mich habt? Daran werde ich verstehen, wie ihr es meint.‹ Die Älteste sagte: ›Ich habe meinen Vater so lieb wie den süßesten Zucker.‹ Die Zweite: ›Ich habe meinen Vater so lieb wie mein schönstes Kleid.‹ Die Jüngste aber schwieg. Da fragte der Vater: ›Und du, mein liebstes Kind, wie lieb hast du mich?‹ – ›Ich weiß es nicht‹, antwortete sie, ›und ich kann meine Liebe mit nichts vergleichen.‹ Aber der Vater bestand darauf, sie müsse etwas nennen. Da sagte sie schließlich: ›Das beste Essen schmeckt mir nicht ohne Salz, darum habe ich den Vater so lieb wie Salz.‹ Als der König das hörte, geriet er in Zorn und sagte: ›Wenn du mich so liebst wie Salz, soll deine Liebe auch mit Salz belohnt werden.‹ Da teilte er das Reich unter den beiden Ältesten auf. Der Jüngsten aber ließ er einen Sack mit Salz auf den Rücken binden und zwei Knechte mussten sie hinaus in den Wald führen. Wir haben alle für sie gefleht und gebetet«, sagte die Königin, »aber der König war nicht zu erweichen. Wie hat sie geweint, als sie uns verlassen musste! Der ganze Weg ist mit Perlen übersät worden, die ihr aus den Augen geflossen sind. Der König hat bald seine Härte bereut und das arme Kind im ganzen Wald suchen lassen, aber niemand konnte sie finden. Wenn ich mir vorstelle, dass sie die wilden Tiere gefressen haben, weiß ich vor Traurigkeit nicht mehr ein und aus. Manchmal tröste ich mich mit der Hoffnung, sie sei noch am Leben und habe sich in einer Höhle versteckt oder jemand Barmherziges habe sie bei sich aufgenommen. Aber stellt Euch vor, als ich Eure Smaragddose aufmachte, lag genau so eine Perle darin, wie sie meiner Tochter aus den Augen geflossen sind. Ihr könnt Euch denken, wie mich der Anblick bewegt hat. Sagt mir, wie Ihr zu der Perle gekommen seid.«

Der Graf erzählte ihr, dass er sie von der Alten im Wald erhalten habe, die ihm nicht ganz geheuer vorgekommen sei und eine Hexe sein müsse. Von ihrem Kinde aber habe er nichts gehört und gesehen.

Der König und die Königin fassten den Entschluss, die Alte aufzusuchen. Sie dachten, wo die Perle gewesen war, müssten sie auch einen Hinweis finden, wo ihre Tochter sei.

Die Alte saß draußen bei ihrem Spinnrad und spann Garn. Es war schon dunkel geworden und ein Span, der unten am Herd brannte, spendete ein wenig Licht. Auf einmal wurde es draußen laut. Die Gänse kamen von der Weide nach Hause und ließen ihr heiseres Gekreisch hören. Bald danach trat auch die Tochter ein. Aber die Alte beachtete sie kaum und schüttelte nur ein wenig den Kopf. Die Tochter setzte sich zu ihr, nahm ihr Spinnrad und drehte den Faden so flink wie ein junges Mädchen. So saßen die beiden zwei Stunden da und sprachen kein Wort miteinander. Schließlich raschelte etwas am Fenster und zwei feurige Augen glotzten herein. Es war eine alte Nachteule, die dreimal »Uhu!« schrie. Die Alte schaute nur kurz auf, dann sagte sie: »Jetzt ist es Zeit, Töchterchen, dass du hinausgehst. Erledige deine Arbeit.«

Die Angesprochene stand auf und ging hinaus. Und wo ist sie dann hingegangen? Über die Wiesen immer weiter bis in das Tal. Schließlich kam sie zu einem Brunnen, neben dem drei alte Eichen standen. Der Mond war inzwischen rund und groß über dem Berg aufgestiegen und es war so hell, dass man nach einer Stecknadel hätte suchen können. Die Frau zog sich die Haut auf ihrem Gesicht ab, bückte sich dann zu dem Brunnen und fing an, sich zu waschen. Als sie fertig war, tauchte sie die Haut in das Wasser und legte sie dann auf die Wiese, um sie im Mondenschein zu bleichen und zu trocknen. Aber wie war die Frau verwandelt! So etwas habt ihr noch nie gesehen! Als der graue Zopf abfiel, quollen die goldenen Haare wie Sonnenstrahlen hervor und breiteten sich über sie, wie ein Mantel, der über ihren

Die Gänsehirtin am Brunnen

gesamten Körper fiel. Nur die Augen blitzten daraus hervor, so glänzend wie die Sterne am Himmel, und die Wangen schimmerten in sanfter Röte wie die Apfelblüte.

Aber das schöne Mädchen war traurig. Es setzte sich hin und weinte herzerweichend. Eine Träne nach der anderen drang aus seinen Augen und rollte zwischen den langen Haaren auf den Boden. Es wäre wohl noch lange so sitzen geblieben, wenn es nicht in den Ästen des nahe stehenden Baumes geknistert und geraschelt hätte. Sie sprang auf wie ein Reh, das den Schuss des Jägers vernimmt. Der Mond wurde gerade von einer schwarzen Wolke bedeckt und in diesem Augenblick war das Mädchen wieder in die alte Haut geschlüpft. Es verschwand wie ein Licht, das der Wind ausbläst.

Zitternd wie Espenlaub lief sie zu dem einsamen Haus zurück. Die Alte stand vor der Tür und die Frau wollte ihr erzählen, was vorgefallen war. Aber die Alte lachte freundlich und sagte: »Ich weiß schon alles.« Sie führte die Frau in die Stube und zündete einen neuen Span an. Aber sie setzte sich nicht wieder zu dem Spinnrad, sondern sie holte einen Besen und fing an zu kehren und zu scheuern. »Es muss alles sauber sein«, sagte sie.

»Aber, Mutter«, sagte die Frau, »warum fangt Ihr so spät damit an? Was habt Ihr vor?«

»Weißt du denn, wie spät es ist?«, fragte die Alte.

»Noch nicht Mitternacht«, antwortete die Frau, »aber schon elf Uhr vorbei.«

»Hast du vergessen«, fuhr die Alte fort, »dass du heute vor drei Jahren zu mir gekommen bist? Deine Zeit ist vorbei. Wir können nicht länger zusammen bleiben.«

Die Frau erschrak und sagte: »Ach, liebe Mutter, warum wollt Ihr mich verstoßen? Wo soll ich hin? Ich habe keine Freunde und kein Zuhause, wohin ich mich wenden könnte. Ich habe alles getan, was Ihr verlangt habt, und Ihr seid immer zufrieden mit mir gewesen. Schickt mich nicht weg.«

Die Alte wollte der Frau nicht sagen, was ihr bevorstand. »Ich werde nicht länger hierbleiben«, sagte sie. »Wenn ich ausziehe, müssen Haus und Stube sauber sein. Deshalb halte mich nicht bei meiner Arbeit auf. Was dich betrifft, mach dir keine Sorgen. Du wirst ein Dach finden, unter dem du wohnen kannst, und mit dem Lohn, den ich dir gebe, wirst du auch zufrieden sein.«

»Aber sagt mir nur, was ist los?«, fragte die Frau weiter.

»Ich sage es dir noch einmal, störe mich nicht bei meiner Arbeit. Sag kein Wort mehr und geh in deine Kammer. Nimm dir dort die Haut vom Gesicht und zieh das Seidenkleid an, das du getragen hast, als du zu mir kamst. Dann warte in deiner Kammer, bis ich dich rufe.«

Aber ich muss wieder von dem König und der Königin erzählen, die mit dem Grafen ausgezogen waren, um die Alte in der Einöde aufzusuchen. Der Graf hatte sie nachts in dem Wald verloren und musste allein weitergehen. Am nächsten Tag glaubte er, wieder auf dem richtigen Weg zu sein. Er ging immer weiter, bis die Dunkelheit hereinbrach. Da stieg er auf einen Baum und wollte dort oben übernachten, denn er hatte Angst, sich zu verirren. Als der Mond die Nacht erhellte, sah er jemanden den Berg herabwandeln. Obwohl die Gestalt keine Rute in der Hand hatte, konnte er erkennen, dass es die Gänsehirtin war, die er bei dem Haus der Alten gesehen hatte.

»Oho!«, rief er. »Da kommt sie ja! Habe ich erst die eine Hexe, entgeht mir die andere auch nicht.« Wie staunte er aber, als sie zu dem Brunnen ging, die Haut ablegte und sich wusch! Die goldenen Haare fielen an ihr herunter und sie war schöner als alles, was er bisher auf der Welt gesehen hatte. Kaum wagte er zu atmen. Er streckte den Hals zwischen dem Laub so weit vor, wie er nur konnte, und schaute sie unverwandt an. Ob er sich zu weit vorbeugte oder was sonst schuld war, jedenfalls knackte plötzlich der Ast. Im selben Augenblick schlüpfte das Mädchen in die alte Haut und sprang wie ein Reh davon. Gleichzeitig bedeckte der Mond sich, sodass er es nicht mehr sehen konnte.

Kaum war es verschwunden, stieg der Graf von dem Baum und eilte ihr mit behänden Schritten nach. Er war noch nicht lange gegangen, da sah er in der Dämmerung zwei Gestalten über die Wiese wandern. Es waren der König und die Königin. Sie hatten aus der Ferne das Licht aus dem Häuschen der Alten erblickt und waren darauf zugegangen. Der Graf erzählte ihnen, was für ein Wunder er am Brunnen gesehen habe, und sie zweifelten nicht, dass es sich um ihre verlorene Tochter gehandelt habe. Voll Freude gingen sie weiter und kamen bald bei dem Häuschen an. Die Gänse saßen ringsherum, hatten die Köpfe unter die Flügel gesteckt und schliefen. Keine regte sich. Die drei schauten zum Fenster hinein. Dort saß die Alte ganz still und spann Garn, nickte mit dem Kopf und sah sich nicht um. In der Stube war es sauber, als wohnten die kleinen Nebelmännchen hier, die keinen Staub an den Füßen haben. Ihre Tochter aber sahen sie nicht. Sie schauten sich das alles eine Zeit lang an, schließlich fassten sie sich ein Herz und klopften leise ans Fenster.

Die Alte schien sie erwartet zu haben. Sie stand auf und rief ganz freundlich: »Nur herein, ich weiß schon, wer ihr seid.« Als der König und die Königin in die Stube eingetreten waren, sagte die Alte: »Den weiten Weg hättet ihr euch sparen können, wenn ihr euer Kind, das so lieb und gut ist, nicht vor drei Jahren ungerechterweise verstoßen hättet. Ihr hat es nichts geschadet, sie hat drei Jahre lang die Gänse hüten müssen und hat immer noch ein gutes Herz. Ihr aber seid mit der Angst, in der ihr gelebt habt, schon genug gestraft.« Dann ging sie zu der Kammer und rief: »Komm heraus, mein Töchterchen.« Da ging die Tür auf und die Königstochter trat heraus in ihrem Seidenkleid mit ihren goldenen Haaren und ihren leuchtenden Augen. Es war, als ob ein Engel vom Himmel käme. Sie ging auf ihren Vater und ihre Mutter zu, fiel ihnen um den Hals und küsste sie. Sie konnten es nicht verhindern und mussten alle vor Freude weinen. Der junge Graf stand neben ihnen, und als das schöne Mädchen ihn erblickte, wurde es so rot im Gesicht wie eine Moosrose. Sie wusste selbst nicht warum.

Der König sagte: »Liebes Kind, mein Königreich habe ich bereits verschenkt. Was soll ich dir geben?«

»Sie braucht nichts«, sagte die Alte. »Ich schenke ihr die Tränen, die sie um euch geweint hat. Das sind schönere Perlen, als man sie im Meer findet, und sie sind mehr wert als euer gesamtes Königreich. Und zum Lohn für ihre Dienste gebe ich ihr mein Häuschen.«

Als die Alte das gesagt hatte, verschwand sie plötzlich. Es knatterte ein wenig in den Wänden, und als der König, die Königin, die Königstochter und der junge Graf sich umsahen, hatte sich das Häuschen in einen prächtigen Palast verwandelt. Eine Tafel war gedeckt und die Diener liefen hin und her.

Die Geschichte geht noch weiter, aber das Gedächtnis meiner Großmutter, die sie mir erzählt hat, wurde immer schlechter. Den Rest hatte sie vergessen. Ich nehme an, die schöne Königstochter ist mit dem Grafen vermählt worden, sie sind zusammen in dem Schloss geblieben und haben dort in aller Glückseligkeit gelebt, so lange Gott wollte. Ob die schneeweißen Gänse, die bei dem Häuschen gehütet wurden, lauter Mädchen waren (niemand soll es übel nehmen), die die Alte bei sich aufgenommen hatte, und ob sie jetzt ihre menschliche Gestalt wiedererhielten und als Dienerinnen bei der jungen Königin blieben, das weiß ich nicht genau, aber ich vermute es. Sicher ist jedenfalls, dass die Alte keine Hexe war, wie die Leute glaubten, sondern eine weise Frau, die Gutes im Sinn hatte. Wahrscheinlich ist sie es auch gewesen, die der Königstochter schon bei der Geburt die Gabe verliehen hatte, Perlen statt Tränen zu weinen. Heutzutage kommt das nicht mehr vor, sonst würden die Armen bald reich werden.

Die zwölf Brüder

Es war einmal ein König und eine Königin, die in Frieden miteinander lebten und zwölf Kinder hatten. Das waren ausschließlich Jungen. Nun sagte der König zu seiner Frau: »Wenn das dreizehnte Kind, das du zur Welt bringst, ein Mädchen ist, sollen die zwölf Jungen sterben, damit es alle Reichtümer erbt und das Königreich ihm allein zufällt.« Er ließ zwölf Särge machen, die schon mit Hobelspänen gefüllt waren und in denen das Totenkisschen lag. Der König ließ die Särge in ein verschlossenes Zimmer bringen. Dann gab er der Königin den Schlüssel und befahl ihr, niemandem etwas davon zu sagen.

Die Mutter saß den ganzen Tag da und trauerte, sodass der kleinste Sohn, der immer bei ihr war und den sie nach der gleichnamigen Bibelfigur Benjamin nannte, sie fragte: »Liebe Mutter, warum bist du so traurig?«

»Liebstes Kind«, antwortete sie, »ich darf es dir nicht sagen.«

Er ließ ihr aber keine Ruhe, bis sie die Stube aufschloss und ihm die zwölf mit Hobelspänen gefüllten Särge zeigte. Daraufhin sagte sie: »Mein liebster Benjamin, diese Särge hat dein Vater für dich und deine elf Brüder machen lassen. Denn wenn ich ein Mädchen zur Welt bringe, sollt ihr alle getötet und darin begraben werden.« Und als sie weinte, tröstete sie der Sohn: »Weine nicht, liebe Mutter. Wir werden uns schon zu helfen wissen und fortgehen.«

Sie aber sagte: »Geh mit deinen elf Brüdern hinaus in den Wald. Einer soll sich immer auf den höchsten Baum setzen, der zu finden ist, und Ausschau nach dem Turm hier im Schloss halten. Bekomm ich ein Söhnchen, werde ich eine weiße Fahne aufstecken. Dann dürft ihr wiederkommen. Bekomm ich ein Töchterchen, werde ich eine rote Fahne aufstecken. Dann flieht, so schnell ihr könnt, und der liebe Gott behüte euch. Jede Nacht werde ich aufstehen und für euch beten, im Winter, dass ihr euch an einem Feuer wärmen könnt, im Sommer, dass ihr nicht in der Hitze schwitzen müsst.«

Nachdem sie ihre Söhne gesegnet hatte, gingen sie hinaus in den Wald. Einer nach dem anderen hielt auf der höchsten Eiche Ausschau nach dem

Turm. Als elf Tage vorüber waren und Benjamin an die Reihe kam, sah er, wie eine Fahne aufgesteckt wurde. Es war nicht die weiße, sondern die rote Blutfahne, die verkündete, dass sie alle sterben sollten. Als die Brüder das hörten, wurden sie zornig und sagten: »Sollen wir wegen eines Mädchens sterben! Wir schwören, dass wir uns rächen. Jedes Mal wenn wir auf ein Mädchen treffen, soll sein rotes Blut fließen.«

Daraufhin gingen sie tiefer in den Wald hinein und dort, wo er am dunkelsten war, fanden sie ein kleines verwünschtes Häuschen, das leer stand. Sie sagten: »Hier wollen wir wohnen. Und du, Benjamin, du bist der Jüngste und Schwächste. Du bleibst daheim und führst den Haushalt. Wir anderen beschaffen das Essen.« Nun zogen sie in den Wald und schossen Hasen, wilde Rehe, Vögel und Täubchen. Sie brachten alles Benjamin, der es ihnen zubereiten musste, damit sie ihren Hunger stillen konnten. In dem Häuschen lebten sie zehn Jahre und die Zeit wurde ihnen nicht lang.

Das Töchterchen, das die Königin geboren hatte, war in der Zwischenzeit groß geworden. Es war herzensgut und wunderschön. Außerdem hatte es einen goldenen Stern auf der Stirn. Als einmal großer Waschtag war, sah das Mädchen zwölf Jungenhemden und fragte seine Mutter: »Wem gehören diese zwölf Hemden? Für den Vater sind sie doch viel zu klein.«

Da antwortete die Königin traurig: »Liebes Kind, die gehören deinen zwölf Brüdern.«

Das Mädchen fragte: »Wo sind meine zwölf Brüder denn? Ich habe noch nie etwas von ihnen gehört.«

Die Königin antwortete: »Nur Gott weiß, wo sie sind. Sie irren irgendwo in der Welt herum.« Nach diesen Worten schloss sie dem Mädchen das Zimmer auf und zeigte ihm die zwölf Särge mit den Hobelspänen und den Totenkisschen. »Diese Särge«, sagte sie, »waren für deine Brüder bestimmt. Aber sie sind heimlich fortgegangen, bevor du geboren wurdest.« Dann erzählte die Königin dem Mädchen, wie alles gewesen war.

Da sagte das Mädchen: »Liebe Mutter, weine nicht. Ich werde meine Brüder suchen gehen.«

Nun nahm es die zwölf Hemden und ging in den großen Wald. Es war den ganzen Tag auf den Beinen und am Abend kam es zu dem verwunschenen Häuschen. Da trat es ein und fand einen Jungen vor. Er fragte: »Wo kommst du her und wo willst du hin?« Er staunte, weil sie so schön war, königliche Kleider trug und einen Stern auf der Stirne hatte.

Daraufhin antwortete sie: »Ich bin eine Königstochter und suche meine zwölf Brüder. Ich gehe so weit, wie der Himmel blau ist, bis ich sie finde.« Sie zeigte ihm außerdem die zwölf Hemden, die ihnen gehörten.

Da wusste Benjamin, dass es seine Schwester war, und sagte: »Ich bin Benjamin, dein jüngster Bruder.« Das Mädchen und er fingen vor Freude an zu weinen. Sie küssten und herzten sich. Anschließend sagte Benjamin: »Liebe Schwester, es gibt da noch einen Haken. Wir Brüder haben verabredet, dass ein jedes Mädchen, das uns begegnet, sterben soll, weil wir wegen eines Mädchens unser Königreich verlassen mussten.«

Da sagte sie: »Ich sterbe gern, wenn ich damit meine zwölf Brüder erlösen kann.«

»Nein«, antwortete er, »du darfst nicht sterben! Setze dich unter dieses Holzfass, bis unsere elf Brüder kommen, dann werden wir uns schon einigen.«

Sie tat, was er gesagt hatte, und als es Nacht wurde, kamen die anderen von der Jagd zurück. Das Essen war fertig. Sie setzten sich an den Tisch und aßen. Dabei fragten sie: »Was gibt's Neues?«

Benjamin fragte zurück: »Wisst ihr nichts?«

»Nein«, antworteten sie.

Da fuhr er fort: »Ihr seid im Walde gewesen und ich bin zu Hause geblieben. Trotzdem weiß ich mehr als ihr.«

»Los, dann erzähle es uns«, riefen sie.

Daraufhin antwortete er: »Versprecht ihr mir dann, das erste Mädchen, das uns begegnet, nicht zu töten?«

»Ja«, riefen sie alle, »es soll ihm nichts geschehen. Erzähl schon endlich.«

Da sagte er: »Unsere Schwester ist hier!« Er hob den Deckel vom Fass und die Königstochter kam hervor. Mit ihren königlichen Kleidern und dem goldenen Stern auf der Stirn war sie überaus schön, zart und anmutig. Nun freuten sich alle, fielen ihr um den Hals, küssten sie und liebten sie von Herzen.

Von da an blieb sie bei Benjamin zu Hause und half ihm bei der Arbeit.

Die zwölf Brüder

Die elf anderen zogen in den Wald und jagten Wild, Rehe, Vögel und Täubchen, damit sie etwas zu essen hatten. Die Schwester und Benjamin kümmerten sich darum, dass es auch gut zubereitet wurde. Sie sammelte Holz zum Kochen und Kräuter als Gemüsebeilage. Außerdem stellte sie die Töpfe aufs Feuer, sodass das Essen immer rechtzeitig fertig war, wenn die elf zurückkamen. Sie hielt Ordnung im Haus, bezog die Betten mit schönen weißen Laken und die Brüder waren immer zufrieden mit ihr, sodass es nie Streit gab.

Eines Tages hatten die beiden zu Hause ein leckeres Essen vorbereitet. Sie setzten sich alle zusammen, aßen und tranken und waren fröhlich. Bei dem verwunschenen Häuschen war ein kleines Gärtchen, in dem zwölf Lilien standen, die man auch Studentenlilien nennt. Das Mädchen wollte ihren Brüdern eine Freude machen, brach die zwölf Blumen ab, um jedem eine zum Essen zu schenken. Sobald es die Blumen abgebrochen hatte, verwandelten sich die zwölf Brüder in zwölf Raben und flogen über den Wald davon. Das Haus mit dem Garten war auch plötzlich verschwunden. Nun war das arme Mädchen allein in dem dunklen Wald, doch als es sich umsah, stand eine alte Frau neben ihm. Sie sagte: »Mein Kind, was hast du angerichtet? Warum hast du die zwölf weißen Blumen nicht stehen lassen? Das waren deine Brüder, die nun für immer in Raben verwandelt sind.«

Das Mädchen sagte weinend: »Gibt es denn kein Mittel, um sie zu erlösen?«

»Nein«, sagte die Alte, »es gibt keins auf der ganzen Welt, außer einem. Und das ist so schwer, dass du sie damit nicht wirst befreien können. Denn du musst sieben Jahre stumm sein, darfst nicht sprechen und nicht lachen. Sprichst du aber ein einziges Wort, und sei es eine Stunde, bevor die sieben Jahre vorbei sind, war alles umsonst. Deine Brüder werden von dem einen Wort getötet.«

Da sagte das Mädchen bei sich: Ich weiß, dass ich meine Brüder erlösen kann. Es suchte sich einen hohen Baum, setzte sich darauf und spann Garn. Weder sagte sie etwas noch lachte sie.

Eines Tages jagte ein König in dem Wald. Er hatte einen großen Windhund, der zu dem Baum lief, auf dem das Mädchen saß. Er sprang herum und bellte hinauf. Da kam der König herbei und bemerkte die schöne Königstochter mit dem goldenen Stern auf der Stirn. Er war sogleich so verzaubert von ihrer Schönheit, dass er ihr zurief, ob sie seine Gemahlin werden wolle. Sie gab keine Antwort, nickte aber ein wenig mit dem Kopf. Da stieg er selbst auf den Baum, holte sie herab, setzte sie auf sein Pferd und ritt mit ihr nach Hause.

Dort wurde die Hochzeit mit großer Pracht gefeiert. Aber die Braut sprach nicht und lachte nicht.

Als sie ein paar Jahre glücklich miteinander gelebt hatten, fing die Mutter des Königs, die sehr böse war, an, die junge Königin zu verleumden. Sie sagte zum König: »Es ist ein einfaches Bettelmädchen, das du dir mitgebracht hast. Wer weiß, was für gottlose Sachen sie heimlich treibt. Selbst wenn sie stumm ist und nicht sprechen kann, könnte sie doch wenigstens einmal lachen. Aber wer nicht lacht, der hat ein schlechtes Gewissen.« Der König schenkte ihr zunächst keinen Glauben, aber die Alte trieb es so lange und beschuldigte die junge Königin so vieler böser Dinge, dass der König sich schließlich überreden ließ und sie zum Tod verurteilte.

Im Hof wurde ein großes Feuer angezündet, in dem sie verbrannt werden sollte. Der König stand oben am Fenster und sah mit weinenden Augen zu, weil er sie noch immer so liebte. Und gerade als sie schon an den Pfahl festgebunden war und das Feuer an ihren Kleidern mit roten Zungen leckte, waren die sieben Jahre vorüber. Da hörte man in der Luft ein Geschwirr und zwölf Raben kamen herbei. Sie ließen sich auf den Boden sinken. Als sie die Erde berührten, hatten die Vögel sich in ihre zwölf Brüder zurückverwandelt. Denn sie hatte sie erlöst. Sie rissen das Feuer auseinander, löschten die Flammen, befreiten ihre liebe Schwester und küssten und herzten sie.

Da die Königin nun ihren Mund wieder aufmachen und reden durfte, erzählte sie dem König, warum sie stumm gewesen sei und nie gelacht habe. Der König freute sich, als er hörte, dass sie unschuldig war, und sie lebten alle zusammen glücklich bis zu ihrem Tod. Die böse Stiefmutter aber wurde vor Gericht gestellt und in ein Fass gesteckt, das voll von siedendem Öl und giftigen Schlangen war. Darin starb sie qualvoll.

Schneeweißchen und Rosenrot

Eine arme Witwe lebte einsam in einem Hüttchen. Vor dem Hüttchen war ein Garten, darin standen zwei Rosenbäumchen. Das eine trug weiße, das andere rote Rosen. Die Witwe hatte zwei Kinder, die den beiden Rosenbäumchen glichen. Das eine hieß Schneeweißchen, das andere Rosenrot. Sie waren so gutherzig, fleißig und unbeschwert, wie es noch nie zwei Kinder auf der Welt gewesen sind. Schneeweißchen war etwas stiller und sanfter als Rosenrot. Rosenrot sprang am liebsten in den Wiesen und auf den Feldern herum, suchte Blumen und fing Sommervögel. Schneeweißchen saß meist zu Hause bei der Mutter, half ihr im Haushalt oder las ihr vor, wenn nichts zu tun war. Die beiden Kinder hatten einander so lieb, dass sie sich immer an den Händen fassten, wenn sie zusammen irgendwo hingingen. Und wenn Schneeweißchen sagte: »Wir wollen uns nie trennen«, antwortete Rosenrot: »Solange wir leben nicht.« Die Mutter setzte dann immer hinzu: »Was das eine hat, das soll es mit dem anderen teilen.«

Oft liefen sie allein im Wald umher und sammelten rote Beeren. Doch die Tiere taten ihnen nichts zuleide, sondern näherten sich ihnen zutraulich. Der Hase fraß ein Kohlblatt aus ihren Händen, das Reh graste neben ihnen, der Hirsch sprang ganz lustig um sie herum und die Vögel blieben auf den Ästen sitzen und sangen, so viel sie nur konnten. Kein Unglück brach über sie herein. Wenn sie sich im Wald verspätet hatten und die Nacht sie überfiel, legten sie sich nebeneinander auf das Moos und schliefen, bis der Morgen kam. Die Mutter wusste das und machte sich deshalb keine Sorgen um sie. Als sie einmal wieder im Wald übernachtet hatten und das Morgenrot sie aufweckte, sahen sie ein schönes Kind in einem weißen, glänzenden Kleidchen neben sich sitzen. Es stand auf und blickte sie ganz freundlich an, sagte aber nichts. Dann ging es in den Wald hinein. Und als Schneeweißchen und Rosenrot sich umsahen, merkten sie, dass sie ganz nahe an einem Abgrund geschlafen hatten. Bestimmt wären sie hineingefallen, wenn sie in der Dunkelheit noch ein paar Schritte weitergegangen wären. Die Mutter sagte ihnen zu Hause, das Kind müsse der Engel gewesen sein, der liebe Kinder bewache.

Schneeweißchen und Rosenrot hielten das Hüttchen der Mutter so sauber, dass es eine Freude war hineinzuschauen. Im Sommer erledigte Rosenrot die Hausarbeit und stellte der Mutter jeden Morgen, bevor sie aufwachte, einen Blumenstrauß vor das Bett. Darin war eine Rose von jedem Bäumchen. Im Winter zündete Schneeweißchen das Feuer an und hängte den Kessel an den Feuerhaken. Der Kessel war aus Messing, glänzte aber wie Gold, so sauber war er gescheuert. Abends, wenn die Schneeflocken fielen, sagte die Mutter: »Schneeweißchen, schieb den Riegel vor.« Dann setzten sie sich alle drei an den Herd, die Mutter nahm die Brille und las aus einem großen Buch vor. Die beiden Mädchen hörten zu, saßen und spannen Garn. Neben ihnen lag ein Lämmchen auf dem Boden und hinter ihnen auf einer Stange saß ein weißes Täubchen und hatte seinen Kopf unter einen Flügel gesteckt.

Eines Abends, als sie wieder gemütlich zusammensaßen, klopfte jemand an die Türe, als wollte er herein. Die Mutter sagte: »Schnell, Rosenrot, mach auf. Es wird ein Wanderer sein, der ein Dach über dem Kopf sucht.«

Rosenrot ging, schob den Riegel weg und dachte, ein armer Mann stünde vor der Tür. Aber es war kein armer Mann, es war ein Bär, der seinen dicken schwarzen Kopf zur Tür hereinstreckte. Rosenrot schrie laut und sprang zurück. Das Lämmchen blökte, das Täubchen flatterte auf und Schneeweißchen versteckte sich hinter dem Bett der Mutter. Der Bär aber fing an zu sprechen und sagte: »Fürchtet euch nicht, ich tue euch nichts zuleide. Ich bin halb erfroren und will mich nur ein wenig bei euch wärmen.«

»Du armer Bär«, sagte die Mutter, »leg dich ans Feuer und gib gut acht, dass dir dein Pelz nicht anbrennt.« Dann rief sie: »Schneeweißchen, Rosenrot, kommt hervor, der Bär tut euch nichts. Er hat nichts Böses im Sinn.«

Da kamen die beiden herbei und nach und nach näherten sich auch das Lämmchen und das Täubchen, ohne Angst zu haben.

Der Bär sagte: »Kinder, klopft mir den Schnee ein wenig aus dem Pelz.«

Daraufhin holten Schneeweißchen und Rosenrot den Besen und kehrten dem Bär das Fell sauber. Er streckte sich am Feuer aus und brummte glücklich und zufrieden. Bald schon waren sie ganz vertraut mit dem Bären und trieben ihren Spaß mit dem unbeholfenen Gast. Sie zerzausten ihm das Fell mit den Händen, setzten ihre Füße auf seinen Rücken und walkten ihn durch oder sie nahmen eine Haselrute und schlugen auf ihn ein. Wenn er dann brummte, lachten sie. Der Bär ließ es sich gerne gefallen, nur wenn sie es zu heftig trieben, rief er: »Lasst mich bitte am Leben, Kinder:

> Schneeweißchen, Rosenrot,
> schlägst dir den Freier tot.«

Als Schlafenszeit war und die anderen zu Bett gingen, sagte die Mutter zu dem Bären: »Du kannst da am Herd liegen bleiben, dann bist du vor der Kälte geschützt.«

Sobald der Tag graute, ließen ihn die beiden Kinder wieder hinaus und er trabte über den Schnee in den Wald hinein. Von nun an kam der Bär jeden Abend zu einer festen Zeit, legte sich an den Herd und erlaubte den Kindern, ihren Spaß mit ihm zu treiben, so viel sie wollten. Schneeweißchen und Rosenrot waren bald so an ihn gewöhnt, dass die Tür nicht verriegelt wurde, bevor ihr schwarzer Freund nicht da war.

Als das Frühjahr kam und draußen alles grün war, sagte der Bär eines Morgens zu Schneeweißchen: »Nun muss ich weggehen und darf den ganzen Sommer nicht wiederkommen.«

»Wo gehst du denn hin, lieber Bär?«, fragte Schneeweißchen.

»Ich muss in den Wald und auf meine Schätze aufpassen. Die bösen Zwerge stehlen sie sonst. Im Winter, wenn die Erde hart gefroren ist, müssen sie unten bleiben und können sich nicht durcharbeiten. Aber jetzt, wenn die Sonne die Erde auftaut und erwärmt, da brechen sie aus ihren Löchern hervor, steigen herauf an die Oberfläche und stehlen. Was sie einmal in ihren Händen haben und dann in ihren Höhlen lagern, kommt so leicht nicht wieder ans Tageslicht.«

Schneeweißchen war ganz traurig über den Abschied. Als es dem Bären die Tür aufriegelte und er sich hinausdrängte, blieb er am Türhaken hängen und ein Stück seiner Haut riss auf. Schneeweißchen schien es, als hätte es Gold durchschimmern sehen. Aber es war sich nicht sicher. Der Bär lief eilig davon und war bald hinter den Bäumen verschwunden.

Nach einiger Zeit schickte die Mutter die Kinder in den Wald, um Reisig zu sammeln. Sie fanden einen großen Baum, der gefällt auf dem Boden lag. Am Stamm sprang zwischen dem Gras etwas auf und ab. Sie konnten jedoch nicht erkennen, was es war. Als sie näher kamen, sahen sie einen Zwerg mit einem alten, verwelkten Gesicht und einem langen schneeweißen Bart. Das Ende des Bartes war in eine Spalte des Baums eingeklemmt. Der Kleine sprang hin und her wie ein Hündchen an einem Seil und wusste nicht, wie er sich helfen sollte. Er glotzte die Mädchen mit seinen feurigen roten Augen an und schrie: »Was steht ihr da! Könnt ihr nicht herkommen und mir helfen?«

»Was hast du da angestellt, kleines Männchen?«, fragte Rosenrot.

»Dumme, neugierige Gans«, antwortete der Zwerg. »Den Baum wollte ich spalten, um kleines Holz zum Kochen zu haben. Bei den dicken Klötzen verbrennt ja gleich das bisschen Essen, das unsereiner braucht. Wir schlingen schließlich nicht so viel hinunter wie ihr grobe, gierige Menschen. Ich hatte den Keil schon schön hineingetrieben und es wäre alles gut gegangen. Aber das verfluchte Holz war zu glatt und sprang plötzlich heraus. Der Baum fiel so schnell um, dass ich meinen schönen weißen Bart nicht mehr herausziehen konnte. Nun steckt er fest und ich bin gefangen. Da lachen die albernen Milchgesichter! Pfui, seid ihr gemein!«

Die Kinder gaben sich alle Mühe, aber sie konnten den Bart nicht herausziehen. Er steckte zu fest.

»Ich will laufen und jemanden zu Hilfe holen«, sagte Rosenrot.

»Dumme Schafsköpfe!«, schnarrte der Zwerg. »Ihr wollt noch jemanden holen! Dabei seid ihr mir schon zwei zu viel! Fällt euch nichts Besseres ein?«

»Nur nicht so ungeduldig!«, sagte Schneeweißchen. »Ich habe schon eine Idee.« Sie holte eine Schere aus der Tasche und schnitt das Ende des Bartes ab.

Sobald der Zwerg frei war, griff er nach einem Sack, der zwischen den Wurzeln des Baums steckte und voll Gold war, hob ihn hoch und brummte vor sich hin: »Ungehobeltes Pack, schneidet mir ein Stück von meinem schönen Bart ab! Der Kuckuck soll euch holen!« Mit diesen Worten schwang er seinen Sack auf den Rücken und ging fort, ohne die Kinder auch nur ein einziges Mal anzusehen.

Einige Zeit danach wollten Schneeweißchen und Rosenrot Fische angeln. Als sie am Bach waren, sahen sie, dass etwas, das aussah wie eine große Heuschrecke, Richtung Wasser hüpfte, als wollte es hineinspringen. Sie liefen näher heran und erkannten den Zwerg. »Wo willst du hin?«, fragte Rosenrot. »Du willst doch wohl nicht ins Wasser?«

»So ein Narr bin ich nicht!«, schrie der Zwerg. »Seht ihr nicht, der verfluchte Fisch will mich hineinziehen?« Der Kleine hatte dagesessen und geangelt. Unglücklicherweise hatte der Wind seinen Bart um die Angelschnur geflochten. Als gleich darauf ein großer Fisch anbiss, hatte das schwache Kerlchen nicht genug Kraft, um ihn herauszuziehen. Der Fisch war stärker und riss den Zwerg mit sich fort. Zwar versuchte der, sich an allen Halmen und Binsen festzuhalten, aber das half nicht viel. Er musste dem Fisch folgen und war in beständiger Gefahr, ins Wasser gezogen zu werden. Die Mädchen kamen gerade noch rechtzeitig. Sie hielten ihn fest und versuchten, den Bart von der Schnur loszumachen, aber vergebens. Bart und Schnur hatten sich fest ineinander verwirrt. Es blieb nichts anderes übrig, als die Schere hervorzuholen und den Bart ein kleines Stück abzuschneiden.

Schneeweißchen und Rosenrot

Als der Zwerg das sah, schrie er sie an: »Ist das eine Art, ihr Schnepfen! Einen so zu verunstalten? Nicht genug, dass ihr mir den Bart unten schon gestutzt habt, jetzt schneidet ihr ihn mir sogar bis zur Mitte ab. So kann ich mich bei den Meinigen gar nicht mehr sehen lassen. Pah, ich wünsche euch, dass ihr mit Schuhen ohne Sohlen herumlaufen müsst!« Dann holte er einen Sack Perlen, der im Schilfe lag, und ohne noch ein einziges Wort zu sagen, schleppte er ihn davon und verschwand hinter einem Stein.

Kurze Zeit später schickte die Mutter die beiden Mädchen in die Stadt, um Zwirn, Nadeln, Schnüre und Bänder einzukaufen. Der Weg führte über eine Heide, auf der hier und da mächtige Felsen lagen. Auf einmal sahen sie einen großen Vogel in der Luft schweben, der langsam über ihnen kreiste, sich immer tiefer herabsenkte und sich schließlich nicht weit von ihnen entfernt auf einem Felsen niederließ. Gleich darauf hörten sie einen durchdringenden, jämmerlichen Schrei. Sie liefen herbei und sahen mit Schrecken, dass der Adler ihren alten Bekannten, den Zwerg, gepackt hatte und ihn forttragen wollte. Die mitleidigen Kinder hielten das Männchen sofort fest und kämpften so lange mit dem Adler herum, bis er seine Beute losließ.

Als der Zwerg sich von dem ersten Schrecken erholt hatte, schrie er mit seiner kreischenden Stimme: »Konntet ihr nicht vorsichtiger mit mir umgehen? Ihr habt an meinem dünnen Röckchen so herumgerissen, dass es jetzt überall zerfetzt und durchlöchert ist. Ein tollpatschiges Gesindel, das seid ihr!« Dann nahm er einen Sack mit Edelsteinen und schlüpfte wieder unter den Felsen in seine Höhle.

Die Mädchen waren an seine Undankbarkeit schon gewöhnt, setzten ihren Weg fort und erledigten ihre Besorgungen in der Stadt. Als sie auf dem Nachhauseweg wieder über die Heide kamen, überraschten sie den Zwerg, der seinen Sack mit Edelsteinen ausgeschüttet hatte. Offensichtlich hatte er nicht damit gerechnet, dass so spät noch jemand vorbeikommen würde. Die Abendsonne schien über die glänzenden Steine. Sie schimmerten und leuchteten so prächtig in allen Farben, dass die Kinder stehen blieben und sie betrachteten.

»Was steht ihr da und haltet Maulaffen feil!«, schrie der Zwerg. Sein aschgraues Gesicht wurde zinnoberrot vor Zorn. Er wollte mit seinem Geschimpfe fortfahren, als plötzlich ein lautes Brummen zu hören war und ein schwarzer Bär aus dem Wald herbeitrabte. Erschrocken sprang der Zwerg auf, aber er konnte sein Versteck nicht mehr erreichen, denn der Bär war schon zu nahe. Da rief er in Todesangst: »Lieber Herr Bär, verschont mich. Ich gebe Euch alle meine Schätze. Seht, die schönen Edelsteine, die da liegen. Schenkt mir das Leben, was habt Ihr schon an mir kleinem, schmächtigem Kerl? Ihr spürt mich nicht einmal zwischen den Zähnen. Da, packt lieber die beiden gottlosen Mädchen. Die sind ein Leckerbissen für Euch, fett wie junge Wachteln. Fresst sie in Gottes Namen.«

Der Bär kümmerte sich nicht um seine Worte, gab dem boshaften Kerl einen einzigen Schlag mit der Tatze und er bewegte sich nicht mehr.

Die Mädchen waren davongesprungen, aber der Bär rief ihnen nach: »Schneeweißchen und Rosenrot, fürchtet euch nicht. Wartet, ich komme mit euch mit.«

Da erkannten sie seine Stimme und blieben stehen. Als der Bär bei ihnen war, fiel plötzlich die Bärenhaut ab und er stand da als ein schöner Mann, der ganz in Gold gekleidet war. »Ich bin der Sohn eines Königs«, sagte er. »Der gottlose Zwerg, der mir meine Schätze gestohlen hatte, verwünschte mich. Ich musste als ein wilder Bär im Wald herumlaufen, bis ich durch seinen Tod erlöst würde. Jetzt hat er seine wohlverdiente Strafe bekommen.«

Schneeweißchen wurde mit ihm vermählt und Rosenrot mit seinem Bruder. Sie teilten die großen Schätze miteinander, die der Zwerg in seiner Höhle zusammengetragen hatte. Die alte Mutter lebte noch lange sorglos und glücklich bei ihren Kindern. Die zwei Rosenbäumchen aber nahm sie mit. Sie standen vor ihrem Fenster und trugen jedes Jahr die schönsten Rosen, weiß und rot.

Spindel, Weberschiffchen und Nadel

Es war einmal ein Mädchen, dessen Vater und Mutter gestorben waren, als es noch ein kleines Kind war. Ganz allein in einem Häuschen am Ende des Dorfes wohnte seine Patin, die sich vom Spinnen, Weben und Nähen ernährte. Die Alte nahm das verwaiste Kind zu sich, hielt es zur Arbeit an und erzog es im Glauben an Gott. Als das Mädchen fünfzehn Jahre alt war, erkrankte die Patin. Sie rief das Kind an ihr Bett und sagte: »Liebe Tochter, ich spüre, dass mein Ende naht. Ich hinterlasse dir das Häuschen, das dich vor Wind und Wetter schützt, außerdem die Spindel, das Weberschiffchen und die Nadel. Damit kannst du dir deinen Lebensunterhalt verdienen.« Sie legte die Hände auf den Kopf des Mädchens, segnete es und sagte: »Glaube nur an Gott, dann wird dir Gutes widerfahren.« Daraufhin schloss sie für immer die Augen.

Auf der Beerdigung ging das Mädchen hinter dem Sarg, weinte erbärmlich und erwies ihr die letzte Ehre.

Das Mädchen lebte nun ganz allein in dem kleinen Haus. Es war fleißig, spann Garn, webte und nähte. Bei allem, was es tat, schien die gute Alte ihm beizustehen. Es war, als würde der Flachs in der Kammer sich von selbst vermehren. Wenn es ein Tuch oder einen Teppich gewebt oder ein Hemd genäht hatte, fand sich auch jedes Mal gleich ein Käufer, der gut zahlte, sodass es keine Not leiden musste und mit anderen sogar noch teilen konnte.

Zur selben Zeit zog der Sohn des Königs durch das Land, um sich eine Braut zu suchen. Eine arme sollte er nicht nehmen und eine reiche wollte er nicht. Da sagte er: »Die soll meine Frau werden, die gleichzeitig die Ärmste und die Reichste ist.«

Als er in das Dorf kam, in dem das Mädchen lebte, fragte er, wie er es überall tat, wer in dem Ort die Reichste und Ärmste sie. Man nannte ihm zuerst die Reichste. Die Ärmste, sagten sie, sei das Mädchen, das in dem kleinen Haus ganz am Ende wohne. Die Reiche saß herausgeputzt vor der Haustür. Als der Königssohn sich näherte, stand sie auf, ging ihm entgegen und verbeugte sich vor ihm. Er sah sie an, sagte kein Wort und ritt weiter. Als er zu dem Haus der Armen kam, stand das Mädchen nicht an der Tür, sondern saß in seinem Stübchen. Er hielt das Pferd an. Durch das Fenster schien die helle Sonne. Im Inneren sah er das Mädchen am Spinnrad sitzen und fleißig spinnen. Es blickte auf, und als es bemerkte, dass der Königssohn hereinschaute, wurde es über und über rot, schlug die Augen nieder und spann weiter. Ob der Faden diesmal wirklich gleichmäßig geworden ist, weiß ich nicht. Jedenfalls spann es so lange, bis der Königssohn wieder weggeritten war. Dann trat es ans Fenster, öffnete es und sagte: »Es ist so heiß in der Stube.« In Wahrheit wollte es ihm aber nur hinterherblicken. Das tat es dann auch, solange es noch die weißen Federn an seinem Hut erkennen konnte. Anschließend setzte sich das Mädchen wieder in seine Stube und spann weiter. Da kam ihm ein Spruch in den Sinn, den die Alte manchmal gesagt hatte, wenn es bei der Arbeit saß, und es sang so vor sich hin:

>»Spindel, Spindel, geh du aus,
>bring den Freier in mein Haus.«

Und was geschah? Die Spindel sprang dem Mädchen augenblicklich aus der Hand und hüpfte zur Tür hinaus. Als es aufstand und ihr verwundert nachblickte, sah es, dass die Spindel lustig über das Feld tanzte und einen glänzenden goldenen Faden hinter sich herzog. Bald war sie aus dem Blickfeld des Mädchens verschwunden. Da es nun keine Spindel mehr hatte, nahm es das Weberschiffchen zur Hand, setzte sich an den Webstuhl und fing an zu weben.

Die Spindel aber tanzte immer weiter, und gerade als der Faden zu Ende war, hatte sie den Königssohn erreicht.

»Was sehe ich da?«, rief er. »Die Spindel will mir wohl den Weg zeigen?« Er drehte sein Pferd um und ritt an dem goldenen Faden entlang zurück.

Währenddessen saß das Mädchen an seiner Arbeit und sang:

>»Schiffchen, Schiffchen, webe fein,
>führ den Freier mir herein.«

Sogleich sprang ihr das Schiffchen aus der Hand und hüpfte zur Tür hinaus. Vor der Türschwelle aber begann es, einen Teppich zu weben, schöner, als man je einen gesehen hat. Auf beiden Seiten waren blühende Rosen und Lilien und in der Mitte auf goldenem Hintergrund stiegen grüne Ranken auf. Darin sprangen Hasen und Kaninchen herum, Hirsche und Rehe streckten die Köpfe dazwischen hervor. Oben in den Zweigen saßen bunte Vögel. Es fehlte nur noch, dass sie zu singen angefangen hätten. Das Schiffchen sprang hin und her und es war, als würde alles von selbst wachsen.

Weil das Schiffchen weg war, hatte sich das Mädchen hingesetzt, um zu nähen. Es hielt die Nadel in der Hand und sang:

>»Nadel, Nadel, spitz und fein,
>mach das Haus dem Freier rein.«

Da sprang ihm die Nadel aus den Fingern und flog in der Stube hin und her, so schnell wie der Blitz. Es war, als würden unsichtbare Geister am Werk sein. Sogleich wurde der Tisch mit einem grünen Tuch bedeckt, Stühle und Bänke wurden mit Samt bezogen und an den Fenstern hingen plötzlich seidene Vorhänge. Kaum hatte die Nadel den letzten Stich getan, sah das Mädchen durch das Fenster schon die weißen Federn am Hut des Königssohns, den die Spindel mithilfe des goldenen Fadens herbeigeholt hatte. Er stieg vom Pferd, schritt über den Teppich in das Haus, und als er die Stube betrat, stand das Mädchen in seinem ärmlichen Kleid vor ihm, aber es strahlte daraus hervor wie eine Rose aus dem Busch.

»Du bist die Ärmste und gleichzeitig die Reichste«, sagte er zu ihr. »Komm mit mir und werde meine Braut.«

Schweigend reichte sie ihm die Hand. Da gab er ihr einen Kuss, führte sie hinaus, hob sie auf sein Pferd und brachte sie in das königliche Schloss. Dort wurde die Hochzeit mit einem großen Fest gefeiert. Spindel, Weberschiffchen und Nadel wurden in der Schatzkammer verwahrt und immer in Ehren gehalten.

Der Eisenhans

Es war einmal ein König, der bei seinem Schloss einen großen, wildreichen Wald hatte. Eines Tages schickte er einen Jäger los, um ein Reh zu schießen, aber der kam nicht wieder.

»Vielleicht ist ihm etwas zugestoßen«, sagte der König und schickte am folgenden Tag zwei andere Jäger los, die ihn suchen sollten. Aber sie blieben ebenfalls verschwunden. Da ließ der König am dritten Tag alle seine Jäger kommen und sagte: »Streift durch den ganzen Wald, bis ihr alle drei gefunden habt.« Aber auch von diesen kam keiner wieder nach Hause und selbst von der Meute Hunde, die sie mitgenommen hatten, ließ sich keiner wieder sehen.

Von der Zeit an wagte sich niemand mehr in den Wald. Er lag in tiefer Stille und Einsamkeit da und man sah nur ab und zu einen Adler oder Habicht darüberfliegen. Nach vielen Jahre meldete sich ein fremder Jäger beim König, der Arbeit suchte und sich erbot, in den gefährlichen Wald zu gehen. Der König aber wollte seine Einwilligung nicht geben und sagte: »Dort geschehen merkwürdige Dinge. Ich fürchte, es geht dir nicht besser als den andern und du kommst nicht wieder heraus.«

Der Jäger antwortete: »Herr, ich will es auf eigene Gefahr hin wagen. Furcht kenne ich nicht.«

Der Jäger begab sich also mit seinem Hund in den Wald. Es dauerte nicht lange, da nahm der Hund die Fährte eines Wilds auf und wollte hinter ihm herrennen. Kaum aber war er ein paar Schritte gelaufen, stand er vor einem tiefen Teich. Ein nackter Arm streckte sich aus dem Wasser, packte das Tier und zog es hinunter. Daraufhin holte der Jäger drei Männer, die mit Eimern kommen und das Wasser ausschöpfen mussten. Als sie auf den Grund sehen konnten, lag dort ein wilder Mann, der braun war wie rostiges Eisen und dem die Haare über das Gesicht bis zu den Knien herabhingen. Sie fesselten ihn mit Stricken und führten ihn in das Schloss. Man staunte sehr über den Fund.

Der König ließ den wilden Mann in einen eisernen Käfig, der auf seinem Hof stand, stecken und verbot bei Todesstrafe, die Tür zu öffnen. Die Königin selbst musste den Schlüssel in Verwahrung nehmen. Von nun an konnte jeder wieder gefahrlos in den Wald gehen.

Der König hatte einen achtjährigen Sohn, der einmal auf dem Hof spielte. Dabei fiel ihm sein goldener Ball in den Käfig. Der Junge lief hin und sagte: »Gib mir meinen Ball heraus.«

»Erst«, antwortete der Mann, »musst du mir die Tür aufmachen.«

»Nein«, sagte der Junge, »das hat der König verboten.« Er lief fort und kam am nächsten Tag wieder, um seinen Ball zurückzufordern.

Der wilde Mann sagte: »Dann öffne die Tür.«

Der Junge wollte aber nicht. Am dritten Tag war der König auf die Jagd geritten. Der Junge kam wieder zum Käfig und sagte: »Selbst wenn ich wollte, könnte ich die Tür nicht öffnen, denn ich habe keinen Schlüssel.«

Da sagte der wilde Mann: »Er liegt unter dem Kopfkissen deiner Mutter. Da kannst du ihn holen.«

Der Junge, der seinen Ball unbedingt wiederhaben wollte, schlug alle Bedenken in den Wind und besorgte den Schlüssel. Die Tür ging schwer auf und der Junge klemmte sich den Finger ein. Als sie offen war, trat der wilde Mann heraus, gab ihm den goldenen Ball und eilte davon.

Der Junge bekam Angst und rief ihm nach: »Ach, wilder Mann, geh nicht fort, sonst bekomme ich Schläge.«

Der wilde Mann kehrte um, hob ihn hoch, setzte ihn auf seine Schultern und ging mit schnellen Schritten in den Wald.

Als der König nach Hause kam, bemerkte er den leeren Käfig und fragte die Königin, wie das geschehen konnte. Sie hatte jedoch noch gar nichts davon bemerkt. Dann suchte sie den Schlüssel, aber er war verschwunden. Sie rief den Jungen, aber niemand antwortete. Der König schickte Leute aus, die ihn auf dem Feld suchen sollten, aber sie fanden ihn nicht. Da konnte er sich ausmalen, was geschehen war, und alle am königlichen Hof waren traurig.

Als der wilde Mann wieder in dem finsteren Wald war, hob er den Knaben von den Schultern herunter und sagte zu ihm: »Deinen Vater und deine Mutter wirst du nicht wiedersehen, aber ich behalte dich bei mir, denn du hast mich befreit und ich habe Mitleid mit dir. Wenn du alles tust, was ich dir sage, wirst du es gut haben. Gold und andere Schätze habe ich genug, mehr als jeder andere auf der Welt.« Er machte dem Jungen ein Bettchen aus Moos, auf dem er einschlief.

Am nächsten Morgen führte der Mann den Jungen zu einem Brunnen und sagte: »Siehst du, das ist der Goldbrunnen. Er ist hell und klar wie Kristall. Bleib da sitzen und pass auf, dass nichts hineinfällt, sonst ist er entehrt. Jeden Abend komme ich und sehe nach, ob du auf mich gehört hast.«

Der Junge setzte sich an den Rand des Brunnens, sah, wie manchmal ein goldner Fisch, manchmal eine goldne Schlange sich darin zeigte, und gab acht, dass nichts hineinfiel. Als er so dasaß, schmerzte ihn einmal der Finger so heftig, dass er ihn unwillkürlich in das Wasser steckte. Er zog ihn zwar schnell wieder heraus, aber er war bereits ganz vergoldet. Egal wie sehr sich der Junge bemühte, das Gold wieder abzuwischen, es war alles vergeblich. Abends kam der Eisenhans zurück, sah den Jungen an und sagte: »Was ist mit dem Brunnen geschehen?«

»Nichts, nichts«, antwortete der Junge und hielt den Finger auf den Rücken, damit der Mann ihn nicht sah.

Aber der hatte es trotzdem bemerkt und sagte: »Du hast den Finger in das Wasser getaucht! Diesmal sehe ich es dir nach, aber hüte dich davor, noch einmal etwas hineinfallen zu lassen.«

Schon ganz früh am Morgen saß der Junge am nächsten Tag neben dem Brunnen und bewachte ihn. Der Finger tat ihm wieder weh und er fuhr sich damit über seinen Kopf, da fiel unglücklicherweise ein Haar herunter und landete im Brunnen. Der Junge nahm es schnell heraus, aber es war schon ganz vergoldet.

Als der Eisenhans kam, wusste er schon, was geschehen war.

»Du hast ein Haar in den Brunnen fallen lassen«, sagte er. »Ich sehe es dir noch einmal nach, aber wenn es zum dritten Mal geschieht, ist der Brunnen entehrt. Du kannst dann nicht länger bei mir bleiben.«

Am dritten Tag saß der Knabe am Brunnen und bewegte den Finger nicht, auch wenn er ihm noch so sehr wehtat. Aber es wurde ihm langweilig und er betrachtete sein Spiegelbild, das auf der Wasseroberfläche zu sehen war. Als er sich dabei immer weiter vorbeugte, um sich in die Augen zu sehen, fielen ihm seine langen Haare von den Schultern herab in das Wasser. Er richtete sich schnell auf, aber das ganze Haar war schon vergoldet und glänzte wie eine Sonne. Ihr könnt euch denken, wie sehr der arme Knabe erschrak! Er nahm sein Taschentuch und band es um den Kopf, damit der Mann nichts bemerken würde.

Als der Eisenhans kam, wusste er jedoch schon alles und sagte: »Binde das Tuch auf.«

Da quollen die goldenen Haare hervor und der Junge konnte sich noch so sehr entschuldigen. Es half ihm nichts.

»Du hast die Probe nicht bestanden und kannst nicht länger hierbleiben. Geh hinaus in die Welt. Dort wirst du erfahren, was Armut ist. Aber weil du ein großes Herz hast und ich es gut mit dir meine, werde ich auch weiterhin für dich da sein. Wenn du in Not gerätst, geh zu dem Wald und rufe: ›Eisenhans!‹ Dann komme ich und helfe dir. Meine Macht ist groß, größer als du denkst, und Gold und Silber habe ich im Überfluss.«

Da verließ der Königssohn den Wald und ging über gebahnte und ungebahnte Wege, bis er in eine große Stadt kam. Er suchte Arbeit, aber er konnte keine finden und hatte auch nichts gelernt, was ihm hätte weiterhelfen können. Schließlich ging er in das Schloss und fragte, ob sie Arbeit für ihn hätten. Die Hofleute wussten nicht, wozu sie ihn brauchen könnten, aber er gefiel ihnen und deshalb durfte er bleiben. Also nahm der Koch ihn in seine Dienste und sagte, er könne Holz und Wasser holen und die Asche zusammenkehren. Als gerade einmal kein anderer zur Hand war, befahl ihm der Koch, die Speisen zur königlichen Tafel zu tragen. Da der Junge aber nicht wollte, dass man seine goldenen Haare sah, behielt er seinen Hut auf. Der König hatte so etwas noch nie erlebt und sagte: »Wenn du zur königlichen Tafel kommst, musst du deinen Hut absetzen.«

»Ach, Herr«, antwortete der Junge, »ich kann nicht, ich habe einen schlimmen Grind am Kopf.« Da ließ der König den Koch rufen und schimpfte ihn, wie er einen Jungen mit einer solchen Hautkrankheit bei sich habe arbeiten lassen können. Der Koch sollte ihn sofort davonjagen. Doch dieser hatte Mitleid mit dem Jungen und tauschte ihn gegen den Gärtnerjungen aus.

Nun musste der Junge im Garten pflanzen und gießen, hacken und graben und Wind und schlechtes Wetter über sich ergehen lassen. Als er einmal im Sommer allein im Garten arbeitete, war es so heiß, dass er seinen

Der Eisenhans

Hut abnahm, damit die Luft ihn kühlte. Die Sonne schien auf das Haar. Da glitzte und blitzte es so, dass die Strahlen in das Schlafzimmer der Königstochter fielen. Sie sprang auf, um nachzusehen, was das wäre, und erblickte den Jungen. »Junge, bring mir einen Blumenstrauß«, rief sie.

Der Angesprochene setzte in Windeseile seinen Hut wieder auf, pflückte wilde Feldblumen und band sie zusammen. Als er damit die Treppe hinaufstieg, begegnete ihm der Gärtner. Er sagte: »Wie kannst du der Königstochter einen Strauß von diesen allzu gewöhnlichen Blumen bringen? Hole schnell andere, und zwar die schönsten und seltensten.«

»Ach nein«, antwortete der Junge, »die wilden riechen kräftiger und werden ihr besser gefallen.«

Als er in ihr Zimmer kam, sagte die Königstochter: »Nimm deinen Hut ab, es gehört sich nicht, dass du ihn vor mir aufbehältst.«

Er antwortete wieder: »Ich darf nicht, ich habe einen Grind am Kopf.«

Sie griff jedoch nach dem Hut und zog ihn von seinem Kopf. Da fielen ihm seine goldenen Haare auf die Schultern herunter, dass es die reinste Pracht war. Er wollte davonspringen, aber sie hielt ihn am Arm fest und gab ihm eine Handvoll Dukaten. Er nahm es zwar mit, machte sich aber nichts aus dem Gold und brachte es deshalb dem Gärtner mit den Worten: »Ich schenke es deinen Kindern. Die können damit spielen.«

Am nächsten Tag rief ihm die Königstochter erneut zu, er solle ihr einen Strauß Feldblumen bringen. Als er damit eintrat, grapschte sie sogleich nach seinem Hut und wollte ihn wegnehmen. Er hielt ihn jedoch mit beiden Händen fest. Sie gab ihm wieder eine Handvoll Dukaten, die er nicht behalten wollte und dem Gärtner als Spielzeug für seine Kinder gab.

Am dritten Tag verhielt es sich nicht anders. Sie konnte ihm seinen Hut nicht wegnehmen und er wollte ihr Gold nicht.

Kurz darauf suchte ein Krieg das Land heim. Der König ließ alle wehrfähigen Männer zusammenrufen. Er wusste jedoch nicht, ob er dem Feind, der übermächtig war und ein großes Heer hatte, Widerstand leisten könnte. Da sagte der Gärtnerjunge: »Ich bin nun erwachsen und will mit in den Krieg ziehen. Gebt mir nur ein Pferd.«

Die anderen lachten: »Nimm dir eins, wenn wir weg sind. Wir lassen dir eins im Stall.«

Als sie weg waren, ging er in den Stall zu dem Pferd. Es war an einem Fuß lahm und hickelte hunkepuus, hunkepuus. Dennoch setzte er sich darauf und ritt in Richtung des dunklen Waldes. Als er ihn erreicht hatte, rief er dreimal »Eisenhans!«, so laut, dass es durch die Bäume schallte.

Sofort erschien der wilde Mann und fragte: »Wie kann ich dir helfen?«

»Ich brauche ein kräftiges Pferd, denn ich will in den Krieg ziehen.«

»Das und noch mehr sollst du haben.« Dann ging der wilde Mann in den Wald zurück.

Es dauerte nicht lange, da kam ein Stallknecht aus dem Wald und führte ein Pferd mit sich, das aus den Nüstern schnaubte und kaum zu bändigen war. Außerdem folgte eine große Schar Krieger, alle in Eisenrüstungen, und ihre Schwerter blitzten in der Sonne. Der junge Mann übergab dem Stallknecht sein dreibeiniges Pferd, bestieg das andere und ritt vor den Kriegern her. Als er sich dem Schlachtfeld näherte, war schon ein großer Teil von den Leuten des Königs gefallen und bald würde alles verloren sein. Da jagte der junge Mann mit seinen Kriegern herbei, fuhr wie ein Gewitter zwischen die Feinde hinein und schlug alles nieder, was sich ihm entgegenstellte. Die gegnerischen Soldaten wollten fliehen, aber der junge Mann gab nicht nach, bis keiner mehr übrig war. Statt aber zu dem König zurückzukehren, führte er seine Schar auf Umwegen wieder in den Wald und rief den Eisenhans heraus.

»Wie kann ich dir helfen?«, fragte der wilde Mann.

»Nimm dein Pferd und deine Krieger zurück und gib mir mein dreibeiniges Pferd wieder.« Er bekam alles, was er verlangte, und er ritt auf seinem dreibeinigen Pferd nach Hause.

Als der König wieder in sein Schloss zurückkehrte, kam ihm seine Tochter entgegen und beglückwünschte ihn zu seinem Sieg.

»Ich bin es nicht, dem wir den Sieg verdanken«, sagte er, »sondern ein fremder Ritter, der mir mit seiner Schar zu Hilfe kam.« Die Tochter wollte wissen, wer der fremde Ritter sei, aber der König wusste es nicht und sagte: »Er hat die Feinde verfolgt und ich habe ihn nicht wiedergesehen.«

Sie erkundigte sich bei dem Gärtner nach seinem Jungen.

Der lachte aber und sagte: »Eben ist er auf seinem dreibeinigen Pferd nach Hause gekommen und die anderen haben gespottet und gerufen: ›Da

Der Eisenhans

kommt unser Hunkepuus wieder.‹ Sie fragten auch: ›Hinter welcher Hecke hast du in der Zwischenzeit gelegen und geschlafen?‹ Er sagte aber: ›Ich habe mein Bestes gegeben und ohne mich wäre es schlecht ausgegangen.‹ Da wurde er noch mehr ausgelacht.«

Der König sagte zu seiner Tochter: »Ich werde ein großes Fest geben, das drei Tage dauert. Und du sollst einen goldenen Apfel unter die Ritter werfen. Vielleicht kommt der Unbekannte und fängt ihn.«

Als bekannt gegeben wurde, dass ein Fest stattfinden soll, ging der junge Mann zum Wald und rief den Eisenhans.

»Wie kann ich dir helfen?«, fragte er.

»Ich möchte, dass ich den goldenen Apfel der Königstochter fange.«

»Du hast ihn schon so gut wie«, sagte der Eisenhans. »Du bekommst außerdem eine rote Rüstung und sollst auf einem stolzen Fuchs reiten.«

Am Tag des Festes sprengte der Jüngling heran, mischte sich unter die Ritter und wurde von niemandem erkannt. Die Königstochter trat vor und warf den Rittern einen goldenen Apfel zu. Kein anderer als der junge Mann fing ihn. Aber sobald er ihn hatte, jagte er davon. Am zweiten Tag hatte ihn der Eisenhans als weißen Ritter ausgerüstet und ihm einen Schimmel gegeben. Abermals fing kein anderer als er den Apfel, blieb aber keinen Augenblick länger, sondern jagte damit fort.

Der König wurde ärgerlich und sagte: »Das ist nicht erlaubt. Derjenige, der den Apfel fängt, muss vor mir erscheinen und seinen Namen nennen.« Er gab den Befehl, wenn der Ritter, der den Apfel gefangen habe, sich wieder davonmachen würde, sollte man ihn verfolgen. Und wenn er nicht freiwillig zurückkehrte, sollte man eben hauen und stechen.

Am dritten Tag erhielt der junge Mann vom Eisenhans eine schwarze Rüstung und einen Rappen. Und wieder war er es, der den Apfel fing. Als er aber damit fortjagte, verfolgten ihn die Leute des Königs und einer kam ihm so nahe, dass er mit der Spitze des Schwerts sein Bein verwundete. Er entkam jedoch, aber sein Pferd sprang so kraftvoll, dass ihm der Helm vom Kopf fiel. Nun konnten seine Verfolger sehen, dass er goldene Haare hatte. Sie ritten zurück und meldeten dem König alles.

Am nächsten Tag fragte die Königstochter den Gärtner nach seinem Jungen.

»Er arbeitet im Garten. Dieser seltsame Vogel ist wohl auch auf dem Fest gewesen und erst gestern Abend wiedergekommen. Er hat meinen Kindern drei goldene Äpfel gezeigt, die er dort angeblich gewonnen hat.«

Der König ließ den Gärtnerjungen vor sich rufen. Als er erschien, hatte er wieder seinen Hut auf dem Kopf. Die Königstochter ging auf ihn zu und nahm ihn ihm ab. Da fielen ihm seine goldenen Haare über die Schultern. Er war so schön, dass alle staunten.

»Bist du der Ritter gewesen, der jeden Tag zu dem Fest gekommen ist, immer in einer anderen Farbe, und der die drei goldenen Äpfel gefangen hat?«, fragte der König.

»Ja«, antwortete er. »Und hier sind die Äpfel.« Mit diesen Worten holte er sie aus seiner Tasche und reichte sie dem König. »Wenn Ihr noch mehr Beweise braucht, zeige ich Euch die Wunde, die mir Eure Leute zugefügt haben, als sie mich verfolgten. Aber ich bin auch der Ritter, der Euch zum Sieg über die Feinde verholfen hat.«

»Wenn du zu so großen Taten fähig bist, bist du kein Gärtnerjunge. Sage mir, wer dein Vater ist.«

»Mein Vater ist ein mächtiger König, und Gold habe ich in Hülle und Fülle.«

»Ich bin dir zu Dank verpflichtet«, sagte der König, »Kann ich dir vielleicht einen Gefallen tun?«

»Ja«, antwortete er, »das könnt Ihr sehr wohl. Gebt mir Eure Tochter zur Frau.«

Da lachte die Königstochter: »Der redet nicht um den heißen Brei herum! Aber ich habe schon an seinen goldenen Haaren gesehen, dass er kein Gärtnerjunge ist.« Dann ging sie zu ihm und küsste ihn.

Zur Vermählung kamen auch der Vater und die Mutter des jungen Mannes und freuten sich sehr. Denn sie hatten schon alle Hoffnung aufgegeben, ihren lieben Sohn jemals wiederzusehen. Und als alle an der Hochzeitstafel saßen, schwieg auf einmal die Musik, die Türen gingen auf und ein stolzer König mit großem Gefolge trat ein. Er ging auf den jungen Mann zu, umarmte ihn und sagte: »Ich bin der Eisenhans. Eine böse Macht hatte mich verwünscht und ich musste als wilder Mann im Wald leben. Aber du hast mich erlöst. Alle Schätze, die ich besitze, sollen nun dir gehören.«

Das tapfere Schneiderlein

An einem schönen Sommermorgen saß einmal ein Schneiderlein auf seinem Tisch am Fenster, war guter Dinge und nähte aus Leibeskräften. Da kam eine Bauersfrau die Straße entlang und rief: »Gute Marmelade zu verkaufen! Gute Marmelade zu verkaufen!«

Das klang zu verführerisch in den Ohren des Schneiderleins. Er steckte seinen Kopf zum Fenster hinaus und rief: »Hier herauf, liebe Frau, hier werden Sie Ihre Ware los.«

Die Frau stieg mit ihrem schweren Korb die drei Treppen zu dem Schneider hinauf und musste alle Töpfe vor ihm auspacken. Er sah sie sich alle an, hob sie in die Höhe, hielt die Nase daran und sagte schließlich: »Die Marmelade scheint gut zu sein. Wiegen Sie mir doch zweihundert Gramm ab, liebe Frau. Wenn es ein Viertelpfund ist, ist es auch nicht schlimm.«

Die Frau, die gehofft hatte ein gutes Geschäft zu machen, gab ihm, was er verlangte, ging aber ganz ärgerlich und brummig davon.

»Nun, die Marmelade soll mir Gott segnen!«, rief das Schneiderlein. »Sie soll mir Kraft geben.« Er holte das Brot aus dem Schrank, schnitt sich eine ganze Scheibe davon ab und strich die Marmelade darauf. »Das wird lecker schmecken«, sagte er. »Aber bevor ich abbeiße, muss ich die Jacke fertig machen.«

Er legte das Brot neben sich, nähte weiter und machte aus Vorfreude immer größere Stiche. Währenddessen stieg der Geruch der süßen Marmelade die Wand hinauf, wo viele Fliegen saßen. Sie wurden angelockt und ließen sich scharenweis auf dem Brot nieder. »Ei, wer hat euch eingeladen?«, sagte das Schneiderlein und jagte die ungebetenen Gäste fort.

Die Fliegen, die kein Deutsch verstanden, ließen sich jedoch nicht abwimmeln und kamen in immer größerer Zahl wieder. Da lief dem Schneiderlein schließlich, wie man sagt, die Laus über die Leber. Er griff nach einem Lappen und rief: »Wartet, euch werde ich es geben!« Mit diesen Worten schlug er unbarmherzig mit dem Lappen auf das Brot. Als er ihn umdrehte und die toten Fliegen zählte, lagen nicht weniger als sieben vor ihm und streckten die Beine.

»Was bist du für ein Kerl!«, sagte er zu sich und bewunderte seine eigene Tapferkeit. »Das soll die ganze Stadt erfahren!« Und in aller Eile nähte sich das Schneiderlein einen Gürtel und stickte mit großen Buchstaben darauf: »Sieben auf einen Streich!«

»Ach was, nicht nur die Stadt!«, rief das Schneiderlein weiter. »Die ganze Welt soll es erfahren!« Und sein Herz klopfte bei dieser Vorstellung vor Freude wie verrückt. Der Schneider band sich den Gürtel um den Bauch und machte sich daran, in die Welt hinauszuziehen. Er fand nämlich, die Werkstätte sei zu klein für seine Tapferkeit. Bevor er wegging, sah er nach, ob nichts im Haus wäre, was er mitnehmen könnte. Er fand aber nur einen alten Käse, den er einsteckte.

Vor dem Stadttor entdeckte er einen Vogel, der sich im Gestrüpp verfangen hatte. Der kam zu dem Käse in die Tasche.

Nun nahm er den Weg tapfer in Angriff. Weil er flink war, spürte er keine Müdigkeit. Er stieg auf einen Berg, und als er den höchsten Gipfel erreicht hatte, saß dort ein gewaltiger Riese, der sich in aller Ruhe umschaute. Das Schneiderlein ging mutig auf ihn zu und sprach ihn an: »Guten Tag, Kamerad. Stimmt's, du sitzt da und guckst dir die Welt an? Ich bin eben auf dem Weg dorthin und will mein Glück machen. Hast du Lust mitzugehen?«

Der Riese sah den Schneider verächtlich an und sagte: »Du Lump! Du mickriges Menschlein!«

»Von wegen!«, antwortete das Schneiderlein, knöpfte die Jacke auf und zeigte dem Riesen den Gürtel. »Da kannst du lesen, was ich für einer bin.«

Der Riese las »Sieben auf einen Streich!«, nahm an, das wären Menschen gewesen, die der Schneider erschlagen hatte, und bekam ein wenig Respekt vor dem kleinen Kerl. Doch wollte er ihn erst auf die Probe stellen. Er nahm einen Stein in die Hand und drückte ihn so fest zusammen, dass das Wasser heraustropfte.

»Wenn du Muskeln hast«, sagte der Riese, »dann mach mir das nach.«

»Wenn es weiter nichts ist!«, sagte das Schneiderlein. »Das ist eine meiner leichtesten Übungen.« Er griff in die Tasche, holte den weichen Käse heraus und drückte ihn, dass der Saft herauslief. »Stimmt's«, sagte er, »ich kann das sogar besser als du?«

Der Riese wusste nicht, was er sagen sollte, und konnte nicht glauben, dass dieses kleine Männlein so stark war. Also hob er einen Stein auf und warf ihn so hoch, dass man ihn mit bloßem Auge kaum noch erkennen konnte. »Nun, du Wicht, versuch das auch einmal.«

»Gut geworfen!«, sagte der Schneider. »Aber der Stein ist dennoch wieder auf die Erde herabgefallen. Ich werfe meinen so hoch, dass er gar nicht wieder herunterkommt.« Dann griff er in die Tasche, nahm den Vogel und warf ihn in die Luft. Der Vogel, froh, endlich wieder frei zu sein, stieg auf, flog davon und kam nicht wieder. »Und? Wie hat dir das gefallen, Kamerad?«, fragte der Schneider.

»Werfen kannst du, das muss ich zugeben«, sagte der Riese. »Aber nun wollen wir sehen, ob du imstande bist, etwas Ordentliches zu tragen.« Er führte das Schneiderlein zu einer mächtigen Eiche, die gefällt auf dem Boden lag, und sagte: »Wenn du stark genug bist, hilf mir, den Baum aus dem Wald herauszutragen.«

»Gerne«, antwortete der kleine Mann. »Nimm du nur den Stamm auf deine Schulter, ich trage die Äste mit den Zweigen. Das ist doch das Schwerste.«

Der Riese schulterte den Stamm, der Schneider aber setzte sich auf einen Ast. Da der Riese sich nicht umdrehen und nach hinten blicken konnte, musste er den ganzen Baum und obendrein noch das Schneiderlein davontragen. Der Schneider war ganz vergnügt und guter Dinge. Er pfiff das Liedchen »Es ritten drei Schneider zum Tore hinaus« und tat, als wäre es für ihn ein Kinderspiel, einen so gewaltigen Baum zu tragen. Nachdem der Riese die schwere Last eine Zeit lang geschleppt hatte, konnte er nicht mehr und rief: »Vorsicht, ich muss den Baum fallen lassen.«

Der Schneider sprang flink herab, fasste den Baum mit beiden Armen, als wenn er ihn getragen hätte, und sagte zum Riesen: »Du bist so ein großer Kerl und kannst nicht einmal den Baum tragen!«

Daraufhin gingen sie zusammen weiter, und als sie an einem Kirschbaum vorbeikamen, fasste der Riese die Krone des Baumes, wo die reifsten Früchte hingen, bog sie herab und gab sie dem Schneider zum Essen. Das Schneiderlein war jedoch viel zu schwach, um den Baum alleine zu halten. Als der Riese losließ, fuhr der Baum in die Höhe und der Schneider wurde mit in die Luft geschnellt. Als er wieder auf den Boden heruntergefallen war,

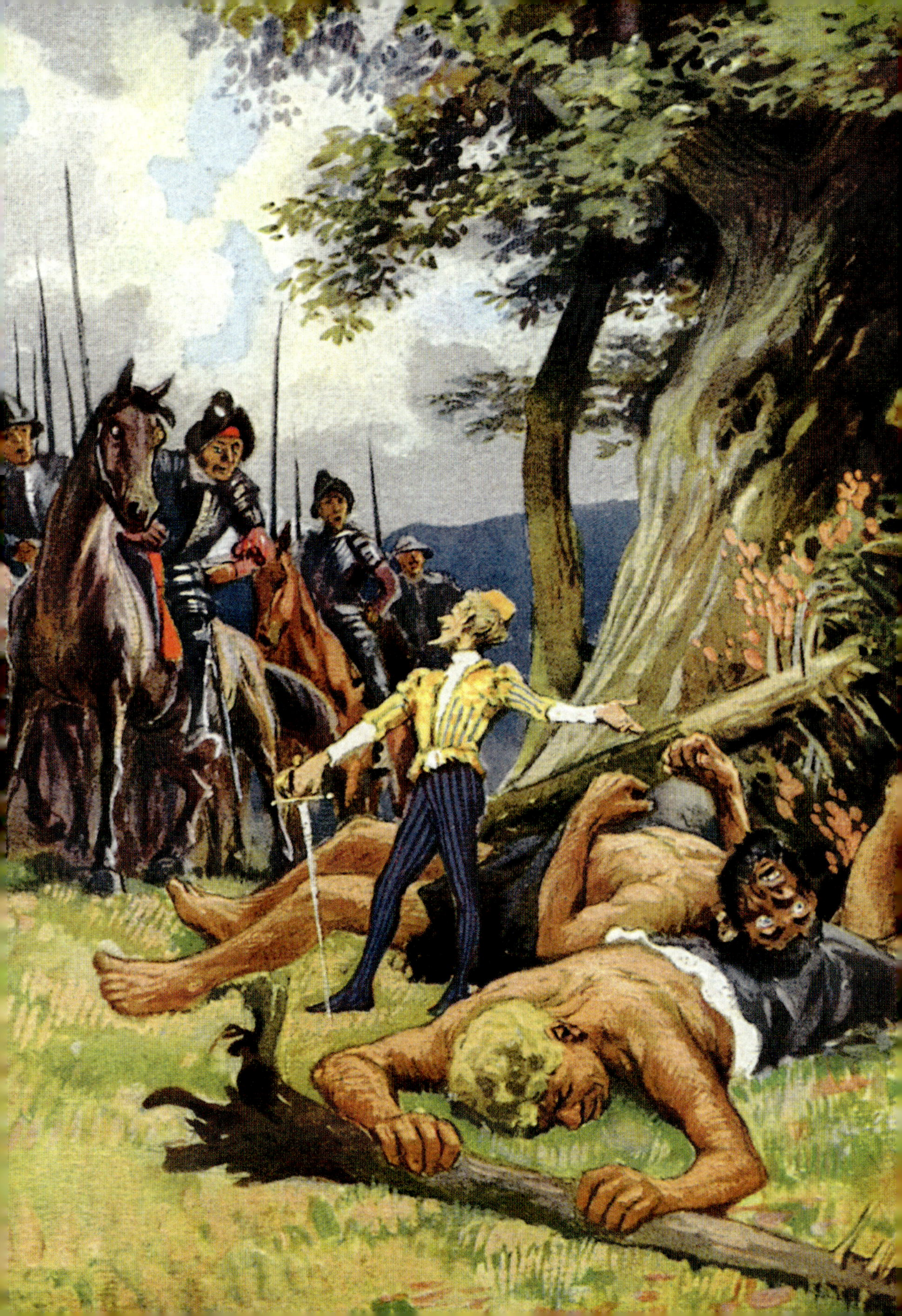

Das tapfere Schneiderlein, zu Seite 308

ohne sich wehzutun, sagte der Riese: »Was ist los? Hast du nicht genug Kraft, um das kleine Büschchen zu halten?«

»An der Kraft liegt es nicht«, antwortete das Schneiderlein. »Das ist doch keine Herausforderung für einen, der sieben mit einem Streich erledigt hat! Ich bin über den Baum gesprungen, weil die Jäger da unten in das Gebüsch schießen. Mach es mir doch nach und spring über den Baum, wenn du es kannst.«

Der Riese versuchte es, schaffte es aber nicht, über den Baum zu kommen, sondern blieb in den Ästen hängen, sodass das Schneiderlein auch hier die Oberhand behielt. Der Riese sagte: »Wenn du so mutig bist, komm mit in unsere Höhle und übernachte bei uns.«

Das Schneiderlein war bereit dazu und folgte ihm. Als sie in der Höhle ankamen, saßen dort noch andere Riesen am Feuer und jeder hatte ein gebratenes Schaf in der Hand und aß davon. Das Schneiderlein sah sich um und dachte: Hier ist es doch ein bisschen geräumiger als in meiner Werkstatt.

Der Riese zeigte ihm ein Bett, wo er sich ausschlafen sollte. Dem Schneiderlein war das Bett aber zu groß. Er legte sich nicht hinein, sondern kroch in eine Ecke. Um Mitternacht stand der Riese auf. Er dachte, das Schneiderlein schliefe tief und fest, deshalb nahm er eine große Eisenstange und schlug das Bett mit einem Schlag in der Mitte durch. Endlich, dachte er, habe ich dem Grashüpfer den Garaus gemacht! In aller Frühe gingen die Riesen in den Wald und hatten das Schneiderlein inzwischen schon längst vergessen. Da kam er auf einmal ganz froh und munter dahergestiefelt. Die Riesen erschraken. Sie hatten Angst, er würde sie alle totschlagen, und liefen schnell davon.

Der Schneider zog weiter, immer seiner Nase nach. Nachdem er lange gewandert war, kam er in den Hof eines Königspalastes. Da er müde war, legte er sich ins Gras und schlief ein. Währenddessen, kamen die Leute, betrachteten ihn von allen Seiten und lasen auf dem Gürtel: »Sieben auf einen Streich!«

»Ach«, sagten sie, »was sucht der große Kriegsheld hier mitten im Frieden bei uns? Das ist bestimmt ein mächtiger Mann.«

Sie meldeten dem König, was sie beobachtet hatten. Sie waren der Meinung, wenn Krieg ausbrechen sollte, wäre das jemand sehr Nützliches. Man dürfe ihn um keinen Preis fortlassen. Der König beherzigte den Rat und schickte einen seiner Hofleute zum Schneiderlein, der ihm anbieten solle, bei ihm in den Kriegsdienst zu treten.

Der Abgesandte blieb bei dem schlafenden Schneider stehen und wartete, bis er seine Glieder streckte und die Augen aufschlug. Dann brachte er seinen Antrag vor.

»Eben deshalb bin ich hierhergekommen«, antwortete das Schneiderlein. »Ich bin bereit, in die Dienste des Königs zu treten.« Also wurde er ehrenvoll aufgenommen und er bekam eine besondere Wohnung zugewiesen.

Die Soldaten aber waren dem Schneiderlein auf dem Leim gegangen und wünschten, er wäre tausend Meilen weit weg. »Was soll nur aus uns werden?«, sagten sie untereinander. »Wenn wir Streit mit ihm haben und er haut zu, fallen auf jeden Streich sieben tot um. Dagegen kommen wir nicht an!« Also baten sie alle beim König um ihre Entlassung. »Wir sind nicht dafür gemacht«, sagten sie, »neben einem zu bestehen, der sieben auf einen Streich erschlägt.«

Der König war traurig, dass er nur wegen des Fremden alle seine Soldaten verlieren sollte, die ihm immer treu gedient hatten. Er wünschte, er wäre ihm nie begegnet, und wollte ihn wieder loswerden. Aber er traute sich nicht, ihn zu entlassen. Denn er fürchtete, er würde ihn und sein gesamtes Volk totschlagen und sich auf den Thron setzen. Der König überlegte lange hin und her, endlich hatte er eine Idee. Er ließ dem Schneiderlein sagen, weil er so ein großer Kriegsheld sei, wolle er ihm einen Vorschlag machen. Im Wald hausten zwei Riesen, die mit Rauben, Morden und Brandstiften viel Unheil anrichteten. Niemand dürfe ihnen nahe kommen, ohne sich der Lebensgefahr auszusetzen. Wenn nun er, der große Held, diese beiden Riesen überwinden und töten würde, so wolle er ihm seine einzige Tochter zur Frau geben und das halbe Königreich als Ehesteuer. Hundert Reiter sollten mitziehen und ihm Beistand leisten.

Das wäre doch etwas für einen wie mich, dachte das Schneiderlein, eine schöne Königstochter und ein halbes Königreich wird einem nicht jeden Tag angeboten. »O ja«, gab er deshalb zur Antwort. »Die Riesen werde ich schon bändigen und die hundert Reiter habe ich gar nicht nötig. Wer sieben auf einen Streich erledigt, braucht sich vor zweien nicht zu fürchten.« Das Schneiderlein zog aus und die hundert Reiter folgten ihm. Als er an den Rand des Waldes kam, sagte er zu seinen Begleitern: »Bleibt nur hier. Ich werde schon alleine mit den Riesen fertig.«

Dann sprang er in den Wald hinein und schaute sich nach rechts und links um. Nach einer Weile erblickte er beide Riesen: Sie lagen unter einem Baum und schliefen. Dabei schnarchten sie, dass sich die Äste auf und nieder bogen. Das Schneiderlein schritt gleich zur Tat. Er füllte sich beide Taschen voll Steine und stieg damit auf den Baum. Als er in der Mitte war, rutschte er auf einen Ast, bis er genau über den Schläfern saß. Dann ließ er einem der Riesen einen Stein nach dem anderen auf die Brust fallen. Der Riese merkte lange nichts, doch schließlich wachte er auf, stieß seinen Kameraden an und sagte: »Warum schlägst du mich denn?«

»Du träumst!«, sagte der andere. »Ich schlage dich doch nicht!«

Sie legten sich wieder zum Schlafen hin, da warf der Schneider auf den zweiten Riesen einen Stein herab.

»Was soll das?«, rief der Getroffene. »Warum wirfst du einen Stein auf mich?«

»Ich habe doch gar keinen Stein geworfen«, antwortete der andere und brummte.

Sie zankten sich eine Zeit lang herum, doch weil sie müde waren, ließen sie es gut sein und die Augen fielen ihnen wieder zu.

Das Schneiderlein fing sein Spiel von Neuem an, suchte den dicksten Stein aus und warf ihn dem ersten Riesen mit aller Kraft auf die Brust.

»Das war zu viel!«, schrie der, sprang wie ein Wahnsinniger auf und stieß seinen Kameraden gegen den Baum, dass dieser zitterte.

Der andere zahlte mit gleicher Münze zurück und sie wurden so wütend, dass sie Bäume ausrissen, aufeinander einschlugen, so lange, bis sie schließlich beide zugleich tot umfielen.

Nun sprang das Schneiderlein vom Baum. »Was für ein Glück«, sagte er, »dass sie den Baum, auf dem ich saß, nicht ausgerissen haben! Sonst hätte ich glatt wie ein Eichhörnchen auf einen anderen springen müssen. Doch unsereiner ist ja schnell!« Er zog sein Schwert und stach jedem Riesen ein paarmal kräftig durch die Brust. Dann ging er zu den Reitern und sagte: »Es ist alles erledigt. Ich habe beiden den Garaus gemacht. Aber es ist ganz schön heftig zugegangen. Sie haben in ihrer Not Bäume ausgerissen und sich gewehrt. Doch das hilft alles nichts, wenn einer kommt wie ich, der sieben auf einen Streich schlägt.«

»Seid Ihr denn nicht verwundet?«, fragten die Reiter.

»Ach was!«, antwortete der Schneider. »Kein Haar haben sie mir gekrümmt.«

Die Reiter wollten ihm nicht glauben und ritten in den Wald. Dort fanden sie tatsächlich die Riesen in ihrem Blut schwimmen und ringsherum lagen die ausgerissenen Bäume.

Das Schneiderlein verlangte vom König die versprochene Belohnung, der aber bereute sein Versprechen und überlegte aufs Neue, wie er sich den Helden vom Hals schaffen könnte. »Bevor du meine Tochter und das halbe Reich erhältst«, sagte er zu ihm, »musst du noch eine Heldentat vollbringen. Im Walde läuft ein Einhorn herum, das großen Schaden anrichtet. Das musst du erst einfangen.«

»Vor einem Einhorn fürchte ich mich noch weniger als vor zwei Riesen. Sieben auf einen Streich, das ist mein Motto.« Der Schneider nahm sich einen Strick und eine Axt mit, ging in den Wald und ließ die, die ihm zugeordnet waren, wieder am Waldesrand warten. Er brauchte nicht lange zu suchen, das Einhorn kam bald daher und sprang geradezu auf ihn los, als wollte es ihn, ohne große Umstände zu machen, aufspießen. »Sachte, sachte«, sagte der Schneider. »So schnell geht das nicht!« Er blieb stehen und wartete, bis das Tier ganz nahe war, dann sprang er flink hinter einen Baum.

Das Einhorn rannte mit aller Kraft dagegen und rammte sein Horn so fest in den Stamm, dass es nicht genug Kraft hatte, um es wieder herauszuziehen. Nun war es also gefangen.

»Jetzt hab ich das Vöglein«, sagte der Schneider und kam hinter dem Baum hervor. Erst legte er dem Einhorn den Strick um den Hals und dann schlug er mit der Axt das Horn aus dem Baum. Als alles erledigt war, führte er das Tier ab und brachte es dem König.

Der König wollte ihm aber die versprochene Belohnung immer noch nicht geben und stellte eine dritte Forderung auf: Der Schneider sollte ihm vor der Hochzeit erst noch ein Wildschwein fangen, das im Wald großen Schaden anrichtete. Die Jäger sollten ihm Beistand leisten.

»Gerne«, sagte der Schneider. »Das ist ja ein Kinderspiel.«

Die Jäger nahm er nicht mit in den Wald und ihnen war das nur recht, denn sie hatten schon mehrere gefährliche Begegnungen mit dem Wildschwein hinter sich, sodass sie keine Lust hatten, ihm nachzustellen.

Als das Schwein den Schneider erblickte, lief es auf ihn zu. Es hatte Schaum vor dem Mund, wetzte die Zähne und wollte ihn zur Erde werfen. Der Held flüchtete aber und sprang in eine Kapelle, die in der Nähe war. Sogleich hüpfte er oben zum Fenster mit einem Satz wieder hinaus. Das Schwein war hinter ihm her in die Kapelle gelaufen. Er schlüpfte außen herum und schlug die Tür hinter ihm zu. Da war das wütende Tier gefangen, denn es war viel zu schwer und unbeholfen, um aus dem Fenster hinauszuspringen. Das Schneiderlein rief die Jäger herbei, damit sie den Gefangenen mit eigenen Augen sahen. Der Held begab sich zum König, der nun, ob er wollte oder nicht, sein Versprechen halten musste. Er übergab ihm seine Tochter und das halbe Königreich. Hätte er gewusst, dass kein Kriegsheld, sondern ein Schneiderlein vor ihm stand, wäre es ihm noch schwerer gefallen. Die Hochzeit wurde mit großer Pracht abgehalten, aber es gab nicht viele glückliche Gesichter. Doch aus einem Schneider war nun ein König geworden.

Nach einiger Zeit hörte die junge Königin in der Nacht, wie ihr Gemahl im Traum redete: »Junge, mach mir die Jacke fertig und flick mir die Hosen oder ich schlage dir den Maßstab um die Ohren.« Da merkte sie, was der junge Herr war. Am nächsten Morgen klagte sie ihrem Vater ihr Leid. Sie bat ihn, ihr zu helfen, den Mann loszuwerden, der nichts anderes als ein Schneider sei.

Der König tröstete sie und sagte: »Lass in der nächsten Nacht deine Schlafkammer offen. Meine Diener warten davor. Wenn er eingeschlafen ist, gehen sie hinein, fesseln ihn und tragen ihn auf ein Schiff, das ihn weit wegbringt.«

Die Frau war damit einverstanden. Der Waffenträger des Königs, der den jungen Herrn mochte, hatte jedoch alles mit angehört und warnte ihn vor dem Anschlag.

»Dem Ganzen werde ich einen Riegel vorschieben!«, sagte das Schneiderlein. Abends legte er sich zur üblichen Zeit mit seiner Frau zu Bett. Als sie glaubte, er sei eingeschlafen, stand sie auf, öffnete die Tür und legte sich wieder hin. Der Schneider, der sich nur schlafend stellte, fing an, mit heller Stimme zu rufen: »Junge, mach mir die Jacke fertig und flick mir die Hosen oder ich schlage dir den Maßstab um die Ohren! Ich habe sieben mit einem Streich erledigt, zwei Riesen getötet, ein Einhorn überwältigt und ein Wildschwein gefangen. Warum sollte ich mich vor denen fürchten, die draußen vor der Kammer stehen?«

Als die Diener vor der Tür den Schneider das sagen hörten, überfiel sie große Angst. Sie liefen weg, als wäre die wilde Jagd hinter ihnen her, und keiner wagte mehr, Hand an ihn zu legen.

Also war und blieb das Schneiderlein ein König, solange er lebte.

Von dem Fischer und seiner Frau

Es waren einmal ein Fischer und seine Frau, die zusammen in einem alten Schiff, das dicht an der See stand, wohnten. Der Fischer ging alle Tage hinaus und angelte und angelte. Eines Tages saß er wieder einmal mit seiner Angel da und schaute immer in das klare Wasser hinein. Und er saß und saß.

Der Angelhaken senkte sich nach unten bis auf den Grund, tief, tief hinab. Als der Fischer die Angel heraufholte, hing ein großer Butt daran. Der sagte: »Fischer, ich bitte dich, lass mich am Leben. Ich bin kein richtiger Butt, sondern ein verwunschener Prinz. Was hilft es dir, wenn du mich tötest? Ich würde dir ja doch nicht schmecken. Setz mich wieder ins Wasser und lass mich schwimmen!«

»Nun gut«, sagte der Mann. »Du brauchst mich ja gar nicht zu bitten. Einen Butt, der sprechen kann, lasse ich doch auf jeden Fall frei!« Mit diesen Worten setzte er den Fisch wieder in das klare Wasser.

Der Butt schwamm zum Grund hinab und zog einen langen Streifen Blut hinter sich her.

Der Fischer aber stand auf und ging zu seiner Frau in das alte Schiff.

»Mann«, fragte die Frau, »hast heute wohl nichts gefangen?«

»Nein«, sagte der Mann. »Ich habe nur einen Butt gefangen. Aber der sagte, er sei ein verwunschener Prinz. Da habe ich ihn wieder schwimmen lassen.«

»Hast du dir denn nichts gewünscht?«, fragte die Frau.

»Nein«, sagte der Mann, »was hätte ich mir denn wünschen sollen?«

»Ach«, sagte die Frau, »es ist doch so schrecklich, hier in dem alten Pott zu wohnen. Der stinkt und ist einfach eklig. Du hättest dir doch eine kleine Hütte für uns wünschen können. Geh noch einmal hin, rufe den Butt und sage ihm, dass wir eine kleine Hütte haben wollen. Er macht das bestimmt.«

»Ach«, sagte der Mann, »was soll ich da noch mal hingehen?«

»Na«, sagte die Frau, »du hast ihn doch gefangen und ihn wieder schwimmen lassen! Da erfüllt er dir bestimmt den Wunsch. Geh nur gleich los!«

Der Mann wollte zwar nicht so recht, aber er wollte es seiner Frau recht machen und deshalb ging er ans Ufer. Als er ankam, war das Meer ganz grün und gelb und gar nicht mehr so klar. Da stellte er sich denn hin und rief:

>»Manntje, Manntje, Timpe Te,
>Buttje, Buttje in der See,
>meine Frau, die Ilsebill,
>will nicht so, wie ich gern will.«

Da kam der Butt angeschwommen und sagte: »Na, was will sie denn?«

»Ach«, sagte der Mann. »Ich habe dich doch gefangen. Nun sagt meine Frau, ich hätte mir etwas wünschen sollen. Sie mag nicht mehr in dem alten Schiff wohnen und hätte gerne eine Hütte.«

»Geh nur zu ihr«, sagte der Butt. »Sie hat sie schon.«

Da ging der Mann nach Hause und seine Frau saß nicht mehr in dem alten Schiff, sondern es stand nun eine kleine Hütte da und seine Frau saß vor der Tür auf einer Bank.

Da nahm ihn seine Frau bei der Hand und sagte zu ihm: »Komm nur herein. Siehst du, nun haben wir es doch viel schöner!«

In der Hütte war ein kleiner Flur, eine kleine hübsche Stube, eine Kammer, wo ein Bett für jeden stand, und eine Küche. Außerdem gab es eine Speisekammer und einen Geräteschuppen. Alles war auf das Schönste und Beste eingerichtet mit Zinn- und Messinggeschirr, wie es sich gehört. Und hinter der Hütte war sogar ein kleiner Hof mit Hühnern und Enten sowie ein kleiner Garten, wo Gemüse und Obst wuchs.

»Siehst du«, sagte die Frau, »das ist doch nett, oder?«

»Ja«, sagte der Mann. »Und so soll es bleiben. Nun können wir zufrieden leben.«

»Das sollten wir uns noch einmal überlegen«, sagte die Frau. Dann aßen sie etwas und gingen zu Bett.

So ging das etwa acht oder vierzehn Tage, dann sagte die Frau: »Hör zu, Mann, die Hütte ist ganz schön eng. Und der Hof und der Garten sind allzu klein. Der Butt hätte uns doch wohl auch ein größeres Haus schenken können. Ich möchte gern in einem großen Schloss wohnen. Geh zum Butt, er soll uns ein Schloss schenken!«

Von dem Fischer und seiner Frau

»Ach, Frau«, sagte der Mann, »die Hütte ist doch gut genug für uns. Was wollen wir mit einem Schloss?«

»Geh nur los«, sagte die Frau. »Der Butt kann das ruhig für uns tun.«

»Nein, Frau«, sagte der Mann. »Der Butt hat uns erst die Hütte geschenkt. Jetzt mag ich nicht schon wieder mit einer Bitte ankommen. Das könnte den Butt verärgern.«

»Nun geh schon!«, sagte die Frau. »Er kann das doch leicht machen und er tut es sicher gerne.«

Dem Mann lag das schwer im Magen und wollte er nicht. Er sagte zu sich selbst: Das ist nicht richtig. Dann ging er aber doch.

Als er ans Meer kam, war das Wasser ganz violett, dunkelblau und grau. Außerdem war es richtig zähflüssig. Es schimmerte überhaupt nicht mehr grün und gelb, allerdings war es noch still. Da rief der Mann:

»Manntje, Manntje, Timpe Te,
Buttje, Buttje in der See,
meine Frau, die Ilsebill,
will nicht so, wie ich gern will.«

»Na, was will sie denn?«, fragte der Butt.

»Ach«, sagte der Mann ziemlich bedrückt, »sie will in einem großen Schloss wohnen.«

»Geh nur zu ihr, sie steht schon vor der Tür«, sagte der Butt.

Da wollte der Mann nach Hause gehen, aber als er ankam, stand da nun ein großer steinerner Palast. Seine Frau befand sich gerade auf der Treppe, um ins Schloss hineinzugehen. Da nahm sie ihn bei der Hand und sagte: »Komm nur herein!« Daraufhin ging er mit ihr hinein und im Inneren war eine große Diele mit einem Marmorboden. Hier empfingen sie viele Diener, die ihnen die großen Türen aufmachten. Schöne Tapeten glänzten an den Wänden, es gab lauter goldene Tische und Stühle, kristalle Kronleuchter hingen an der Decke und in allen Stuben und Kammern lagen Teppiche. Leckeres Essen und der allerbeste Wein standen auf den Tischen, in einer so großen Menge, dass sie fast zusammenbrachen. Und hinter dem Haus befand sich ein großer Hof mit Pferde- und Kuhstall und mit Kutschwagen, alles vom Feinsten. Außerdem war da auch noch ein großer, prächtiger Garten mit den schönsten Blumen und üppigsten Obstbäumen. Schließlich gab es noch ein Lustwäldchen, ungefähr eine halbe Meile lang. Darin waren Hirsche, Rehe und Hasen, einfach alles, was man sich nur immer wünschen kann.

»Na«, sagte die Frau, »ist das nicht schön?«

»Ach ja«, sagte der Mann. »Und so soll es bleiben. Nun wohnen wir in dem schönen Schloss und können zufrieden sein.«

»Das sollten wir uns noch einmal überlegen«, sagte die Frau. »Lass uns eine Nacht darüber schlafen.«

Und nach diesen Worten gingen sie zu Bett.

Am nächsten Morgen wachte die Frau als Erste auf. Gerade graute der Tag und sie sah von ihrem Bett aus das herrliche Land vor sich liegen. Der Mann reckte sich noch, da stieß sie ihn mit dem Ellenbogen in die Seite und sagte: »Mann, steh auf und guck mal aus dem Fenster! Wäre es nicht schön, König zu sein über das ganze Land? Geh zum Butt und sag ihm, wir wollen König sein!«

»Ach, Frau«, sagte der Mann »wozu sollten wir denn König sein? Ich mag gar nicht König sein!«

»Na«, sagte die Frau, »wenn du nicht König sein willst, dann will ich es eben sein. Geh zum Butt und sag ihm, ich will König sein.«

»Ach, Frau«, sagte der Mann, »wozu willst du denn König sein? Das mag ich nicht von ihm verlangen.«

»Warum nicht?«, sagte die Frau. »Geh sofort zu ihm, ich will unbedingt König sein.«

Da ging der Mann los und war ganz betrübt, weil seine Frau König werden wollte. Das ist nicht recht und ist nicht recht, dachte der Mann. Er wollte gar nicht hingehen, tat es dann aber doch.

Und als er ans Meer kam, war es ganz schwarzgrau. Das Wasser gärte von unten herauf und roch faul. Da rief der Fischer:

>»Manntje, Manntje, Timpe Te,
Buttje, Buttje in der See,
meine Frau, die Ilsebill,
will nicht so, wie ich gern will.«

»Na, was will sie denn?«, fragte der Butt.

»Ach«, sagte der Mann, »sie will König werden.«

»Geh nur zu ihr, sie ist es schon«, sagte der Butt.

Da ging der Mann nach Hause. Als er zum Palast kam, war das Schloss viel größer geworden, hatte plötzlich einen großen Turm und überall herrliche Verzierungen. Wachen standen vor dem Tor, überhaupt gab es hier sehr viele Soldaten, und Pauken und Trompeten waren zu hören.

Im Inneren war alles aus purem Marmor, Gold und Samt und der Fischer sah große goldene Quasten. Da gingen die Türen des Saals auf. Darin war der ganze Hofstaat. Seine Frau saß auf einem hohen Thron aus Gold und Diamanten. Sie hatte eine große goldene Krone auf und in der Hand ein Zepter aus purem Gold und mit Edelsteinen besetzt. Auf jeder Seite von ihr standen sechs junge Frauen aufgereiht, eine immer einen Kopf kleiner als die andere.

Da stellte der Fischer sich hin und sagte: »Ach, Frau, bist du nun König?«

»Ja«, sagte die Frau, »nun bin ich König.«

Der Mann stand da und sah sie an. Als er sie eine Zeit lang angesehen hatte, sagte er: »Ach, Frau, das steht dir gut, dass du König bist! Nun wollen wir uns nichts mehr wünschen.«

»Nein, Mann«, sagte die Frau und war ganz unruhig. »Mir wird schon langweilig und ich kann das nicht mehr aushalten. Geh zum Butt, König bin ich ja bereits, nun muss ich auch noch Kaiser werden.«

»Ach, Frau«, sagte der Mann, »wozu willst du denn Kaiser werden!«

»Mann«, sagte sie, »geh zum Butt. Ich will Kaiser sein!«

»Ach, Frau«, sagte der Mann. »Zum Kaiser kann er dich nicht machen. Ich mag dem Butt das gar nicht sagen. Kaiser ist nur einer im Reich. Zum Kaiser kann der Butt niemanden machen, das kann und kann er nicht.«

»Was?«, sagte die Frau. »Ich bin König und du bist bloß mein Mann. Willst du also gleich hingehen? Sofort gehst du hin. Wenn er einen zum König machen kann, denn kann er einen auch zum Kaiser machen. Ich will und will Kaiser sein, geh sofort zu ihm!«

Da musste der Fischer hingehen. Ihm war ganz bang und er dachte bei sich: Das geht und geht nicht gut. Kaiser sein zu wollen ist zu unverschämt.

Der Butt wird das am Ende doch noch übelnehmen. Und als er ans Meer kam, war es ganz schwarz und dickflüssig. Es gärte schon von unten herauf so stark, dass es Blasen gab. Ein Windstoß ging darüber, dass es nur so schäumte. Der Mann hatte Angst, rief aber trotzdem:

>»Manntje, Manntje, Timpe Te,
>Buttje, Buttje in der See,
>meine Frau, die Ilsebill,
>will nicht so, wie ich gern will.«

»Na, was will sie denn?«, fragte der Butt.
»Ach, Butt«, sagte er, »meine Frau will Kaiser werden.«
»Geh nur nach Hause«, sagte der Butt, »sie ist es schon.«
Da ging der Mann zurück, und als er ankam, war das ganze Schloss aus poliertem Marmor. Alabasterfiguren und goldene Verzierungen schmückten es. Vor dem Tor marschierten die Soldaten. Sie bliesen Trompeten und schlugen Pauken und Trommeln. Im Inneren wimmelte es nur so vor Dienern, die alle Barone, Grafen und Herzöge waren. Sie öffneten ihm die Türen, die aus Gold waren. Seine Frau saß auf einem Thron, der ebenfalls aus einem einzigen Stück Gold und wohl zwei Meilen hoch war. Sie hatte eine große goldene Krone auf, die drei Ellen hoch und mit Brillanten und Karfunkelsteinen besetzt war. In der einen Hand hielt sie das Zepter und in der anderen Hand den Reichsapfel. Auf beiden Seiten neben ihr standen zwei Reihen Männer, einer immer kleiner als der andere, von dem allergrößten Riesen, der zwei Meilen maß, bis zu dem allerkleinsten Zwerg, der nur so groß wie mein kleiner Finger war. Und vor ihr standen viele Fürsten und Herzöge.
Da stellte sich der Mann dazwischen und sagte: »Frau, bist du nun Kaiser?«
»Ja«, sagte sie, »ich bin Kaiser.«
Der Mann stand da und sah sie an. Als er sie eine Zeit lang angesehen hatte, sagte er: »Ach, Frau, das steht dir gut, Kaiser zu sein.«
»Mann«, sagte sie, »was stehst du da herum? Ich bin nun Kaiser, nun will ich aber auch Papst werden. Geh zum Butt!«
»Ach, Frau«, sagte der Mann, »was willst du denn noch? Papst kannst

du nicht werden, Papst ist nur einer auf der Welt. Der Butt ist nicht in der Lage, dich zum Papst zu machen.«

»Mann«, sagte sie, »ich will Papst werden! Geh gleich los, ich muss heute noch Papst werden.«

»Nein, Frau«, sagte der Mann, »das mag ich nicht von ihm verlangen! Das geht nicht gut, das ist zu unverschämt. Zum Papst kann dich der Butt nicht machen.«

»Mann, was ist das für ein Geschwätz?«, sagte die Frau. »Kann er einen zum Kaiser machen, dann kann er einen auch zum Papst machen. Geh sofort hin! Ich bin Kaiser und du bist bloß mein Mann. Also willst du wohl hingehen?«

Da bekam er Angst und ging los. Ihm war aber ganz flau im Magen und er zitterte und bibberte.

Da fuhr ein Wind über das Land und die Wolken zogen herbei, sodass es dunkel wurde wie am Abend. Die Blätter wehten von den Bäumen und das Wasser brauste, als ob es kochte, und schlug heftig an das Ufer. Weit draußen sah der Fischer Schiffe, die Notschüsse abgaben und auf den Wellen tanzten. Der Himmel war in der Mitte noch ein bisschen blau, aber an den Seiten zog ein schweres Gewitter auf. Ganz verzagt vor Angst sagte er:

»Manntje, Manntje, Timpe Te,
Buttje, Buttje in der See,
meine Frau, die Ilsebill,
will nicht so, wie ich gern will.«

»Na, was will sie denn?«, fragte der Butt.

»Ach«, sagte der Mann, »sie will Papst werden.«

»Geh nur, sie ist es schon«, sagte der Butt.

Da ging er nach Hause, und als er ankam, stand da eine große Kirche, die von lauter Palästen umgeben war. Der Fischer drängte sich durch das Volk. Innen war alles mit tausend und Abertausend Lichtern erleuchtet und seine Frau war in golddurchwirkte Gewänder gekleidet. Sie saß jetzt auf einem noch viel höheren Thron als vorher und hatte drei große goldene Kronen auf. Rings um sie herum standen viele Geistliche und auf beiden Seiten neben ihr standen zwei Reihen Kerzen. Die größte so dick und so groß wie der allergrößte Turm bis hinunter zum allerkleinsten Küchenlicht. All die Kaiser und Könige lagen vor ihr auf den Knien und küssten ihr den Pantoffel.

»Frau«, sagte der Mann und sah sie sich genau an, »bist du nun Papst?«

»Ja«, sagte sie, »ich bin Papst.«

Er stand da und betrachtete sie eingehend. Ihm war, als sähe er in die helle Sonne. Als er sie nun eine Zeit lang angesehen hatte, sagte er: »Ach, Frau, das steht dir gut, Papst zu sein!«

Sie saß aber so steif da wie ein Baum und rührte sich nicht.

Da sagte er: »Frau, nun sei endlich auch zufrieden, jetzt, wo du Papst bist, jetzt kannst du doch nichts Höheres mehr werden.«

»Darüber will ich erst noch einmal nachdenken«, sagte die Frau.

Nach diesen Worten gingen sie beide zu Bett. Aber die Frau war unzufrieden und die Gier ließ sie nicht schlafen. Sie dachte dauernd darüber nach, was sie noch Besseres werden könnte. Der Mann schlief tief und fest, denn er war den Tag über viel gelaufen. Die Frau aber konnte gar nicht einschlafen und warf sich von einer Seite auf die andere, die ganze Nacht hindurch, und überlegte angestrengt, was sie wohl noch werden könnte, aber sie hatte keine Idee. Schließlich graute der Tag, und als die Frau das Morgenrot sah, richtete sie sich in ihrem Bett auf. Sie betrachtete das Naturschauspiel und plötzlich beobachtete sie, wie die Sonne aufging. Da dachte sie: Ha, könnte ich nicht auch die Sonne und den Mond aufgehen lassen?

»Mann«, sagte sie und stieß ihn mit dem Ellenbogen in die Rippen, »wach auf. Geh zum Butt, ich will werden wie der liebe Gott.«

Der Mann war noch halb im Schlaf, aber er erschrak so, dass er aus dem Bett fiel. Er meinte, er hätte sich verhört, rieb sich die Augen und fragte: »Ach, Frau, was hast du gesagt?«

»Mann«, sagte sie, »wenn ich nicht die Sonne und den Mond aufgehen lassen kann und das tatenlos mit ansehen muss, habe ich keine ruhige Stunde mehr.« Und sie blickte ihn so böse an, dass er schauderte. »Sofort gehst du hin, ich will werden wie der liebe Gott!«

»Ach, Frau«, sagte der Mann und fiel vor ihr auf die Knie, »das kann der Butt nicht. Zum Kaiser und Papst kann er einen machen. Ich bitte dich, sei vernünftig und bleib Papst!«

Da wurde die Frau wütend. Die Haare flogen ihr wild um den Kopf, sie riss sich das Nachthemd auf, trat mit dem Fuß nach ihm und schrie: »Ich halte und halte das nicht länger aus. Willst du wohl gleich hingehen!«

Da zog er sich die Hosen an und rannte los wie ein Verrückter.

Draußen aber tobte der Sturm und brauste so sehr, dass der Fischer kaum noch auf seinen Füßen stehen konnte. Die Häuser und die Bäume wurden umgeweht, die Berge bebten und die Felsbrocken rollten ins Meer. Der Himmel war pechschwarz. Es donnerte und blitzte und das Meer rollte in hohen schwarzen Wogen heran, so hoch wie Kirchtürme und Berge. Oben hatten alle Wellen weiße Schaumkronen.

Da schrie der Mann und konnte trotzdem sein eigenes Wort nicht verstehen:

»Manntje, Manntje, Timpe Te,
Buttje, Buttje in der See,
meine Frau, die Ilsebill,
will nicht so, wie ich gern will.«

»Na, was will sie denn?«, fragte der Butt.

»Ach«, sagte er, »sie will wie der liebe Gott werden.«

»Geh nur nach Hause, sie sitzt schon wieder in dem alten Pott.«

Und da sitzen der Fischer und seine Frau noch heute.

Der Hase und der Igel

Diese Geschichte ist erfunden, Freunde, aber wahr ist sie doch. Denn mein Großvater, von dem ich sie habe und der sie mir gern erzählte, pflegte zu sagen: »Wahr muss sie sein, mein Sohn, sonst könnte man sie ja nicht erzählen.«

Die Geschichte hat sich also so zugetragen:

Es war an einem Sonntagmorgen im Herbst, gerade als der Buchweizen blühte. Die Sonne schien hell vom Himmel, der Wind wehte warm über die Stoppeln, die Lerchen sangen hoch in der Luft und die Bienen summten im Buchweizen. Die Leute gingen in ihren Sonntagskleidern in die Kirche und alle waren vergnügt, auch der Igel.

Er stand vor seiner Tür, hatte die Arme verschränkt und guckte in den Morgen hinaus. Dabei brummte er ein Liedchen vor sich hin, so gut und so schlecht, wie ein Igel am Sonntagmorgen eben singt. Während er nun noch so halblaut vor sich hin sang, fiel ihm auf einmal ein, er könnte doch, solange seine Frau die Kinder wäscht und anzieht, ein bisschen über das Feld spazieren und nachsehen, wie seine Steckrüben stehen. Die Steckrüben wuchsen gleich bei seinem Haus. Er und seine Familie aßen sie immer, deshalb sah er sie als die seinigen an.

Gesagt, getan. Der Igel machte die Haustür hinter sich zu und schlug den Weg Richtung Feld ein. Er war noch gar nicht weit von zu Hause weg und wollte gerade um den Schlehenbusch biegen, der vor dem Feld liegt, um zum Steckrübenacker hinüberzugehen. Da begegnete ihm der Hase, der etwas Ähnliches vorhatte, nämlich seinen Kohl anzusehen. Als der Igel dem Hasen begegnete, wünschte er ihm freundlich einen guten Morgen. Der Hase aber, der sich als ein vornehmer Herr fühlte und schrecklich hochmütig war, antwortete nicht auf den Gruß des Igels. Stattdessen sagte er zum Igel, wobei er eine höhnische Miene machte: »Wie kommt es denn, dass du schon so früh am Morgen hier auf dem Feld herumläufst?«

»Ich gehe spazieren«, sagte der Igel.

»Spazieren?«, fragte der Hase lachend. »Du könntest deine Beine ruhig zu etwas Besserem gebrauchen!«

Diese Antwort ärgerte den Igel ungeheuer, denn alles konnte er vertragen, aber auf seine Beine ließ er nichts kommen, gerade weil sie von Natur krumm waren. »Du bildest dir wohl ein«, sagte er, »dass du mit deinen Beinen mehr ausrichten kannst?«

»Und ob«, sagte der Hase.

»Das will ich auf einen Versuch ankommen lassen«, meinte der Igel. »Ich tippe darauf, wenn wir um die Wette laufen, überhole ich dich.«

»Dass ich nicht lache, du mit deinen schiefen Beinen!«, sagte der Hase. »Aber meinetwegen, wenn du unbedingt willst. Um was wetten wir?«

»Um einen Goldtaler und eine Flasche Branntwein«, sagte der Igel.

»Abgemacht«, sagte der Hase, »schlag ein und dann kann es gleich losgehen.«

»Nee, nicht so schnell«, meinte der Igel. »Ich bin noch ganz nüchtern. Erst gehe ich nach Hause und frühstücke ein bisschen. In einer halben Stunde bin ich wieder hier.« Mit diesen Worten ging der Igel, denn der Hase war einverstanden. Unterwegs dachte der Igel bei sich: Der Hase verlässt sich auf seine langen Beine, aber ich werde ihn besiegen. Er ist zwar ein vornehmer Herr, aber dumm. Und dafür soll er bezahlen.

Zu Hause sagte der Igel zu seiner Frau: »Frau, zieh dich schnell an, du musst mit mir auf das Feld hinaus.«

»Was gibt es denn?«, fragte seine Frau.

»Ich habe mit dem Hasen um einen goldenen Taler und eine Flasche Branntwein gewettet, dass ich schneller laufe als er. Da sollst du mit dabei sein.«

»O mein Gott, Mann«, fing die Frau des Igels zu schreien an. »Hast du denn völlig den Verstand verloren? Wie kannst du dich darauf einlassen, mit dem Hasen um die Wette zu laufen?«

»Ach, halte den Mund«, sagte der Igel. »Das ist meine Sache. Kümmere dich nicht um Männerangelegenheiten. Los, zieh dich an und komm mit.«

Was sollte die Frau des Igels schon machen? Sie musste mitkommen, ob sie nun wollte oder nicht.

Unterwegs sagte der Igel zu seiner Frau: »Nun pass auf, was ich dir jetzt sage! Siehst du, auf dem langen Acker, da wollen wir unseren Wettlauf machen. Der Hase läuft nämlich in der einen Furche und ich in der anderen.

Der Hase und der Igel

Von dort oben fangen wir an zu laufen. Nun musst du nichts weiter tun, als dich hier unten in die Furche zu stellen, und wenn der Hase auf der anderen Seite kommt, rufst du ihm entgegen: Ich bin schon da!«

Dann erreichten sie den Acker. Der Igel zeigte seiner Frau ihren Platz und ging den Acker hinauf. Als er oben ankam, war der Hase schon da.

»Kann es losgehen?«, fragte der Hase.

»Jawohl«, sagte der Igel. »Dann man los!«

Nach diesen Worten stellte sich jeder in seine Furche. Der Hase zählte: »Eins, zwei, drei«, und brauste los wie ein Sturm.

Der Igel aber lief nur ungefähr drei Schritte, dann duckte er sich in die Furche und blieb ruhig sitzen. Als nun der Hase in vollem Lauf unten am Acker ankam, rief ihm die Frau des Igels entgegen: »Ich bin schon da!«

Der Hase stutzte und wunderte sich. Er glaubte nämlich, es wäre der Igel selbst, der ihm das zurief. Denn bekanntlich sieht die Frau des Igels genauso aus wie ihr Mann.

Der Hase aber meinte: »Das geht nicht mit rechten Dingen zu.« Er rief: »Lass uns noch einmal laufen. Diesmal in die andere Richtung!« Und er brauste wieder los wie ein Sturm, dass ihm die Ohren am Kopf flogen.

Die Frau des Igels blieb ruhig sitzen. Als nun der Hase oben ankam, rief ihm der Igel entgegen: »Ich bin schon da!«

Der Hase schrie ganz außer sich vor Ärger: »Lass uns noch einmal laufen. Wieder in die andere Richtung!«

»In Ordnung«, antwortete der Igel. »Meinetwegen können wir laufen, sooft du Lust hast.«

Auf diese Weise lief der Hase noch dreiundsiebzigmal und der Igel hielt immer mit. Jedes Mal wenn der Hase unten oder oben ankam, sagten der Igel oder seine Frau: »Ich bin schon da.«

Beim vierundsiebzigsten Mal aber erreichte der Hase das Ziel nicht mehr. Mitten auf dem Acker stürzte er auf die Erde und blieb liegen. Der Igel nahm seinen gewonnenen Taler und seine Flasche Branntwein und rief seiner Frau zu, sie könne aus der Furche herauskommen. Dann gingen sie beide vergnügt nach Hause. Und wenn sie nicht gestorben sind, dann leben sie noch heute.

So kam es, dass auf der Buxtehuder Heide der Igel seinen Wettlauf mit dem Hasen gewonnen hat. Seither ist es keinem Hasen mehr eingefallen, mit einem Buxtehuder Igel um die Wette zu laufen.

Die Lehre aus dieser Geschichte ist, erstens dass sich keiner einfallen lassen soll – und wenn er sich auch für noch so vornehm hält –, sich über einen kleinen Mann lustig zu machen, selbst wenn es sich nur um einen Igel handelt. Und zweitens dass es das Beste ist, wenn man sich eine Frau nimmt, die genauso aussieht wie man selbst. Ein Igel sollte also darauf achten, dass seine Frau auch ein Igel ist und so weiter.

Schneewittchen

Es war einmal mitten im Winter, als die Schneeflocken wie Federn vom Himmel fielen. Da saß eine Königin an einem Fenster, das einen Rahmen aus schwarzem Ebenholz hatte, und nähte. Während sie so nähte und zu dem Schnee blickte, stach sie sich mit der Nadel in den Finger. Drei Tropfen Blut fielen in den Schnee. Und weil das Rot im weißen Schnee so schön aussah, dachte sie bei sich: Hätte ich nur ein Kind, das so weiß wie Schnee, so rot wie Blut und so schwarz wie Ebenholz ist.

Bald darauf bekam sie ein Töchterchen, das so weiß wie Schnee, so rot wie Blut und so schwarzhaarig wie Ebenholz war. Deshalb wurde es Schneewittchen genannt. Doch bei der Geburt starb die Königin.

Nach einem Jahr nahm sich der König eine andere Gemahlin. Es war eine schöne Frau, aber sie war eitel und konnte den Gedanken nicht ertragen, dass jemand schöner war als sie. Sie hatte einen Zauberspiegel. Wenn sie sich davorstellte und sich darin anschaute, sagte sie:

»Spieglein, Spieglein an der Wand,
wer ist die Schönste im ganzen Land?«

Daraufhin antwortete der Spiegel:

»Frau Königin, Ihr seid die Schönste im Land.«

Dann war sie zufrieden, denn sie wusste, dass der Spiegel die Wahrheit sagte.

Schneewittchen aber wurde größer und immer schöner. Als es sieben Jahre alt war, war das Mädchen so schön wie der helle Tag und schöner als die Königin selbst. Als diese wieder einmal ihren Spiegel fragte:

»Spieglein, Spieglein an der Wand,
wer ist die Schönste im ganzen Land?«,

antwortete er:

»Frau Königin, Ihr seid die Schönste hier,
aber Schneewittchen ist tausendmal schöner als Ihr.«

Da erschrak die Königin und wurde gelb und grün vor Neid. Von nun an hasste sie das Mädchen. Und Neid und Eitelkeit wuchsen wie Unkraut in ihrem Herzen, sodass sie keine Ruhe mehr hatte, weder bei Tag noch bei Nacht. Da rief sie einen Jäger zu sich und sagte: »Bring das Kind hinaus in den Wald, ich will es nicht mehr sehen. Töte es und bring mir Lunge und Leber als Beweis.«

Der Jäger gehorchte und führte das Mädchen hinaus. Als er die Waffe gezogen hatte, um Schneewittchens unschuldiges Herz zu durchbohren, fing es an zu weinen und sagte: »Ach, lieber Jäger, lass mich am Leben. Ich laufe auch in den Wald und lasse mich nie wieder blicken.«

Weil das Mädchen so schön war, hatte der Jäger Mitleid. »Lauf schon weg, du armes Kind!«, sagte er. Die wilden Tiere werden dich sowieso bald fressen, dachte er. Und trotzdem hatte er das Gefühl, als wäre ein Stein von seinem Herzen gefallen, weil er es nicht töten musste. Als ein junger Frischling dahergesprungen kam, stach er ihn ab, nahm Lunge und Leber heraus und brachte sie der Königin als Beweis für den Tod Schneewittchens. Der Koch musste die Innereien in Salz kochen und die böse Stiefmutter aß sie auf, weil sie dachte, es wären Schneewittchens Lunge und Leber.

Nun war das arme Kind mutterseelenallein in dem tiefen Wald. Es hatte so große Angst, dass es alle Blätter an den Bäumen ansah und nicht wusste, wie es sich helfen sollte. Da fing es an zu laufen und lief über spitze Steine und durch Dornenhecken, während die wilden Tiere an ihm vorbeisprangen. Aber sie taten ihm nichts. Es lief, bis es Abend wurde. Da sah es ein kleines Häuschen und ging hinein, um sich auszuruhen.

In dem Häuschen war alles klein, aber so ordentlich und sauber, dass man es nicht mit Worten beschreiben kann. Ein weiß gedecktes Tischlein mit sieben kleinen Tellern stand da, neben jedem Tellerlein ein Löffelein, außerdem sieben Messerlein und Gäblein und sieben Becherlein. An der Wand waren sieben Bettlein nebeneinander aufgestellt und mit schneeweißen Laken bezogen.

Da Schneewittchen sehr hungrig und durstig war, aß es von jedem Tellerlein ein wenig Gemüse und Brot und trank aus jedem Becherlein einen Tropfen Wein. Denn es wollte nicht einem alles wegnehmen. Anschließend legte es sich in ein Bettchen, weil es so müde war. Aber keins hatte die richtige Größe, das eine war zu lang, das andere zu kurz, bis endlich das siebte passte. Darin blieb es, sagte sein Gebet und schlief ein.

Als es ganz dunkel war, kamen die Herren des Häusleins. Das waren die sieben Zwerge, die in den Bergen nach Erz suchten. Sie zündeten ihre sieben Lämpchen an, und als es nun hell wurde im Häuslein, sahen sie, dass jemand da gewesen war. Denn es befand sich nicht mehr alles an dem Platz, wo es gestanden hatte, als sie weggegangen waren.

Der Erste sagte: »Wer hat auf meinem Stühlchen gesessen?«

Der Zweite: »Wer hat von meinem Tellerchen gegessen?«

Der Dritte: »Wer hat von meinem Brötchen genommen?«

Der Vierte: »Wer hat von meinem Gemüschen gegessen?«

Der Fünfte: »Wer hat mit meinem Gäbelchen gestochen?«

Der Sechste: »Wer hat mit meinem Messerchen geschnitten?«

Der Siebte: »Wer hat aus meinem Becherlein getrunken?«

Dann sah sich der Erste um und bemerkte, dass auf seinem Bett eine kleine Delle war. Da sagte er: »Wer ist in meinem Bettchen gewesen?«

Die anderen kamen gelaufen und riefen: »In meinem hat auch jemand gelegen.«

Schneewittchen

Als der Siebte in sein Bett sah, erblickte er Schneewittchen, das darin lag und schlief. Nun rief er die anderen. Die kamen herbeigelaufen und schrien überrascht auf. Dann holten sie ihre sieben Lämpchen und leuchteten Schneewittchen damit an. »Ei, du mein Gott! Ei, du mein Gott!«, riefen sie. »Was ist das Kind schön!« Sie freuten sich so sehr, dass sie es gar nicht aufwecken wollten, sondern es im Bettlein weiterschlafen ließen.

Der siebte Zwerg übernachtete bei seinen Kameraden im Bett, bei jedem eine Stunde, dann war die Nacht herum.

Am Morgen wachte Schneewittchen auf, und als es die sieben Zwerge sah, erschrak es.

Sie waren aber freundlich zu ihm und fragten: »Wie heißt du?«

»Ich heiße Schneewittchen«, antwortete es.

»Wie bist du in unser Haus gekommen?«, fragten die Zwerge weiter.

Da erzählte es ihnen, dass seine Stiefmutter es umbringen lassen wollte. Der Jäger habe ihm aber das Leben geschenkt. Da sei es gelaufen, den ganzen Tag, bis es schließlich zu ihrem Häuslein gelangt sei.

Die Zwerge sagten: »Wenn du dich um unseren Haushalt kümmerst, kochst, die Betten machst, wäschst, nähst und strickst und wenn du alles schön sauber hältst, kannst du bei uns bleiben. Es soll dir auch an nichts fehlen.«

»Ja«, sagte Schneewittchen, »von Herzen gern!«

Und es blieb bei ihnen. Es hielt ihnen das Haus in Ordnung. Morgens gingen die Zwerge in die Berge und suchten Erz und Gold. Abends kamen sie wieder und da musste ihr Essen fertig sein. Den Tag über war das Mädchen allein.

Die Zwerge, die es gut mit ihr meinten, warnten es: »Hüte dich vor deiner Stiefmutter. Sie wird bald wissen, dass du hier bist. Lass ja niemanden herein.«

Nachdem die Königin Schneewittchens Lunge und Leber – wie sie glaubte – gegessen hatte, ging sie davon aus, dass sie endlich wieder die Allerschönste sei. Sie trat vor ihren Spiegel und sagte:

>»Spieglein, Spieglein an der Wand,
>wer ist die Schönste im ganzen Land?«

Da antwortete der Spiegel:

»Frau Königin, Ihr seid die Schönste hier,
aber Schneewittchen über den Bergen
bei den sieben Zwergen
ist noch tausendmal schöner als Ihr.«

Da erschrak die Königin, denn sie wusste, dass der Spiegel nichts Falsches sagte. Gleichzeitig merkte sie, dass der Jäger sie betrogen hatte und Schneewittchen noch am Leben war. Und dann überlegte und überlegte sie aufs Neue, wie sie das Mädchen umbringen konnte. Denn solange sie nicht die Schönste war im ganzen Land, ließ ihr der Neid keine Ruhe. Schließlich hatte sie eine Idee. Sie färbte sich das Gesicht und kleidete sich wie eine alte Hausiererin, dass man sie nicht mehr erkannte. In dieser Verkleidung ging sie über die sieben Berge zu den sieben Zwergen, klopfte an die Tür und rief: »Gute Ware zu verkaufen!«

Schneewittchen guckte zum Fenster heraus und rief: »Guten Tag, liebe Frau, was habt Ihr zu verkaufen?«

»Gute Ware, schöne Ware«, antwortete sie, »Schnürriemen in allen Farben.« Sie holte einen hervor, der aus bunter Seide geflochten war.

Die ehrliche Frau kann ich hereinlassen, dachte Schneewittchen, riegelte die Tür auf und kaufte sich den hübschen Schnürriemen.

»Kind«, sagte die Alte, »wie du aussiehst! Komm, ich schnüre dich einmal ordentlich.«

Schneewittchen dachte nichts Böses, stellte sich vor sie hin und ließ sich mit dem neuen Schnürriemen schnüren. Aber die Alte schnürte schnell und so fest, dass dem Schneewittchen die Luft wegblieb und es wie tot umfiel.

»Nun bist du die Schönste gewesen!«, sagte die verkleidete Königin und rannte schnell hinaus.

Kurz darauf, zur Abendzeit, kamen die sieben Zwerge nach Hause. Aber wie erschraken sie, als sie ihr liebes Schneewittchen auf der Erde liegen sahen! Und es regte und bewegte sich nicht, als wäre es tot. Sie hoben es in die Höhe, und weil sie sahen, dass es zu fest geschnürt war, schnitten sie den Schnürriemen durch. Da fing es an ein wenig zu atmen und wurde nach und nach wieder munter. Als die Zwerge hörten, was geschehen war, sagten sie:

»Die alte Hausiererin war niemand anders als die böse Königin. Hüte dich und lass keinen Menschen herein, wenn wir nicht da sind.«

Als die böse Stiefmutter nach Hause gekommen war, trat sie vor den Spiegel und fragte:

> »Spieglein, Spieglein an der Wand,
> wer ist die Schönste im ganzen Land?«

Da antwortete er wie sonst:

> »Frau Königin, Ihr seid die Schönste hier,
> aber Schneewittchen über den Bergen
> bei den sieben Zwergen
> ist noch tausendmal schöner als Ihr.«

Als sie das hörte, blieb ihr das Herz kurz stehen vor Schreck. Denn sie merkte, dass Schneewittchen überlebt hatte.

»Nun denke ich mir aber etwas aus«, sagte sie, »das sie zugrunde richtet!« Mithilfe von Hexenkünsten, die sie beherrschte, machte sie einen giftigen Kamm. Dann verkleidete sie sich als eine andere alte Frau.

So ging sie über die sieben Berge zu den sieben Zwergen, klopfte an die Tür und rief: »Gute Ware zu verkaufen!«

Schneewittchen schaute heraus und sagte: »Geht bitte wieder, ich darf niemanden hereinlassen.«

»Anschauen wirst du meine Sachen wohl dürfen«, sagte die Alte, zog den giftigen Kamm heraus und hielt ihn in die Höhe.

Er gefiel dem Kind so gut, dass es sich überreden ließ und die Tür öffnete.

Als sie sich handelseinig waren, sagte die Alte: »Komm, lass dich einmal ordentlich kämmen.«

Das arme Schneewittchen dachte sich nichts dabei und ließ die Alte gewähren. Aber kaum hatte die den Kamm in seine Haare gesteckt, wirkte das Gift und das Mädchen fiel besinnungslos auf den Boden.

»Du Inbegriff von Schönheit«, sagte die boshafte Schwiegermutter, »jetzt ist es um dich geschehen!« Daraufhin ging sie davon.

Zum Glück aber war es bald Abend und die sieben Zwerge kamen nach Hause. Als sie Schneewittchen wie tot auf der Erde liegen sahen, hatten sie gleich die Stiefmutter im Verdacht, untersuchten das Mädchen und fanden den giftigen Kamm. Kaum hatten sie ihn herausgezogen, kam Schneewittchen wieder zu sich und erzählte, was vorgefallen war. Da warnten die Zwerge es noch einmal, auf der Hut zu sein und niemandem die Tür zu öffnen.

Zu Hause angekommen, stellte sich die Königin vor den Spiegel und sagte:

»Spieglein, Spieglein an der Wand,
wer ist die Schönste im ganzen Land?«

Da antwortete er wie vorher:

»Frau Königin, Ihr seid die Schönste hier,
aber Schneewittchen über den Bergen
bei den sieben Zwergen
ist doch noch tausendmal schöner als Ihr.«

Als sie den Spiegel so reden hörte, zitterte und bebte sie vor Zorn. »Schneewittchen soll sterben!«, rief sie. »Und wenn es mein eigenes Leben kostet.« Daraufhin ging sie in eine geheime Kammer, wo niemand hinkam, und versah einen Apfel mit gefährlichem Gift. Äußerlich sah er schön aus, weiß mit roten Backen, sodass jeder, der ihn erblickte, Appetit darauf bekam. Aber wer ein Stückchen davon aß, musste sterben.

Als der Apfel fertig war, färbte sie sich das Gesicht und verkleidete sich als eine Bauersfrau. So ging sie über die sieben Berge zu den sieben Zwergen. Sie klopfte an, Schneewittchen streckte den Kopf zum Fenster heraus und sagte: »Ich darf niemanden hereinlassen. Die sieben Zwerge haben es mir verboten.«

»Ist mir auch recht«, antwortete die Bäuerin, »meine Äpfel werde ich schon los. Da, einen schenke ich dir.«

»Nein«, sagte Schneewittchen, »ich darf nichts annehmen.«

»Fürchtest du dich vor Gift?«, fragte die Alte. »Schau, ich schneide den Apfel in zwei Teile. Den mit den roten Backen darfst du essen, den mit den weißen nehme ich.« Das Gift steckte nämlich nur in der Hälfte mit den roten Backen.

Schneewittchen bekam Lust auf den schönen Apfel, und als es sah, dass die Bäuerin davon aß, konnte es nicht länger widerstehen. Es streckte die Hand aus und nahm die giftige Hälfte. Kaum aber hatte es einen Bissen davon im Mund, fiel es tot zur Erde.

Da betrachtete die Königin es hasserfällt, lachte überlaut und sagte: »Weiß wie Schnee, rot wie Blut, schwarz wie Ebenholz! Diesmal können dich die Zwerge nicht wieder zum Leben erwecken!«

Und als sie zu Hause den Spiegel befragte:

»Spieglein, Spieglein an der Wand,
wer ist die Schönste im ganzen Land?«,

so antwortete er endlich:

»Frau Königin, Ihr seid die Schönste im Land.«

Da hatte ihr neidisches Herz Ruhe, so gut ein neidisches Herz Ruhe haben kann.

Als die Zwerge abends nach Hause kamen, fanden sie Schneewittchen, wie es auf der Erde lag. Es atmete nicht mehr und war tot. Sie hoben es auf, schauten nach, ob sie etwas Verdächtiges fänden, schnürten es auf, kämmten ihm die Haare, wuschen es mit Wasser und Wein – aber es half alles nichts: Das liebe Kind war und blieb tot. Sie legten es auf eine Bahre, setzten sich alle sieben daneben und weinten. Sie weinten drei Tage lang. Nun wollten sie es begraben, aber es sah noch wie lebendig aus und hatte noch seine schönen roten Backen. Da sagten sie: »So etwas Schönes können wir nicht in die schwarze Erde versenken.« Sie ließen einen Glassarg machen, durch den man von allen Seiten hineinsehen konnte. Dahinein legten sie das Schneewittchen und schrieben mit goldenen Buchstaben seinen Namen und dass es eine Königstochter sei darauf. Dann brachten sie den Sarg auf den Berg und einer von ihnen blieb immer dort, um ihn zu bewachen. Sogar die Tiere kamen und weinten um Schneewittchen, erst eine Eule, dann ein Rabe, zuletzt ein Täubchen.

Nun lag Schneewittchen lange, lange Zeit in dem Sarg. Es verweste jedoch nicht, sondern sah aus, als schliefe es. Denn es war noch immer so weiß wie Schnee, so rot wie Blut und so schwarzhaarig wie Ebenholz.

Eines Tages kam ein Königssohn in den Wald und wollte in dem Zwergenhaus übernachten. Auf dem Berg sah er den Sarg mit dem schönen Schneewittchen darin. Er las, was mit goldenen Buchstaben darauf geschrieben war. Da sagte er zu den Zwergen: »Überlasst mir den Sarg. Ich gebe euch dafür, was ihr wollt.«

Aber die Zwerge antworteten: »Wir geben ihn nicht um alles Gold der Welt her.«

Da sagte er: »Dann schenkt ihn mir, denn ich kann nicht weiterleben, ohne Schneewittchen anzuschauen. Ich verehre und liebe es.«

Bei diesen Worten empfanden die guten Zwerge Mitleid mit ihm und gaben ihm den Sarg. Der Königssohn ließ ihn von seinen Dienern auf den Schultern forttragen. Da stolperten sie über einen Strauch und durch die Erschütterung fiel das giftige Apfelstückchen, das Schneewittchen abgebissen hatte, aus seinem Hals. Kurz darauf öffnete es die Augen, hob den Deckel vom Sarg in die Höhe, richtete sich auf und lebte wieder. »Ach Gott, wo bin ich?«, rief es.

Der Königssohn rief voller Freude: »Du bist bei mir!« Dann erzählte er, was geschehen war, und sagte: »Ich liebe dich mehr als alles andere auf der Welt. Komm mit mir in das Schloss meines Vaters und werde meine Frau.«

Da freute sich Schneewittchen, ging mit ihm und ihre Hochzeit wurde bekannt gegeben. Sie sollte mit großer Pracht und Herrlichkeit gefeiert werden.

Zu dem Fest wurde auch Schneewittchens böse Stiefmutter eingeladen. Wie sie nun ihre schönen Kleider anhatte, trat sie vor den Spiegel und sagte:

> »Spieglein, Spieglein an der Wand,
> wer ist die Schönste im ganzen Land?«

Der Spiegel antwortete:

> »Frau Königin, Ihr seid die Schönste hier,
> aber die junge Königin
> ist tausendmal schöner als Ihr.«

Da stieß die böse Frau einen Fluch aus und bekam Angst, so sehr, dass sie sich nicht mehr beruhigen konnte. Sie wollte zuerst gar nicht auf die Hochzeit kommen, doch es ließ ihr keine Ruhe, sie musste die junge Königin einfach sehen. Und als sie eintrat, erkannte sie Schneewittchen. Vor Angst und Schrecken stand sie wie gelähmt da und konnte sich nicht bewegen. Aber es standen schon eiserne Pantoffeln über dem Kohlenfeuer bereit. Sie wurden mit Zangen hereingetragen und vor sie hingestellt. Da musste sie in die rot glühenden Schuhe schlüpfen und so lange tanzen, bis sie tot umfiel.

Die drei Brüder

Es war einmal ein Mann, der drei Söhne, aber nichts an Vermögen hatte außer dem Haus, worin er wohnte. Nun hätte jeder gerne nach seinem Tod das Haus bekommen. Der Vater liebte jedoch alle gleich. Da wusste er nicht, was er tun sollte, damit er keinem zu nahe trat. Verkaufen wollte er das Haus auch nicht, weil es von seinen Vorfahren stammte, sonst hätte er das Geld unter ihnen aufgeteilt. Da fiel ihm endlich eine Lösung ein und er sagte zu seinen Söhnen: »Geht in die Welt, versucht euer Glück und lernt ein Handwerk. Wenn ihr dann wiederkommt, soll derjenige das Haus haben, der das beste Meisterstück macht.«

Damit waren die Söhne einverstanden. Der älteste wollte ein Hufschmied, der zweite ein Barbier und der dritte ein Fechtmeister werden. Sie legten eine Zeit fest, wann sie wieder nach Hause kommen wollten, und zogen los.

Tatsächlich fand jeder einen tüchtigen Meister, bei dem er viel lernte. Der Schmied musste die Pferde des Königs beschlagen und dachte: Nun kriege ich das Haus mit Sicherheit. Der Barbier rasierte lauter vornehme Herren und meinte auch, das Haus gehöre schon ihm. Der Fechtmeister bekam manchen Hieb verpasst, biss aber die Zähne zusammen und machte unverdrossen weiter, denn er dachte bei sich: Fürchte ich mich vor einem Hieb, krieg ich das Haus nie.

Als die festgesetzte Zeit um war, kamen sie bei ihrem Vater wieder zusammen. Sie wussten aber nicht, wie sie ihre Fertigkeiten am besten zeigen konnten, saßen beisammen und beratschlagten. Wie sie so dasaßen, kam auf einmal ein Hase übers Feld dahergelaufen.

»Ei«, sagte der Barbier, »der kommt wie gerufen!« Er nahm Schüssel und Seife zur Hand und schäumte so lange, bis der Hase in seine Nähe kam. Dann seifte er ihn in vollem Lauf ein und rasierte ihm ebenfalls in vollem Laufe ein Stutzbärtchen. Dabei schnitt er ihn nicht und tat ihm überhaupt nicht weh.

»Das gefällt mir!«, sagte der Vater. »Wenn sich die anderen nicht gewaltig anstrengen, gehört das Haus dir.«

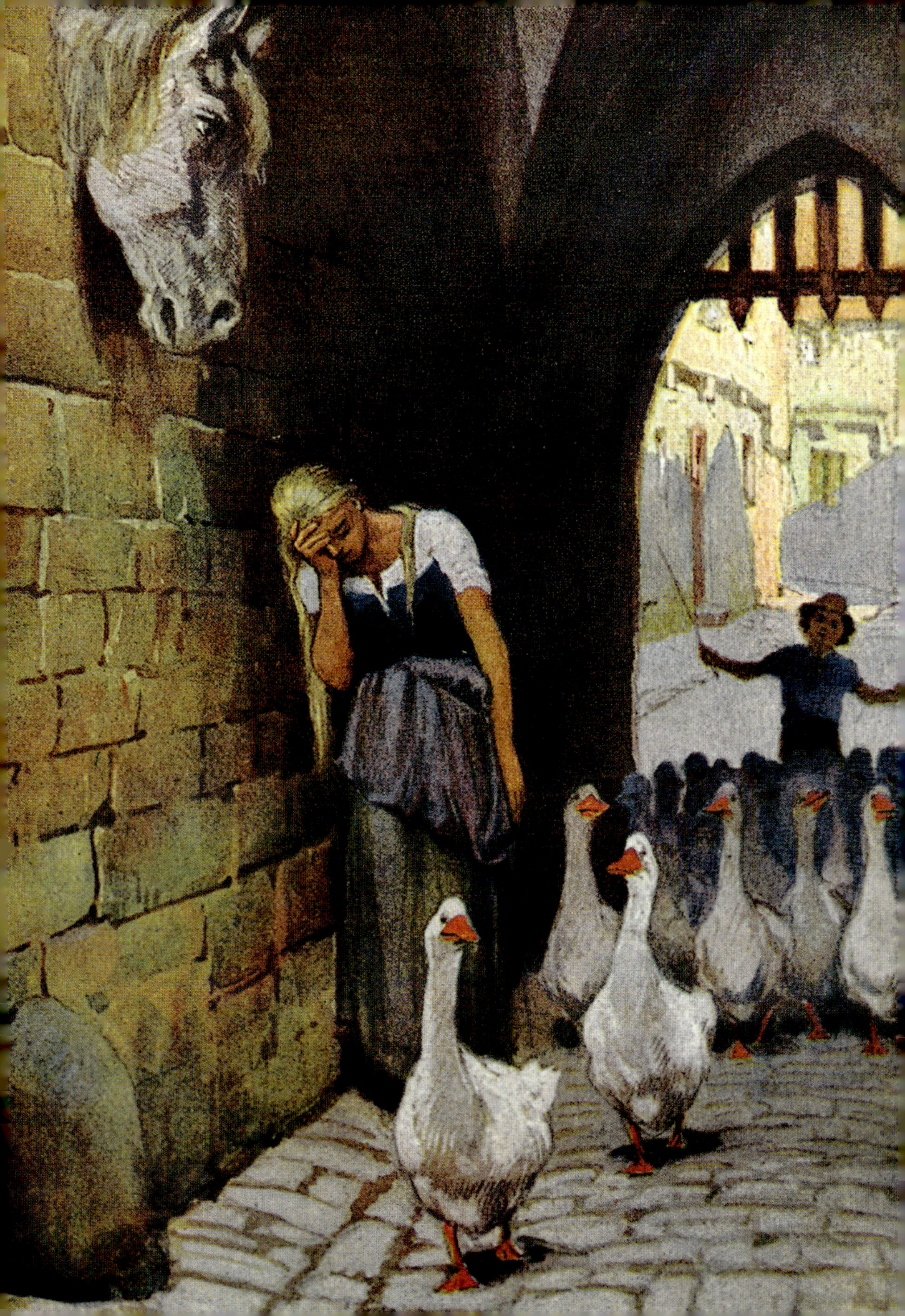

Die Gänsemagd, zu Seite 341

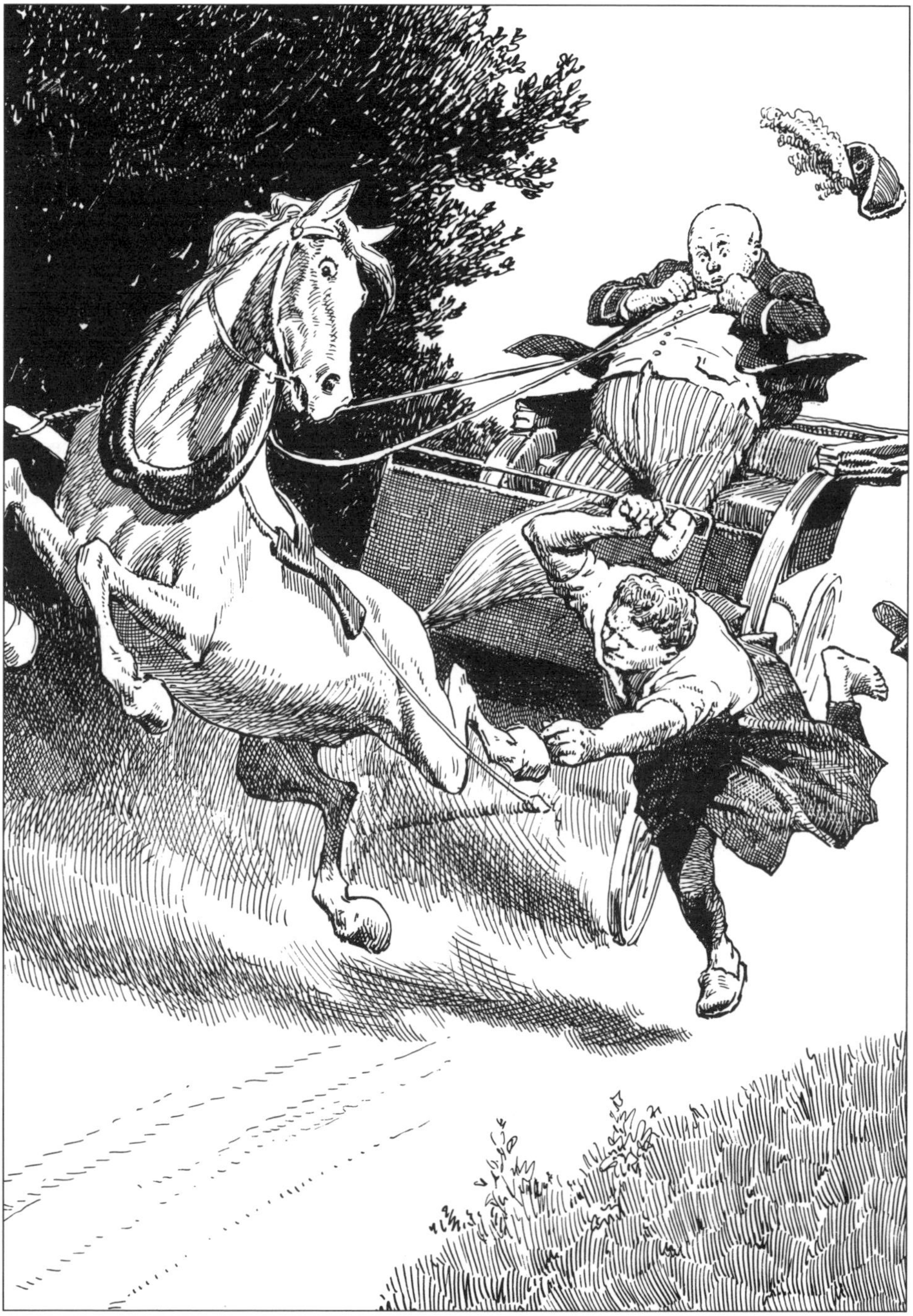

Es dauerte nicht lange, da kam ein Herr in einem Wagen daher. Die Pferde jagten nur so dahin.

»Nun werdet Ihr gleich sehen, Vater, was ich kann«, sagte der Hufschmied, sprang hinter dem Wagen her, riss dem Pferd, das ununterbrochen galoppierte, die vier Hufeisen ab und schlug ihm auch im Galopp vier neue wieder an.

»Du bist ein ganzer Kerl!«, sagte der Vater. »Du machst deine Sache genauso gut wie dein Bruder. Ich weiß nicht, wem ich das Haus geben soll.«

Da sagte der Dritte: »Vater, nun will ich aber auch einmal zeigen, was ich kann.« Weil es gerade anfing zu regnen, zog er seinen Degen und schwenkte ihn in Kreuzhieben über seinem Kopf, dass kein Tropfen auf ihn fiel. Der Regen wurde stärker, bis er schließlich so stark war, dass es wie aus Fässern schüttete. Da schwang er den Degen immer schneller und blieb so trocken, als säße er unter Dach und Fach.

Als der Vater das sah, staunte er und sagte: »Du hast das beste Meisterstück gemacht. Das Haus gehört dir.«

Die beiden anderen Brüder waren damit einverstanden. Weil sie sich so mochten, blieben sie alle drei zusammen im Haus und übten ihr Handwerk aus. Sie waren so geschickt darin, dass sie viel Geld damit verdienten. So lebten sie bis ins hohe Alter glücklich zusammen. Als einer krank wurde und starb, wurden die zwei anderen so traurig, dass sie auch krank wurden und bald starben. Da wurden sie, weil sie so geschickt gewesen waren und sich so gemocht hatten, alle drei zusammen in ein Grab gelegt.

Die Gänsemagd

Es war einmal eine alte Königin, deren Gemahl schon vor vielen Jahren gestorben war und die eine schöne Tochter hatte. Als die größer wurde, wurde sie einem Königssohn versprochen, der weit weg lebte. Als die Zeit kam, wo sie vermählt werden sollten und das Mädchen in das fremde Reich abreisen musste, packte ihr die Alte viele schöne Dinge und Schmuck ein, Gold und Silber, Becher und Kleinode, kurz: alles, was zu einem königlichen Brautschatz gehört. Denn sie liebte ihr Kind von Herzen. Auch gab sie ihr ein Kammermädchen mit, das mitreiten und die Braut in die Hände des Bräutigams übergeben sollte. Jede bekam ein Pferd für die Reise. Das Pferd der Königstochter hieß Fallada und konnte sprechen. Als sie schließlich Abschied nehmen mussten, ging die alte Mutter in ihre Schlafkammer, nahm ein Messerlein und schnitt damit in ihre Finger, dass sie bluteten. Dann hielt sie ein weißes Läppchen darunter und ließ drei Tropfen Blut hineinfallen. Das gab sie der Tochter und sagte: »Liebes Kind, hebe sie gut auf. Sie werden dir unterwegs nützlich sein.«

Daraufhin verabschiedeten sich beide traurig voneinander. Das Läppchen steckte die Königstochter in ihren Busen, setzte sich aufs Pferd und ritt zu ihrem Bräutigam.

Als sie eine Stunde geritten waren, bekam sie großen Durst und sagte zu ihrem Kammermädchen: »Steig ab und schöpfe mir mit meinem Becher, den du für mich mitgenommen hast, Wasser aus dem Bach. Ich möchte etwas trinken.«

»Wenn Ihr Durst habt«, sagte das Kammermädchen, »dann steigt selber ab, legt Euch ans Wasser und trinkt. Ich mag nicht Eure Magd sein.«

Da stieg die Königstochter vor lauter Durst ab, beugte sich über das Wasser und trank, dabei durfte sie nicht den goldenen Becher benützen. Da rief sie: »Ach Gott!«

Und die drei Blutstropfen antworteten: »Wenn das deine Mutter wüsste, das Herz würde ihr zerspringen!«

Doch die Königstochter war gehorsam, sagte nichts, stieg wieder auf ihr Pferd und sie ritten weiter. Aber der Tag war warm, die Sonne stach und bald spürte sie von Neuem Durst. Da sie an einen Fluss kamen, rief sie noch einmal ihrem Kammermädchen zu: »Steig ab und gib mir aus meinem Goldbecher etwas zu trinken.« Längst hatte sie nämlich alle bösen Worte vergessen.

Das Kammermädchen war diesmal sogar noch hochmütiger und sagte: »Wenn Ihr trinken wollt, dann trinkt allein. Ich mag nicht Eure Magd sein.«

Da stieg die Königstochter vor lauter Durst vom Pferd, beugte sich über das fließende Wasser, weinte und sagte: »Ach Gott!«

Und die Blutstropfen antworteten wieder: »Wenn das deine Mutter wüsste, das Herz würde ihr zerspringen!«

Während sie trank und sich dabei weit vorbeugte, fiel ihr das Läppchen mit den drei Tropfen aus dem Busen und schwamm mit dem Wasser davon, ohne dass sie es in ihrem großen Kummer bemerkte.

Das Kammermädchen hatte zugesehen und freute sich, dass es endlich Gewalt über die Braut bekam. Mit dem Verlust der Blutstropfen war diese nämlich schwach und machtlos geworden. Als sie wieder auf ihr Pferd steigen wollte, sagte die Kammerfrau: »Auf Fallada gehöre ich und auf meinen Gaul gehörst du.«

Das musste sich die Königstochter gefallen lassen.

Dann befahl ihr die Kammerfrau mit harten Worten, die königlichen Kleider aus- und ihre schlechten anzuziehen. Und schließlich musste sie unter freiem Himmel schwören, dass sie am königlichen Hof keinem Menschen etwas davon sagen würde. Hätte sie diesen Eid nicht abgelegt, wäre sie auf der Stelle umgebracht worden.

Fallada sah sich das alles mit an und behielt es im Gedächtnis.

Die Kammerfrau stieg nun auf Fallada und die wahre Braut auf das schlechte Pferd. So ritten sie weiter, bis sie endlich im Schloss des fremden Königs eintrafen. Da herrschte große Freude über ihre Ankunft. Der Königssohn sprang ihnen entgegen und hob die Kammerfrau vom Pferd, weil er annahm, sie wäre seine Gemahlin. Dann führte er sie die Treppe hinauf, die wahre Königstochter aber musste unten bleiben. Da schaute der alte König aus dem Fenster und sah sie im Hof stehen. Er bemerkte, wie anmutig, zart und wunderschön sie war. Sogleich ging er ins königliche Gemach

Die Gänsemagd

und fragte die Braut, wer das Mädchen sei, das sie da mitgebracht habe und das unten im Hof stehe.

»Das ist eine Magd, die ich mir unterwegs mitgenommen habe, damit ich Gesellschaft habe. Gebt ihr etwas zu arbeiten, damit sie beschäftigt ist.«

Aber der alte König hatte keine passende Arbeit für sie, deshalb sagte er: »Ich habe da so einen kleinen Jungen, der die Gänse hütet. Dem soll sie helfen.«

Der Junge hieß Kürdchen und die wahre Braut musste ihm also beim Gänsehüten helfen.

Bald sagte die falsche Braut zu dem jungen König: »Liebster Gemahl, ich bitte Euch, tut mir einen Gefallen.«

Er antwortete: »Aber gerne doch.«

»Holt den Schinder und lasst dem Pferd, auf dem ich hergeritten bin, den Hals abhauen, weil es mich unterwegs geärgert hat.« In Wahrheit aber fürchtete sie, dass das Pferd verraten würde, wie sie mit der Königstochter umgegangen war.

Nun war es so weit und der treue Fallada sollte sterben. Auch die Königstochter erfuhr davon und sie versprach dem Schinder heimlich ein Geldstück, wenn er ihr einen kleinen Dienst erwiese. In der Stadt gab es ein großes finsteres Tor, wo sie abends und morgens mit den Gänsen hindurchmusste. Unter das finstere Tor sollte er Falladas Kopf nageln, damit sie ihn noch öfter sehen könnte. Also versprach der Schinderknecht, das zu tun, hieb den Kopf ab und nagelte ihn unter das finstere Tor.

Als sie und Kürdchen am frühen Morgen die Gänse durch das Tor hinaustrieben, sagte die Königstochter im Vorbeigehen:

»O du Fallada, da du hangest.«

Da antwortete der Kopf:

»O du Jungfer Königin, da du gangest,
wenn das deine Mutter wüsste,
ihr Herz tät ihr zerspringen.«

Da zog sie schweigend weiter zur Stadt hinaus und sie trieben die Gänse aufs Feld. Und als sie auf der Wiese angekommen waren, setzte sie sich nie-

Die Gänsemagd

der und machte ihre Haare auf, die aus reinem Gold waren. Kürdchen sah die Haare an. Er erfreute sich daran, wie schön sie glänzten, und wollte der Königstochter ein paar ausreißen.

Da sagte sie:

>»Weh, weh, Windchen,
>nimm Kürdchen sein Hütchen
>und lass 'n sich mit jagen,
>bis ich mich geflochten und geschnatzt
>und wieder aufgesatzt.«

Und da kam ein starker Wind, der dem Kürdchen das Hütchen wegwehte, und es musste ihm nachlaufen. Bis es wiederkam, war sie mit dem Kämmen und Aufstecken der Haare fertig, sodass der Junge keins ausreißen konnte. Da wurde Kürdchen böse und redete nicht mehr mit ihr. So hüteten sie die Gänse, bis es Abend wurde. Dann gingen sie nach Hause.

Als sie am nächsten Morgen die Gänse durch das finstere Tor hinaustrieben, sagte die junge Frau:

>»O du Fallada, da du hangest.«

Fallada antwortete:

>»O du Jungfer Königin, da du gangest,
>wenn das deine Mutter wüsste,
>das Herz tät ihr zerspringen.«

Anschließend setzte sie sich wieder auf die Wiese und fing an, ihr Haar auszukämmen. Kürdchen wollte danach greifen, da sagte sie schnell:

>»Weh, weh, Windchen,
>nimm Kürdchen sein Hütchen
>und lass 'n sich mit jagen,
>bis ich mich geflochten und geschnatzt
>und wieder aufgesatzt.«

Da wehte ihm der Wind das Hütchen vom Kopf, sodass Kürdchen ihm nachlaufen musste. Als der Junge wiederkam, hatte sie längst ihr Haar zurechtgemacht und er konnte keins davon erwischen. So hüteten sie die Gänse, bis es Abend wurde.

Nachdem sie abends nach Hause gekommen waren, ging Kürdchen zu dem alten König und sagte: »Mit dem Mädchen will ich nicht länger Gänse hüten.«

»Warum denn?«, fragte der alte König.

»Ei, das ärgert mich den ganzen Tag.« Da befahl ihm der alte König zu erzählen, wie es ihm denn mit ihr erginge.

Da sagte Kürdchen: »Morgens, wenn wir mit der Herde unter dem finstern Tor hindurchgehen, ist da ein Pferdekopf an der Wand. Zu dem sagt sie:

›Fallada, da du hangest.‹

Da antwortet der Kopf:

›O du Königsjungfer, da du gangest,
wenn das deine Mutter wüsste,
das Herz tät ihr zerspringen.‹«

Und Kürdchen erzählte, was dann auf der Gänsewiese geschehe und wie es dem Hut nachlaufen müsse.

Der alte König befahl ihm, den nächsten Tag die Gänse wieder mit der Magd hinauszutreiben. Am Morgen setzte er sich selbst hinter das finstere Tor und hörte mit an, wie sie mit Falladas Kopf sprach. Dann ging er ihr auf die Wiese nach und versteckte sich in einem Busch. Da konnte er nun mit seinen eigenen Augen sehen, wie die Gänsemagd und der Gänsejunge die Herde herbeitrieben und wie die Magd sich nach einer Weile setzte und ihre Haare löste, die vor Glanz strahlten. Sogleich sagte sie wieder:

»Weh, weh, Windchen,
nimm Kürdchen sein Hütchen
und lass 'n sich mit jagen,
bis ich mich geflochten und geschnatzt
und wieder aufgesatzt.«

Da kam ein Windstoß und jagte mit Kürdchens Hut davon, dass es weit zu

Die Gänsemagd

laufen hatte. Die Magd kämmte und flocht ihre Locken in der Zwischenzeit schweigend fertig. Nachdem der alte König das alles beobachtet hatte, ging er unbemerkt zurück.

Als die Gänsemagd abends nach Hause kam, rief er sie zu sich und fragte, warum sie das mache.

»Das darf ich Euch nicht sagen und ich darf auch keinem Menschen mein Leid klagen. Denn das habe ich unter freiem Himmel geschworen, weil ich sonst hätte sterben müssen.«

Er drang in sie und ließ ihr keinen Frieden, aber er konnte nichts aus ihr herausbringen. Da sagte er: »Wenn du mir nichts sagen willst, klage dem Eisenofen da dein Leid.« Mit diesen Worten ging er davon.

Da kroch die Königstochter in den Eisenofen, fing an zu jammern und zu weinen, schüttete ihr Herz aus und sagte: »Da sitze ich nun von aller Welt verlassen und bin doch eine Königstochter und ein falsches Kammermädchen hat mich mit Gewalt dazu gebracht, dass ich meine königlichen Kleider habe ablegen müssen. Es hat meinen Platz an der Seite meines Bräutigams eingenommen und ich muss als Gänsemagd niedere Arbeiten verrichten. Wenn das meine Mutter wüsste, würde ihr das Herz zerspringen!«

Der alte König stand außen an der Ofenröhre, belauschte sie und hörte, was sie sagte. Da kam er wieder herein und befahl ihr, aus dem Ofen zu kommen. Da wurden ihr königliche Kleider angezogen und es erschien wie ein Wunder, wie schön sie war. Der alte König rief seinen Sohn und vertraute ihm an, dass er die falsche Braut habe: Die sei bloß ein Kammermädchen. Die richtige stehe hier und es sei die ehemalige Gänsemagd.

Der junge König war herzensfroh, als er sah, wie schön sie war. Ein großes Festmahl wurde gegeben, zu dem alle guten Freunde gebeten wurden. Oben saß der Bräutigam, die Königstochter auf der einen Seite und das Kammermädchen auf der anderen. Da das Kammermädchen so geblendet war von dem glänzenden Schmuck, erkannte es die Königstochter nicht mehr.

Als alle gegessen und getrunken hatten und lustig waren, gab der alte König der Kammerfrau ein Rätsel auf. »Wenn jemand seinen Herrn betrogen hätte ...«, begann er, und im Folgenden erzählte er den ganzen Vorfall, wie

Die Gänsemagd

er sich tatsächlich zwischen der Königstochter und der Kammerfrau ereignet hatte. Anschließend fragte er: »Welches Urteil verdient diese Betrügerin?«

Da sagte die falsche Braut: »Sie verdient nichts Besseres, als aus dem Land gejagt zu werden.«

»Die Betrügerin, das bist du«, sagte der alte König, »und du hast dein eigenes Urteil gesprochen. Genau das soll mit dir gemacht werden.«

Und als das Urteil vollzogen war, vermählte sich der junge König mit der richtigen Königstochter. Beide regierten ihr Reich so, dass Frieden und Glückseligkeit herrschte.

Das Eselein

Es lebten einmal ein König und eine Königin, die reich waren und alles hatten, was sie sich wünschten, nur keine Kinder. Darüber klagte die Königin Tag und Nacht und sagte: »Ich bin wie ein Acker, auf dem nichts wächst.«

Endlich erfüllte Gott ihren Wunsch. Als das Kind aber zur Welt kam, sah es nicht aus wie ein Menschenkind, sondern war ein junges Eselein. Bei seinem Anblick fing das Jammern und Klagen der Mutter erst richtig an: Sie hätte lieber gar kein Kind gehabt als einen Esel. Sie sagte, man solle ihn ins Wasser werfen, damit ihn die Fische fressen.

Der König widersprach ihr: »Nein, Gott hat ihn dir gegeben. Deshalb soll er auch mein Sohn und Erbe sein, nach meinem Tod auf dem Thron sitzen und die königliche Krone tragen.«

Also wurde das Eselein großgezogen, nahm zu und die Ohren wuchsen ihm auch schön und waren ganz gerade. Das Eselein war von fröhlicher Natur, sprang herum und spielte. Besonders liebte es die Musik, sodass es zu einem berühmten Spielmann ging und sagte: »Gib mir Unterricht, damit ich die Laute so gut schlagen kann wie du.«

»Ach, liebes Herrlein«, antwortete der Spielmann, »das wird Euch schwerfallen. Eure Finger sind nicht gerade dafür gemacht und viel zu groß. Ich fürchte, die Saiten halten es nicht aus.«

Es half nichts, das Eselein wollte unbedingt die Laute schlagen. Es war fleißig und konnte es am Ende so gut wie der Meister selbst. Einmal ging das junge Herrlein in Gedanken versunken spazieren und kam an einen Brunnen. Da schaute es hinein und sah im spiegelhellen Wasser seine Eselsgestalt. Darüber war es so traurig, dass es in die weite Welt ging und nur einen treuen Freund mitnahm. Sie zogen auf und ab, zuletzt kamen sie in ein Reich, in dem ein alter König herrschte, der nur eine einzige, aber wunderschöne Tochter hatte. Das Eselein sagte: »Hier wollen wir bleiben!« Es klopfte ans Tor und rief: »Hier ist ein Gast. Macht auf, damit er hineingehen kann.« Als ihm aber nicht geöffnet wurde, setzte es sich hin, nahm seine Laute und schlug sie mit seinen zwei Vorderfüßen aufs Herrlichste.

Da sperrte der Torhüter gewaltig die Augen auf, lief zum König und

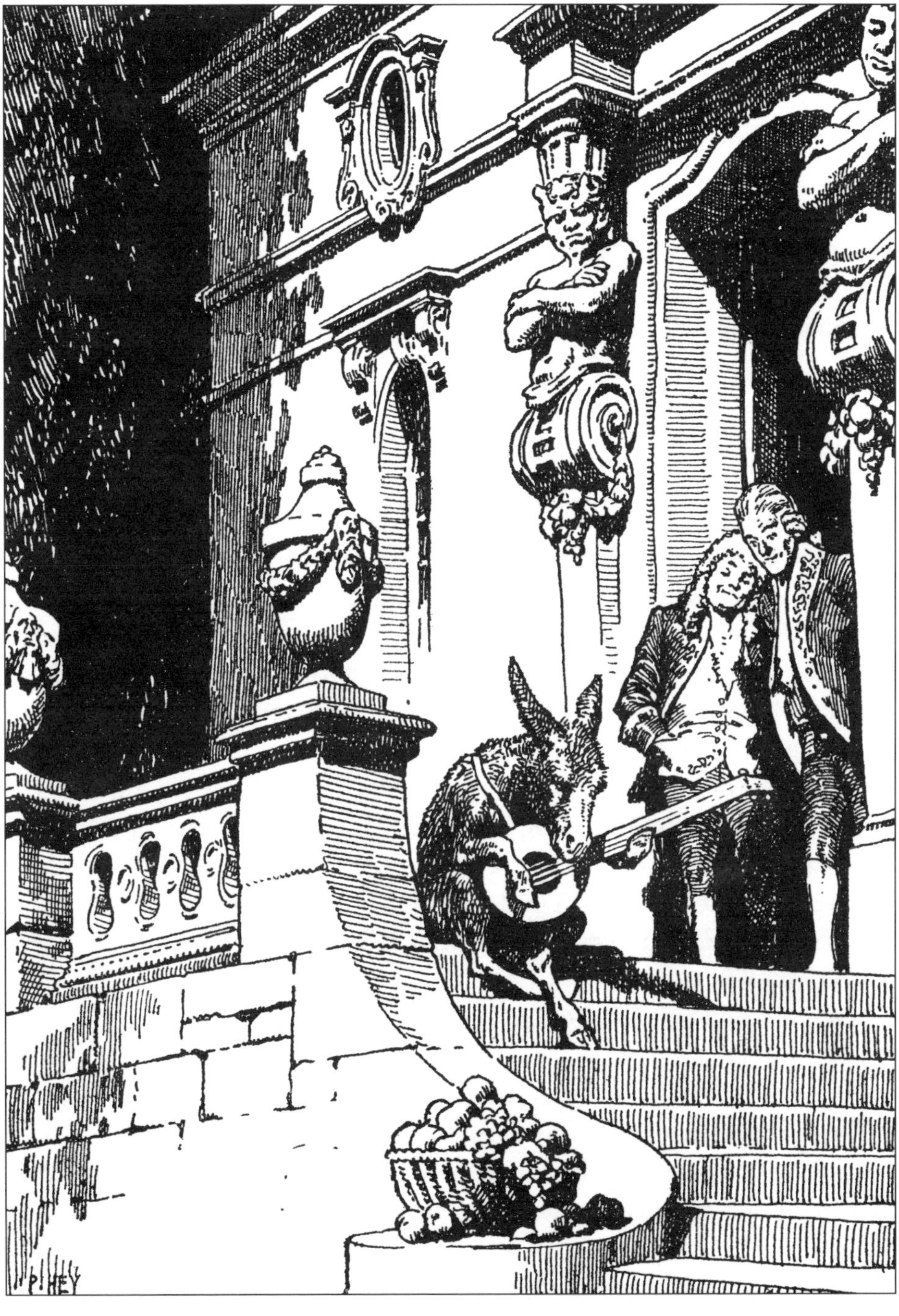
P. HEY

sagte: »Da draußen sitzt ein junges Eselein vor dem Tor, das die Laute so gut schlägt wie ein gelernter Meister.«

»Dann lass den Musikanten herein«, sagte der König.

Als das Eselein eintrat, fing alles an, über den sonderbaren Lautenschläger zu lachen. Das Eselein sollte unten bei den Knechten sitzen und etwas zu essen bekommen. Da wurde es ungehalten und sagte: »Ich bin kein gewöhnliches Stalleselein, ich bin ein vornehmes.«

Da erwiderte man ihm: »Dann setze dich zu den Kriegern.«

»Nein«, sagte das Eselein, »ich will beim König sitzen.«

Der König lachte und sagte gut gelaunt: »Ja, es soll so sein, wie du es verlangst. Eselein, komm her zu mir.« Danach fragte er: »Eselein, wie gefällt dir meine Tochter?«

Das Eselein drehte den Kopf zu ihr, schaute sie an, nickte und sagte: »Außerordentlich gut. Sie ist so schön, wie ich noch keine gesehen habe.«

»Nun, dann sollst du neben ihr sitzen«, sagte der König.

»Das ist mir recht«, sagte das Eselein und setzte sich an ihre Seite, aß und trank und wusste sich zu betragen.

Als das edle Tier eine Zeit lang am Hof des Königs war, dachte es: Was hilft das alles? Du musst wieder nach Hause. Das Eselein ließ den Kopf traurig hängen, trat vor den König und wollte Abschied nehmen. Der König hatte es aber lieb gewonnen und sagte: »Eselein, was ist los mit dir? Du schaust ja so sauer wie ein Krug Essig. Bleib bei mir. Ich gebe dir auch, was du verlangst. Willst du Gold?«

»Nein«, sagte das Eselein und schüttelte mit dem Kopf.

»Willst du Kostbarkeiten und Schmuck?«

»Nein.«

»Willst du mein halbes Reich?«

»Nein, auch das nicht.«

Da sagte der König: »Wenn ich nur wüsste, was dich aufheitern könnte. Willst du meine schöne Tochter zur Frau?«

»Ach ja«, sagte das Eselein, »die möchte ich haben!« Auf einmal war es ganz lustig und guter Dinge, denn das war genau das, was es sich gewünscht hatte.

Also wurde eine große und prächtige Hochzeit abgehalten. Abends, als

Braut und Bräutigam in ihre Schlafkammer geführt wurden, wollte der König wissen, ob sich das Eselein auch gut betrug. Er befahl einem Diener, sich dort zu verstecken. Der Bräutigam schob den Riegel vor die Tür, blickte sich um, und als er glaubte, dass sie ganz allein wären, warf er auf einmal seine Eselshaut ab und stand als ein schöner Königssohn vor seiner Braut.

»Nun siehst du«, sagte er, »wer ich bin und dass ich deiner wert bin.«

Da freute sich die Braut, küsste ihn und liebte ihn von Herzen. Als aber der Morgen kam, sprang der Bräutigam auf und zog sich seine Tierhaut wieder über. Kein Mensch hätte gedacht, was sich darunter verbarg.

Bald kam auch der alte König. »Ei«, rief er, »ist das Eselein schon munter! Du bist wohl recht traurig«, sagte er zu seiner Tochter, »dass du keinen richtigen Menschen zum Mann bekommen hast?«

»Ach nein, lieber Vater, ich liebe ihn, als wäre er der Allerschönste, und ich will ihn nie wieder hergeben.«

Der König wunderte sich, aber der Diener, der sich versteckt hatte, verriet ihm alles. Da sagte der König: »Das ist nie und nimmer wahr.«

»Dann versteckt Euch die nächste Nacht selbst und Ihr werdet es mit eigenen Augen sehen. Und wisst Ihr was, Herr König, nehmt ihm die Haut weg und werft sie ins Feuer, dann muss er sich in seiner richtigen Gestalt zeigen.«

»Das ist ein guter Rat!«, sagte der König. Abends, als das Paar schlief, schlich er sich hinein, und als er zum Bett kam, sah er im Mondschein einen stolzen jungen Mann darin. Die Eselshaut lag abgestreift auf der Erde. Der König nahm sie, ließ draußen ein gewaltiges Feuer anmachen und die Haut hineinwerfen. Er sah dabei zu, bis sie ganz zu Asche verbrannt war. Weil er aber wissen wollte, wie sich der Beraubte verhalten würde, blieb er die Nacht über wach und lauschte. Beim ersten Morgenschein hatte der junge Mann ausgeschlafen, stand auf und wollte die Eselshaut anziehen, aber sie war nicht zu finden. Da erschrak er, bekam Angst und sagte traurig: »Nun muss ich zusehen, dass ich fliehen kann.«

Als er vor die Tür trat, stand der König da und sagte: »Mein Sohn, wohin so eilig? Was hast du vor? Bleib hier. Du bist ein so schöner Mann, du sollst nicht wieder weggehen. Ich gebe dir jetzt mein halbes Reich und nach meinem Tod bekommst du es ganz.«

»Dann hoffe ich, dass der gute Anfang auch ein gutes Ende nimmt«, sagte der junge Mann. »Ich bleibe bei Euch.«

Daraufhin gab ihm der Alte das halbe Reich, und als er nach einem Jahr starb, hatte er das ganze. Und nach dem Tod seines Vaters bekam er noch eins dazu und lebte in aller Herrlichkeit.

Der junge Riese

Ein Bauer hatte einen Sohn, der war so groß wie ein Daumen. Er wurde einfach nicht größer. Jahrelang wuchs er nicht ein Haarbreit. Einmal wollte der Bauer aufs Feld zum Pflügen, da sagte der Kleine: »Vater, ich will mit.«

»Du willst mit?«, sagte der Vater. »Bleib lieber hier. Auf dem Feld bist du zu nichts nütze. Am Ende gehst du mir noch verloren.«

Da fing der Däumling an zu weinen, und um Ruhe zu haben, steckte ihn der Vater in die Tasche und nahm ihn mit. Draußen auf dem Feld holte er ihn wieder heraus und setzte ihn in eine frische Furche. Als er da so saß, kam ein großer Riese über den Berg daher.

»Siehst du dort den großen Butzemann?«, sagte der Vater, um dem Kleinen Angst zu machen, damit er artig blieb. »Der kommt und holt dich.«

Der Riese hatte mit seinen langen Beinen kaum ein paar Schritte getan, da stand er schon bei der Furche. Er hob den kleinen Däumling mit zwei Fingern vorsichtig in die Höhe, betrachtete ihn und ging ohne ein Wort mit ihm davon. Der Vater stand daneben, konnte vor Schrecken keinen Laut hervorbringen und dachte, sein Kind sei für immer verloren, sodass er es sein Leben lang nicht wiedersehen würde.

Der Riese trug den Däumling zu sich nach Hause und ließ ihn an seiner Brust saugen. Der Kleine wuchs und wurde groß und stark, wie es eben die Art der Riesen ist. Nach zwei Jahren ging der Alte mit ihm in den Wald, wollte sehen, was er konnte, und sagte: »Reiß dir einen Halm aus.«

Da war der Junge schon so stark, dass er einen jungen Baum mit den Wurzeln aus der Erde riss.

Der Riese aber meinte: »Das muss noch besser werden!« Daraufhin nahm er ihn wieder mit und säugte ihn noch zwei Jahre. Als er danach überprüfte, was er schon konnte, hatte seine Kraft bereits so zugenommen, dass er einen alten Baum aus der Erde ziehen konnte. Das war dem Riesen noch immer nicht genug und er säugte ihn erneut zwei Jahre. Als er darauf mit ihm in den Wald ging und sagte: »Nun reiß einmal einen ordentlichen Halm aus«, riss der Junge die dickste Eiche aus der Erde, dass es nur so krachte. Und es war ein Kinderspiel für ihn. »Nun ist's genug«, sagte der

Riese. »Du hast genug gelernt.« Mit diesen Worten führte er ihn zurück auf den Acker, wo er ihn geholt hatte.

Sein Vater stand gerade hinter dem Pflug. Da ging der junge Riese auf ihn zu und sagte: »Schau, Vater, was dein Sohn für ein Mann geworden ist.«

Der Bauer erschrak und sagte: »Nein, du bist nicht mein Sohn. Ich will dich nicht, geh weg von mir.«

»Natürlich bin ich dein Sohn. Lass mich an den Pflug. Ich kann pflügen, so gut wie du und noch besser.«

»Nein, nein, du bist nicht mein Sohn. Und ich lass dich auch nicht pflügen. Geh weg von mir.« Weil er sich aber vor dem großen Mann fürchtete, ließ er schließlich den Pflug los, trat zurück und setzte sich neben den Acker.

Da nahm der Junge den Pflug und drückte nur mit einer Hand darauf, aber der Druck war so gewaltig, dass der Pflug tief in die Erde schnitt.

Der Bauer konnte das nicht mit ansehen und rief ihm zu: »Beim Pflügen darfst du nicht so gewaltig drücken. Sonst wird es nichts.«

Der Junge spannte die Pferde aus, zog den Pflug selber und sagte: »Geh nur nach Hause, Vater, und die Mutter soll eine große Schüssel voll Essen kochen. Ich kümmere mich in der Zwischenzeit um den Acker.«

Da ging der Bauer nach Hause und bestellte das Essen bei seiner Frau. Der Junge aber pflügte das Feld, zwei Morgen groß, ganz allein. Und dann spannte er sich auch noch selber vor zwei Eggen gleichzeitig und eggte alles. Als er fertig war, ging er in den Wald und riss zwei Eichen aus. Er legte sie sich auf die Schultern. Jeweils hinten und vorne packte er eine Egge darauf. Außerdem lud er sich noch zwei Pferde auf, ebenfalls jeweils eins hinten und eins vorne. Das alles trug er, als wäre es ein Bund Stroh, zum Haus seiner Eltern.

Wie er in den Hof kam, erkannte ihn seine Mutter nicht und fragte: »Wer ist der entsetzliche große Mann?«

Der Bauer sagte: »Das ist unser Sohn.«

Sie widersprach: »Nein, unser Sohn ist das nie und nimmer. So einen großen hatten wir nicht, der unsere war ein kleines Ding.« Sie rief dem Riesen zu: »Geh weg, wir wollen dich nicht.«

Der Junge schwieg, stellte die Pferde in den Stall und gab ihnen Hafer und Heu, alles, wie es sich gehörte. Als er fertig war, ging er in die Stube, setzte sich auf die Bank und sagte: »Mutter, nun habe ich Hunger. Ist das Essen bald fertig?«

Da sagte sie Ja und brachte zwei große, große Schüsseln voll. Daran hätten sie und ihr Mann sich acht Tage lang satt essen können. Der Junge aber aß alles allein auf und fragte dann auch noch, ob sie nicht mehr habe.

»Nein«, sagte sie, »das ist alles, was wir haben.«

»Das war ja gerade genug, um den Appetit anzuregen. Ich brauche mehr.«

Sie traute sich nicht, etwas dagegen zu sagen, und setzte einen großen Schweinekessel voll übers Feuer. Als es gar war, trug sie es herein.

»Endlich kommen noch ein paar Brocken!«, sagte er und aß alles in sich hinein. Es war aber nicht genug, um seinen Hunger zu stillen. Da sagte er: »Vater, ich sehe schon, bei dir werde ich nicht satt. Beschaffst du mir einen Eisenstab, der so stark ist, dass ich ihn über meinen Knien nicht zerbrechen kann, dann gehe ich hinaus in die Welt.«

Der Bauer war froh über diesen Vorschlag, spannte seine zwei Pferde vor den Wagen und holte beim Schmied einen Stab, so groß und dick, dass ihn die zwei Pferde gerade noch ziehen konnten. Der Junge nahm ihn über die Knie und ratsch!, brach er ihn wie eine Bohnenstange in der Mitte entzwei und warf ihn weg.

Der Vater spannte vier Pferde vor und holte einen Stab, so groß und dick, dass ihn die vier Pferde gerade noch ziehen konnten. Der Sohn knickte auch diesen entzwei, warf ihn weg und sagte: »Vater, der nützt mir nichts. Du musst mehr Pferde vorspannen und einen stärkeren Stab holen.«

Da spannte der Vater acht Pferde vor und holte einen Stab, so groß und dick, dass ihn die acht Pferde gerade noch nach Hause ziehen konnten. Als der Sohn ihn in die Hand nahm, brach er gleich oben ein Stück davon ab und sagte: »Vater, ich sehe, du kannst mir keinen Stab beschaffen, wie ich ihn brauche. Ich bleibe nicht länger bei dir.«

Da ging er davon und gab sich für einen Schmiedegesellen aus. Er kam in ein Dorf, in dem ein geiziger Schmied wohnte. Der gönnte keinem Menschen etwas und wollte alles für sich alleine haben. Zu dem trat er in die Schmiede und fragte, ob er keinen Gesellen brauche.

»Ja«, sagte der Schmied, sah ihn an und dachte: Das ist ein tüchtiger Kerl. Der kann bestimmt gut zuschlagen und ist sein Geld wert. Er fragte: »Wie viel Lohn willst du haben?«

»Gar keinen«, antwortete er. »Nur alle vierzehn Tage, wenn die anderen Gesellen ihren Lohn kriegen, will ich dir zwei Schläge geben. Die musst du aushalten.«

Damit war der Geizkragen mehr als einverstanden und glaubte, viel Geld zu sparen. Am nächsten Morgen sollte der fremde Geselle zuerst vorschlagen, als aber der Meister den glühenden Stab brachte und der Riese den ersten Schlag tat, flog das Eisen auseinander und der Amboss versank in der Erde, so tief, dass sie ihn gar nicht wieder herausbrachten. Da wurde der Geizkragen böse und sagte: »Ei was, dich kann ich nicht brauchen, du schlägst zu fest. Was willst du für die bisher geleistete Arbeit haben?«

Da sagte der Riese: »Ich verpasse dir nur einen ganz leichten Schlag, weiter nichts.« Und nach diesen Worten hob er seinen Fuß und gab dem Schmied einen Tritt, dass er über viele Fuder Heu hinausflog. Daraufhin suchte sich der Riese den dicksten Eisenstab aus, der in der Schmiede war, nahm ihn wie einen Stock in die Hand und ging weiter.

Als er eine Weile dahingewandert war, kam er zu einem Pachtgut und fragte den Amtmann, der ihn bewirtschaftete, ob er keinen Großknecht brauche.

»Ja«, sagte der Amtmann, »ich kann einen brauchen. Du siehst aus wie ein tüchtiger Kerl, der schon was zustande bringt. Wie viel Jahreslohn willst du haben?«

Er antwortete wiederum, er verlange gar keinen Lohn, aber alle Jahre wollte er ihm drei Schläge geben, die müsse er aushalten. Damit war der Amtmann einverstanden, denn auch er war ein Geizhals.

Am nächsten Morgen sollten die Knechte in den Wald zum Holzmachen fahren. Alle waren schon auf, der Riese aber lag noch im Bett. Da rief ihm einer zu: »Steh auf, es ist Zeit. Wir wollen ins Holz und du musst mit.«

»Ach«, sagte er trotzig, »geht ihr nur los. Ich komme ja doch früher wieder zurück als ihr alle miteinander.«

Da gingen die anderen Knechte zum Amtmann und erzählten ihm, der Großknecht liege noch im Bett und wolle nicht mit zum Holzmachen fahren. Der Amtmann sagte, sie sollten ihn noch einmal wecken und der Riese solle die Pferde vorspannen.

Der Großknecht sagte aber wie vorher: »Ich komme ja doch früher wieder zurück als ihr alle miteinander.« Daraufhin blieb er noch zwei Stunden liegen, dann stieg er endlich aus den Federn, holte sich aber erst zwei Scheffel voll Erbsen vom Dachboden und kochte sich einen Brei, den er in aller Ruhe aß. Erst danach ging er hinaus, spannte die Pferde vor und fuhr in den Wald.

Nicht weit vor dem Wald war ein Hohlweg, wo er durchmusste. Da fuhr er den Wagen erst ein Stück hinein, dann mussten die Pferde anhalten. Er ging hinter den Wagen, nahm Bäume und Reisig und machte daraus einen großen Haufen, sodass kein Pferd mehr durchkommen konnte. Als er im Wald eintraf, fuhren die anderen gerade mit ihren beladenen Wagen heraus und wollten nach Hause. Da sagte er zu ihnen: »Fahrt nur los, ich komme ja doch früher als ihr nach Hause.« Er fuhr gar nicht weit in den Wald hinein, riss gleich zwei der allergrößten Bäume aus der Erde, warf sie auf den Wagen und drehte um. Als er vor dem Haufen eintraf, standen die anderen noch da und konnten nicht durch. »Seht ihr«, sagte er, »wärt ihr in der Frühe bei mir geblieben, wärt ihr ebenso schnell nach Hause gekommen und hättet noch eine Stunde schlafen können.« Er wollte nun weiterfahren, aber seine Pferde konnten sich nicht durcharbeiten. Daraufhin spannte er sie aus, legte sie oben auf den Wagen, nahm selbst die Deichsel in die Hand und hü!, zog er alles durch den Haufen hindurch. Das ging so leicht, als hätte er Federn geladen. Als er das Hindernis überwunden hatte, sagte er zu den anderen: »Seht ihr, ich bin schneller hindurch als ihr.« Er fuhr weiter und ließ die anderen stehen.

Auf dem Hof angekommen, nahm der Riese einen Baum in die Hand, zeigte ihn dem Amtmann und sagte: »Ist das nicht ein schönes Stück Holz?«

Da sagte der Amtmann zu seiner Frau: »Der Knecht ist gut. Wenn er auch lang schläft, er ist doch früher wieder da als die anderen.«

Nun arbeitete er ein Jahr bei dem Amtmann. Als das vorüber war und die anderen Knechte ihren Lohn bekamen, sagte er, es sei Zeit, sich seinen zu nehmen. Der Amtmann bekam jedoch Angst vor den Schlägen, die er kriegen sollte, und bat ihn inständig, er möge sie ihm erlassen. Lieber wolle er selbst Großknecht werden und er solle der Amtmann sein.

»Nein«, sagte der Riese, »ich will kein Amtmann werden, ich bin Großknecht und will es bleiben. Ich will nur das, was ausgemacht war.«

Der Amtmann wollte ihm geben, was immer er verlangte. Aber es half nichts, der Großknecht sagte zu allem Nein. Da wusste sich der Amtmann nicht mehr zu helfen und bat ihn um vierzehn Tage Frist, um nachzudenken. Der Großknecht gewährte sie ihm. Der Amtmann rief alle seine Schreiber zusammen. Sie sollten nachdenken und ihm einen Rat geben. Die Schreiber überlegten lange. Schließlich sagten sie, vor dem Großknecht sei niemand seines Lebens sicher, der schlage einen Menschen wie eine Mücke tot. Er solle ihm befehlen, in den Brunnen zu steigen und ihn zu reinigen. Wenn er unten sei, wollten sie einen der Mühlsteine, die daneben lagen, herbeirollen und ihm auf den Kopf werfen, dann werde er das Tageslicht nie wieder sehen.

Der Rat gefiel dem Amtmann und der Großknecht war bereit, in den Brunnen hinunterzusteigen. Als er auf dem Grund stand, rollten die Männer des Amtmanns den größten Mühlstein hinunter. Sie dachten, der hätte ihm den Kopf eingeschlagen. Der Riese rief aber: »Jagt die Hühner vom Brunnen weg. Die kratzen da oben im Sand und werfen mir die Körner in die Augen, sodass ich nichts sehen kann.«

Da rief der Amtmann: »Husch! Husch!«, und tat, als scheuchte er die Hühner weg.

Als der Großknecht mit seiner Arbeit fertig war, stieg er herauf und sagte: »Seht her, habe ich nicht ein schönes Halsband um?« Er sprach vom Mühlstein, den er um den Hals trug.

Nun wollte der Großknecht seinen Lohn, aber der Amtmann bat wieder um vierzehn Tage Bedenkzeit. Die Schreiber kamen zusammen und gaben den Rat, der Amtmann solle den Großknecht in die verwunschene Mühle schicken, um dort in der Nacht Korn zu mahlen. Von da war nämlich noch kein Mensch, der die Nacht darin verbracht hatte, lebendig wieder herausgekommen. Der Vorschlag gefiel dem Amtmann, er rief den Großknecht noch am selben Abend zu sich und befahl ihm, acht Malter Korn in die Mühle fahren und noch in der Nacht mahlen. Sie hätten es nötig.

Da stieg der Großknecht auf den Boden und steckte zwei Malter Korn in seine rechte Tasche, zwei in die linke, vier nahm er in einem Quersack mit, den er halb auf dem Rücken, halb auf der Brust trug. So beladen ging er zu der verwunschenen Mühle.

Der Müller warnte ihn, bei Tag könne man getrost mahlen, aber nicht in der Nacht. Da sei die Mühle verwunschen und jeden, der hineingegangen sei, hätte man am nächsten Morgen tot darin aufgefunden.

Der Riese sagte: »Ich werde das schon meistern. Geht nur und legt Euch aufs Ohr.« Daraufhin begab er sich in die Mühle und schüttete das Korn auf. Gegen elf Uhr ging er in die Müllerstube und setzte sich auf die Bank. Als er ein Weilchen dagesessen hatte, öffnete sich auf einmal die Tür und eine große, große Tafel kam herein. Darauf stellten sich Wein, Braten und viele gute Speisen, alles von selbst, denn es war niemand da, der es auftrug. Und danach rückten sich die Stühle herbei, aber es kamen keine Leute. Nur Finger waren da, die mit den Messern und Gabeln hantierten und Speisen auf die Teller legten. Aber sonst konnte der Riese nichts und niemanden sehen. Da er hungrig war und die leckeren Speisen Appetit machten, setzte er sich auch an die Tafel, aß mit und ließ es sich gut schmecken. Als er satt war und die anderen Schüsseln auch alle leer waren, wurden die Lichter auf einmal ausgelöscht, das hörte er deutlich.

Mittlerweile war es stockfinster geworden und plötzlich bekam er so etwas wie eine Ohrfeige ins Gesicht. »Wenn das noch einmal vorkommt, schlage ich zurück«, sagte der Riese. Und als er zum zweiten Mal eine Ohrfeige kriegte, schlug er nun ebenfalls zu. So ging das die ganze Nacht: Er ließ sich nichts gefallen, sondern gab reichlich zurück und schlug fleißig um sich. Bei Tagesanbruch aber hörte alles auf.

Der Müller stand auf, um nach dem Riesen zu sehen, und wunderte sich, dass er noch lebte.

Da sagte der Riese: »Ich habe mich satt gegessen, habe Ohrfeigen gekriegt, aber ich habe auch Ohrfeigen ausgeteilt.«

Der Müller freute sich und sagte, nun sei die Mühle erlöst. Zur Belohnung wollte er ihm viel Geld geben.

Der Riese aber erwiderte: »Geld will ich nicht, ich habe genug.«

Dann nahm er sein Mehl auf den Rücken, ging nach Hause und sagte dem Amtmann, er habe den Auftrag erledigt und wolle nun den abgesprochenen Lohn haben.

Als der Amtmann das hörte, bekam er erst recht Angst. Er konnte sich nicht mehr beruhigen, ging in der Stube auf und ab und die Schweißtropfen liefen ihm von der Stirn. Da machte er das Fenster auf, um frische Luft hereinzulassen. Bevor er sich's aber versah, hatte ihm der Großknecht einen Tritt gegeben, dass er durchs Fenster flog, immer weiter, bis ihn niemand mehr sehen konnte.

Daraufhin sagte der Großknecht zur Frau des Amtmanns: »Kommt er nicht wieder, gebe ich Euch den anderen Schlag.«

Sie rief: »Nein, nein, ich halte das nicht aus«, und machte das andere Fenster auf, weil ihr die Schweißtropfen die Stirn hinunterliefen.

Da gab der Riese ihr einen Tritt, sodass sie ebenfalls hinaussegelte, und da sie leichter war, flog sie noch viel höher als ihr Mann.

Der Mann rief: »Komm doch zu mir!«

Sie aber rief: »Komm du zu mir, ich kann nicht zur dir.«

Und sie schwebten durch die Luft und keiner konnte zum anderen kommen. Ob sie da noch schweben, das weiß ich nicht. Der junge Riese jedenfalls nahm seine Eisenstange und ging weiter.

Die wahre Braut

Es war einmal ein Mädchen, das jung und schön war. Seine Mutter war früh gestorben und die Stiefmutter tat ihm alle erdenklichen Gemeinheiten an. Wenn die Stiefmutter dem Mädchen eine Arbeit auftrug, und die konnte noch so schwer sein, dann erledigte es sie unverdrossen und tat, was in seinen Kräften stand. Aber es konnte damit das Herz der bösen Frau nicht erweichen. Immer war sie unzufrieden, immer war es nicht gut genug. Je fleißiger das Mädchen arbeitete, desto mehr wurde ihm aufgehalst. Die Alte dachte an nichts anderes als daran, wie sie dem Mädchen eine immer größere Last aufbürden und ihm das Leben so schwer wie möglich machen konnte.

Eines Tages sagte die Frau zu ihrer Stieftochter: »Hier hast du zwölf Pfund Federn. Trenne den weichen vom härteren Teil und entferne die Kiele. Wenn du heute Abend nicht damit fertig bist, wartet eine Tracht Prügel auf dich. Du glaubst wohl, du könntest den ganzen Tag faulenzen?«

Das arme Mädchen machte sich an die Arbeit. Aber die Tränen flossen ihm über die Wangen. Denn es sah sehr wohl, dass es unmöglich war, das an einem Tag zu schaffen. Wenn es ein Häufchen Federn vor sich liegen hatte und es seufzte oder in seiner Angst die Hände zusammenschlug, stoben sie auseinander und das Mädchen musste alles wieder aufsammeln und von Neuem anfangen. Da stützte es einmal die Ellbogen auf den Tisch, legte sein Gesicht in beide Hände und rief: »Ist denn niemand auf Gottes Erde, der Mitleid mit mir hat?«

Da hörte es eine sanfte Stimme, die sagte: »Tröste dich, mein Kind, ich bin gekommen, um dir zu helfen.«

Das Mädchen blickte auf und eine alte Frau stand neben ihm. Die fasste das Mädchen freundlich an der Hand und sagte: »Vertraue mir ruhig an, was dich bedrückt.«

Weil sie so herzlich war, erzählte ihr das Mädchen von seinem traurigen Leben, dass ihm eine Last auf die andere gelegt wurde und es die ihm auferlegten Arbeiten nicht mehr schaffen konnte. »Wenn ich mit diesen Federn heute Abend nicht fertig bin, schlägt mich die Stiefmutter. Sie hat es mir angedroht und ich weiß, sie hält Wort.« Ihre Tränen fingen wieder an zu fließen.

Aber die gute Alte sagte: »Sei unbesorgt, mein Kind, und ruhe dich aus. Ich verrichte in der Zwischenzeit deine Arbeit.«

Das Mädchen legte sich auf sein Bett und schlief bald ein. Die Alte setzte sich an den Tisch zu den Federn. Hu!, wie flogen sie von den Kielen ab, die sie mit ihren dürren Händen kaum berührte. Bald war sie mit den zwölf Pfund fertig. Als das Mädchen erwachte, lagen große schneeweiße Haufen da und alles im Zimmer war schön aufgeräumt, aber die Alte war verschwunden. Das Mädchen dankte Gott und saß still da, bis der Abend kam.

Da kam die Stiefmutter herein und staunte über die vollbrachte Arbeit. »Siehst du, Faulpelz«, sagte sie, »was man schafft, wenn man fleißig ist! Hättest du nicht noch etwas anderes erledigen können? Aber du sitzt da und legst die Hände in den Schoß.« Als sie hinausging, sagte sie: »Die elende Kreatur kann mehr, als uns das Brot wegzuessen. Ich muss ihr schwerere Aufgaben geben.«

Am nächsten Morgen rief sie das Mädchen und sagte: »Hier hast du einen Löffel. Damit schöpfe den großen Teich aus, der beim Garten liegt. Und wenn du damit abends nicht fertig bist, weißt du ja, was dir bevorsteht.«

Das Mädchen nahm den Löffel und bemerkte, dass er durchlöchert war. Selbst wenn er es nicht gewesen wäre, hätte es nie und nimmer damit den Teich ausschöpfen können. Das Mädchen machte sich gleich an die Arbeit, kniete am Wasser, in das seine Tränen fielen, und schöpfte.

Die gute Alte erschien wieder, und als sie die Ursache seines Kummers erfuhr, sagte sie: »Sei unbesorgt, mein Kind, und lege dich in das Gebüsch zum Schlafen. Ich erledige deine Arbeit schon.« Als die Alte allein war, berührte sie nur den Teich und wie ein Dunst stieg das Wasser in die Höhe und vermischte sich mit den Wolken. Allmählich wurde der Teich leer, und als das Mädchen vor Sonnenuntergang erwachte, sah es nur noch die Fische, die in dem Schlamm zappelten. Es ging zu der Stiefmutter und teilte ihr mit, dass die Arbeit getan sei.

»Du hättest längst fertig sein sollen!«, sagte diese und wurde blass vor Ärger. Dann überlegte sie sich etwas Neues.

Am dritten Morgen sagte sie zu dem Mädchen: »Dort in der Ebene sollst du mir ein schönes Schloss bauen und abends muss es fertig sein.«

Das Mädchen erschrak und sagte: »Wie soll ich das schaffen?«

»Ich dulde keinen Widerspruch!«, schrie die Stiefmutter. »Wenn du mit einem durchlöcherten Löffel einen Teich ausschöpfen kannst, dann kannst du auch ein Schloss bauen. Noch heute will ich einziehen. Wenn etwas fehlt, und sei es irgendeine Kleinigkeit in der Küche oder im Keller, dann weißt du ja schon, was dir bevorsteht.«

Sie jagte das Mädchen davon, und als es in das Tal kam, lagen dort die Felsen übereinander aufgetürmt. Selbst mit all seiner Kraft konnte es nicht einmal den kleinsten bewegen. Es setzte sich hin und weinte, doch hoffte es auf den Beistand der guten Alten.

Die ließ auch nicht lange auf sich warten. Sie kam und sagte ihm Trost zu: »Lege dich nur dort in den Schatten und schlaf. Ich werde dir das Schloss schon bauen. Wenn es dir Freude macht, kannst du selbst darin wohnen.«

Als das Mädchen weggegangen war, berührte die Alte die grauen Felsen. Sofort bewegten sie sich, rückten zusammen und standen da, als hätten Riesen sie erbaut. Darauf errichtete sich das Gebäude. Es war, als ob unzählige Hände unsichtbar arbeiteten und Stein auf Stein legten. Der Boden dröhnte, große Säulen wuchsen von selbst in die Höhe und stellten sich nebeneinander in die richtige Ordnung. Auf dem Dach legten sich die Ziegeln, und als es Mittag war, drehte sich schon die große Wetterfahne wie eine goldene Jungfrau mit fliegendem Gewand auf der Spitze des Turms. Das Innere des Schlosses war dann bis zum Abend vollendet. Wie es die Alte zustande brachte, weiß ich nicht, aber die Wände der Zimmer waren mit Samt- und Seidentapeten bezogen, bunt bestickte Stühle gab es und reich verzierte Armsessel standen an Marmortischen, kristallene Kronleuchter hingen von der Decke herab und spiegelten sich in dem glatten Boden, grüne Papageien saßen in goldenen Käfigen und fremde Vögel, die wunderschön sangen. Überall war es so prachtvoll, als würde ein König einziehen.

Die Sonne war gerade dabei unterzugehen, als das Mädchen aufwachte und ihm der Glanz von tausend Lichtern entgegenleuchtete. Mit schnellen Schritten kam es herbeigerannt und trat durch das geöffnete Tor in das Schloss. Die Treppe war mit rotem Tuch belegt und das goldene Geländer mit blühenden Bäumen besetzt. Als es die herrlichen Zimmer erblickte, blieb es wie erstarrt stehen. Wer weiß, wie lange das noch so gegangen wäre, wenn es nicht plötzlich an die Stiefmutter hätte denken müssen. Ach, sagte es zu sich selbst, wenn sie doch endlich zufriedengestellt wäre und mir das Leben nicht länger zur Qual machen würde.

Das Mädchen gab ihr Bescheid, dass das Schloss fertig sei.

»Gleich werde ich einziehen«, sagte die böse Frau und erhob sich von ihrem Sitz. Als sie in das Schloss eintrat, musste sie die Hand vor die Augen halten, so blendete sie der Glanz. »Siehst du«, sagte sie zu dem Mädchen, »wie leicht es dir gefallen ist. Ich hätte dir eine schwerere Aufgabe stellen sollen.« Sie ging durch alle Zimmer und suchte in allen Ecken, ob etwas fehlte oder mangelhaft wäre, aber sie konnte nichts feststellen. »Lass uns jetzt hinabsteigen«, sagte sie und sah das Mädchen böse an, »Küche und Keller müssen noch untersucht werden. Wenn du etwas vergessen hast, bekommst du deine Strafe.« Aber das Feuer brannte auf dem Herd, in den Töpfen kochten die Speisen, Feuerzange und Schippe waren angelehnt und an den Wänden war das blanke Messinggeschirr aufgestellt. Nichts fehlte, nicht einmal der Kohlenkasten und die Wassereimer. »Wo ist der Eingang zum Keller?«, rief die Stiefmutter. »Wenn der nicht reich mit Weinfässern gefüllt ist, wird es dir schlimm ergehen.« Sie hob selbst die Falltür auf und stieg die Treppe hinunter, aber kaum hatte sie zwei Schritte getan, so stürzte die schwere Falltür, die nur angelehnt war, hinunter. Das Mädchen hörte einen Schrei, hob die Tür schnell auf, um ihr zu Hilfe zu kommen, aber die Stiefmutter war bereits hinabgestürzt. Sie lag tot auf dem Boden.

Nun gehörte das prächtige Schloss dem Mädchen ganz allein. In der ersten Zeit wusste es gar nicht, was es in seinem Glück anfangen sollte. Schöne Kleider hingen in den Schränken, die Truhen waren randvoll mit Gold und Silber oder mit Perlen und Edelsteinen. Es gab keinen Wunsch, den es sich nicht erfüllen konnte. Bald ging der Ruf von der Schönheit und dem Reichtum der jungen Frau durch die ganze Welt. Alle Tage meldeten sich junge Männer, die um ihre Hand anhielten, aber keiner gefiel ihr. Schließlich kam der Sohn eines Königs, der ihr Herz gewann. Sie verlobte sich mit ihm. In dem Schlossgarten stand eine grüne Linde, darunter saßen sie eines Tages vertraulich zusammen, da sagte er zu ihr: »Ich werde nach Hause gehen und die Einwilligung meines Vaters zu unserer Vermählung holen. Ich bitte dich, warte hier unter dieser Linde auf mich. In wenigen Stunden bin ich wieder zurück.«

Das Mädchen küsste ihn auf die linke Backe und sagte: »Bleib mir treu und lass dich von keiner anderen auf diese Backe küssen. Ich will hier unter der Linde warten, bis du wieder zurückkommst.«

Die junge Frau blieb unter der Linde sitzen, bis die Sonne unterging, aber er kam nicht wieder zurück. Sie saß drei Tage vom Morgen bis zum Abend und wartete auf ihn, aber vergeblich. Als er am vierten Tag noch immer nicht da war, sagte sie: »Bestimmt ist ihm ein Unglück zugestoßen. Ich gehe ihn suchen und werde nicht eher wiederkommen, bis ich ihn gefunden habe.« Sie packte drei von ihren schönsten Kleidern zusammen – eins war mit glänzenden Sternen bestickt, das zweite mit silbernen Monden und das dritte mit goldenen Sonnen –, legte eine Handvoll Edelsteine in ein Tuch, das sie dann zusammenknotete, und machte sich auf. Sie fragte überall nach ihrem Bräutigam, aber niemand hatte ihn gesehen und niemand wusste von ihm. So wanderte sie durch die Welt, aber sie fand ihn nicht. Schließlich arbeitete sie bei einem Bauern als Hirtin und vergrub ihre Kleider und Edelsteine unter einem Stein.

Nun lebte sie als Hirtin, hütete ihre Herde, war traurig und sehnte sich nach ihrem Geliebten. Sie hatte ein Kälbchen, das sie an sich gewöhnte. Sie fütterte es aus der Hand, und wenn sie sagte:

»Kälbchen, Kälbchen, knie dich nieder,
vergiss nicht deine Hirtin wieder,
wie der Königssohn die Braut vergaß,
die unter der grünen Linde saß«,

kniete sich das Kälbchen hin und wurde von ihr gestreichelt.

Als sie ein paar Jahre einsam und voll Kummer gelebt hatte, verbreitete sich im Lande das Gerücht, dass die Tochter des Königs ihre Hochzeit feiern wollte. Der Weg in die Stadt ging an dem Dorf vorbei, wo das Mädchen wohnte. Als es einmal ihre Herde austrieb, zog der Bräutigam der Königstochter vorüber. Er saß stolz auf seinem Pferd und sah es nicht an. Aber es blickte ihn an und erkannte in ihm seinen Liebsten. Es war, als ob ihm ein scharfes Messer ins Herz schneiden würde. »Ach«, sagte es, »ich glaubte, er wäre mir treu geblieben, aber in Wahrheit hat er mich vergessen.«

Am nächsten Tag kam er wieder den Weg entlang. Als er in ihrer Nähe war, sagte das Mädchen zum Kälbchen:

>»Kälbchen, Kälbchen, knie dich nieder,
vergiss nicht deine Hirtin wieder,
wie der Königssohn die Braut vergaß,
die unter der grünen Linde saß.«

Als er die Stimme vernahm, blickte er hinunter und hielt sein Pferd an. Er schaute der Hirtin ins Gesicht, nahm dann die Hand vor die Augen, als versuchte er sich an etwas erinnern. Dann ritt er schnell weiter und war bald verschwunden.

»Ach«, sagte sie, »er kennt mich nicht mehr!« Und sie wurde immer trauriger.

Bald darauf sollte am Hof des Königs ein großes Fest gefeiert werden, das drei Tage dauern sollte und zu dem das ganze Land eingeladen war.

Nun werde ich einen letzten Versuch unternehmen, dachte das Mädchen.

Die wahre Braut

Als der Abend kam, ging es zu dem Stein, unter dem es seine Schätze vergraben hatte. Es holte das Kleid mit den goldenen Sonnen hervor, zog es an und schmückte sich mit den Edelsteinen. Die Haare, die es bisher immer unter einem Tuch verborgen hatte, band es auf und sie fielen in langen Locken an ihm herunter. So ging es in die Stadt und niemand bemerkte es in der Dunkelheit. Als das Mädchen in den hell erleuchteten Saal trat, wichen alle staunend zurück, aber niemand wusste, wer es war. Der Königssohn ging der Schönen entgegen, doch er erkannte sie nicht. Er forderte sie zum Tanz auf und war so entzückt über ihre Schönheit, dass er an die andere Braut gar nicht mehr dachte. Als das Fest vorüber war, verschwand das Mädchen im Gedränge und eilte vor Tagesanbruch in das Dorf, wo es sein Hirtenkleid wieder anlegte.

Am nächsten Abend nahm es das Kleid mit den silbernen Monden heraus und steckte einen Halbmond aus Edelsteinen in seine Haare. Als es sich auf dem Fest zeigte, wendeten alle Augen sich zu ihm. Der Königssohn eilte ihm entgegen und war ganz von Liebe erfüllt. Er tanzte nur noch mit dem Mädchen allein und blickte keine andere mehr an. Bevor es wegging, musste es ihm versprechen, am letzten Abend wieder zum Fest zu kommen.

Als es zum dritten Mal erschien, hatte es das Sternenkleid an, das bei jedem seiner Schritte funkelte. Haarband und Gürtel hatten die Form von Sternen und waren aus Edelsteinen gefertigt.

Der Königssohn hatte schon lange auf das Mädchen gewartet und drängte sich zu ihm hin. »Verrate mir, wer du bist«, sagte er. »Ich habe das Gefühl, als würde ich dich schon lange kennen.«

»Weißt du nicht mehr«, antwortete es, »was ich tat, als du mich verlassen hast?« Da trat es auf ihn zu und küsste ihn auf die linke Backe.

In diesem Augenblick fiel es ihm wie Schuppen von den Augen und er erkannte seine frühere Braut. »Komm«, sagte er zu ihr, »hier will ich nicht länger bleiben.« Er reichte ihr die Hand und führte sie hinunter zu dem Wagen. Als wäre der Wind vorgespannt, so eilten die Pferde zu dem Wunderschloss. Schon von Weitem glänzten die erleuchteten Fenster. Als sie bei der Linde vorbeifuhren, schwärmten unzählige Glühwürmer darin herum. Der Baum schüttelte die Äste und sendete seinen Duft herunter. Auf der Treppe blühten die Blumen und aus dem Zimmer schallte der Gesang der fremdartigen Vögel. In dem Saal war der ganze Hof versammelt und der Priester wartete, um den Bräutigam mit der wahren Braut zu vermählen.

Die zwei Brüder

Es waren einmal zwei Brüder, ein reicher und ein armer. Der Reiche war ein Goldschmied und böse. Der Arme verdiente sich den Lebensunterhalt damit, dass er Besen band. Er war gutherzig und ehrlich. Der Arme hatte zwei Kinder. Das waren Zwillingsbrüder, die sich so ähnelten wie ein Tropfen Wasser dem anderen. Die zwei Jungen gingen ab und zu in das Haus des Reichen und erhielten manchmal etwas von dem Abfall zu essen.

Als der arme Mann eines Tages in den Wald ging, um Reisig zu holen, sah er einen Vogel, der ganz golden war und so schön, wie er noch keinen gesehen hatte. Da hob er ein Steinchen auf, warf nach dem Vogel und traf ihn auch. Es fiel aber nur eine goldene Feder herab und der Vogel flog davon. Der Mann nahm die Feder und brachte sie seinem Bruder, der sie ansah und sagte: »Das ist reines Gold!« Er gab ihm viel Geld dafür.

Am nächsten Tag stieg der arme Mann auf eine Birke und wollte ein paar Äste abhauen. Da flog derselbe Vogel, den er schon am vorigen Tag gesehen hatte, heraus. Als der Mann alles untersuchte, fand er ein Nest. Darin lag ein Ei, das aus Gold war. Er nahm das Ei mit nach Hause und brachte es seinem Bruder, der wieder sagte: »Das ist reines Gold!« Daraufhin gab er ihm, was das Ei wert war. Schließlich sagte der Goldschmied noch: »Den Vogel selbst möchte ich gern haben.«

Der Arme ging also zum dritten Mal in den Wald und sah den Goldvogel wieder auf dem Baum sitzen. Da nahm er einen Stein und warf den Vogel herunter. Er brachte ihn seinem Bruder, der ihm einen großen Haufen Gold dafür gab.

Nun habe ich mein Auskommen, dachte er und ging zufrieden nach Hause.

Der Goldschmied war hinterlistig, denn er wusste ganz genau, was das für ein Vogel war. Er rief seine Frau und sagte: »Brat mir den Goldvogel und sorge dafür, dass nichts davon wegkommt. Ich möchte ihn ganz allein essen.«

Der Vogel war aber kein gewöhnliches Tier, sondern besaß Zauberkraft. Wer sein Herz und seine Leber aß, fand jeden Morgen ein Goldstück unter seinem Kopfkissen. Die Frau machte den Vogel zurecht, steckte ihn an einen Spieß und ließ ihn braten.

Während er am Feuer stand und die Frau anderer Arbeiten wegen aus der Küche gehen musste, liefen die zwei Kinder des armen Besenbinders herein, stellten sich vor den Spieß und drehten ihn ein paarmal herum. Und weil genau zwei Stückchen aus dem Vogel in die Pfanne herunterfielen, sagte der eine: »Die paar Bisschen wollen wir essen. Ich bin so hungrig und es wird schon niemand merken.« Da aßen sie beide die Stückchen auf.

Die Frau kam aber gerade wieder herein, sah, dass sie kauten, und sagte: »Was habt ihr da gegessen?«

»Ein paar Stückchen, die aus dem Vogel herausgefallen sind«, antworteten sie.

»Das sind das Herz und die Leber gewesen«, sagte die Frau ganz erschrocken. Damit ihr Mann nichts vermissen würde und nicht böse wurde, schlachtete sie schnell ein Hähnchen, nahm Herz und Leber heraus und legte es zu dem Goldvogel. Als er gar war, trug sie ihn dem Goldschmied auf, der ihn ganz allein verzehrte und nichts übrig ließ.

Als er am nächsten Morgen unter sein Kopfkissen griff und dachte, da läge ein Goldstück, war so wenig wie sonst eins zu finden.

Die beiden Kinder aber wussten nicht, wem sie ihr Glück verdankten. Als sie aufstanden, fiel etwas auf die Erde und klimperte. Und siehe da, es waren zwei Goldstücke. Die brachten sie ihrem Vater, der sich wunderte und sagte: »Wie kann es denn so etwas geben?«

Als sie aber am nächsten Morgen wieder zwei fanden und es jeden Tag so weiterging, besuchte der Besenbinder seinen Bruder und erzählte ihm die seltsame Geschichte. Der Goldschmied wusste gleich, was geschehen sein musste und dass die Kinder Herz und Leber des Goldvogels gegessen hatten. Um sich zu rächen und weil er neidisch und hartherzig war, sagte er zu dem Besenbinder: »Deine Kinder sind mit dem Bösen im Bunde. Nimm das Gold nicht und dulde die beiden nicht länger in deinem Haus, denn er hat Macht über sie und kann dich selbst noch mit ins Verderben reißen.«

Der Vater fürchtete den Bösen, und so schwer es ihm auch fiel, führte er die Zwillinge dennoch hinaus in den Wald und verließ sie traurig.

Nun liefen die zwei Kinder im Wald umher und suchten den Weg nach

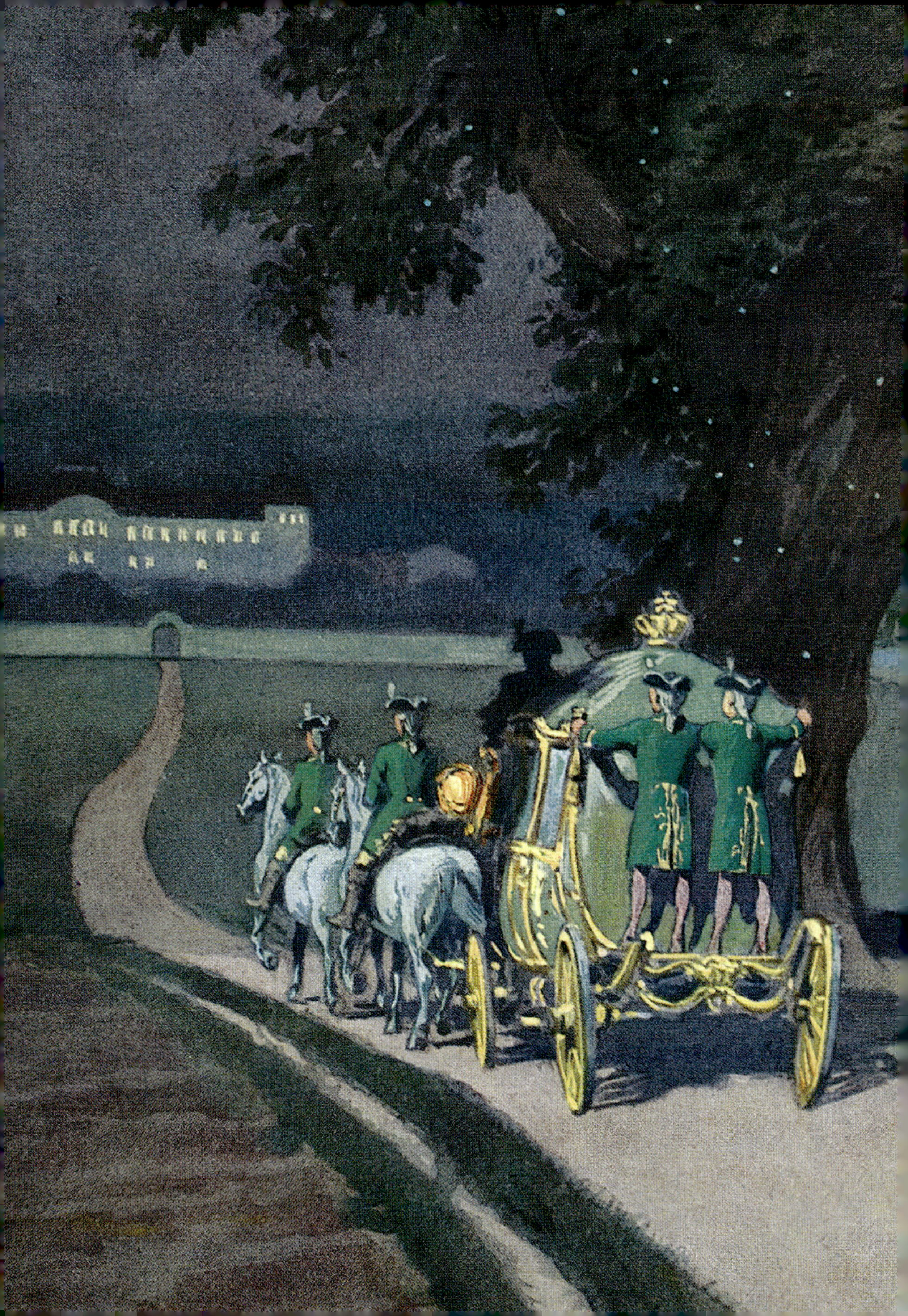

Die wahre Braut, zu Seite 365

Hause, konnten ihn aber nicht finden, sondern verirrten sich immer mehr. Schließlich begegneten sie einem Jäger. Der fragte: »Wem gehört ihr, Kinder?«

»Wir sind die Jungen des armen Besenbinders«, antworteten sie und erzählten ihm, dass ihr Vater sie nicht länger bei sich im Haus habe behalten wollen, weil alle Morgen ein Goldstück unter ihrem Kopfkissen liege.

»Nun«, sagte der Jäger, »das ist nicht gerade etwas Schlimmes, wenn ihr ehrlich bleibt und euch nicht auf die faule Haut legt.« Weil die Kinder dem guten Mann gefielen und er selbst keine hatte, nahm er sie mit nach Hause und sagte: »Ich will wie ein Vater für euch sorgen und euch großziehen.«

Die Jungen lernten bei ihm die Jägerei und das Goldstück, das ein jeder beim Aufstehen fand, hob er ihnen für die Zukunft auf.

Als sie herangewachsen waren, nahm ihr Pflegevater sie eines Tages mit in den Wald und sagte: »Heute sollt ihr euren Probeschuss abfeuern, damit ich euch zu Jägern machen kann.« Sie gingen mit ihm auf den Jägerstand und warteten lange, aber es kam kein Wild. Der Jäger blickte über sich und sah Schneegänse, die in der Form eines Dreiecks flogen. Da sagte er zu dem einen Jungen: »Nun schieß von jeder Ecke eine Gans herab.«

Der tat es und absolvierte damit seinen Probeschuss erfolgreich.

Bald darauf kam noch eine Kette Wildgänse angeflogen. Sie hatte die Form der Ziffer Zwei. Da sollte der andere Junge ebenfalls von jeder Ecke eine Gans herunterholen und ihm gelang sein Probeschuss auch.

Nun sagte der Pflegevater: »Hiermit seid ihr ausgelernte Jäger.«

Daraufhin gingen die zwei Brüder zusammen in den Wald, beratschlagten sich und verabredeten etwas. Und als sie sich abends zum Essen niedergesetzt hatten, sagten sie zu ihrem Pflegevater: »Wir rühren das Essen nicht an, bevor Ihr uns nicht eine Bitte gewährt habt.«

Da fragte der Jäger: »Was ist denn eure Bitte?«

Sie antworteten: »Wir haben nun ausgelernt und wir müssen nun auch lernen, uns in der Welt zurechtzufinden. Erlaubt, dass wir auf Wanderschaft gehen.«

Der Alte freute sich und sagte: »Ihr redet wie richtige Jäger. Ich habe mir insgeheim dasselbe gewünscht. Zieht in die Welt, es wird euch bestimmt gut ergehen.«

Daraufhin aßen und tranken sie und waren fröhlich.

Als der Tag des Abschieds kam, schenkte der Pflegevater jedem eine gute Büchse und einen Hund. Außerdem durfte jeder so viel von seinen gesparten Goldstücken mitnehmen, wie er wollte. Dann begleitete der Alte sie ein Stück. Beim Abschied gab er ihnen noch ein Messer mit blanker Klinge und sagte: »Wenn ihr euch einmal trennt, stoßt dieses Messer am Scheideweg in einen Baum. Daran kann derjenige, der zurückkommt, erkennen, wie es seinem abwesenden Bruder ergangen ist. Denn die Seite des Messers, die in die Richtung zeigt, in die der Bruder gegangen ist, rostet, wenn er stirbt. Solange er aber lebt, bleibt sie blank.«

Die zwei Brüder wanderten immer weiter und kamen in einen Wald, so groß, dass sie ihn unmöglich an einem Tag durchqueren konnten. Also verbrachten sie die Nacht darin und aßen, was sie in der Jägertasche hatten. Sie kamen aber auch am zweiten Tag noch nicht aus dem Wald heraus. Da sie nichts zu essen hatten, sagte der eine: »Wir müssen uns etwas schießen, wenn wir nicht hungern wollen.« Er lud seine Büchse und sah sich um. Und als ein alter Hase dahergelaufen kam, legte er an.

Aber der Hase rief:

»Lieber Jäger, lass mich leben,
ich will dir auch zwei Junge geben.«

Er sprang auch sogleich ins Gebüsch und brachte zwei Junge. Die Tierchen spielten aber so munter und waren so hübsch, dass die Jäger es nicht übers Herz bringen konnten, sie zu töten. Sie behielten sie also bei sich und die kleinen Hasen folgten ihnen auf dem Fuße nach. Bald darauf schlich ein Fuchs vorbei, den sie schießen wollten.

Aber der Fuchs rief:

»Lieber Jäger, lass mich leben,
ich will dir auch zwei Junge geben.«

Er brachte ihnen zwei kleine Füchse und die Jäger wollten auch diese nicht töten. Sie gaben sie den Hasen, damit sie Gesellschaft hatten, und sie folgten ihnen nach. Kurz darauf schlich ein Wolf aus dem Dickicht und die Jäger zielten auf ihn.

Die zwei Brüder

Aber der Wolf rief:

»Lieber Jäger, lass mich leben,
ich will dir auch zwei Junge geben.«

Die zwei jungen Wölfe taten die Jäger zu den anderen Tieren und sie folgten ihnen nach. Daraufhin kam ein Bär.

Auch er wollte noch länger leben und rief:

»Lieber Jäger, lass mich leben,
ich will dir auch zwei Junge geben.«

Die zwei jungen Bären durften sich zu den anderen gesellen. Nun waren es schon acht Tiere. Und wer kam schließlich noch? Ein Löwe kam und schüttelte seine Mähne. Die Jäger ließen sich keine Angst einjagen und zielten auf ihn.

Aber der Löwe sagte ebenfalls:

»Lieber Jäger, lass mich leben,
ich will dir auch zwei Junge geben.«

Er holte auch seine Jungen herbei und nun hatten die Jäger zwei Löwen, zwei Bären, zwei Wölfe, zwei Füchse und zwei Hasen, die ihnen treu nachliefen. Allerdings war ihr Hunger immer noch nicht gestillt worden. Deshalb sagten sie zu den Füchsen: »Hört zu, ihr Schleicher, besorgt uns etwas zu essen. Ihr seid doch listig und verschlagen.«

Sie antworteten: »Nicht weit von hier liegt ein Dorf, in dem wir schon so manches Huhn geholt haben. Den Weg dorthin können wir euch zeigen.«

Daraufhin gingen sie ins Dorf, kauften sich etwas zu essen und ließen auch ihren Tieren Futter geben. Dann zogen sie weiter. Die Füchse aber kannten sich gut aus in der Gegend, wussten, wo es Hühnerhöfe gab, und zeigten den Jägern den Weg.

So wanderten sie eine Weile umher, konnten aber keine Arbeit finden, wo sie hätten zusammenbleiben können. Da sagten sie: »Es geht nicht anders, wir müssen uns trennen.« Sie teilten die Tiere, sodass jeder einen Löwen, einen Bären, einen Wolf, einen Fuchs und einen Hasen bekam. Dann nahmen sie Abschied, versprachen sich brüderliche Liebe bis in den Tod und stießen das Messer, das ihnen ihr Pflegevater mitgegeben hatte, in einen Baum. Daraufhin zog der eine nach Osten und der andere nach Westen.

Der Jüngere kam mit seinen Tieren in eine Stadt, die ganz mit schwarzem Flor überzogen war. Er ging in ein Wirtshaus und fragte den Wirt, ob er nicht seine Tiere beherbergen könnte. Der Wirt gab ihnen einen Stall, in dessen Wand ein Loch war. Da kroch der Hase hinaus und holte sich einen Kohlkopf. Der Fuchs holte sich ein Huhn und als er das gefressen hatte, auch den Hahn dazu. Der Wolf, der Bär und der Löwe aber konnten nicht hinaus, weil sie zu groß waren. Also ließ sie der Wirt zu einer Wiese bringen, auf der eine Kuh lag, damit sie sich satt fressen konnten. Erst als der Jäger für seine Tiere gesorgt hatte, fragte er den Wirt, warum die Stadt so mit Trauerflor ausgehängt sei.

»Weil morgen die einzige Tochter unseres Königs sterben wird«, antwortete der Wirt.

Daraufhin fragte der Jäger: »Hat sie eine tödliche Krankheit?«

»Nein«, antwortete der Wirt, »sie ist frisch und gesund, aber sie muss trotzdem sterben.«

»Wie das?«, fragte der Jäger.

»Draußen vor der Stadt ist ein hoher Berg. Darauf wohnt ein Drache, der jedes Jahr eine Jungfrau haben muss, sonst verwüstet er das ganze Land. Nun hat er schon alle Jungfrauen bekommen und niemand ist mehr übrig außer der Königstochter. Doch auch für sie gibt es keine Gnade. Sie muss ihm ausgeliefert werden, und das soll morgen geschehen.«

Da sagte der Jäger: »Warum wird der Drache nicht getötet?«

»Ach«, antwortete der Wirt, »so viele Ritter haben es versucht, aber alle haben mit ihrem Leben bezahlt. Der König hat demjenigen, der den Drachen besiegt, seine Tochter zur Frau versprochen und er soll auch nach seinem Tode das Reich erben.«

Der Jäger sagte nichts weiter dazu, aber am nächsten Morgen nahm er seine Tiere und stieg mit ihnen auf den Drachenberg. Oben war eine kleine Kirche und auf dem Altar befanden sich drei gefüllte Becher, bei denen stand: »Wer die Becher austrinkt, wird der stärkste Mann auf der Erde und wird das Schwert führen, das vor der Türschwelle vergraben liegt.« Der Jä-

Die zwei Brüder

ger trank nicht aus den Bechern, sondern ging hinaus und suchte das Schwert in der Erde. Er konnte es aber nicht von der Stelle bewegen. Da trank er die Becher aus und war nun stark genug, das Schwert aufzuheben, und seine Hand konnte es ganz leicht führen.

Als es so weit war und die Jungfrau dem Drachen ausgeliefert werden sollte, begleiteten sie der König, der Marschall und die Hofleute hinaus. Sie sah von Weitem den Jäger oben auf dem Drachenberg und glaubte, der Drache wäre es und würde sie erwarten. Da wollte sie nicht hinaufgehen. Schließlich aber, weil sonst die ganze Stadt verloren gewesen wäre, musste sie den schweren Gang antreten. Der König und die Hofleute kehrten traurig nach Hause zurück. Der Marschall sollte stehen bleiben und aus der Ferne alles mit ansehen.

Als die Königstochter oben auf dem Berg ankam, stand da nicht der Drache, sondern der junge Jäger. Er sprach ihr Trost zu und sagte, er wollte sie retten. Dann führte er sie in die Kirche und schloss sie darin ein. Kurz darauf kam mit großem Getöse der siebenköpfige Drache. Als er den Jäger erblickte, wunderte er sich und fragte zornig: »Was hast du hier auf dem Berge zu suchen?«

Der Jäger antwortete: »Ich will mit dir kämpfen.«

Da sagte der Drache: »So mancher Ritter hat hier schon sein Leben gelassen. Mit dir werde ich auch fertig.« Er spuckte Feuer aus sieben Rachen. Das Feuer sollte das trockene Gras anzünden und der Jäger sollte in der Hitze und dem Rauch ersticken, aber die Tiere kamen herbeigelaufen und traten das Feuer aus. Da ging der Drache auf den Jäger los. Der schwang jedoch sein Schwert so, dass es in der Luft sang, und schlug dem Ungetüm drei Köpfe ab. Da wurde der Drache erst recht wütend, erhob sich in die Lüfte, spie Flammen über den Jäger aus und wollte sich auf ihn stürzen. Der Jäger zückte erneut sein Schwert und hieb ihm wieder drei Köpfe ab. Das Untier wurde müde, sank zu Boden und wollte dann doch wieder auf den Jäger losstürmen. Der aber schlug ihm mit seiner letzten Kraft den Schweif ab, und weil er nicht mehr konnte, rief er seine Tiere herbei, die den Drachen in Stücke zerrissen.

Als der Kampf zu Ende war, schloss der Jäger die Kirche auf. Die Königstochter fand er auf der Erde liegend vor, weil sie vor Angst ihr Bewusstsein verloren hatte. Er trug sie heraus. Als sie wieder zu sich kam und die Augen aufschlug, zeigte er ihr den niedergemetzelten Drachen und sagte, sie sei nun erlöst.

Sie freute sich und sagte: »Nun wirst du mein geliebter Gemahl werden, denn mein Vater hat mich demjenigen versprochen, der den Drachen tötet.« Nach diesen Worten nahm sie ihr Korallenhalsband ab, teilte es und hängte jedem Tier ein Stück davon um, um es zu belohnen. Der Löwe erhielt das goldene Schlösschen. Ihr Taschentuch aber, in dem ihr Name stand, schenkte sie dem Jäger. Der schnitt aus den sieben Drachenköpfen die Zungen heraus, wickelte sie in das Tuch und hob sie gut auf.

Danach sagte er zur Jungfrau, weil er von dem Feuer und dem Kampf so ermattet war: »Wir sind beide so müde, lass uns ein wenig schlafen.«

Da sagte sie Ja und sie ließen sich auf die Erde nieder. Der Jäger sagte zu dem Löwen: »Pass auf, damit uns niemand im Schlaf überfällt.« Daraufhin schliefen beide ein.

Der Löwe legte sich neben sie, um Wache zu halten. Aber auch er war vom Kampf müde, sodass er den Bären rief und sagte: »Lege dich neben mich, ich muss ein wenig schlafen. Wenn was ist, wecke mich auf.« Da legte sich der Bär neben ihn. Aber auch er war müde, deshalb rief er den Wolf und sagte: »Lege dich neben mich, ich muss ein wenig schlafen. Wenn was ist, wecke mich auf.« Da legte sich der Wolf neben ihn. Aber auch er war müde und er rief den Fuchs und sagte: »Lege dich neben mich, ich muss ein wenig schlafen. Wenn was ist, wecke mich auf.« Da legte sich der Fuchs neben ihn. Aber auch er war müde, sodass er den Hasen rief und sagte: »Lege dich neben mich, ich muss ein wenig schlafen. Wenn was ist, wecke mich auf.« Da setzte sich der Hase neben ihn. Aber auch der arme Hase war müde, hatte jedoch niemanden, den er zum Aufpassen holen konnte, und schlief ein. Nun schliefen also die Königstochter, der Jäger, der Löwe, der Bär, der Wolf, der Fuchs und der Hase. Und sie schliefen alle tief und fest.

Als der Marschall, der von Weitem hatte zuschauen sollen, den Drachen nicht mit der Jungfrau davonfliegen sah, und als auf dem Berg alles ruhig wurde, nahm er sich ein Herz und stieg hinauf. Da bemerkte er, wie der Drache zerstückelt und zerfetzt auf der Erde lag. Nicht weit von ihm schliefen die Königstochter und ein Jäger mit seinen Tieren. Und weil der Marschall böse und gottlos war, nahm er sein Schwert und hieb dem Jäger den Kopf ab. Die Jungfrau nahm er auf den Arm und trug sie den Berg hinunter.

Da erwachte sie und erschrak, aber der Marschall sagte: »Du bist in meinen Händen. Sage, dass ich es gewesen bin, der den Drachen getötet hat.«

»Das kann ich nicht«, antwortete sie, »denn ein Jäger mit seinen Tieren hat es getan.«

Da zog er sein Schwert und drohte, sie zu töten, wenn sie ihm nicht gehorchte. Damit zwang er sie, ihm ihr Versprechen zu geben. Daraufhin brachte er sie zum König, der vor Freude ganz außer sich war, als er sein geliebtes Kind wieder lebend erblickte. Dachte er doch, es sei längst von dem Untier zerrissen worden.

Der Marschall sagte zu ihm: »Ich habe den Drachen getötet und damit die Jungfrau und das ganze Reich befreit. Deshalb verlange ich, sie zur Gemahlin zu bekommen, so wie es zugesagt ist.«

Der König fragte die Jungfrau: »Ist das wahr?«

»Ach ja«, antwortete sie. »Es muss wohl wahr sein. Aber ich behalte mir vor, dass die Hochzeit erst nach Jahr und Tag gefeiert wird.« Denn sie hoffte, bis dahin etwas von ihrem geliebten Jäger zu hören.

Auf dem Drachenberg lagen noch die Tiere neben ihrem toten Herren und schliefen. Da kam eine große Hummel und setzte sich dem Hasen auf die Nase, aber der Hase wischte sie mit der Pfote weg und schlief weiter. Die Hummel kam zum zweiten Mal, aber der Hase wischte sie wieder weg und schlief weiter. Da kam sie zum dritten Mal und stach ihn in die Nase, sodass er aufwachte. Sobald der Hase wach war, weckte er den Fuchs und der Fuchs den Wolf und der Wolf den Bären und der Bär den Löwen. Als der Löwe aufwachte und sah, dass die Jungfrau weg war und sein Herr tot, fing er an, fürchterlich zu brüllen, und rief: »Wer hat das gemacht? Bär, warum hast du mich nicht geweckt?« Der Bär fragte den Wolf: »Warum hast du mich nicht geweckt?«, und der Wolf den Fuchs: »Warum hast du mich nicht geweckt?«, und der Fuchs den Hasen: »Warum hast du mich nicht geweckt?« Der arme Hase konnte als Einziger nichts antworten und die Schuld blieb an ihm hängen.

Da wollten die anderen Tiere über ihn herfallen, aber er flehte: »Bringt mich nicht um. Ich mache unseren Herrn wieder lebendig. Ich kenne einen

Berg, auf dem eine Wurzel wächst. Wer die im Mund hat, der wird von allen Krankheiten und allen Wunden geheilt. Aber der Berg liegt zweihundert Stunden von hier entfernt.«

Daraufhin sagte der Löwe: »In vierundzwanzig Stunden musst du hin- und wieder zurückgelaufen sein und die Wurzel mitbringen.«

Da sprang der Hase davon. In vierundzwanzig Stunden war er zurück und brachte die Wurzel mit. Der Löwe setzte dem Jäger den Kopf wieder auf und der Hase steckte ihm die Wurzel in den Mund, sogleich fügte sich alles wieder zusammen, das Herz begann zu schlagen und das Leben kehrte zurück. Da erwachte der Jäger und erschrak, als er die Jungfrau nicht mehr sah, denn er dachte: Sie ist wohl davongelaufen, während ich schlief, um mich loszuwerden. In seiner Hast hatte der Löwe seinem Herrn den Kopf verkehrt herum aufgesetzt. Der aber merkte es nicht, weil er so traurig war und immer nur an die Königstochter denken musste. Erst zu Mittag, als er etwas essen wollte, sah er, dass ihm der Kopf Richtung Rücken stand. Er konnte sich das nicht erklären und fragte die Tiere, was im Schlaf geschehen sei. Da erzählte ihm der Löwe, dass sie auch alle vor Müdigkeit eingeschlafen seien, und beim Erwachen hätten sie ihn tot mit abgeschlagenem Kopf vorgefunden. Der Hase habe die Lebenswurzel geholt, aber er, der Löwe, habe in der Eile den Kopf verkehrt herum gehalten. Doch der Löwe wollte seinen Fehler wieder gutmachen. Dann riss er dem Jäger den Kopf wieder ab, drehte ihn richtig herum und der Hase heilte ihn mit der Wurzel fest.

Die Traurigkeit aber blieb. Der Jäger zog in der Welt umher und ließ seine Tiere vor den Leuten tanzen. Zufällig kam er genau nach einem Jahr wieder in dieselbe Stadt, in der er die Königstochter vom Drachen erlöst hatte. Diesmal war die Stadt ganz mit fröhlichem Rot ausgehängt. Da fragte der Jäger den Wirt: »Was bedeutet das? Vor einem Jahr war die Stadt mit schwarzem Flor überzogen, was soll nun das Rot?« Der Wirt antwortete: »Vor einem Jahr sollte die Tochter unseres Königs dem Drachen ausgeliefert werden, aber der Marschall hat mit ihm gekämpft und ihn getötet. Morgen wird ihre Vermählung gefeiert. Zum Zeichen der Trauer war die Stadt damals mit schwarzem Flor und zum Zeichen der Freude ist sie nun mit scharlachroten Tüchern ausgehängt.«

Am nächsten Tag, an dem die Hochzeit stattfinden sollte, sagte der Jäger um die Mittagszeit zum Wirt: »Wetten wir, Herr Wirt, dass ich heute Brot vom Tisch des Königs hier bei Euch essen werde?«

»Ja«, sagte der Wirt, »darauf setze ich hundert Goldstücke, dass das nicht wahr ist.«

Der Jäger nahm die Wette an und setzte einen Beutel mit ebenso viel Goldstücken dagegen. Dann rief er den Hasen und sagte: »Lieber Springer, hol mir etwas von dem Brot, das der König isst.«

Das Häschen war der Kleinste und konnte den Auftrag auf keinen anderen abwälzen. Es musste sich also selbst auf die Beine machen. Ei, dachte es, wenn ich so alleine durch die Straßen springe, werden die Metzgerhunde hinter mir herjagen. Genau so geschah es auch. Die Hunde jagten hinter ihm her und wollten ihm sein gutes Fell flicken. Das Häschen sprang unglaublich flink davon und flüchtete sich in ein Schilderhaus, ohne dass es der Soldat merkte. Da kamen die Hunde und wollten es herausholen, aber der Soldat verstand keinen Spaß und schlug mit dem Kolben auf sie ein, dass sie schreiend und heulend fortliefen.

Als der Hase feststellte, dass die Luft rein war, sprang er zum Schloss hinein und geradewegs zur Königstochter, setzte sich unter ihren Stuhl und kratzte sie am Fuß. Da sagte sie: »Willst du wohl weggehen!« Denn sie glaubte, es wäre ihr Hund. Der Hase kratzte zum zweiten Mal an ihrem Fuß: Da sagte sie wieder: »Willst du wohl weggehen!« Denn sie glaubte, es wäre ihr Hund. Aber der Hase ließ sich nicht irremachen und kratzte zum dritten Mal. Da sah sie herab und erkannte den Hasen an seinem Halsband. Nun nahm sie ihn auf ihren Schoß, trug ihn in ihre Kammer und fragte: »Lieber Hase, was willst du?«

Er antwortete: »Mein Herr, der den Drachen getötet hat, ist hier und schickt mich, ich soll um eins von den Broten bitten, die auch der König isst.«

Die Königstochter freute sich, dass der Jäger noch lebte. Sie ließ den Bäcker kommen und befahl ihm, ein Brot zu bringen, wie es der König aß. Sagte das Häschen: »Aber der Bäcker muss es auch zu meinem Herrn hintragen, damit mir die Metzgerhunde nichts tun.«

Der Bäcker trug das Brot bis an die Tür zur Wirtsstube. Dort stellte sich der Hase dann auf die Hinterbeine, nahm das Brot in die Vorderpfoten und brachte es seinem Herrn.

Da sagte der Jäger: »Schaut, Herr Wirt, die hundert Goldstücke gehören mir.«

Der Wirt wunderte sich, aber der Jäger setzte noch eins drauf: »Ja, Herr Wirt, das Brot hätte ich ja. Nun will ich auch vom Braten des Königs essen.«

Der Wirt sagte: »Das möchte ich sehen!« Aber wetten wollte er nicht mehr.

Der Jäger rief den Fuchs und sagte: »Mein Füchschen, hol mir etwas von dem Braten, wie ihn der König isst.«

Der Rotfuchs kannte die Schliche besser als der Hase und ging durch geheime Ecken und Winkel, ohne dass ihn ein Hund sah. Dann setzte er sich unter den Stuhl der Königstochter und kratzte an ihrem Fuß. Da sah sie herunter und erkannte den Fuchs am Halsband, nahm ihn mit in ihre Kammer und sagte: »Lieber Fuchs, was willst du?«

Er antwortete: »Mein Herr, der den Drachen getötet hat, ist hier und schickt mich. Ich soll um einen Braten bitten, wie ihn der König isst.«

Daraufhin ließ die Königstochter den Koch kommen, der musste einen Braten, wie ihn der König aß, anrichten und dem Fuchs bis an die Tür tragen. Dort nahm ihm der Fuchs die Schüssel ab, wedelte mit seinem Schwanz erst die Fliegen weg, die sich auf den Braten gesetzt hatten, und brachte ihn dann seinem Herrn.

»Seht, Herr Wirt«, sagte der Jäger, »Brot und Fleisch ist da. Nun will ich auch Gemüse essen, wie es der König isst.« Er rief den Wolf und sagte: »Lieber Wolf, hol mir Gemüse, wie es der König isst.«

Da ging der Wolf geradewegs ins Schloss, weil er sich vor niemandem fürchtete.

Als er zur Königstochter kam, zupfte er sie hinten am Kleid, dass sie sich umschaute. Sie erkannte ihn am Halsband, nahm ihn mit in ihre Kammer und sagte: »Lieber Wolf, was willst du?«

Der antwortete: »Mein Herr, der den Drachen getötet hat, ist hier. Ich soll um ein Gemüse bitten, wie es der König isst.«

Da ließ die Königstochter den Koch kommen. Der musste Gemüse bereiten, wie es der König aß, und es dem Wolf bis vor die Tür zur Wirtsstube tragen. Dort nahm ihm der Wolf die Schüssel ab und brachte sie seinem Herrn.

»Seht, Herr Wirt«, sagte der Jäger, »nun hab ich Brot, Fleisch und Gemüse. Aber ich will auch Süßes essen, wie es der König isst.« Nach diesen Worten rief er den Bären und sagte: »Lieber Bär, du schleckst doch gern Süßes. Hol mir Leckereien, wie sie der König isst.«

Der Bär trabte zum Schloss und jeder ging ihm aus dem Weg. Als er aber zu den Wachen kam, hielten sie die Flinten vor den Eingang und wollten ihn nicht ins königliche Schloss lassen. Aber er stellte sich aufrecht hin und verteilte mit seinen Tatzen an jeden links und rechts ein paar Ohrfeigen, dass die Wachen umfielen. Daraufhin ging er geradewegs zur Königstochter, stellte sich hinter sie und brummte ein wenig. Da schaute sie nach hinten und erkannte den Bären. Sie nahm ihn mit in ihre Kammer und sagte: »Lieber Bär, was willst du?«

Er antwortete: »Mein Herr, der den Drachen getötet hat, ist hier. Ich soll um Süßes bitten, wie es der König isst.«

Da ließ die Königstochter den Zuckerbäcker kommen, der musste Leckereien backen, wie sie der König aß, und dem Bären bis vor die Tür zur Wirtsstube tragen. Der Bär leckte erst die Zuckerperlen auf, die heruntergerollt waren, dann stellte er sich aufrecht hin, nahm die Schüssel und brachte sie seinem Herrn.

»Seht, Herr Wirt«, sagte der Jäger, »nun habe ich Brot, Fleisch, Gemüse und Süßes. Nun will ich auch Wein trinken, wie ihn der König trinkt.« Er rief seinen Löwen herbei und sagte: »Lieber Löwe, du trinkst dir doch gerne einen Rausch an. Hol mir Wein, wie ihn der König trinkt.«

Da schritt der Löwe über die Straße und die Leute nahmen vor ihm Reißaus. Als er zu den Wachen kam, wollten sie ihm den Weg versperren, aber er brüllte nur einmal und alle sprangen davon.

Nun ging der Löwe vor das königliche Zimmer und klopfte mit seinem Schweif an die Tür.

Da kam die Königstochter heraus und wäre fast über den Löwen erschrocken, aber sie erkannte ihn an dem goldenen Schloss ihres Halsbandes. Sie nahm ihn mit in ihre Kammer und sagte: »Lieber Löwe, was willst du?«

Die zwei Brüder

Er antwortete: »Mein Herr, der den Drachen getötet hat, ist hier. Ich soll um Wein bitten, wie ihn der König trinkt.«

Da ließ sie den Kellermeister kommen, der sollte dem Löwen Wein geben, wie ihn der König trank.

Der Löwe sagte: »Ich gehe lieber mit, damit ich auch den richtigen kriege.« Er ging mit dem Kellermeister hinab. Unten angekommen, wollte ihm dieser etwas von dem gewöhnlichen Wein zapfen, wie ihn die Diener des Königs tranken, aber der Löwe sagte: »Halt! Ich will den Wein erst versuchen.« Er zapfte sich ein halbes Maß und schluckte es auf einmal hinunter. »Nein«, sagte er, »das ist nicht der richtige.«

Der Kellermeister sah ihn erst schief an, ging dann aber doch und wollte ihm etwas aus einem anderen Fass geben, das für den Marschall des Königs bestimmt war.

Der Löwe sagte: »Halt! Erst will ich den Wein versuchen.« Er zapfte sich ein halbes Maß und trank es. »Der ist besser, aber noch nicht der richtige.«

Da wurde der Kellermeister böse und sagte: »Was versteht schon so ein dummes Vieh vom Wein!« Der Löwe gab ihm einen Schlag hinter die Ohren, sodass er unsanft zur Erde fiel. Als er sich wieder hochgerappelt hatte, führte er den Löwen, ohne ein Wort zu sagen, in einen kleinen separaten Keller, wo der Wein des Königs lagerte, von dem sonst kein Mensch zu trinken bekam.

Der Löwe zapfte sich erst ein halbes Maß und versuchte den Wein, dann sagte er: »Das scheint der richtige zu sein.« Er befahl dem Kellermeister, ihm sechs Flaschen abzufüllen.

Nun stiegen sie wieder hinauf. Als der Löwe aber aus dem Keller ins Freie kam, schwankte er hin und her und war ein wenig betrunken und der Kellermeister musste ihm den Wein bis vor die Tür zur Wirtsstube tragen. Dann nahm der Löwe den Henkelkorb in das Maul und brachte ihn seinem Herrn.

Da sagte der Jäger: »Seht, Herr Wirt, da hab ich Brot, Fleisch, Gemüse, Süßes und Wein – alles, wie es der König hat. Und nun esse ich mit meinen Tieren.« Er setzte sich hin, aß und trank und gab dem Hasen, dem Fuchs, dem Wolf, dem Bären und dem Löwen auch davon ab. Er war guter Dinge, denn er wusste jetzt, dass ihn die Königstochter noch liebte. Als er fertig war, sagte er: »Herr Wirt, nun hab ich gegessen und getrunken, wie der König isst und trinkt. Jetzt will ich an den Hof des Königs gehen und die Königstochter heiraten.«

Da fragte der Wirt: »Wie soll das gehen? Sie hat doch schon einen Bräutigam und heute wird die Vermählung gefeiert!«

Daraufhin zog der Jäger das Taschentuch heraus, das ihm die Königstochter auf dem Drachenberg gegeben hatte und in das die sieben Zungen des Untiers eingewickelt waren, und sagte: »Das, was ich da in der Hand halte, wird mir dabei helfen.«

Der Wirt sah sich das Tuch an und meinte: »Wenn ich auch sonst alles glaube, das glaube ich nicht. Ich setzte Haus und Hof darauf, dass das nicht klappt.«

Der Jäger nahm einen Beutel mit tausend Goldstücken, stellte ihn auf den Tisch und sagte: »Das setze ich dagegen.«

Zur selben Zeit etwa fragte der König seine Tochter an der königlichen Tafel: »Was haben die wilden Tiere alle gewollt, die zu dir gekommen und in meinem Schloss ein und aus gegangen sind?«

Da antwortete sie: »Ich darf es nicht sagen. Aber es wäre gut, wenn Ihr den Herrn dieser Tiere würdet holen lassen.«

Der König schickte einen Diener ins Wirtshaus und ließ den fremden Mann einladen. Der Diener kam gerade, als der Jäger mit dem Wirt gewettet hatte. Da sagte er: »Seht, Herr Wirt, da schickt der König schon einen Diener und lässt mich einladen. Aber ich gehe noch nicht mit.« Und zu dem Diener sagte er: »Ich lasse den Herrn König bitten, dass er mir königliche Kleider schickt, einen Wagen mit sechs Pferden und Diener, die sich um mich kümmern.«

Als der König die Antwort hörte, fragte er seine Tochter: »Was soll ich tun?«

Sie antwortete: »Es wäre gut, wenn Ihr es so macht, wie er es verlangt.« Da schickte der König königliche Kleider, einen Wagen mit sechs Pferden und Diener, die sich um ihn kümmern sollten.

Kaum waren sie angekommen, sagte der Jäger zum Wirt: »Seht, nun werde ich abgeholt, wie ich es verlangt habe.« Er zog die königlichen Kleider an, nahm das Tuch mit den Drachenzungen und fuhr zum König.

Als der König ihn eintreffen sah, sagte er zu seiner Tochter: »Wie soll ich ihn empfangen?«

Und sie antwortete: »Es wäre gut, wenn Ihr ihm entgegengeht.«

Da ging ihm der König entgegen und führte ihn hinauf und seine Tiere folgten ihm nach. Der König wies ihm einen Platz neben sich und seiner Tochter an. Der Marschall als Bräutigam saß auf der anderen Seite, aber er erkannte den Jäger nicht mehr.

Nun wurden gerade die sieben Häupter des Drachen zur Schau aufgetragen und der König sagte: »Diese sieben Häupter hat der Marschall dem Drachen abgeschlagen, deshalb gebe ich ihm heute meine Tochter zur Gemahlin.«

Da stand der Jäger auf, öffnete die sieben Rachen und sagte: »Wo sind denn die sieben Zungen des Drachen?«

Da erschrak der Marschall. Er wurde bleich und wusste nicht, was er antworten sollte. Schließlich sagte er in seiner Angst: »Drachen haben keine Zungen.«

Der Jäger sagte: »Lügner sollten keine haben. Aber die Drachenzungen sind das Wahrzeichen des Siegers.« Nach diesen Worten wickelte er das Tuch auf. Da lagen alle sieben Zungen darin und dann steckte er jede Zunge in den Rachen, in den sie gehörte, und sie passten alle genau. Daraufhin nahm er das Tuch, in das der Name der Königstochter gestickt war. Er zeigte es ihr und fragte sie, wem sie es gegeben habe.

Sie antwortete: »Dem, der den Drachen getötet hat.«

Und dann rief der Jäger seine Tiere, nahm jedem das Halsband und dem Löwen das goldene Schloss ab. Das zeigte er der Jungfrau und fragte, wem es gehöre.

Sie antwortete: »Das Halsband und das goldene Schloss gehörten mir. Ich habe es unter den Tieren verteilt, die geholfen hatten, den Drachen zu besiegen.«

Da sagte der Jäger: »Als ich von dem Kampf müde war und geschlafen habe, ist der Marschall gekommen und hat mir den Kopf abgehauen. Dann hat er die Königstochter nach Hause getragen und vorgegeben, er sei es gewesen, der den Drachen getötet habe. Dass er gelogen hat, beweise ich mit den Zungen, dem Tuch und den Halsbändern.« Und daraufhin erzählte er, wie ihn seine Tiere mithilfe einer Zauberwurzel geheilt hätten und dass er ein Jahr lang mit ihnen herumgezogen sei. Schließlich sei er wieder hierhergekommen und habe durch den Wirt vom Betrug des Marschalls erfahren.

Da fragte der König seine Tochter: »Ist es wahr, dass dieser Mann den Drachen getötet hat?«

Sie antwortete: »Ja, es ist wahr. Jetzt darf ich die Untat des Marschalls aufdecken, weil sie ohne mein Zutun an den Tag gekommen ist. Denn er hat mir das Versprechen zu schweigen abgezwungen. Deshalb habe ich mir ausgebeten, dass die Hochzeit erst nach Jahr und Tag gefeiert werden sollte.«

Da ließ der König zwölf Ratsherren rufen, die über den Marschall richten sollten, und die verurteilten ihn dazu, dass er von vier Ochsen zerrissen werden sollte. Der Marschall wurde daraufhin hingerichtet.

Der König übergab seine Tochter dem Jäger und ernannte ihn zu seinem Statthalter im ganzen Reich. Die Hochzeit wurde mit einem fröhlichen Fest gefeiert. Der junge König ließ seinen Vater und Pflegevater holen und überhäufte sie mit wertvollen Geschenken. Den Wirt vergaß er auch nicht. Er ließ ihn kommen und sagte zu ihm: »Seht, Herr Wirt, die Königstochter habe ich geheiratet und Euer Haus und Hof gehören nun mir.«

Der Wirt antwortete: »Ja, das ist richtig so.«

Der junge König sagte jedoch: »Ich will großzügig sein: Haus und Hof sollt Ihr behalten und die tausend Goldstücke schenke ich Euch noch dazu.«

Nun waren der junge König und die junge Königin guter Dinge und lebten glücklich zusammen. Er ging oft auf die Jagd, weil er Freude daran hatte, und die treuen Tiere mussten ihn begleiten.

In der Nähe des Schlosses lag ein Wald, von dem es hieß, es gehe dort nicht mit rechten Dingen zu. Sei einer erst darin, dann komme er nicht so leicht wieder heraus. Der junge König hatte aber große Lust, darin zu jagen, und ließ dem alten König keine Ruhe, bis er es ihm erlaubte. Nun ritt er mit einer großen Begleitung aus. Als er zu dem Wald kam, sah er eine schneeweiße Hirschkuh darin und sagte zu seinen Leuten: »Wartet hier, bis ich zurückkomme. Ich will das schöne Wild jagen.« Dann ritt er der Hirschkuh nach in den Wald hinein und nur seine Tiere folgten ihm.

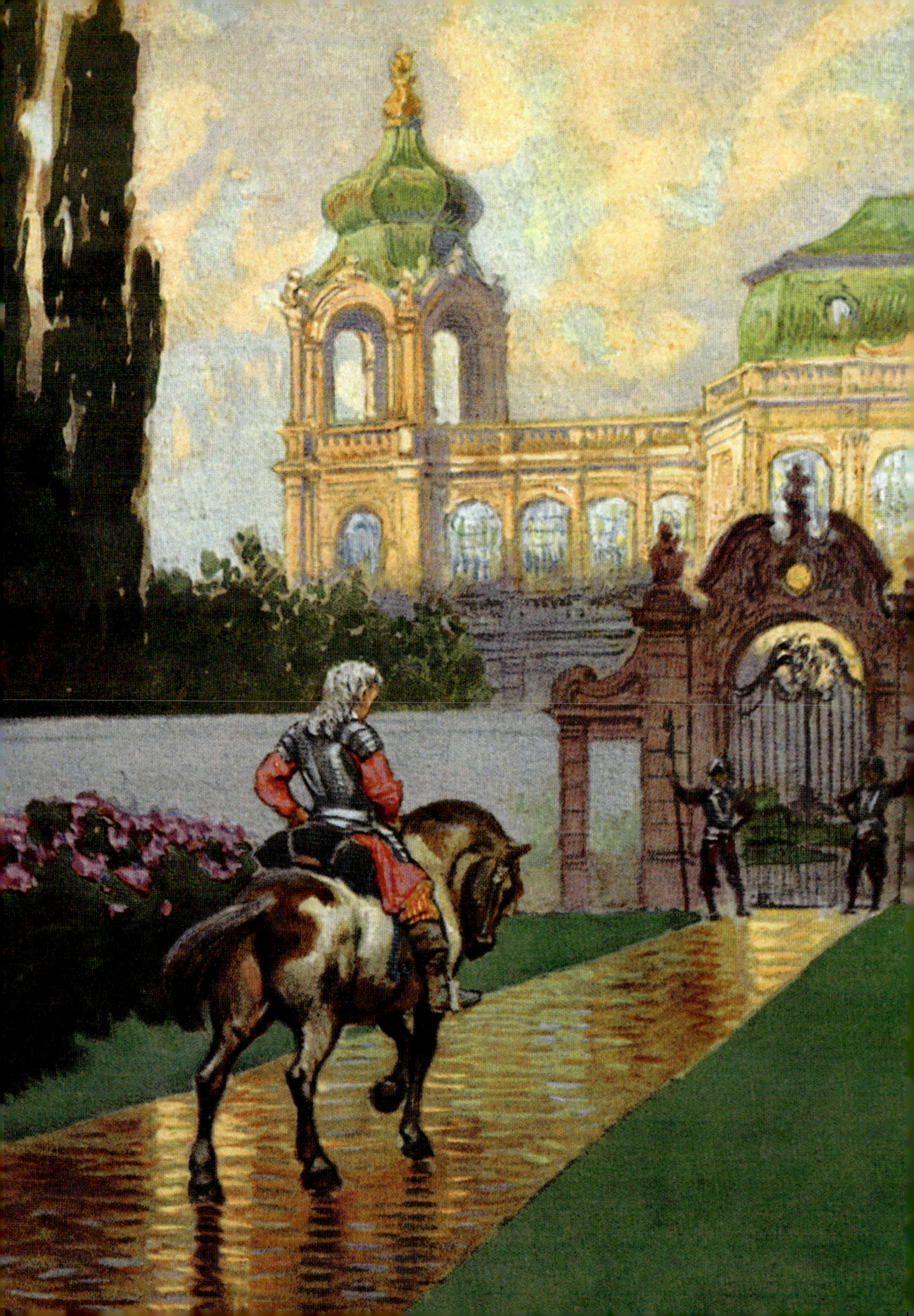

Das Wasser des Lebens, zu Seite 396

Die Leute warteten bis zum Abend, aber der junge König kam nicht zurück. So ritten sie nach Hause und erzählten der jungen Königin: »Der junge König hat im Zauberwald einer weißen Hirschkuh nachgejagt und ist nicht wiedergekommen.«

Da machte sie sich große Sorgen um ihn. Er war immer dem schönen Wild nachgeritten und konnte es nie einholen. Immer wenn er meinte, jetzt wäre der richtige Zeitpunkt zu schießen, sah er es gleich wieder davonspringen und schließlich ganz verschwinden.

Nach einiger Zeit bemerkte er, dass er zu tief in den Wald hineingeraten war, nahm sein Horn und blies. Aber er bekam keine Antwort, denn seine Leute konnten es nicht hören. Und da die Nacht hereinbrach, musste er einsehen, dass er diesen Tag nicht nach Hause kommen konnte. Er stieg ab, machte sich bei einem Baum ein Feuer an und wollte dort übernachten.

Als er am Feuer saß und seine Tiere sich auch neben ihn gelegt hatten, war ihm, als hörte er eine menschliche Stimme. Er schaute umher, konnte aber nichts erkennen. Bald darauf hörte er von oben her wieder ein Ächzen. Da blickte er in die Höhe und sah ein altes Weib auf dem Baum sitzen, das in einem fort jammerte: »Hu, hu, hu, wie mich friert!«

Er sagte: »Steig doch herunter und wärme dich, wenn dich friert!«

Sie aber sagte: »Nein, deine Tiere beißen mich.«

Darauf antwortete er: »Sie tun dir nichts, altes Mütterchen. Komm nur herunter.«

Sie war aber eine Hexe und sagte: »Ich werfe dir eine Rute von dem Baum herunter. Wenn du die Tiere damit auf den Rücken schlägst, tun sie mir nichts.« Sie warf die Rute herunter und der junge König schlug seine Tiere damit. Sogleich lagen sie bewegungslos da und waren in Stein verwandelt. Als die Hexe vor den Tieren sicher war, sprang sie herunter und berührte auch den jungen König mit einer Rute. Damit verwandelte sie auch ihn in Stein. Daraufhin lachte sie und schleppte ihn und die Tiere in einen Graben, wo schon mehr solcher Steine lagen.

Als aber der junge König gar nicht mehr zurückkam, wurden Angst und Sorge der Königin immer größer. Der Zufall wollte es, dass gerade in dieser Zeit der andere Bruder, der bei der Trennung nach Osten gewandert war, in das Königreich kam. Er hatte Arbeit gesucht und keine gefunden, war dann herumgezogen, hin und her, und hatte seine Tiere tanzen lassen. Da fiel ihm ein, er könnte doch einmal nach dem Messer sehen, das sie bei ihrer Trennung in einen Baumstamm gestoßen hatten, um zu erfahren, wie es seinem Bruder ginge.

Wie er dorthin kam, war die Seite seines Bruders halb verrostet und halb war sie noch blank. Da erschrak er und dachte: Meinem Bruder muss ein großes Unglück zugestoßen sein, doch kann ich ihn vielleicht noch retten, denn die Hälfte des Messers ist ja noch blank. Er zog also mit seinen Tieren Richtung Westen, und als er durch das Stadttor kam, trat die Wache auf ihn zu und fragte, ob sie ihn bei seiner Gemahlin melden sollte: Die junge Königin sei schon seit ein paar Tagen in großer Sorge wegen seines Ausbleibens und habe befürchtet, er sei im Zauberwald umgekommen. Die Wache glaubte nämlich, dass es sich bei dem jungen Mann um den jungen König handle, weil er ihm so ähnlich sah und weil auch hinter ihm wilde Tiere herliefen. Da merkte der junge Jäger, dass von seinem Bruder die Rede war, und er dachte: Es ist wohl das Beste, ich gebe mich für ihn aus. Dann kann ich ihn bestimmt leichter retten.

Also ließ er sich von der Wache ins Schloss führen und wurde freudig empfangen. Die junge Königin glaubte, er wäre ihr Gemahl, und fragte ihn, warum er so lange ausgeblieben sei.

Er antwortete: »Ich hatte mich in einem Walde verirrt und konnte nicht früher wieder herausfinden.«

Abends wurde er in das königliche Bett gebracht und er legte ein zweischneidiges Schwert zwischen sich und die junge Königin. Sie wusste nicht, was das bedeuten sollte, traute sich aber nicht zu fragen.

Er blieb ein paar Tage und brachte in der Zwischenzeit alles in Erfahrung, was es mit dem Zauberwald auf sich hatte. Schließlich sagte er: »Ich muss noch einmal dort jagen.«

Der König und die junge Königin wollten es ihm ausreden, aber er bestand darauf und zog mit großer Begleitung hinaus. Als er in den Wald gekommen war, erging es ihm wie seinem Bruder, er sah eine weiße Hirschkuh und sagte zu seinen Leuten: »Wartet hier, bis ich zurückkomme. Ich will das schöne Wild jagen.« Dann ritt er in den Wald hinein und seine Tiere liefen ihm nach.

Aber er konnte die Hirschkuh nicht einholen und geriet so tief in den Wald, dass er darin übernachten musste. Und als er ein Feuer angemacht hatte, hörte er es über sich ächzen: »Hu, hu, hu, wie mich friert!« Da schaute er hinauf und es saß dieselbe Hexe oben im Baum, die schon seinem Bruder zum Verhängnis wurde.

Er sagte: »Wenn dich friert, dann komm herunter, altes Mütterchen, und wärme dich.«

Doch sie antwortete: »Nein, deine Tiere beißen mich.«

Er sagte: »Sie tun dir nichts.«

Da rief sie: »Ich werfe dir eine Rute hinunter. Wenn du die Tiere damit schlägst, tun sie mir nichts.«

Als der Jäger das hörte, traute er der Alten nicht und sagte. »Meine Tiere schlag ich nicht. Komm herunter oder ich hol dich.«

Da rief sie: »Was willst du? Du tust mir doch nichts, oder?«

Er antwortete: »Kommst du nicht von selbst, dann schieß ich dich herunter.«

Und sie wiederum sagte: »Schieß nur, vor deinen Kugeln fürchte ich mich nicht.«

Da legte er an und schoss nach ihr, aber der Hexe machten die Bleikugeln nichts aus. Sie lachte, dass es gellte, und rief: »Du triffst mich ja doch nicht!«

Der Jäger wusste jedoch Bescheid, was zu tun war, riss sich drei silberne Knöpfe von der Jacke und lud damit die Büchse, denn dagegen konnte ihre Hexenkunst nichts ausrichten. Als er abdrückte, stürzte sie sofort mit Geschrei herab. Da stellte er den Fuß auf sie und sagte: »Alte Hexe, wenn du nicht gleich gestehst, wo mein Bruder ist, pack ich dich mit beiden Händen und werfe dich ins Feuer.«

Die Hexe hatte große Angst, bat um Gnade und sagte: »Er liegt mit seinen Tieren versteinert in einem Graben.«

Da zwang der Jäger sie mitzugehen und drohte ihr: »Alte Meerkatze, jetzt machst du meinen Bruder und alle Geschöpfe, die hier liegen, lebendig oder du landest im Feuer.«

Die Hexe nahm eine Rute und berührte die Steine. Sofort wurden sein Bruder und dessen Tiere wieder lebendig und mit ihnen viele andere. Kauf-

Die zwei Brüder

leute, Handwerker und Hirten standen auf, bedankten sich für ihre Befreiung und zogen nach Hause. Als sich die Zwillingsbrüder wiedersahen, küssten sie sich und freuten sich von Herzen. Dann ergriffen sie die Hexe, fesselten sie und warfen sie ins Feuer. Als sie verbrannt war, öffnete sich der Wald von selbst, wurde licht und hell und man konnte das königliche Schloss sehen, das nicht weiter als drei Stunden entfernt lag.

Nun gingen die zwei Brüder zusammen nach Hause und erzählten sich auf dem Weg ihr Schicksal. Und als der Jüngere erwähnte, er wäre als Statthalter des Königs Herr im ganzen Land, sagte der andere: »Das hab ich schon gemerkt. Denn als ich in die Stadt kam und man mich für dich ansah, wurden mir alle königlichen Ehren zuteil. Die junge Königin hielt mich für ihren Gemahl. Deshalb musste ich an ihrer Seite essen und in deinem Bett schlafen.«

Als das der andere hörte, wurde er so eifersüchtig und zornig, dass er sein Schwert zog und seinem Bruder den Kopf abschlug. Als dieser aber tot dalag und der junge König das rote Blut fließen sah, bereute er es gewaltig. »Mein Bruder hat mich von dem bösen Hexenzauber erlöst«, rief er aus, »und ich habe ihn dafür getötet!« Und er jammerte laut.

Da erbot sich sein Hase, etwas von der Lebenswurzel zu holen, sprang fort und brachte sie noch rechtzeitig: Der Tote ward wieder zum Leben erweckt und merkte gar nichts von der Wunde.

Daraufhin zogen sie weiter und der Jüngere sagte: »Du siehst aus wie ich, hast königliche Kleider an wie ich und die Tiere folgen dir nach wie mir. Komm, lass uns jeweils durch die entgegengesetzten Tore in die Stadt hineingehen und von zwei Seiten zugleich beim alten König eintreffen.«

Also trennten sie sich und bei dem alten König kam zu gleicher Zeit die Wache von dem einen und dem anderen Tore und meldete, der junge König mit den Tieren sei von der Jagd zurück.

Da sagte der König: »Das ist nicht möglich, die Tore liegen eine Stunde weit auseinander.« Währenddessen aber kamen die beiden Brüder von zwei Seiten in den Schlosshof und stiegen beide zum König herauf.

Der fragte seine Tochter: »Sag, welcher ist dein Gemahl? Es sieht einer aus wie der andere, ich kann sie nicht unterscheiden.«

Die junge Königin bekam einen großen Schrecken, denn sie konnte die

Frage nicht beantworten. Schließlich fiel ihr das Halsband ein, das sie den Tieren gegeben hatte, schaute nach und fand an dem einen Löwen ihr goldenes Schlösschen. Da rief sie glücklich: »Der, dem dieser Löwe folgt, der ist mein richtiger Gemahl.«

Da lachte der junge König und sagte: »Ja, das ist der richtige«, und sie setzten sich zusammen zu Tisch, aßen und tranken und waren fröhlich.

Abends, als der junge König zu Bett ging, fragte seine Frau: »Warum hast du die vorigen Nächte immer ein zweischneidiges Schwert in unser Bett gelegt? Ich habe geglaubt, du willst mich totschlagen.«

Da erkannte der junge König, wie treu sein Bruder gewesen war.

Das Wasser des Lebens

Es war einmal ein König, der krank war. Niemand glaubte, dass er mit dem Leben davonkäme. Er hatte drei Söhne, die waren traurig deswegen. Sie gingen hinunter in den Schlossgarten und weinten.

Da begegnete ihnen ein alter Mann, der fragte sie nach ihrem Kummer. Sie sagten ihm, ihr Vater sei so krank, dass er wohl sterben werde, denn nichts helfe ihm.

Da sagte der Alte: »Ich weiß ein Mittel. Das ist das Wasser des Lebens. Wenn er davon trinkt, wird er wieder gesund. Es ist aber schwer zu finden.«

Der Älteste sagte: »Ich werde es schon finden!« Er ging zum kranken König und bat ihn, er möge ihm erlauben auszuziehen, um das Wasser des Lebens zu suchen, denn das allein könne ihn heilen.

»Nein«, sagte der König, »die Gefahr dabei ist zu groß, lieber will ich sterben.«

Der Sohn bat aber so lange, bis der König einwilligte. Der Prinz dachte insgeheim: Bringe ich das Wasser, hat mich mein Vater am liebsten und ich erbe das Reich.

Also machte er sich auf, und als er eine Zeit lang geritten war, stand ein Zwerg auf dem Weg, der sprach ihn an und sagte: »Wohin so eilig?«

»Dummer Knirps«, entgegnete ihm der Prinz voll Hochmut, »das brauchst du nicht zu wissen!« Nach diesen Worten ritt er weiter.

Das kleine Männchen aber war zornig geworden und sprach eine böse Verwünschung aus. Der Prinz geriet bald danach in eine Bergschlucht, und je weiter er ritt, desto enger rückten die Berge zusammen. Schließlich wurde der Weg so eng, dass er keinen Schritt mehr weiterkonnte. Es war nicht möglich, das Pferd zu wenden oder aus dem Sattel zu steigen. Er war eingesperrt.

Der kranke König wartete lange Zeit auf ihn, aber er kam nicht.

Da sagte der zweite Sohn: »Vater, lasst mich gehen, um das Wasser suchen.« Er dachte bei sich: Ist mein Bruder tot, dann fällt das Reich mir zu.

Der König wollte ihn anfangs auch nicht ziehen lassen, schließlich gab er nach. Der Prinz zog also auf demselben Weg davon, den sein Bruder eingeschlagen hatte, und begegnete auch dem Zwerg, der ihn anhielt und fragte, wohin er so eilig wolle.

»Kleiner Knirps«, sagte der Prinz, »das brauchst du nicht zu wissen!« Nach diesen Worten ritt er davon, ohne sich weiter umzusehen.

Aber der Zwerg verwünschte ihn und der Prinz geriet wie sein Bruder in eine Bergschlucht und konnte weder vor noch zurück.

So ergeht es den Hochmütigen.

Als auch der zweite Sohn ausblieb, erbot sich der jüngste auszuziehen und das Wasser zu holen. Der König musste ihn schließlich ziehen lassen.

Als der Prinz dem Zwerg begegnete und dieser fragte, wohin er so eilig wolle, hielt er an, stand ihm Rede und Antwort und sagte: »Ich suche das Wasser des Lebens, denn mein Vater ist sterbenskrank.«

»Weißt du auch, wo es zu finden ist?«

»Nein«, sagte der Prinz.

»Weil du dich so betragen hast, wie es sich gehört, und nicht übermütig wie deine falschen Brüder warst, gebe ich dir Auskunft, wie du zu dem Wasser des Lebens gelangst. Es quillt aus einem Brunnen im Hof eines verwunschenen Schlosses. Aber du kommst nicht hinein ohne diese eiserne Rute und diese zwei Laibchen Brot. Schlage mit der Rute dreimal an das eiserne Tor des Schlosses, dann wird es aufspringen. Im Inneren liegen zwei Löwen, die den Rachen aufsperren. Wenn du jedem ein Brot hineinwirfst, sind sie ruhiggestellt. Dann beeile dich und hole das Wasser des Lebens, bevor es zwölf schlägt, sonst geht das Tor wieder zu und du bist für immer eingesperrt.«

Der Prinz bedankte sich bei ihm, nahm die Rute und das Brot und machte sich auf den Weg. Und als er am verwunschenen Schloss ankam, war alles so, wie der Zwerg gesagt hatte. Das Tor sprang beim dritten Rutenschlag auf, und als er die Löwen mit dem Brot besänftigt hatte, betrat er das Schloss und kam in einen großen schönen Saal: Darin saßen verwunschene Prinzen, denen er die Ringe vom Finger zog. Außerdem lag da ein Schwert und ein Brot, das er nahm. Und anschließend kam er in ein Zimmer. Darin stand eine schöne Jungfrau, die sich freute, als sie ihn sah. Sie küsste ihn und sagte, er habe sie erlöst und solle ihr ganzes Reich haben. Wenn er in einem Jahr wiederkomme, solle ihre Hochzeit gefeiert werden. Dann sagte sie ihm noch, wo der Brunnen mit dem Wasser des Lebens sei. Er müsse sich aber beeilen und das Wasser daraus schöpfen, bevor es zwölf schlage.

Der Prinz ging weiter und kam schließlich in ein Zimmer, in dem ein frisch bezogenes Bett stand. Da er müde war, wollte er sich erst einmal ein wenig ausruhen. Also legte er sich hin und schlief ein. Als er erwachte, schlug es Viertel nach elf. Da sprang er ganz erschrocken auf, lief zu dem Brunnen und schöpfte daraus Wasser mit einem Becher, der danebenstand. Dann beeilte er sich, dass er fortkam. Als er gerade zum eisernen Tor hinausging, schlug es zwölf und das Tor fiel so heftig zu, dass es ihm ein Stück von der Ferse abhieb. Er war trotzdem froh, dass er das Wasser des Lebens bekommen hatte, ging nach Hause und kam wieder an dem Zwerg vorbei.

Als dieser das Schwert und das Brot sah, sagte er: »Damit hast du etwas Wertvolles erlangt. Mit dem Schwert kannst du ganze Heere schlagen und das Brot wird niemals zu Ende gehen.«

Der Prinz wollte nicht ohne seine Brüder zu dem Vater nach Hause gehen und sagte: »Lieber Zwerg, kannst du mir nicht sagen, wo meine zwei Brüder sind? Sie sind früher als ich ausgezogen, um das Wasser des Lebens zu finden, und sind nicht zurückgekehrt.«

»Zwischen zwei Bergen stecken sie fest«, sagte der Zwerg. »Ich habe sie verwünscht, weil sie so hochmütig waren.«

Da bettelte der Prinz so lange, bis der Zwerg sie wieder erlöste. Aber er warnte ihn: »Hüte dich vor ihnen, sie haben ein böses Herz.«

Als seine Brüder kamen, freute er sich und erzählte ihnen, wie es ihm ergangen sei, dass er das Wasser des Lebens gefunden, einen Becher voll mitgenommen und eine schöne Prinzessin erlöst habe. Die wolle ein Jahr lang auf ihn warten, dann solle Hochzeit gehalten werden und er bekomme ein großes Reich.

Danach ritten sie zusammen weiter und gerieten in ein Land, wo Hunger und Krieg herrschte. Der König glaubte schon, alles sei verloren, so groß war die Not. Da ging der Prinz zu ihm und gab ihm das Brot, womit er sein ganzes Reich sättigte. Und dann gab ihm der Prinz auch das Schwert. Damit schlug er die Heere seiner Feinde und konnte nun in Ruhe und Frieden leben. Daraufhin nahm der Prinz sein Brot und Schwert wieder an sich und die drei Brüder ritten weiter.

Sie kamen aber noch in zwei Länder, wo Hunger und Krieg herrschten, und da gab der Prinz den Königen jedes Mal sein Brot und sein Schwert. Nun hatte er also drei Reiche gerettet.

Die drei Prinzen begaben sich anschließend auf ein Schiff und fuhren übers Meer. Während der Fahrt sprachen die beiden älteren unter sich: »Der Jüngste hat das Wasser des Lebens gefunden und wir nicht. Dafür wird ihm unser Vater das Reich geben, das uns zusteht. Er stiehlt uns unser Glück.« Da wurden sie rachsüchtig und verabredeten, ihm den Erfolg zu verderben. Sie warteten, bis er einmal fest eingeschlafen war, da gossen sie das Wasser des Lebens aus dem Becher und nahmen es an sich. Ihm aber füllten sie bitteres Meerwasser in den Becher.

Als sie zu Hause ankamen, brachte der Jüngste dem kranken König seinen Becher, damit er daraus trinken und gesund würde. Kaum aber hatte er ein wenig von dem bitteren Meerwasser getrunken, wurde er noch kränker als zuvor. Und als er darüber jammerte, kamen die beiden ältesten Söhne und beschuldigten den jüngsten, er habe den Vater vergiften wollen. Sie brächten ihm das richtige Wasser des Lebens, behaupteten sie und reichten es ihm. Kaum hatte der König davon getrunken, spürte er, wie seine Krankheit verschwand, und er wurde stark und gesund wie in seinen jungen Tagen.

Danach gingen die beiden zu dem Jüngsten, verspotteten ihn und sagten: »Du hast zwar das Wasser des Lebens gefunden, aber du hast nur die Mühe gehabt und wir bekommen den Lohn. Du hättest klüger sein und die Augen offen halten sollen. Wir haben dir das Wasser weggenommen, während du auf dem Meer eingeschlafen warst. Und in einem Jahr, da holt sich einer von uns die schöne Königstochter. Aber hüte dich, dass du etwas verrätst! Der Vater glaubt dir ja doch nicht, und wenn du ein einziges Wort ausplauderst, wirst du dein Leben verlieren. Bewahrst du aber Stillschweigen, wollen wir es dir schenken.«

Der alte König war zornig auf seinen jüngsten Sohn, weil er glaubte, der habe ihn umbringen wollen. Also versammelte er den Hof um sich und ließ das Urteil über den jüngsten Sohn sprechen: Er sollte heimlich erschossen werden.

Als der Prinz einmal auf die Jagd ritt und nichts Böses vermutete, musste der Jäger des Königs mitgehen. Als sie draußen ganz allein im Wald waren und der Jäger so traurig aussah, fragte der Prinz ihn: »Lieber Jäger, was ist mit dir?«

Der Jäger sagte: »Ich kann es nicht sagen.«

Da sagte der Prinz: »Sag einfach, was los ist. Ich verzeihe es dir.«

»Ach«, sagte der Jäger, »ich soll Euch totschießen. Der König hat es mir befohlen.«

Da erschrak der Prinz und sagte: »Lieber Jäger, lass mich leben. Ich gebe dir auch mein königliches Kleid. Gib mir dafür dein schlechtes.«

Der Jäger sagte: »Gerne, ich hätte Euch ja sowieso nicht erschießen können.«

Da tauschten sie die Kleider und der Jäger ging nach Hause, der Prinz aber ging weiter in den Wald hinein.

Nach einiger Zeit trafen bei dem alten König drei Wagen mit Gold und Edelsteinen für seinen jüngsten Sohn ein. Die drei Könige hatten sie geschickt, die mit dem Schwert des Prinzen die Feinde geschlagen und mit seinem Brot ihr Land ernährt hatten. Mit diesem Geschenk wollten sie ihre Dankbarkeit zeigen.

Da dachte der alte König: Sollte mein Sohn unschuldig gewesen sein? Er sagte zu seinen Leuten: »Wäre er doch noch am Leben! Es tut mir so leid, dass ich ihn habe töten lassen.«

»Er lebt noch«, sagte der Jäger, »ich konnte es nicht übers Herz bringen, Euern Befehl auszuführen.« Daraufhin erzählte er dem König, wie es zugegangen war.

Da fiel dem König ein Stein vom Herzen und er ließ in allen Teilen des Reichs verkündigen, sein Sohn dürfe wiederkommen und solle in Gnaden aufgenommen werden.

Die Königstochter ließ in der Zwischenzeit eine Straße vor ihrem Schloss bauen, die ganz glänzend vor Gold war. Sie sagte ihren Leuten, wer darauf geradewegs zu ihr geritten komme, der sei der Richtige und den sollten sie einlassen. Wer aber neben der Straße reite, sei nicht der Richtige und den sollten sie auch nicht einlassen.

Als nun das Jahr fast vorüber war, dachte der Älteste, wenn er sich beeile, zur Königstochter gehe und sich für ihren Erlöser ausgebe, bekomme er sie zur Gemahlin und das Reich obendrein. Also ritt er davon, und als er vor das Schloss kam und die schöne goldene Straße sah, dachte er: Das wäre jammerschade, darauf zu reiten. Er schwenkte ab und ritt rechts neben der Straße her. Als er aber vor das Tor kam, sagten die Leute zu ihm, er sei nicht der Richtige und solle wieder weggehen.

Bald darauf machte sich der zweite Prinz auf, und als er zur goldenen Straße kam und das Pferd den einen Fuß daraufgesetzt hatte, dachte er: Es wäre jammerschade, wenn das Pferd mit seinen Hufen etwas abträte. Er schwenkte ab und ritt links neben der Straße her. Als er aber vor das Tor kam, sagten die Leute, er sei nicht der Richtige und solle wieder weggehen.

Als nun das Jahr ganz vorüber war, wollte der Dritte den Wald endlich verlassen, zu seiner Liebsten reiten und bei ihr seine Sorgen vergessen. Also machte er sich auf und dachte immer an sie und dass er gerne schon bei ihr gewesen wäre. In seine Gedanken versunken, sah er die goldene Straße gar nicht. Deshalb ritt sein Pferd mitten darüber, und als er vor das Tor kam, wurde es ihm geöffnet. Die Königstochter empfing ihn glücklich und sagte, er sei ihr Erlöser und der Herr des Königreichs. Danach wurde die Hochzeit gehalten und alle freuten sich.

Und als das Fest vorbei war, erzählte die Königstochter ihrem Gemahl, dass sein Vater ihm verziehen habe. Da ritt er zu ihm und erzählte ihm, wie seine Brüder ihn betrogen hätten und er alles verschwiegen habe. Der alte König wollte sie bestrafen, aber sie waren bereits auf ein Schiff geflüchtet und übers Meer davongefahren. Sie kamen nie wieder.

Die Alte im Wald

Es fuhr einmal ein armes Dienstmädchen mit seiner Herrschaft durch einen großen Wald, und als sie mitten darin waren, kamen Räuber aus dem Dickicht hervor und ermordeten, wen sie zu fassen kriegten. Alle miteinander kamen um, bis auf das Mädchen, das vor Angst aus dem Wagen gesprungen war und sich hinter einem Baum verborgen hatte. Als die Räuber mit ihrer Beute weg waren, besah es sich das große Unglück. Da begann es bitterlich zu weinen und sagte: »Was soll ich armes Mädchen nun anfangen. Ich finde nicht mehr aus dem Wald heraus und keine Menschenseele wohnt darin. Ich muss bestimmt verhungern.« Es ging herum, suchte einen Weg, konnte aber keinen finden. Als es Abend war, setzte es sich unter einen Baum und sagte sein Gebet. Es wollte hier sitzen bleiben, geschehe, was wolle.

Als das Mädchen aber eine Weile dagesessen hatte, kam ein weißes Täubchen zu ihm geflogen. Es hatte ein kleines goldenes Schlüsselchen im Schnabel. Das Schlüsselchen legte es dem Mädchen in die Hand und sagte: »Siehst du dort den großen Baum? Daran ist ein kleines Schloss. Schließe es mit dem Schlüsselchen auf, dann wirst du genug zu essen finden und keinen Hunger mehr leiden.«

Daraufhin ging das Mädchen zu dem Baum und schloss ihn auf. Es fand Milch in einem kleinen Schüsselchen und dazu Weißbrot zum Einbrocken, sodass es sich satt essen konnte. Als es satt war, sagte es: »Jetzt ist die Zeit, wo die Hühner zu Hause schlafen gehen. Ich bin so müde. Ach, könnte ich mich doch auch in mein Bett legen!«

Da kam das Täubchen wieder herbeigeflogen und hatte ein anderes goldenes Schlüsselchen im Schnabel. Das Tier sagte: »Schließ den Baum dort auf, dann wirst du ein Bett finden.«

Das Mädchen schloss auf und fand ein schönes, weiches Bettchen. Da betete es zum lieben Gott, er möge es behüten in der Nacht, legte sich hin und schlief ein.

Am nächsten Morgen kam das Täubchen zum dritten Mal, brachte wieder ein Schlüsselchen und sagte: »Schließ den Baum dort auf, dann wirst du Kleider finden.«

Das Mädchen schloss auf und fand mit Gold und Edelsteinen besetzte Kleider, so herrlich, wie nicht einmal eine Königstochter sie hat. So lebte das Mädchen eine Zeit lang im Wald. Jeden Tag kam das Täubchen und sorgte für alles, was es benötigte. Es war ein ruhiges, angenehmes Leben.

Eines Tages kam das Täubchen und sagte: »Willst du mir einen Gefallen tun?«

»Von Herzen gerne«, sagte das Mädchen.

Da sagte das Täubchen: »Ich führe dich zu einem kleinen Häuschen. Geh hinein, am Herd wird eine alte Frau sitzen und Guten Tag sagen. Aber gib ihr unter keinen Umständen eine Antwort, mag sie machen, was sie will, sondern geh rechts an ihr vorbei. Da ist eine Tür. Die mach auf und du wirst in eine Stube kommen, in der viele Ringe der unterschiedlichsten Art auf dem Tisch liegen. Darunter sind prächtige mit glitzernden Steinen, die lass aber liegen. Suche einen schlichten heraus, der auch darunter sein muss, und bring ihn zu mir her, so schnell du kannst.«

Das Mädchen ging zu dem Häuschen und trat durch die Türe. Im Inneren saß eine Alte, die große Augen machte, als sie das Mädchen erblickte. Sie sagte: »Guten Tag, mein Kind.« Das Mädchen gab ihr aber keine Antwort und ging auf die Tür zu. »Wo willst du hin?«, rief die Alte, fasste es beim Rock und wollte es festhalten. »Das ist mein Haus, da darf niemand hinein, wenn ich es nicht will.« Aber das Mädchen schwieg, machte sich von ihr los und ging geradewegs in die Stube hinein. Da lag auf dem Tisch eine übergroße Menge an Ringen, die glitzerten und glimmerten ihm vor den Augen. Das Mädchen wühlte herum und suchte nach dem schlichten, konnte ihn aber nicht finden.

Als das Mädchen so suchte, sah es die Alte, wie sie herumschlich, einen Vogelkäfig in der Hand hatte und damit fortwollte. Da ging es auf sie zu und nahm ihr den Käfig aus der Hand. Als es ihn aufhob und hineinsah, saß ein Vogel darin, der den schlichten Ring im Schnabel hatte. Das Mädchen nahm den Ring und lief damit glücklich zum Haus hinaus. Es dachte, das weiße Täubchen werde kommen und den Ring holen. Aber es kam nicht. Da lehnte das Mädchen sich an einen Baum, um auf das Täubchen zu warten. Als es so dastand, war es, als würde der Baum weich und biegsam und senkte seine Zweige herab. Und auf einmal schlangen sich die Zweige um das Mädchen herum und waren zwei Arme. Als es sich umblickte, war der Baum zu einem schönen Mann geworden, der es umfasste und herzlich küsste. Er sagte: »Du hast mich erlöst und aus der Gewalt der Alten befreit. Sie ist nämlich eine böse Hexe, die mich in einen Baum verwandelt hatte. Alle Tage war ich für ein paar Stunden eine weiße Taube. Solange sie den Ring besaß, konnte ich meine menschliche Gestalt nicht wiedererlangen.« Da waren plötzlich auch seine Diener und Pferde von dem Zauber erlöst, die sie ebenfalls in Bäume verwandelt hatte, und standen neben ihm. Anschließend fuhren sie in sein Reich, denn er war der Sohn eines Königs. Der Prinz und das Mädchen heirateten und wurden glücklich.

Die drei Federn

Es war einmal ein König, der hatte drei Söhne. Davon waren zwei klug, aber der dritte sagte nicht viel, war einfältig und man nannte ihn nur den Dummling.

Als der König alt und schwach wurde, dachte er darüber nach, was nach seinem Tod wäre. Er wusste nicht, welcher seiner Söhne nach ihm das Reich erben sollte. Da sagte er zu ihnen: »Zieht aus, und wer mir den feinsten Teppich bringt, der soll nach meinem Tod König sein.« Und damit es keinen Streit unter ihnen gab, führte er sie vor sein Schloss, blies drei Federn in die Luft und sagte: »In die Richtung, in die die Federn fliegen, sollt ihr ziehen.«

Die eine Feder flog nach Osten, die andere nach Westen, die dritte flog geradeaus und fiel bald zur Erde.

Also ging der eine Bruder rechts, der andere ging links und sie lachten den Dummling aus, der bei der dritten Feder bleiben musste, da, wo sie heruntergefallen war.

Der Dummling setzte sich hin und war traurig. Da bemerkte er auf einmal, dass neben der Feder eine Falltür lag. Er hob sie in die Höhe, fand eine Treppe und stieg hinab. Dort unten kam er zu einer anderen Tür, klopfte an und hörte, wie es von der anderen Seite rief:

>»Jungfer grün und klein,
>Hutzelbein,
>Hutzelbeins Hündchen,
>hutzel hin und her,
>lass geschwind sehen, wer draußen wär.«

Die Tür ging auf und der Dummling sah eine große, dicke Kröte da sitzen und rings um sie eine Menge kleiner Kröten. Die dicke Kröte fragte, was er denn wolle.

Er antwortete: »Ich hätte gerne den schönsten und feinsten Teppich.«

Da rief die Kröte eine junge herbei und sagte:

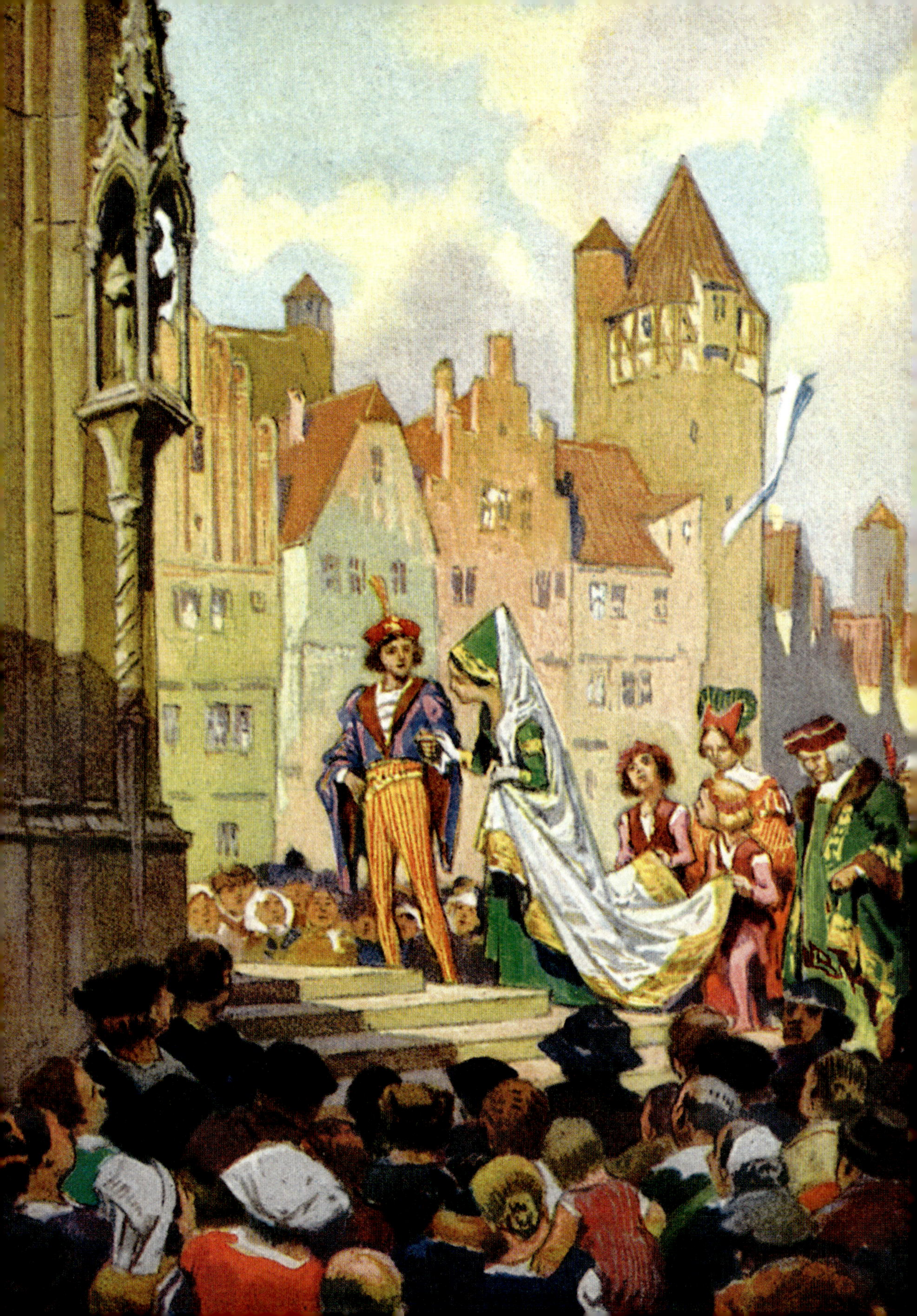

Die Jungfrau Maleen, zu Seite 405

»Jungfer grün und klein,
Hutzelbein,
Hutzelbeins Hündchen,
hutzel hin und her,
bring mir die große Schachtel her.«

Die junge Kröte holte die Schachtel und die dicke Kröte machte sie auf, zog einen Teppich heraus und gab ihn dem Dummling. Der Teppich war so schön und so fein, wie oben auf der Erde keiner gewebt werden konnte. Da dankte der Dummling der Kröte und stieg wieder hinauf.

Die beiden anderen Brüder hatten aber ihren jüngsten Bruder für so dumm gehalten, dass sie glaubten, er würde gar nichts finden.

»Was sollen wir uns mit dem Suchen groß Mühe geben?«, sagten sie, nahmen der erstbesten Schäferin, die ihnen begegnete, die groben Tücher vom Leib und trugen sie nach Hause zum König. Zu derselben Zeit kam auch der Dummling zurück und brachte seinen schönen Teppich. Als der König den sah, staunte er und sagte: »Wenn es dem Recht nach gehen soll, gehört dem Jüngsten das Königreich.«

Aber die zwei anderen ließen dem Vater keine Ruhe und sagten, unmöglich könne der Dummling, dem es an Verstand fehle, König werden. Sie baten den Vater, er möge eine neue Bedingung aufstellen.

Da sagte der Vater: »Derjenige soll das Reich erben, der mir den schönsten Ring bringt.« Daraufhin führte er die drei Brüder hinaus und blies drei Federn in die Luft, denen sie nachgehen sollten. Die zwei Ältesten zogen wieder nach Osten und Westen und die Feder des Dummlings flog geradeaus und fiel neben der Erdtür auf den Boden. Da stieg er wieder hinunter zu der dicken Kröte und sagte ihr, dass er den schönsten Ring brauche. Sie ließ sich gleich ihre große Schachtel holen und gab ihm daraus einen Ring, der von Edelsteinen glänzte und so schön war, dass ihn kein Goldschmied auf der Erde hätte machen können.

Die zwei Älteren lachten über den Dummling, der in der Erde einen goldenen Ring suchen wollte. Sie selbst gaben sich gar keine Mühe, sondern schlugen einem alten Wagenring die Nägel aus und brachten ihn dem König. Als aber der Dummling seinen goldenen Ring vorzeigte, sagte der Vater erneut: »Ihm gehört das Reich.«

Die drei Federn

Die zwei älteren Brüder hörten nicht auf, den König zu quälen, bis er noch eine dritte Bedingung stellte: Der solle das Reich haben, der die schönste Frau nach Hause bringe. Wieder blies er die drei Federn in die Luft und sie flogen wie die vorigen Male.

Da ging der Dummling ohne Weiteres hinunter zu der dicken Kröte und sagte: »Ich soll die schönste Frau nach Hause bringen.«

»Ei«, antwortete die Kröte, »die schönste Frau! Die ist nicht gleich zur Hand, aber du sollst sie trotzdem bekommen.« Sie gab ihm eine ausgehöhlte Karotte, die mit sechs Mäuschen bespannt war.

Der Dummling fragte enttäuscht: »Was soll ich damit denn anfangen?«

Die Kröte antwortete: »Setze nur eine von meinen kleinen Kröten hinein.«

Da ergriff er aufs Geratewohl eine und setzte sie in die Karotte. Aber kaum saß sie darin, wurde sie zu einer wunderschönen Frau, die Rübe zu einer Kutsche und die sechs Mäuschen zu Pferden. Da küsste der Dummling die Schöne, jagte mit den Pferden davon und brachte sie zu dem König.

Seine Brüder kamen nach. Sie hatten sich gar keine Mühe gegeben, eine schöne Frau zu finden, sondern die erstbesten Bauernmädchen mitgenommen.

Als der König sie erblickte, sagte er: »Dem Jüngsten gehört das Reich nach meinem Tod.«

Aber die zwei Älteren redeten erneut auf den König ein: »Wir können es nicht zulassen, dass der Dummling König wird!« Sie verlangten, derjenige sollte den Vorzug haben, dessen Frau durch einen Ring springen könne, der mitten in dem Saal hing.

Sie dachten: Die Bauernmädchen können das bestimmt, die sind stark genug. Aber das zarte Fräulein springt sich zu Tode. Der alte König gab ihnen auch diesmal nach. Da sprangen die zwei Bauernmädchen. Sie schafften es auch durch den Ring, waren aber so plump, dass sie danach hinfielen und ihre groben Arme und Beine entzweibrachen. Daraufhin sprang das schöne Fräulein, das der Dummling mitgebracht hatte. Sie sprang so leicht hindurch wie ein Reh und endlich musste aller Widerspruch aufhören. Also erhielt der Dummling die Krone und er hat lange und weise geherrscht.

Jungfrau Maleen

Es war einmal ein König, der einen Sohn hatte. Dieser warb um die Tochter eines mächtigen Königs, die Jungfrau Maleen hieß und wunderschön war. Weil ihr Vater sie einem anderen geben wollte, wurde ihm eine Absage erteilt. Da sich aber beide von Herzen liebten, wollten sie nicht gehorchen. Die Jungfrau Maleen sagte zu ihrem Vater: »Ich kann und will keinen anderen zu meinem Gemahl nehmen.«

Da wurde der Vater zornig und ließ einen finsteren Turm bauen, in den kein einziger Sonnen- oder Mondstrahl fiel. Als er fertig war, sagte der König: »Darin sollst du sieben Jahre lang sitzen, dann werde ich nachsehen, ob dein Starrsinn gebrochen ist.«

Essen und Trinken für die sieben Jahre wurde in den Turm getragen, dann wurden die Königstochter und ihre Kammerjungfrau hineingeführt und eingemauert. Da saßen sie in der Finsternis, wussten nicht, wann Tag oder Nacht anbrach. Der Königssohn ging oft um den Turm herum und rief Jungfrau Maleens Namen, aber kein Laut drang von außen durch die dicken Mauern. Was konnten sie anderes tun als jammern und klagen?

So verging die Zeit. Daran, dass ihre Vorräte abnahmen, merkten sie, dass die sieben Jahre sich ihrem Ende näherten. Sie dachten, der Augenblick ihrer Erlösung sei gekommen, aber kein Hammerschlag ließ sich hören und kein Stein wollte aus der Mauer fallen. Es schien, als hätte ihr Vater sie vergessen.

Als sie nur noch für kurze Zeit Nahrung hatten und einen jämmerlichen Tod voraussahen, sagte die Jungfrau Maleen: »Wir müssen ein Letztes versuchen und sehen, ob wir die Mauer durchbrechen können.« Sie nahm das Brotmesser, grub und bohrte an dem Mörtel eines Steins, und wenn sie müde war, löste sie die Kammerjungfer ab.

Nach langer Arbeit gelang es ihnen, einen Stein herauszunehmen, dann einen zweiten und dritten und nach drei Tagen fiel der erste Lichtstrahl in ihre Dunkelheit. Endlich war die Öffnung so groß, dass sie hinausschauen konnten. Der Himmel war blau und ein frisches Lüftchen wehte ihnen entgegen. Aber wie traurig sah ringsumher alles aus: Das Schloss ihres Vaters

Jungfrau Maleen

lag in Trümmern, die Stadt und die Dörfer waren, so weit man blicken konnte, verbrannt, die Felder weit und breit verwüstet. Keine Menschenseele war zu sehen.

Als die Öffnung in der Mauer so groß war, dass die beiden hindurchschlüpfen konnten, sprang zuerst die Kammerjungfer hinab und dann folgte die Jungfrau Maleen. Aber an wen sollten sie sich wenden? Die Feinde hatten das ganze Reich verwüstet, den König verjagt und alle Einwohner erschlagen. Sie wanderten davon, um ein anderes Land zu suchen, aber sie fanden nirgends ein Obdach oder einen Menschen, der ihnen einen Bissen Brot gab. Ihre Not war so groß, dass sie ihren Hunger an einem Brennnesselstrauch stillen mussten. Als sie nach langer Wanderung in ein anderes Land kamen, suchten sie überall nach Arbeit. Aber wo sie anklopften, wurden sie abgewiesen und niemand hatte Mitleid mit ihnen. Schließlich gelangten sie in eine große Stadt und gingen zu dem königlichen Hof. Aber auch dort schickte man sie weiter, bis endlich der Koch sagte, sie könnten in der Küche bleiben und als Aschenputtel dienen.

Der Sohn des Königs, in dessen Reich sie sich befanden, war aber ausgerechnet der Prinz, mit dem Jungfrau Maleen verlobt gewesen war. Der Vater hatte eine andere Braut für ihn ausgesucht, die ebenso hässlich wie böse war. Die Hochzeit war festgesetzt und die Braut schon angekommen. Da sie aber so hässlich war, ließ sie sich vor niemandem blicken und schloss sich in ihre Kammer ein. Die Jungfrau Maleen musste ihr das Essen aus der Küche bringen.

Als der Tag herankam, wo die Braut mit dem Bräutigam vor den Altar treten sollte, schämte sie sich wegen ihrer Hässlichkeit und fürchtete, wenn sie sich auf der Straße zeigte, würde sie von den Leuten verspottet und ausgelacht werden. Da sagte sie zur Jungfrau Maleen: »Dir steht ein großes Glück bevor. Ich habe mir den Fuß vertreten und kann kaum gehen. Zieh meine Brautkleider an und nehme meine Stelle ein. Eine größere Ehre kann dir bestimmt nicht zuteil werden.«

Die Jungfrau Maleen aber schlug das Angebot aus und sagte: »Ich will keine Ehre, die mir nicht zusteht.«

Es nützte auch nichts, dass die hässliche Braut ihr Gold anbot. Schließlich sagte sie zornig: »Wenn du mir nicht gehorchst, kostet es dich das Leben. Ich brauche nur ein Wort zu sagen, dann wird dir der Kopf vor die Füße gelegt.«

Da musste die Jungfrau Maleen gehorchen und die prächtigen Kleider der Braut samt ihrem Schmuck anlegen.

Als sie in den königlichen Saal eintrat, staunten alle über ihre Schönheit und der König sagte zu seinem Sohn: »Das ist die Braut, die ich für dich ausgewählt habe und die du zur Kirche führen sollst.«

Der Bräutigam staunte und dachte: Sie sieht aus wie meine Jungfrau Maleen und ich würde glauben, sie wäre es. Aber sie sitzt ja im Turm gefangen oder ist tot. Er nahm die Braut an der Hand und führte sie zur Kirche.

Am Weg stand ein Brennnesselbusch, da sagte die Jungfrau Maleen:

»Brennnesselbusch,
Brennnesselbusch so klein,
was stehst du hier allein?
Ich hab die Zeit nicht vergessen,
als ich dich ungesotten,
ungebraten gegessen.«

»Was redest du da?«, fragte der Königssohn.

»Nichts«, antwortete sie, »ich dachte nur an die Jungfrau Maleen.«

Er wunderte sich, dass sie von ihr wusste, schwieg aber.

Als sie an den Steg vor dem Kirchhof kamen, sagte die Jungfrau Maleen:

»Kirchensteg, brich nicht,
bin die rechte Braut nicht.«

»Was redest du da?«, fragte der Königssohn.

»Nichts«, antwortete sie, »ich dachte nur an die Jungfrau Maleen.«

»Kennst du die Jungfrau Maleen?«

»Nein«, antwortete sie, »wie sollte ich sie kennen? Ich habe nur von ihr gehört.« Als sie an die Kirchtür kamen, sagte sie wieder:

»Kirchentür, brich nicht,
bin die rechte Braut nicht.«

»Was redest du da?«, fragte er.

»Ach«, antwortete sie, »ich habe nur an die Jungfrau Maleen gedacht.«

Da zog er ein kostbares Geschmeide hervor, legte es ihr um den Hals und hakte die Kettenringe ineinander. Daraufhin traten sie in die Kirche und der Priester legte vor dem Altar ihre Hände ineinander und vermählte sie. Er führte sie zurück, aber sie sprach auf dem ganzen Weg kein Wort. Als sie wieder in dem königlichen Schloss eingetroffen waren, eilte sie in die Kammer der Braut, legte die prächtigen Kleider und den Schmuck ab, zog ihren grauen Kittel an und behielt nur das Geschmeide um den Hals, das sie von dem Bräutigam bekommen hatte.

Als die Nacht kam und die Braut in das Zimmer des Königssohns geführt wurde, ließ sie den Schleier über ihr Gesicht fallen, damit er den Betrug nicht merkte.

Sobald alle Leute fortgegangen waren, sagte er zu ihr: »Was hast du denn zu dem Brennnesselbusch gesagt, der am Weg stand?«

»Zu welchem Brennnesselbusch?«, fragte sie. »Ich spreche mit keinem Brennnesselbusch.«

»Wenn du es nicht getan hast, bist du nicht die richtige Braut«, sagte er.

Da rettete sie sich, indem sie sagte:

>»Muss schnell mein Magd fragen,
> die muss mein Gedächtnis tragen.«

Sie ging hinaus und fuhr die Jungfrau Maleen an: »Was hast du zu dem Brennnesselbusch gesagt?«

»Ich sagte nur:

>»Brennnesselbusch,
> Brennnesselbusch so klein,
> was stehst du hier allein?
> Ich hab die Zeit nicht vergessen,
> als ich dich ungesotten,
> ungebraten gegessen.«

Die Braut lief in die Kammer zurück und sagte: »Jetzt weiß ich, was ich zu dem Brennnesselbusch gesagt habe.« Und sie wiederholte die Worte, die sie gerade gehört hatte.

»Aber was hast du zu dem Kirchensteg gesagt, als wir darübergingen?«, fragte der Königssohn.

»Zu dem Kirchensteg?«, antwortete sie. »Ich spreche mit keinem Kirchensteg.«

»Dann bist du auch nicht die richtige Braut.«

Sie sagte wiederum:

>»Muss schnell mein Magd fragen,
die muss mein Gedächtnis tragen.«

Nach diesen Worten lief sie hinaus und fuhr die Jungfrau Maleen an: »Was hast du zu dem Kirchensteg gesagt?«

»Ich sagte nur:

>»Kirchensteg, brich nicht,
bin die rechte Braut nicht.«

»Das kostet dich dein Leben«, rief die Braut, eilte aber in die Kammer und sagte: »Jetzt weiß ich, was ich zu dem Kirchsteg gesagt habe.« Und sie wiederholte die Worte.

»Aber was hast du zur Kirchentür gesagt?«

»Zur Kirchentür?«, antwortete sie. »Ich spreche mit keiner Kirchentür.«

»Dann bist du auch nicht die richtige Braut.« Sie ging hinaus, fuhr die Jungfrau Maleen an: »Was hast du zu der Kirchentür gesagt?«

»Ich sagte nur:

>»Kirchentür, brich nicht,
bin die rechte Braut nicht.«

»Das bricht dir den Hals!«, rief die Braut und wurde sehr zornig. Sie eilte trotzdem zurück in die Kammer und sagte: »Jetzt weiß ich, was ich zu der Kirchentür gesagt habe.« Und sie wiederholte die Worte.

»Aber wo hast du das Geschmeide, das ich dir an der Kirchentür gab?«

»Was für ein Geschmeide?«, antwortete die Braut. »Du hast mir kein Geschmeide gegeben.«

»Ich habe es dir selbst um den Hals gelegt und eigenhändig eingehakt.

Wenn du das nicht weißt, bist du nicht die richtige Braut.« Er zog ihr den Schleier vom Gesicht. Als er ihre abgrundtiefe Hässlichkeit erblickte, sprang er erschrocken zurück und sagte: »Wie kommst du hierher? Wer bist du?«

»Ich bin deine Verlobte. Aber weil ich fürchtete, die Leute würden mich verspotten, wenn sie mich draußen erblickten, habe ich dem Aschenputtel befohlen, meine Kleider anzuziehen und an meiner statt zur Kirche zu gehen.«

»Wo ist das Mädchen?«, sagte er. »Ich will es sehen. Geh und hol es hierher.«

Sie ging hinaus und sagte den Dienern, das Aschenputtel sei eine Betrügerin, sie sollten es in den Hof hinabführen und ihm den Kopf abschlagen. Die Diener packten das Mädchen und wollten es fortschleppen, aber es schrie so laut um Hilfe, dass der Königssohn seine Stimme vernahm, aus seinem Zimmer herbeieilte und den Befehl gab, das Mädchen augenblicklich loszulassen. Lichter wurden herbeigeholt und da bemerkte der Prinz an ihrem Hals den Goldschmuck, den er ihm vor der Kirchentür gegeben hatte. »Du bist die richtige Braut«, sagte er, »die mit mir zur Kirche gegangen ist. Komm mit mir in meine Kammer.«

Als sie beide allein waren, sagte er: »Du hast auf dem Weg zur Kirche die Jungfrau Maleen erwähnt, die meine Verlobte war. Wenn es irgendwie möglich wäre, würde ich glauben, dass sie gerade vor mir stehst: Du gleichst ihr in allem.«

Sie antwortete: »Ich bin die Jungfrau Maleen, die für dich sieben Jahre in der Finsternis gefangen war, Hunger und Durst gelitten und so lange in Armut gelebt hat. Aber heute scheint für mich die Sonne wieder. Ich bin dir in der Kirche angetraut worden, sodass ich deine rechtmäßige Gemahlin bin.« Da küssten sie sich und waren ihr Leben lang glücklich.

Der falschen Braut wurde zur Strafe der Kopf abgeschlagen.

Der Turm, in dem die Jungfrau Maleen gesessen hatte, stand noch lange Zeit, und wenn die Kinder vorübergingen, so sangen sie:

> »Kling, klang, Gloria,
> wer sitzt in diesem Turme da?

Jungfrau Maleen

Da ist eine Königstochter drin,
die kann ich nicht zu sehen krieg'n.
Die Mauer, die will nicht brechen,
die Steine, die woll'n nicht stechen.
Hänschen mit der bunten Jack,
komm und folg mir nach.«

Der singende Knochen

Es herrschte einmal in einem Land eine große Plage mit einem Wildschwein, das den Bauern die Äcker umwühlte, das Vieh tötete und den Menschen mit seinen Hauern schwere Verletzungen zufügte. Der König versprach dem, der das Land von diesem Wildschwein befreien würde, eine große Belohnung. Aber das Tier war so groß und stark, dass sich niemand in die Nähe des Waldes wagte, worin es hauste. Schließlich ließ der König bekannt geben, dass derjenige, der das Wildschwein einfange oder töte, seine einzige Tochter zur Gemahlin bekäme.

In dem Land lebten auch zwei Brüder, Söhne eines armen Mannes. Die meldeten sich und wollten das Wagnis auf sich nehmen. Der Ältere, der listig und klug war, tat es aus Hochmut, der Jüngere, der unschuldig und dumm war, aus gutem Herzen.

Der König sagte: »Damit ihr das Tier auch wirklich findet, sollt ihr von entgegengesetzten Seiten in den Wald gehen.«

Da ging der Ältere von Westen und der Jüngere von Osten hinein. Als der Jüngere ein Weilchen gegangen war, trat ein kleines Männlein auf ihn zu. Es hielt einen schwarzen Spieß in der Hand und sagte: »Diesen Spieß gebe ich dir, weil dein Herz unschuldig und gut ist. Damit kannst du getrost auf das wilde Schwein losgehen, es wird dir keinen Schaden zufügen.«

Der junge Mann dankte dem Männlein, nahm den Spieß auf die Schulter und ging furchtlos weiter. Kurz darauf erblickte er das gesuchte Tier, das auf ihn losrannte. Der junge Mann hielt ihm aber den Spieß entgegen und in seiner blinden Wut rannte das Wildschwein mit so einer gewaltigen Wucht hinein, dass es ihm das Herz durchschnitt. Daraufhin nahm der junge Mann das Ungetüm auf die Schultern, ging nach Hause und wollte dem König seine Beute bringen.

Als er auf der anderen Seite den Wald verließ, stand am Waldrand ein Haus. Darin vergnügten die Leute sich mit Tanz und Wein. Sein ältester Bruder war dort eingekehrt und hatte gedacht, das Schwein laufe ihm doch nicht davon, erst wolle er sich Mut antrinken. Als er nun den Jüngeren erblickte, der mit seiner Beute beladen aus dem Wald kam, ließ ihm sein neidisches und boshaftes Herz keine Ruhe. Er rief ihm zu: »Komm doch herein, lieber Bruder, ruhe dich aus und stärke dich mit einem Becher Wein.«

Der Jüngere, der nichts argwöhnte, ging hinein und erzählte seinem Bruder von dem guten Männlein, das ihm einen Spieß gegeben habe, mit dem er das Schwein getötet habe.

Der Ältere hielt ihn bis zum Abend auf, dann gingen sie zusammen davon. Als sie aber in der Dunkelheit an eine Brücke kamen, die über einen Bach führte, ließ der Ältere den Jüngeren vorangehen. Als der mitten über dem Wasser war, gab er ihm von hinten einen Schlag, dass er hinabstürzte und tot war. Der Ältere begrub seinen jüngeren Bruder unter der Brücke, nahm dann das Schwein und brachte es dem König. Er gab vor, er habe es getötet; woraufhin er die Tochter des Königs zur Gemahlin erhielt. Als der jüngere Bruder nicht wiederkam, sagte der ältere: »Das Schwein wird ihn zerfetzt haben.« Und das glaubte auch jeder.

Weil aber vor Gott nichts verborgen bleibt, kam auch diese Untat ans Licht. Nach vielen Jahren trieb ein Hirte einmal seine Herde über die Brücke und sah unten im Sand ein schneeweißes Knöchlein liegen. Er dachte, das gebe ein gutes Mundstück für sein Horn. Also stieg er hinunter, hob es auf und schnitzte ein Mundstück daraus. Als er zum ersten Mal darauf blies, fing das Knöchlein zur großen Verwunderung des Hirten von selbst an zu singen:

>»Ach, du liebes Hirtelein,
du bläst auf meinem Knöchelein,
mein Bruder hat mich erschlagen,
unter der Brücke begraben,
um das wilde Schwein
für des Königs Töchterlein.«

»Was für ein seltsames Horn«, sagte der Hirte, »das von selber singt! Das muss ich dem Herrn König bringen.«

Als er damit vor den König kam, fing das Hörnchen erneut an, sein Liedchen zu singen. Der König verstand sehr wohl, was gemeint war, und ließ die Erde unter der Brücke aufgraben. Da kam das ganze Gerippe des Erschlagenen zum Vorschein. Der böse Bruder konnte die Tat nicht leugnen, wurde in einen Sack genäht und lebendig ersäuft. Die Gebeine des Ermordeten aber wurden auf den Kirchhof in ein schönes Grab zur letzten Ruhe gebettet.

Die sechs Diener

Vor langer Zeit lebte einmal eine alte Königin, die eine Zauberin war. Ihre Tochter war das schönste Mädchen unter der Sonne. Die Alte dachte aber an nichts anderes als daran, wie sie die Menschen ins Verderben locken könnte. Wenn jemand kam, der um die Hand ihrer Tochter anhielt, sagte sie, wer ihre Tochter haben wolle, müsse zuvor eine Aufgabe lösen oder er müsse sterben. Viele waren von der Schönheit der Jungfrau so geblendet, dass sie das Wagnis auf sich nahmen. Aber sie konnten das nicht bewältigen, was die Alte ihnen auferlegte, und dann kannte sie keine Gnade. Sie mussten niederknien und der Kopf wurde ihnen abgeschlagen.

Ein Königssohn hatte auch von der großen Schönheit der Jungfrau gehört und sagte zu seinem Vater: »Lasst mich ziehen, ich will um ihre Hand anhalten.«

»Nie und nimmer«, antwortete der König, »gehst du! Du würdest ja doch nur in deinen Tod gehen.«

Da wurde der Sohn sterbenskrank. Sieben Jahre lang lag er im Bett und kein Arzt konnte ihm helfen. Als der Vater sah, dass keine Hoffnung mehr bestand, sagte er traurig: »Gehe und versuche dein Glück. Ich weiß nicht, wie ich dir sonst helfen könnte.«

Sobald der Sohn das hörte, stand er von seinem Krankenlager auf, wurde gesund und machte sich fröhlich auf den Weg. Als er über eine Heide ritt, sah er von Weitem etwas auf der Erde liegen, das wie ein großer Heuhaufen aussah. Beim Näherkommen konnte er erkennen, dass es der Bauch eines Menschen war, der sich dort hingelegt hatte. Der Bauch sah aus wie ein kleiner Berg. Als der Dicke den Reisenden erblickte, richtete er sich auf und sagte: »Wenn Ihr jemanden braucht, nehmt mich in Eure Dienste.«

Der Königssohn antwortete: »Was soll ich mit so einem unförmigen Mann anfangen?«

»Oh«, sagte der Dicke, »das ist noch gar nichts. Wenn ich will, bin ich noch dreitausendmal so dick.«

»Wenn das stimmt«, sagte der Königssohn, »kann ich dich brauchen. Komm mit mir.«

Die sechs Diener

Da ging der Dicke hinter dem Königssohn her. Nach einer Weile trafen sie auf jemanden, der auf der Erde lag und das Ohr auf den Rasen gelegt hatte.

Der Königssohn fragte: »Was machst du da?«

»Ich horche«, antwortete der Mann.

»Wonach horchst du so aufmerksam?«

»Ich horche, was sich gerade in der Welt ereignet. Denn meinen Ohren entgeht nichts. Sogar das Gras höre ich wachsen.«

Daraufhin fragte der Königssohn: »Sage mir, was hörst du vom Hof der alten Königin, die die schöne Tochter hat?«

Da antwortete der Mann: »Ich höre das Schwert sausen, das einem jungen Mann den Kopf abschlägt, der um die Hand der Tochter anhalten wollte.«

Der Königssohn sagte: »Ich kann dich brauchen, komm mit mir.«

Da zogen sie weiter und sahen auf einmal ein Paar Füße vor sich liegen und auch ein Stück von den Beinen, aber das Ende konnten sie nicht sehen. Als sie ein gutes Stück weitergegangen waren, kamen sie zum Rumpf und schließlich auch zum Kopf.

»Ei«, sagte der Königssohn, »was bist du für ein langer Strick!«

Die sechs Diener

»Oh«, antwortete der Lange, »das ist noch gar nichts. Wenn ich meine Gliedmaßen richtig ausstrecke, bin ich noch dreitausendmal so lang. Dann bin größer als der höchste Berg auf der Erde. Ich trete gerne in Eure Dienste, wenn Ihr wollt.«

»Komm mit«, sagte der Königssohn, »ich kann dich brauchen.«

Sie zogen weiter und sahen jemanden am Weg sitzen, der die Augen zugebunden hatte.

Der Königssohn sagte zu ihm: »Hast du so empfindliche Augen, dass du nicht in das Licht sehen kannst?«

»Nein«, antwortete der Mann, »ich darf die Binde nicht abnehmen, denn alles, was ich mit meinen Augen ansehe, springt auseinander, so gewaltig ist mein Blick. Wenn ich Euch damit etwas nützen kann, trete ich gerne in Eure Dienste.«

»Komm mit«, antwortete der Königssohn, »ich kann dich brauchen.«

Sie zogen weiter und trafen auf einen Mann, der in der heißen Sonne lag und so fror, dass er am ganzen Körper zitterte. »Wie kannst du frieren?«, fragte der Königssohn. »Die Sonne scheint doch so warm!«

»Ach«, antwortete der Mann, »das liegt in meiner Natur. Je heißer es ist, desto mehr frier ich und die Kälte dringt mir durch alle Knochen. Und je kälter es ist, desto heißer wird mir. Mitten im Eis kann ich es vor Hitze und mitten im Feuer vor Kälte nicht aushalten.«

»Du bist ein seltsamer Kerl«, sagte der Königssohn, »aber wenn du in meine Dienste treten willst, dann komm mit.«

Nun zogen sie weiter und sahen einen Mann stehen, der einen langen Hals machte, sich umschaute und über alle Berge hinwegblickte.

Der Königssohn sagte: »Wohin schaust du so aufmerksam?«

Der Mann antwortete: »Ich habe so scharfe Augen, dass ich über alle Wälder und Felder, Täler und Berge hinweg und durch die ganze Welt sehen kann.«

Der Königssohn sagte: »Wenn du willst, komm mit mir, denn so einer wie du fehlt mir noch.«

Nun zog der Königssohn mit seinen sechs Dienern in die Stadt ein, in der die alte Königin lebte. Er sagte ihr nicht, wer er war, sondern fragte: »Wenn Ihr mir Eure schöne Tochter gebt, mache ich, was Ihr von mir verlangt.«

Die sechs Diener

Die Zauberin freute sich, dass ihr wieder ein so schöner junger Mann ins Netz ging, und sagte: »Drei Aufgaben stelle ich dir. Löst du sie alle, sollst du der Herr und Gemahl meiner Tochter werden.«

»Was ist die erste Aufgabe?«, fragte er.

»Dass du mir einen Ring bringst, den ich ins Rote Meer habe fallen lassen.«

Daraufhin ging der Königssohn zu seinen Dienern und sagte: »Die erste Aufgabe ist nicht leicht. Ich soll einen Ring aus dem Roten Meer holen. Habt ihr einen Ratschlag für mich?«

Da sagte der mit den scharfen Augen: »Ich sehe nach, wo er liegt.« Er schaute in das Meer hinunter und sagte: »Er hängt dort an einem spitzen Stein.«

Der Lange trug sie hin und sagte: »Ich würde ihn ja herausholen, wenn ich ihn nur sehen könnte.«

»Wenn es weiter nichts ist«, rief der Dicke, legte sich hin und hielt seinen Mund ans Wasser. Da lief das Wasser hinein wie in einen Abgrund und er trank das ganze Meer aus, dass es trocken wurde wie eine Wiese.

Der Lange bückte sich ein wenig und holte den Ring mit der Hand heraus. Da freute sich der Königssohn, als er ihn hatte, und brachte ihn der Alten.

Sie staunte und sagte: »Ja, es ist der richtige Ring. Die erste Aufgabe hast du gelöst, aber nun kommt die zweite. Siehst du, dort auf der Wiese vor meinem Schloss? Da weiden dreihundert fette Ochsen. Die musst du mit Haut und Haar, mit Knochen und Hörnern verzehren. Und unten im Keller liegen dreihundert Fässer Wein, die musst du austrinken. Bleibt von den Ochsen auch nur ein Haar und von dem Wein auch nur ein Tröpfchen übrig, gehört dein Leben mir.«

Da fragte der Königssohn: »Darf ich mir Gäste einladen? Ohne Gesellschaft schmeckt keine Mahlzeit.«

Die Alte lachte boshaft und antwortete: »Einen darfst du einladen, damit du Gesellschaft hast, aber nicht mehr.«

Der Königssohn ging zu seinen Dienern und sagte zu dem Dicken: »Du sollst heute mein Gast sein und dich einmal richtig satt essen.«

Da ließ der Dicke sich auseinandergehen und aß die dreihundert Ochsen,

Die sechs Diener

dass kein Haar übrig blieb. Dann fragte er, ob weiter nichts als das Frühstück da sei. Den Wein trank er gleich aus den Fässern, ohne dass er ein Glas nötig hatte, und schleckte den letzten Tropfen vom Nagel herunter.

Als die Mahlzeit beendet war, ging der Königssohn zur Alten und sagte ihr, die zweite Aufgabe sei gelöst.

Sie wunderte sich und sagte: »So weit hat es noch keiner gebracht, aber es ist noch eine Aufgabe übrig.« Sie dachte: Du wirst mir nicht entgehen und deinen Kopf oben behalten! »Heute Abend«, sagte sie, »bring ich meine Tochter zu dir in deine Kammer und du sollst sie mit deinem Arm umschlingen. Und wenn ihr so beisammensitzt, hüte dich davor, dass du einschläfst. Ich komme Schlag zwölf Uhr, und ist sie dann nicht mehr in deinen Armen, hast du verloren.«

Der Königssohn dachte: Das ist leicht, ich werde meine Augen gut offen halten. Trotzdem rief er seine Diener, erzählte ihnen, was die Alte gesagt hatte, und sagte: »Wer weiß, was für eine List dahintersteckt. Vorsicht ist besser. Haltet Wache und passt auf, dass die Jungfrau nicht wieder aus meiner Kammer entwischt.«

Als die Nacht hereinbrach, kam die Alte mit ihrer Tochter und führte sie in die Arme des Königssohns. Dann schlang sich der Lange um sie beide wie ein Kreis und der Dicke stellte sich vor die Tür, sodass keine lebendige Seele hereinkonnte. Da saßen sie beide und die Jungfrau sagte kein Wort. Der Mond schien durchs Fenster auf ihr Gesicht, sodass er sehen konnte, wie schön sie war. Er schaute sie nur an und war so glücklich und verliebt. Seine Augen wurden überhaupt nicht müde.

Das ging bis elf Uhr, bis die Alte einen Zauber über alle warf, dass sie einschliefen. Im selben Augenblick war auch die Jungfrau eingeschlummert.

Nun schliefen sie fest bis Viertel vor zwölf. Da verlor der Zauber seine Kraft und sie wachten alle wieder auf.

»Was für ein Unglück«, rief der Königssohn, »nun bin ich verloren!«

Die treuen Diener fingen auch an zu jammern, nur der Horcher sagte: »Seid still, ich horche einmal.« Er horchte einen Augenblick und dann sagte er: »Die Königstochter sitzt dreihundert Stunden von hier eingeschlossen in den Felsen und klagt über ihr Schicksal. Langer, du allein kannst helfen. Wenn du dich aufrichtest, bist du in ein paar Schritten dort.«

»Ja«, antwortete der Lange, »aber der mit dem stechenden Blick muss mitgehen, damit wir den Felsen beseitigen können.« Da nahm der Lange den mit den verbundenen Augen huckepack und so schnell, wie man eine Hand umdreht, waren sie vor dem verwunschenen Felsen. Sofort nahm der Lange dem anderen die Binde von den Augen. Der schaute sich nur um und schon zersprang der Felsen in tausend Stücke. Daraufhin nahm der Lange die Jungfrau auf den Arm, trug sie in einem Nu zurück, holte ebenso schnell auch noch seinen Kameraden, und noch vor der Zeit saßen sie alle wieder wie vorher in der Kammer und waren guter Dinge.

Als es zwölf schlug, kam die alte Zauberin herbeigeschlichen, machte ein höhnisches Gesicht, als wollte sie sagen: »Nun gehört er mir!« Denn sie glaubte, ihre Tochter säße dreihundert Stunden weit eingeschlossen in den Felsen. Als sie aber ihre Tochter in den Armen des Königssohns erblickte, erschrak sie und sagte: »Da ist einer, der mehr kann als ich.« Aber sie konnte nichts einwenden und musste ihm die Hand ihrer Tochter zusagen. Der flüsterte sie ins Ohr: »Was für eine Schande für dich, dass du dem gemeinen Volk gehorchen sollst und dir deinen Gemahl nicht selbst aussuchen darfst.«

Da wurde die stolze Jungfrau zornig und wollte Rache nehmen. Sie ließ am nächsten Morgen dreihundert Malter Holz zusammenfahren. Dann sagte sie zu dem Königssohn, die drei Aufgaben seien gelöst, sie werde aber nicht seine Gemahlin, bevor nicht einer bereit sei, sich mitten in das Holz zu setzen und das Feuer auszuhalten. Sie dachte, keiner seiner Diener würde sich für ihn verbrennen lassen und aus Liebe zu ihr würde er selbst sich hineinsetzen und dann wäre sie frei.

Die Diener aber sagten: »Wir haben alle etwas getan, nur der Frostige noch nicht. Der muss auch endlich einmal ran!« Nach diesen Worten setzten sie ihn mitten auf den Holzstoß und zündeten alles an. Da begann das Feuer zu brennen und brannte drei Tage, bis alles Holz verzehrt war.

Als die Flammen sich legten, stand der Frostige mitten in der Asche, zitterte wie Espenlaub und sagte: »Einen solchen Frost habe ich noch nie erlebt, und wenn er länger gedauert hätte, wäre ich erstarrt.«

Nun war keine Ausflucht mehr zu finden, die schöne Jungfrau musste den unbekannten Jüngling zum Gemahl nehmen.

Als sie in die Kirche fuhren, sagte die Alte: »Ich kann die Schande nicht ertragen!« Also schickte sie ihre Krieger hinterher. Die sollten alles niedermachen, was ihnen unterkomme, und ihr die Tochter zurückbringen.

Der Horcher hatte jedoch die Ohren gespitzt und vernommen, was die Alte in aller Heimlichkeit vorhatte.

»Was machen wir?«, fragte er den Dicken.

Der wusste sich zu helfen. Er spie ein- oder zweimal hinter dem Wagen einen Teil des Meereswassers aus, das er getrunken hatte. Da entstand ein großer See, worin die Krieger stecken blieben und ertranken. Als die Zauberin das vernahm, schickte sie ihre Ritter, aber der Horcher hörte das Rasseln ihrer Rüstungen und band dem mit dem stechenden Blick die Augen auf. Der musste die Feinde nur ein bisschen scharf angucken, da zersprangen sie wie Glas.

Nun fuhren sie ungestört weiter, und als die beiden in der Kirche getraut worden waren, nahmen die sechs Diener Abschied. Sie sagten zu ihrem Herrn: »Eure Wünsche sind erfüllt. Ihr habt uns nicht mehr nötig, wir wollen weiterziehen und versuchen, unser Glück zu machen.«

Eine halbe Stunde vor dem Schloss war ein Dorf, vor dem ein Schweinehirt seine Herde hütete. Als sie an ihm vorbeikamen, sagte der Königssohn zu seiner Frau: »Weißt du auch, wer ich bin? Ich bin kein Königssohn, sondern ein Schweinehirte. Und der mit der Herde dort, das ist mein Vater. Wir zwei müssen auch an die Arbeit und ihm beim Hüten helfen.« Dann stieg er mit ihr im Wirtshaus ab und sagte heimlich zu den Wirtsleuten, sie sollten ihr in der Nacht die königlichen Kleider wegnehmen.

Als sie am Morgen aufwachte, hatte sie nichts anzuziehen und die Wirtin gab ihr einen alten Rock und ein Paar alte wollene Strümpfe. Dabei tat sie noch, als wäre es ein großes Geschenk, und sagte: »Wenn nicht Euer Mann wäre, hätte ich es Euch gar nicht gegeben.«

Da glaubte die Königstochter, er sei wirklich ein Schweinehirte. Sie hütete mit ihm die Herde und dachte: Ich habe es verdient mit meinem Hochmut und Stolz.

Das ging acht Tage so, dann konnte sie es nicht mehr aushalten, denn die Füße waren ihr wund geworden. Da kamen ein paar Leute und fragten, ob sie wüsste, wer ihr Mann sei.

Die sechs Diener

»Ja«, antwortete sie, »er ist ein Schweinehirte. Er ist eben weggegangen, um mit Bändern und Schnüren ein wenig Handel zu treiben.«

Die Leute sagten aber: »Kommt einmal mit, wir wollen Euch zu ihm hinführen.« Daraufhin brachten sie sie ins Schloss hinauf. Als sie in den Saal kam, stand ihr Mann in königlichen Kleidern da. Sie erkannte ihn aber nicht, bis er ihr um den Hals fiel, sie küsste und sagte: »Ich habe so viel für dich gelitten, deshalb hast auch du einmal für mich leiden sollen.«

Nun erst wurde die Hochzeit richtig gefeiert und der, der die Geschichte erzählt hat, wäre auch gerne dabei gewesen.

Die Eule

Vor ein paar Hundert Jahren, als die Leute noch lange nicht so klug und verschmitzt waren, wie sie es heutzutage sind, hat sich in einer kleinen Stadt eine seltsame Geschichte zugetragen.

Zufällig war eine von den großen Eulen, die man Schuhu nennt, aus dem benachbarten Wald während der Nacht in die Scheune eines Bürgers geraten.

Als der Tag anbrach, wagte sie sich aus Furcht vor den anderen Vögeln nicht wieder aus ihrem Schlupfwinkel heraus. Denn die würden ein furchtbares Geschrei anstimmen, wenn sie sich blicken ließe.

Als nun der Hausknecht morgens in die Scheune kam, um Stroh zu holen, erschrak er bei dem Anblick der Eule, die da in einer Ecke saß, so gewaltig, dass er davonlief. Seinem Herrn erzählte er, ein Ungeheuer, wie er zeit seines Lebens keins erblickt habe, sitze in der Scheune. Es drehe die Augen im Kopf herum und könne einen ohne Umstände verschlingen.

»Ich kenne dich schon«, sagte der Herr. »Einer Amsel im Feld nachzujagen, dazu hast du Mut genug. Aber wenn du ein totes Huhn liegen siehst, holst du dir erst einen Stock, bevor du dich ihm näherst. Ich muss selbst einmal nachsehen, was das für ein Ungeheuer ist«, setzte der Herr hinzu, ging ganz tapfer in die Scheune hinein und blickte umher. Als er aber das seltsame, grässliche Tier mit eigenen Augen sah, bekam er nicht weniger Angst als der Knecht. Mit ein paar Sprüngen sprang er hinaus, lief zu seinen Nachbarn und bat sie flehentlich, ihm gegen ein unbekanntes gefährliches Tier Beistand zu leisten. Die ganze Stadt sei in Gefahr, wenn es aus der Scheune, wo es sitze, ausbräche.

Plötzlich herrschte großer Lärm in allen Straßen. Die Bürger kamen mit Spießen, Heugabeln, Sensen und Äxten bewaffnet, als wollten sie gegen einen Feind ausziehen. Zuletzt erschienen auch die Herren des Rats mit dem Bürgermeister an der Spitze. Als die Leute sich auf dem Markt geordnet hatten, zogen sie zu der Scheune und umringten sie von allen Seiten. Daraufhin trat einer der Mutigsten vor und ging mit gefälltem Spieß hinein. Er kam aber gleich darauf mit einem Schrei und totenbleich wieder herausgelaufen und konnte kein Wort hervorbringen. Noch zwei andere wagten sich hinein. Es erging ihnen jedoch nicht besser.

Schließlich trat ein großer, starker Mann vor, der wegen seiner Kriegstaten berühmt war, und sagte: »Nur mit Anschauen werdet ihr das Ungetüm nicht vertreiben. Hier muss man ernst machen. Aber ich sehe, dass ihr alle verweichlicht seid und keiner den Fuchs beißen will.« Er ließ sich Rüstung, Schwert und Spieß bringen und bereitete sich vor. Alle rühmten seinen Mut, obwohl viele um sein Leben besorgt waren. Die beiden Scheunentore wurden geöffnet und man erblickte die Eule, die sich in der Zwischenzeit in die Mitte auf einen großen Querbalken gesetzt hatte. Der Kriegsheld ließ eine Leiter holen. Als er sie anlehnte und gerade hinaufsteigen wollte, riefen ihm alle zu, er solle sich wacker schlagen, und baten den heiligen Georg, der den Drachen getötet hatte, um Beistand. Als er fast oben war, sah die Eule, dass er es auf sie abgesehen hatte. Außerdem war sie von der Menge und dem Geschrei verwirrt und wusste nicht, wo sie hinsollte. Deshalb verdrehte sie die Augen, sträubte die Federn, spreizte die Flügel, gnappte mit dem Schnabel und ließ mit rauer Stimme ihr »Schuhu, schuhu« hören.

»Stoß zu, stoß zu!«, rief die Menge draußen dem tapferen Helden zu.

»Würdet ihr hier stehen, wo ich stehe«, antwortete er, »würdet ihr nicht ›Stoß zu‹ rufen.« Er setzte den Fuß zwar noch eine Stufe höher, dann aber fing er an zu zittern und machte sich halb ohnmächtig auf den Rückweg.

Nun war keiner mehr übrig, der sich in die Gefahr begeben wollte.

»Das Ungeheuer«, sagten die Leute, »hat den stärksten Mann, der unter uns zu finden war, allein durch sein Gnappen und Anhauchen vergiftet und tödlich verwundet. Sollen wir anderen unser Leben auch aufs Spiel setzen?« Sie beratschlagten, was zu tun sei, damit nicht die ganze Stadt zugrunde gehe. Lange Zeit schien die Lage aussichtslos, bis endlich der Bürgermeister einen Ausweg fand.

»Ich bin der Meinung«, sagte er, »dass wir dem Eigentümer diese Scheune samt allem, was darin ist, Getreide, Stroh und Heu, bezahlen und ihn schadlos halten. Anschließend brennen wir das ganze Gebäude ab und mit ihm das fürchterliche Tier. Dann braucht niemand sein Leben zu riskieren. Hier sollte nicht an der falschen Stelle gespart werden und Knauserei könnte schlimme Folgen haben.«

Die Eule

Alle stimmten ihm zu. Also wurde die Scheune an vier Ecken angezündet und mit ihr die Eule jämmerlich verbrannt.
Wer's nicht glauben will, der gehe hin
und frage selbst nach.

Quellennachweis

Die Kinder- und Hausmärchen der Brüder Grimm.
Ausgewählt nach einer von Anneliese Kocialek besorgten Ausgabe.
22. Auflage, Berlin 1987

Kinder- und Hausmärchen.
Gesammelt durch die Brüder Grimm.
17. Auflage, Berlin und Weimar 1979

Brüder Grimm, Märchen
ISBN 978 3 522 18206 5

Gesamtausstattung: Paul Hey
Umschlaggestaltung: Michael Kimmerle
Innentypografie: Eva Mokhlis
Schrift: Arno Pro
Satz: KCS GmbH, Buchholz/Hamburg
Reproduktion: Photolitho AG, Gossau/Zürich
Druck und Bindung: Friedrich Pustet, Regensburg
© 1989, 2010 by Thienemann Verlag
(Thienemann Verlag GmbH), Stuttgart/Wien
Printed in Germany. Alle Rechte vorbehalten.
6 5 4 3 2°   11 12 13 14

www.thienemann.de

Kinder brauchen Märchen – Erwachsene auch!

Märchen aus 1001 Nacht
ab 6 Jahren · 272 Seiten
ISBN 978 3 522 18180 8

Wer lässt sich nicht gern verzaubern von den Märchen aus 1001 Nacht? Sie erzählen von Liebe, von Abenteuer und von listigen Helden wie Sindbad dem Seefahrer, Aladin oder Ali Baba. Die Geschichten versetzen den Leser in eine fantastische, farbenprächtige und exotische Welt. Auch nach vielen Jahrhunderten haben die Erzählungen aus dem Orient nichts von ihrer Magie verloren.

Die schönsten Märchen aus 1001 Nacht in zeitgemäßer Bearbeitung

www.thienemann.de

Bechstein, Andersen, Hauff und Grimm – alles drin!

Das große Märchen-Vorlesebuch
ab 5 Jahren · 416 Seiten
ISBN 978 3 522 17693 6

Rotkäppchen, Goldmarie, der kleine Muck und das Mädchen mit den Schwefelhölzern – alle sind sie in diesem Buch versammelt. Die 38 schönsten und bekanntesten Märchen von Ludwig Bechstein, Wilhelm Hauff, Hans Christian Andersen und den Brüdern Grimm.

Für alle Großen, die gern Geschichten vorlesen, und alle Kleinen, die sich gern Geschichten vorlesen lassen!

www.thienemann.de